Steven D. Katz
Shot by Shot: Die richtige Einstellung

SHOT BY SHOT

Die richtige Einstellung

Zur Bildsprache des Films

Das Handbuch von Steven D. Katz

Aus dem Amerikanischen von Harald Utecht

ZWEITAUSENDEINS

Deutsche Erstausgabe.
1. Auflage, August 1998.
2. Auflage, Februar 1999.
3. Auflage, Februar 2000.
4. Auflage, Januar 2002.

Copyright © 1991 by Michael Wiese Productions.
Titel der amerikanischen Ausgabe: »Film directing shot by shot«.
ISBN 0-941188-10-8
Original U.S. Publication 1991 by Michael Wiese Productions,
Studio City, CA, in conjunction with Focal Press, Stoneham, MA.

Kapitel 4 und Teile des Anhangs sind vom Autor für die deutsche Ausgabe
aktualisiert und erweitert worden.

Alle Rechte für die deutsche Ausgabe und Übersetzung
Copyright © 1998 by Zweitausendeins, Postfach, D-60381 Frankfurt am Main.
www.Zweitausendeins.de

Redaktion und Lektorat möchten Prof. Toni Lüdi, FH Rosenheim,
für seinen fachlichen Rat und seine freundliche Hilfe danken.
Das Register hat Ekkehard Kunze (Büro W, Wiesbaden) erstellt.

Redaktion der Übersetzung: Holger Ellermann, Hamburg, und Uwe Walter, Köln.
Lektorat: Waltraud Götting (Büro W, Wiesbaden).
Typografie: Bernd Leberfinger.
Satz, Layout und Herstellung: Dieter Kohler GmbH, Nördlingen.
Schriften: Meridien und Interstate.
Lithoarbeiten: Repro-Technik G. Mayr, Donauwörth.
Druck: Gutmann + Co GmbH, Talheim.
Einband: G. Lachenmaier, Reutlingen.
Printed in Germany.

Diese Ausgabe gibt es nur bei Zweitausendeins im Versand, Postfach,
D-60381 Frankfurt am Main, Telefon 069-420 8000, Fax 069-415 003.
Internet www.Zweitausendeins.de, E-Mail info@Zweitausendeins.de.
Oder in den Zweitausendeins-Läden in Berlin, Düsseldorf, Essen,
Frankfurt am Main, Freiburg, 2× in Hamburg, in Hannover, Köln,
Mannheim, München, Nürnberg, Saarbrücken, Stuttgart.

In der Schweiz über buch 2000, Postfach 89, CH-8910 Affoltern a. A.

ISBN 3-86150-229-1

Für Jane

Dank

Ich möchte all jenen Menschen danken, die mir bei der Arbeit an diesem Buch viel mehr als nur wertvolle Hilfestellung gaben. Als erstes möchte ich meinen Freund Michael Wiese nennen, der als Filmemacher und Verleger der Meinung war, ein Buch über das Thema der Visualisierung könne auch für andere Filmemacher von Interesse sein. Michael trug alle Entscheidungen mit, die bei großem Zeit- und Kostenaufwand letztendlich zur Optimierung des Ergebnisses beitrugen. Dafür werde ich ihm immer dankbar sein.

Joe Musso, Präsident der Production Illustrators and Matte Painters Union, und Gene Allen, Geschäftsführer der Society of Motion Picture and Television Art Directors, versorgten mich nicht nur in ihren jeweiligen Arbeitsbereichen großzügig mit Informationen; sie ersparten mir monatelange Recherchen, indem sie Interviews mit den Mitgliedern ihrer Verbände arrangierten, deren Zeichnungen und Entwürfe ich in diesem Buch verwendet habe.

Die Storyboardzeichnerin Camille Abbott und ihr Kollege Harold Michelson stellten mir großzügig ihre Zeit und ihr Fachwissen zur Verfügung und halfen mir beim Text und bei den Grafiken für den Abschnitt über die Michelson-Methode der Darstellung von Kamerablickwinkeln. Darüber hinaus ermöglichten sie mir interessante Einblicke in die Kunst des Storyboardzeichnens und machten mir immer wieder Mut mit ihrer Liebe zum Film.

Besonders dankbar bin ich Steven Spielberg, der großzügigerweise eine lange Storyboardsequenz aus *Das Reich der Sonne* zur Verfügung gestellt hat. Dank auch an Robert C. Carringer von der University of Illinois, der immer in der Lage war, mir nützliche Informationsquellen zum Thema Production Design (Szenenbild) zu nennen, falls er selber einmal keine Antwort parat hatte; ebenso an Mary Corliss vom Standfotoarchiv des Museum of Modern Art, die mir das Storyboard zu

Die Vögel überließ und wertvolle Hinweise zum Verständnis des Production Design gab.

Das Bildmaterial zu *Beverly Hills Cop II* und zu *Flashdance* wurde freundlicherweise von Paramount Pictures zur Verfügung gestellt, das Bildmaterial zu *La Bamba* von Columbia Pictures und die Bilder zu *Blade Runner* von Warner Bros. Pictures. Die Vorlagen für die Reproduktionen der Bilder zu *Citizen Kane* stammen aus der Rare Books and Special Collections Library der University of Illinois.

Persönliche Unterstützung der Art, wie nur Freunde sie geben können, erhielt ich von Doug Sheffer, Jim Coon, Scott Deaver und meinem langjährigen Produzenten und Weggefährten Carl Shea.

Meiner Schwester Barbara und meinen Eltern Betty und Stanley Katz danke ich von Herzen für ihr Verständnis dafür, daß der Keller auch als Studio dienen mußte, und für ihren unerschütterlichen Glauben daran, daß ich irgendwann einmal meine wahre Berufung finden würde.

Vor allem aber danke ich meiner Frau und besten Freundin Jane für ein Maß an Liebe und Verständnis, das jede vernünftige Erwartung übersteigt.

Zur deutschen Ausgabe

Endlich erscheint dieses Werk auch im deutschsprachigen Raum. Denn Filmemachen ist auch Handwerk, und das will gelernt sein.

Wie viele von Ihnen wissen werden, ist die US-amerikanische Produktionslandschaft in vieler Hinsicht weiter entwickelt und ausdifferenzierter als die unsrige. Das trifft besonders auch auf die Arbeitsbedingungen, die Begrifflichkeit und die Fachliteratur zu.

Das hat unter anderem zur Folge, daß es nicht leicht war, für amerikanische Fachbegriffe eine entsprechende Übersetzung zu finden. Häufig schien es uns auch nicht nötig, da hier im deutschsprachigen Raum längst viele Namen und Begriffe üblich geworden sind, wie zum Beispiel der Master-Shot. So kombiniert der Übersetzer in diesem Buch je nach Situation beide Sprachen miteinander, wie es auch in der täglichen Praxis üblich geworden ist und um eine Brücke zwischen den beiden Produktionsstandorten herzustellen. Das Glossar im Anhang des Buches mag ein übriges dazu beitragen, begriffliche Fragen zu klären und Unklarheiten auszuräumen.

Sie können sich das Buch kapitelweise vornehmen oder es in seinem Gesamtzusammenhang von der ersten bis zur letzten Seite durchlesen. Beides empfiehlt sich, und die Entscheidung hängt ganz von Ihrem persönlichen Bedürfnis ab.

Wir wünschen Ihnen viel Freude mit diesem Werk, gute Anregungen und erfolgreiche Filmarbeit.

Uwe Walter, Regisseur

Die richtige Einstellung
Zur Bildsprache des Films

Inhalt

Teil IV DIE BEWEGTE KAMERA

Einführung

Irgendwie ist es paradox, daß der Film, der doch unseren Tagträumen am nächsten kommt, die Kunst ist, die sich am schwersten umsetzen läßt. Eigentlich müssen wir nur die Augen schließen, und wir sehen vor unserem inneren Auge wie in einem Kino den Film ablaufen, den wir gerne sehen möchten. Gerade weil wir unsere Fantasiebilder wie Filme sehen, muß es frustrieren, daß sich das, was uns wie ein durchgeformtes Kunstwerk erscheint, nicht ohne weiteres auf Film festhalten läßt. Könnten wir doch unsere Tagträume ebenso leicht darstellen, wie ein Musiker eine Melodie improvisiert oder ein Maler Farbe und Form auf die Leinwand bringt! Natürlich ist es eine Illusion, daß wir in Szenen träumen, die gleich ins Kino wandern könnten. Während die meisten Künstler ohne große Probleme in ihrem jeweiligen künstlerischen Medium arbeiten und dabei Tag für Tag neue Erfahrungen sammeln können, ist es für einen Filmemacher schwer, seinen Beruf auszuüben, solange die Finanzierung seiner geplanten Filmproduktion nicht gesichert ist.

Leider ist es für die meisten Filmschaffenden sehr schwierig, ein Filmprojekt zu verwirklichen. Selbst an den Filmhochschulen freuen sich die Studenten, wenn sie während ihrer vierjährigen Ausbildung zwei oder drei 16-mm-Kurzfilme fertigstellen dürfen. Doch selbst dann verbringen sie nur einen geringen Teil ihrer Studienzeit damit, tatsächlich Filme zu drehen. Auch Drehbuchautoren und Schauspieler, die so erfolgreich sind, daß ihnen eine Regie angetragen wird, geraten bisweilen in arge Schwierigkeiten, wenn sie ohne praktische Erfahrung plötzlich die Verantwortung für einen großen und teuren Dreh übernehmen. Da wurde schon manches bittere Lehrgeld bezahlt.

An den Filmhochschulen werden vor allem Gestaltungstechniken klassischer Filme studiert und deren Inszenierung analysiert. Schnitt- und Kameraseminare werden zwar angeboten, beschäftigen sich aber hauptsächlich mit den technischen Daten und Verfahren. So notwendig das auch ist, praktisches Arbeiten und experimentelle Auseinandersetzung kommen dabei häufig zu kurz.

Auch in der kommerziellen Filmproduktion fehlt die Gelegenheit, praktische Erfahrung zu sammeln. Dort wird die künstlerische Vision eines einzelnen in die wichtigen kreativen Arbeitsbereiche Drehbuch, Regie, Kamera und Schnitt aufgegliedert. Es gibt zwingende praktische Gründe für diese Arbeitsteilung. Trotzdem sollte sie den Filmemacher nicht dazu motivieren, Managerkurse zu besuchen, anstatt die Feinheiten seines Handwerks zu erlernen. Die Arbeitsteilung in Bild, Ton, Sprache und Script Continuity dient der Effizienz, unterscheidet sich aber mit ihrem hierarchischen Aufbau grundlegend vom Visualisierungsprozeß. Ist die Visualisierung also nun der Ausdruck einer einzigartigen künstlerischen Persönlichkeit oder das Ergebnis vieler individueller Begabungen? Meiner Meinung nach ist die Visualisierung von Einstellungen und die Auflösung von Szenen vielmehr Ausdruck einer eigenen Kunst, die ich als fließende Einstellungsfolge (Shot Flow) bezeichne.

Die richtige Einstellung handelt hauptsächlich von diesen fließenden Einstellungsfolgen im erzählenden Film. Ziel des Buches ist es, zu erkunden, wie die dreidimensionale Realität des Raumes vor der Kamera mit der zweidimensionalen Darstellung auf dem Film und auf der Leinwand in Beziehung steht. Die zwei Medien, in denen der Filmemacher arbeiten muß, sind: zum einen die Studiodekoration, beziehungsweise der Originalschauplatz als Medien im Sinne von willkürlich und bewußt manipulierbaren Räumen, und zum anderen das tatsächliche Filmbild, vergleichbar den traditionellen Bildträgern der »bildenden Künste«.

In diesem Buch werden filmische Techniken anhand gezeichneter und fotografierter Storyboards methodisch miteinander verglichen. Im Gegensatz zum Drehbuch ist das Storyboard ein noch wenig erforschter und selten dokumentierter Aspekt der Filmproduktion. Es dient uns hier aber nicht nur als didaktisches Anschauungsmaterial, sondern wird auch als Technik präsentiert, die dem Filmemacher hilft, das in Bilder zu fassen, was das Drehbuch mit Worten beschreibt. Shot by Shot zeigt Ihnen, wie man erzählerische und visuelle Aufgaben auf dem Papier löst, und bietet dazu einen Grundwortschatz der Gestaltungstechniken.

Beim Durchblättern des Buchs sind Ihnen sicher die vielen Foto-sequenzen aufgefallen, die den Eindruck erwecken, als hätte man es hier mit einer Enzyklopädie der Inszenierungs- und Erzähltechniken zu tun. Ich hoffe zwar, daß die Themen in den einzelnen Kapiteln er-schöpfend behandelt sind, es wäre aber falsch, das Ganze als eine Art Handbuch der Standardlösungen zu betrachten. Wenn ich eine so be-kannte Technik wie den Schuß über die Schulter (over the shoulder) in allen erdenklichen Varianten vorführe, so verfolge ich damit die Ab-sicht, ein Wissen zu vermitteln, wie es sich sonst erst aus der Summe der Erfahrungen beim Drehen unzähliger Einstellungen und beim Schnei-den zahlloser Szenen ergibt. Aber die eigene Praxiserfahrung ist leider durch nichts zu ersetzen, weder beim Drehen eines Films noch beim Ausarbeiten eines Storyboards. Beides ist auf seine unverwechselbare Art eine ganz besondere Herausforderung an das kreative Vorstellungs-vermögen. Kommentiert habe ich alle Beispiele aus meiner Perspektive, um deutlich zu machen, daß ich meine persönlichen Ansichten und nicht etwa unanfechtbare Tatsachen zum Ausdruck bringe. Mir geht es in erster Linie darum, Ihren kritischen Blick anhand der Beispiele zu schulen; Sie sollen mit den Grundlagen vertraut sein, von denen sich Ihre eigenständigen Lösungen ableiten lassen, wenn Sie am Drehort komplexe Situationen inszenieren wollen.

Ein Film kann auf verschiedene Arten visualisiert werden: Video und Computer sind brauchbare Alternativen zum Storyboard. Ein kritisches Auge und filmisches Gespür entwickeln sich am ehesten, wenn man Bild für Bild aneinandersetzt und eine Idee in immer wieder wechseln-den Varianten ausarbeitet. Ein Storyboard steht weder der Improvi-sation noch der Arbeit mit Dokumentartechniken im Wege, wie das oft behauptet wird. Aus eigener Erfahrung kann ich sagen: Ein Künstler wird nur Neues und Eigenes erschaffen, wenn er zunächst die tradi-tionellen Techniken erlernt.

Nicht jeder Film und nicht jede Sequenz muß natürlich als Story-board oder auch nur in Form eines detaillierten Drehbuchs durch-geplant sein. Aber der Film, dieses vielseitigste aller Kunstgenres, ist so flexibel, daß jeder Filmemacher seinen speziellen Vorlieben folgen kann. Ob Sie nun eher zu einem expressionistischen oder zum realis-tischen Stil tendieren, bleibt Ihnen überlassen. Für mich zählen das Zeichnen einer Bilderfolge und das Schreiben einer Szene zu den schönsten Momenten beim Filmemachen. Auch wenn ich mir unzählige Male die Haare raufe und Dutzende von Takes verwerfe, bevor ich eine möglichst perfekte Szene habe, ist alle Mühe vergessen, wenn später im fertigen Film ein paar begnadete Einstellungen zu finden sind.

Anmerkungen zu den benutzten Fotos und Storyboards

Die in diesem Buch verwendeten Fotoreihen wurden mit einer Nikon F3 und einer Olympus OM2n aufgenommen. Es wurden verschiedene Festbrennweiten- und Zoom-Objektive benutzt, als Filmmaterial wurde Kodak Panatomic x und Plus x verwendet. Wo immer es möglich war, habe ich versucht, die kompositorischen Eigenschaften der gebräuchlichsten Filmformate annähernd nachzubilden. Aus verschiedenen technischen Gründen sind Abweichungen dennoch unvermeidlich, zum Beispiel wegen der Diskrepanzen in der Brennweitendarstellung durch die Objektivhersteller und wegen der Schwierigkeit, die Brennweite eines Zoomobjektivs für jeden Punkt des gesamten Brennweitenbereichs exakt zu bestimmen.

Eine 35-mm-Spiegelreflexkamera besitzt ein Bildformat von annähernd 1:1,5. Das liegt ungefähr in der Mitte zwischen dem traditionellen Fernsehformat 1:1,33 (4:3) und dem in Europa üblichen Kinoformat 1:1,66. Für den Druck mußten die Bilder verkleinert werden, damit sich auch die verschiedenen Breitwandformate darstellen ließen, die bei Kinofilmen benutzt werden. Drei Bildformate sind im Buch demonstriert: 1:1,5, 1:1,85 (das amerikanische Standard-Breitwandformat) und die extremen Breitwandproportionen 1:2,35 von CinemaScope und 70-mm-Panavision.

Die Angaben über Brennweite und Blendenöffnung, die vielen Storyboardfotos beigegeben sind, sollten daher als Schätzungen angesehen werden. Würde man also mit der Filmkamera ein Duplikat der im Buch gezeigten Abbildung herstellen wollen, benötigt man auf jeden Fall ein Objektiv anderer Brennweite.

Leider werden Storyboards und Illustrationen bisher in der Filmindustrie selten systematisch aufbewahrt. Die abgebildeten Zeichnungen sind häufig Reproduktionen von fotokopierten Originalzeichnungen, da die Originale verschollen sind – selbst bei kürzlich erschienenen

Filmen ist dies der Fall. Die Schattierungen und tonalen Abstufungen in den Reproduktionen und Fotokopien haben daher viel von ihrer ursprünglichen Qualität verloren. Deshalb wurden selbst die schlechtesten Kopien im kostspieligen Halbtonverfahren reproduziert, um von den einstigen Tonstufen so viel wie möglich zu retten.

Der größte Teil des Bildmaterials mußte verkleinert werden, weil je nach Zweck der Zeichnung, Stil des Illustrators und Vorliebe des Regisseurs Storyboards und Entwurfzeichnungen unterschiedliche Maße aufwiesen. Einige Zeichnungen wurden um die Hälfte kleiner. In allen Fällen habe ich mich jedoch mit dem jeweiligen Künstler abgestimmt, um Ihnen die bestmögliche Reproduktion zu gewährleisten.

TEIL I
VISUALISIEREN

»Fantasie ist die Kunst, nicht sichtbare Dinge zu sehen.«
Jonathan Swift

1 Die Visualisierung

Wer je beobachtet hat, wie ein Junge mit seinen Spielzeugsoldaten im Gras liegt, hat gesehen, welches visuelle Prinzip dem Hollywoodfilm zugrunde liegt. Wie ein Regisseur macht sich der Junge einen Bildausschnitt vom Geschehen und begibt sich auf Augenhöhe mit seinen Miniaturfiguren; er befindet sich mitten im Geschehen von Angriff und Rückzug. Aus dieser Perspektive sehen die Spielzeuge nicht mehr wie bunte Figürchen aus, sie sind lebensgroße Krieger in einer Welt, die nicht beobachtet, sondern erlebt werden will.

Dasselbe beschrieb der französische Filmkritiker André Bazin in seinem Standardwerk *Qu'est-ce que le cinéma?* mit dem Begriff Präsenz *(présence)*: das Gefühl des Kinobesuchers, sich im räumlich-zeitlichen Kontinuum des Films zu befinden. Für Bazin vollendet sich damit ein Teil einer langen Tradition westlicher Malerei, nämlich die Suche nach immer wirklichkeitsgetreueren Abbildern, die mit der Entwicklung der Zentralperspektive in der Frührenaissance begann. Diese geometrische Raumdarstellung ermöglichte es den Malern, die dreidimensionale Wirklichkeit auf einer zweidimensionalen Fläche wiederzugeben. In der Fotografie ergibt sich dieser Effekt automatisch; der Betrachter sieht ein Bild, dessen räumlicher Aufbau dem seiner optischen Wahrnehmung der Wirklichkeit entspricht.

Der Film geht in der Illusion noch einen Schritt weiter: Wir erleben und sehen die Dinge, *während sie geschehen,* oder, wie Bazin es ausdrückt, wir fühlen uns in ihnen präsent, eine Illusion, die weder ein Gemälde noch ein Foto in dieser Art bewirken kann. Betrachten wir nämlich ein Gemälde oder ein Foto, so bleiben wir uns der Flächenhaftigkeit des Bildes bewußt. Ganz anders beim Film! Wir sehen das Bild nicht als Fläche, sondern werden in den auf die Leinwand projizierten Bildraum hineingezogen, als wäre es ein real existierender dreidimensionaler Raum.

Kontinuität

Durch die nahezu perfekte Illusion räumlicher Tiefe unterschied sich der Film um die Jahrhundertwende von allen anderen Reproduktionsmethoden in den grafischen Künsten und der Malerei. Die Montagetechniken und fotografischen Stilmittel von Filmpionieren wie Griffith und Porter bauten auf diesem Grundprinzip filmischer Seherfahrung auf, wobei sie jede Art von Technik vermieden, die auf die Illusion selbst aufmerksam gemacht hätte. Das stand im Einklang mit ihrem unmittelbaren künstlerischen Erbe: dem Theater, der Literatur, den Magazin- und Buchillustrationen und der Fotografie des 19. Jahrhunderts. Viele der grundlegenden filmischen Gestaltungstechniken sind in der populären Kunst des 19. Jahrhunderts angelegt oder gar entwickelt worden – zumindest die Tradition, die wir als *Continuity Style*[1] (das Prinzip der unsichtbaren Schnitte) kennen.

Die heutigen stilistischen Regeln sind zwar nicht mehr so eng gefaßt und erlauben auch Elemente des Dokumentar-, Experimental- und Avantgardefilms, sie sind aber den ursprünglichen Erzählformen des Hollywoodfilms treugeblieben, die sich mittlerweile als internationaler Stil etabliert haben. Von diesem filmtechnischen Grundvokabular gehen die Überlegungen in diesem Buch aus. Das Erlernen dieser Stilmittel sollte jedoch keinen Filmemacher vom eigenen Experimentieren abhalten. So bereichern sich zwei kommerzielle Programmgenres seit den achtziger Jahren beim Avantgarde- und Experimentalfilm: der Werbefilm und das Musikvideo. Das Wissen um den *Continuity style* kann den Filmemachern in Zukunft helfen, die Grenzen ihrer Ausdrucksmöglichkeiten noch weiter zu stecken.

Ich gehe davon aus, daß der bewußte Umgang mit den inszenatorischen und filmischen Regeln des *Continuity style* den Blick des Filmemachers für Bildkomposition, Montagemuster und dreidimensionale Gestaltung schärft. Selbst wenn er am Ende alle in diesem Buch vorgestellten konkreten Techniken verwerfen sollte, ist er durch die Lektüre doch besser gerüstet, seinen eigenen Weg zu beschreiten.

[1] Der englische Begriff *Continuity Style* bezeichnet einen in der frühen Stummfilmzeit in den USA entwickelten Inszenierungs- und Montagestil, der glatte räumliche und zeitliche Übergänge anstrebt und den einzelnen Schnitt unsichtbar zu machen sucht. Diese Filmsprache beherrscht die Erzählweise des Kinos bis heute. (A.d.Ü.)

Visualisieren

Grenzt es nicht an Zauberei, daß es etwas gibt, das Träume Wirklichkeit und Fantasien sichtbar werden läßt? So magisch es klingt, war die Kraft visueller Vorstellung schon immer den Menschen eigen und nur ein anderer Begriff für den kreativen Prozeß, bis die Psychologie dahinter kam, daß sie sich diese Fähigkeit zur persönlichen Leistungssteigerung nutzbar machen konnte.

Wir alle, so lautet die Verheißung, haben die Macht, unser Schicksal Bild für Bild selbst zu bestimmen, wenn wir lernen, unser schöpferisches Potential zu kanalisieren. Sportpsychologen waren die ersten, die sich dieser Technik bedienten, indem sie die Athleten aufforderten, sich den perfekten Ablauf eines Wettkampfs bildlich vorzustellen – was einer visuellen Beschwörung gleichkommt. Diese Art des positiven Denkens ist sicher nützlich, wenn es darum geht, sich ein genau definiertes Ziel vor Augen zu führen. Wie aber visualisieren Sie als Künstler? Welches Ziel fassen Sie visualisierend ins Auge?

Tatsächlich haben Sie als Künstler selten ein bestimmtes Ziel im Sinn, wenn Sie an einem Werk zu arbeiten beginnen. Der Prozeß des Visualisierens ist für Sie der Weg zum Ziel, nicht das Ziel selbst. Das ist etwas völlig anderes als der Versuch, ein Bild aus der Vorstellung in die Realität zu übertragen, wie es der Sportler tut, wenn er sich einen Bewegungsablauf bildlich vorstellt, den er in der Praxis schon tausendfach ausgeführt hat. Die Fähigkeit, in der Vorstellung bereits das fertige Werk zu schaffen, mag manchem Künstler erstrebenswert erscheinen; so wie ich aber den kreativen Prozeß begreife, hat es damit weniger zu tun.

Ich persönlich verstehe unter Visualisierung nicht einen reinen Verstandesakt, sondern das Verschmelzen von körperlichen und geistigen Vorgängen, die wir in ihrer Gesamtheit als Vorstellungskraft bezeichnen. Erst wenn sich unsere Vision beim Zeichnen, Schreiben oder Schneiden einer Filmszene herauszukristallisieren beginnt, geht unsere ganze schöpferische Kraft im Prozeß des Visualisierens auf.

Lassen Sie mich ein Beispiel aus diesem Buch nennen: Dies ist der dritte Entwurf des ersten Kapitels. Einige Teile davon sind neu; sie basieren auf verschiedenen Überlegungen aus zwei vorhergehenden Versionen, die inzwischen verworfen wurden. Aber vor mehr als einem

Jahr, bevor ich mit dem Schreiben begann, besaß ich die Vorstellung, Inhalt und Sprache für dieses Kapitel lägen schon auf Abruf bereit. Die trügerische innere Stimme, die zum Autor in scheinbar vollendeter Prosa zu sprechen pflegt, meldete sich damals auch bei mir unüberhörbar zu Wort.

Der Vorgang der Visualisierung spielte in allen Entwürfen und Überarbeitungen eine Rolle. Ich denke nicht, daß die Hand von der Vorstellungskraft geführt wird, sondern daß umgekehrt die Fantasie von der Hand geleitet wird, und zwar dann, wenn wir uns in eine künstlerische Tätigkeit ganz versenken. Sobald sich die einzelnen kreativen Phasen zu einer faßbaren Form verdichten, gibt sich das Vorgestellte wie in einem Spiegel zu erkennen. Plötzlich werden Dinge klar, die wir vorher nicht gesehen haben, neue Möglichkeiten tauchen auf, und neues Material entsteht, mit dem man weiterarbeiten kann. Das duale Erlebnis der bildlichen Vorstellung, die dem kreativen Tun entspringt, und der Offenbarung dessen, was man geschaffen hat, macht für mich das Wesen des Visualisierungsprozesses aus.

Für das Handwerk des Filmemachers ist dies von besonderer Bedeutung, denn die beiden wichtigsten Aspekte des Visualisierens, nämlich der physische Kontakt zum Medium und die Möglichkeit, eine fertige Arbeit zu überprüfen und zu überarbeiten, sind aufgrund der Komplexität einer Filmproduktion nur schwer in die Praxis umzusetzen. In besonderem Maße gilt das für den Spielfilmsektor, in dem die Finanzierung eines Projekts von einer Produktionsgesellschaft oder einer öffentlichen Institution abhängt und sich der Filmemacher in einen von hohem Termin- und Erfolgsdruck geprägten Produktionsablauf einfügen muß. So beschränkt sich das eigentliche Moment des Visualisierens oft auf die Arbeit am Drehbuch, das sich leider nicht grafisch ausdrückt.

In der Praxis spielen beim Visualisieren zwei Verhaltensvarianten ineinander: Spontaneität und Reflexion. Spontaneität heißt bei der Filmarbeit, daß Sie sich den Inhalt der Einstellungen und deren Abfolge in einer Sequenz in einem einzigen, ununterbrochenen Vorgang ausmalen. Dabei muß das Material im Augenblick seines Entstehens ausgewertet werden, und die Ideen müssen in immer neuen Kombinationen unmittelbar miteinander verglichen werden.

Reflexion heißt eigentlich nichts anderes, als daß Sie sich zwischen zwei Fassungen eines Drehbuchs, zwischen zwei Storyboardentwürfen oder zwischen zwei Ensembleproben eine Nacht Schlaf gönnen. Der Reflexionsprozeß bringt die enge, sehr subjektive Beziehung zum Material, die aus dem spontanen Ideenfluß entstanden ist, wieder in ein vernünftiges Gleichgewicht. Zum Visualisieren gehört das Erzeugen konkreter Bilder in einem greifbaren Medium. Es ist absolut unverzichtbar, daß Ideen sichtbar gemacht werden, bevor sie das Scheinwerferlicht erblicken.

Sie als Filmemacher brauchen beim Schreiben noch nicht genau zu wissen, mit welchen Einstellungen Sie die dicht komponierte Szene auflösen werden, die Sie gerade zu Papier bringen oder in Ihren Computer eingeben. Was aber, wenn man Ihnen einen leeren Bildrahmen vorlegt, in den Sie die erste Kameraeinstellung derselben Szene einzeichnen sollen?

Nun haben Sie eine ganze Reihe von visuellen Entscheidungen zu treffen, die im Drehbuch nicht zur Sprache kommen. Das leere Rechteck mag Sie zunächst entmutigen. Aber indem Sie es ausfüllen, legen Sie sich ja noch lange nicht endgültig fest; es ist lediglich der Beginn des Visualisierens. Jede Phase in diesem Prozeß erfordert Hingabe und Freude am eigenen Tun und ist um so produktiver, je offener Sie für neue Ideen sind. Diese Ideen erscheinen häufig als bruchstückhafte, trügerische Bilder oder auch als unvollständige Gedanken, die es zu entdecken gilt. Das Entdecken erweist sich dabei als Etappe im Arbeitsprozeß.

Am Anfang dieses Vorgangs steht ein scharfes Bewußtsein für visuelle Möglichkeiten. Bildende Künstler und Fotografen stimmen überein, daß sich ihr visuelles Gedächtnis mit der praktischen Ausübung ihres künstlerischen Handwerks verbessert. Die Fähigkeit, sich an Vergangenes zu erinnern, fördert die schöpferische Fantasie in der Gegenwart. Dem Bewußtsein folgt das Experimentieren. Der erste Strich im Bildrahmen eines Storyboards sollte von einem Gefühl der Freiheit getragen sein. Beim Visualisieren gibt es weder falsch noch richtig, sondern nur alternative Ideen. Und das Experimentieren führt schließlich zum Entdecken.

Alle Etappen sind gedankliche Durchgangsstadien, von denen jedes zum nächsten weiterführt. Der Prozeß ist erst abgeschlossen, wenn der Filmemacher konkret Verwendbares geschaffen hat. Zu wissen, wann man aufhören muß, an einer Idee zu arbeiten, ist für das Visualisieren genauso wichtig, wie das Entwerfen zahlloser Einstellungen für eine einzelne Sequenz.

Visualisieren ist nur ein Schritt von vielen, wenn ein Film entsteht. Kein Film kann ausschließlich auf dem Papier entworfen werden, weder in einem Drehbuch noch als Storyboard. Sobald die Dreharbeiten beginnen, ändert sich ein Storyboard, wie sich jede andere Art der Visualisierung wandelt. Ziel des Visualisierens ist es nicht allein, Entscheidungen auf dem Set vorwegzunehmen oder den Produktionsablauf reibungsloser zu gestalten (obwohl es dafür oft förderlich ist). Visualisierung bietet die Chance, auf neue visuelle und erzählerische Ideen zu stoßen, bevor das Drehen beginnt. Vielleicht kommt als Ergebnis lediglich ein einziges begnadetes Bild für eine Szene heraus oder die Entscheidung, eine Actionszene für eine lange Plansequenz einzurichten anstatt für schnelle Schnitte. Visualisierung kann dabei helfen, den dramatischen Schwerpunkt einer Szene zu finden oder eine unglaubwürdige Dialogzeile zu entlarven. Überraschenderweise sind nicht die einzelnen Bildkompositionen eines Storyboards der Hauptvorteil des Visualisierens. Vielmehr trägt das Storyboard seinen Teil dazu bei, die ursprüngliche Filmvision zu verdichten, wenn die Inszenierung einer Szene vor dem Drehen auf Papier durchgeplant und Schritt für Schritt verbessert wird.

Die hier beschriebene Methode der Filmplanung ist vor allem auf das Entwickeln außergewöhnlicher Szenen und Sequenzen gerichtet. Sobald ein Drehbuch vorliegt und die Arbeit beginnt, sollte sich der Regisseur vom ersten Augenblick an bemühen, jeder einzelnen Einstellung und jeder einzelnen Szene Bedeutung beizumessen. Diese Aufgabe nur an andere abzugeben wäre nicht das, was mit Zusammenarbeit gemeint ist. Kameramänner und Cutter geben ihr Bestes, wenn auch der Regisseur selbst gute Beiträge einbringt und hohe Qualitätsmaßstäbe anlegt.

2 Production Design (Szenenbild)

Auch wenn der Regisseur der eigentliche Schöpfer der Bildsprache eines Films ist, so ist der Production Designer gemeinsam mit seinen Mitarbeitern zuständig für die Entwicklung und Umsetzung des visuellen Entwurfs. Eine solche Arbeitsteilung im künstlerischen Bereich ist immer dann notwendig, wenn Geschichtenerzähler die Zeit und den Schauplatz ihres Films selbst zu bestimmen wünschen, selbst wenn es sich um eine einfache Gegenwartsgeschichte handeln sollte. Der Wunsch, einen Erzählstoff filmisch und frei zu gestalten, anstatt nur die vorhandene Wirklichkeit abzufotografieren, ergab sich einerseits aus den speziellen Anforderungen der Fiktion, zum anderen aber auch aus ökonomischen Produktionsüberlegungen – den beiden Faktoren, die von Anfang an die treibenden Kräfte für alle Entwicklungen und Veränderungen im Hollywood-Studiosystem waren. Hinzu kam, daß zu Beginn des Films aus Gründen der lichtschwachen Filmmaterialien und Objektive Innenszenen nur unter Einsatz von vielen und starken Scheinwerfern im Studio gedreht werden konnten.

Der Aufstieg des Art Directors (Filmarchitekt) zur kreativen und organisatorischen Schlüsselfigur begann in der frühen Stummfilmzeit, als die Filme weitgehend vom Theater beeinflußt waren. Der Art Director war zunächst Bühnenbildner, denn die ersten Sets bestanden aus nicht viel mehr als gemalten Prospekten und ein paar Möbelstücken. Der Übergang von der Bühnenkulisse mit einer Hauptansicht zum gebauten Filmset war unvermeidlich – Griffith hatte dafür gesorgt, als er die Aufnahmetechnik der wechselnden Kamerablickwinkel entwickelte. Daß Griffith und die gesamte amerikanische Filmindustrie sich aber herausgefordert fühlten, mit italienischen Produktionsstandards zu wetteifern, ist sicherlich dem kurzfristigen Einfluß des italienischen Films zuzuschreiben.

Zwei italienische Produktionen, nämlich *Quo Vadis?* (1912) und *Cabiria* (1914), galten als die ambitioniertesten und technisch raffiniertesten Filme ihrer Zeit. Für beide Filme waren bis ins letzte Detail ausgestaltete Sets gebaut worden, und es wurde mit künstlichen Lichteffekten und teilweise beweglicher Kamera gearbeitet. Ihr gewaltiger Erfolg stellte Griffiths Arbeit in dieser Periode zeitweilig in den Schatten, inspirierte ihn aber auch in hohem Maße zu seinen frühen Monumentalwerken *Judith von Bethulien* (1913), *Geburt einer Nation* (1915) und *Intoleranz* (1916), die zu seinen innovativsten Filmen gehörten.

Als die Filmtechnik um 1915 in atemberaubendem Tempo immer komplizierter und aufwendiger wurde, als sich gebaute Sets und die bewegliche Kamera überall durchsetzten, wurde eine engere Zusammenarbeit zwischen Filmarchitekten und Kameramännern erforderlich. Die Filmarchitekten erkannten, daß sie auf die Kamera angewiesen waren, wenn sie die optischen Illusionen erzeugen wollten, die man von ihnen erwartete. Sie lernten Teilsets zu verwenden, um den begrenzten Kamerablickwinkel voll auszuschöpfen, und ersetzten den Kulissenhintergrund durch auf Glas gemalte Masken (Matte Shots) und Modellbauten. Der Filmarchitekt mußte zwangsläufig die Entscheidungen mittragen, die zur Umsetzung der neuen filmischen Techniken notwendig waren, und vollzog damit den Schritt vom Bühnenbildner, der Theaterkulissen schafft, zum Szenenbildner (Production Designer) des Films.

Als der abendfüllende Spielfilm zum dominierenden Kinoformat wurde, hing das Überleben der Produktionsgesellschaften von einem schnellen und effizienten Produktionsablauf ab. Die Praxis, Szenen unabhängig von ihrer chronologischen Abfolge aufzunehmen, wurde allgemein üblich. In den Werkstätten der neu errichteten Studios von Universal City, Inceville oder Culver City mußten für mehrere Filme gleichzeitig Requisiten hergestellt, Sets gebaut und Kostüme genäht werden. Die Arbeitsfelder wurden nach dem Vorbild der im 19. Jahrhundert eingeführten industriellen Massenproduktion spezialisiert, und für jede Produktionsphase wurde eine eigene Abteilung geschaffen: für das Drehbuchschreiben, für Szenenbau, Requisiten und Kostüme, für die Kameraarbeit und für den Schnitt.

Ab etwa 1915 begann man, Szenenbilder, Requisiten und Kostüme eines Films einzulagern, um sie in einem späteren Film wiederverwenden zu können. Die zunehmende Arbeitsteilung in den Studios erforderte eine stärkere Organisation und Absprachen zwischen den einzelnen Abteilungen. Dem Art Director fiel damit die Aufsicht über den größten Teil des Produktionsprozesses zu, weil er die komplexesten, teuersten und arbeitsintensivsten Abteilungen leitete: Szenenbau und Ausstattung. Im Gegensatz zum Kameramann und zum Regisseur verfügte der Art Director in der Form von Entwurfsplänen, Konzeptskizzen und Modellen über eine Sprache, die die Handwerker in den anderen Abteilungen zu lesen verstanden. Zur selben Zeit erkannte die Filmindustrie das bildgestalterische Potential der Arbeiten von Griffith und einigen anderen führenden Regisseuren und fühlte sich in ihrer visuellen Leistungsfähigkeit herausgefordert. Die Studios waren ständig auf der Suche nach neuen Talenten. Sie begannen, Zeitschriftenillustratoren und Architekten einzustellen, um den noch in den Kinderschuhen steckenden künstlerischen Abteilungen neue Ideen zuzuführen und die immer aufwendigeren Produktionen zu bewältigen, die das Publikum erwartete. Die Hollywood-Studios wurden zur erfolgreichen Filmfabrik, weil ihre künstlerische Abteilung in der Lage war, eine Produktion richtig durchzuplanen; nur deshalb gelang es ihr, bereits während der Stummfilmzeit Hunderte von Kurzfilmen und abendfüllenden Spielfilmen auf den Markt zu werfen.

Ihre nächste Entwicklungsstufe erreichte die Abteilung Szenenbau und Ausstattung in den zwanziger Jahren mit dem Aufstieg des deutschen Films. Während des Ersten Weltkrieges wurden in Deutschland mehrere kleine Filmgesellschaften zur Ufa (Universum Film Aktiengesellschaft) zusammengeschlossen, einem Produktionsbetrieb mit Mammutstudios, der finanziell vom Staat beträchtlich unterstützt wurde. Diese Geldmittel in Verbindung mit den hervorragenden Studios in Potsdam-Babelsberg ermöglichten technische und stilistische Innovationen, die angeregt waren vom deutschen Expressionismus und dem Kammerspielfilm. Die eine Strömung bevorzugte fantastische Themen, die andere naturalistische und düstere. Beide gaben sich unheimlich-geheimnisvoll und waren daher angewiesen auf stilisierte Sets und eine ebensolche Kameraführung. In vieler Hinsicht wurden in den zwanziger Jahren die Ufa und ihre berühmten Regisseure, Autoren und Handwerker zu den Vorreitern des Production Designs. Dazu zählten Regisseure wie Karl Mayer, Karl Struss, Fritz Lang, F. W. Murnau, G. W. Pabst und A. E. Dupont, zudem Filmarchitekten wie Hans Dreier, Otto Hunte, Emil Hasler, Fritz Maurischat und andere. Sie entwickelten die Ausdrucksmöglichkeiten der bewegten Kamera und der subjektiven Einstellung und bemühten sich um eine formal stringente Komposition.

In zahlreichen Filmen griff die Ufa auf die Inszenierungstradition der Wagner-Oper und deren kolossale, verschachtelte Bühnenbauten zurück. Sie dokumentierte damit nicht nur die Begabung ihrer Szenenbildner, sie zeigte auch, daß ein künstlerisch gestalteter Set zur emotionalen Ausdruckskraft eines Films einen enormen Beitrag leisten konnte. Auch wurde unter Beweis gestellt: Filme ließen sich vollständig in einem kontrollierbaren Studioumfeld drehen, selbst wenn Außenszenen einen beträchtlichen Anteil ausmachten. Das wurde zu einem wichtigen Faktor bei der Filmgestaltung, als gegen Ende der zwanziger Jahre der Tonfilm aufkam.

Hollywood verlor keine Sekunde Zeit. Es übernahm die ästhetischen Innovationen der Ufa sofort, zunächst in Form von Koproduktionen, später durch den Import der besten europäischen Regisseure und Kameramänner. Auch die Methode, komplette Filme im Studio zu drehen, wurde übernommen und weiterentwickelt. Am Ende der Stummfilmzeit war das Studiosystem überall in Hollywood eingeführt, und der Art Director war weitgehend verantwortlich für die *Mise-en-Scène* eines jeden Films, der von einem bestimmten Studio produziert wurde. So besaß in den Anfängen des Tonfilms jedes der großen Studios seinen unverwechselbaren visuellen Stil, der im wesentlichen dem Geschmack des jeweiligen Art Directors entsprach. Das Aussehen der Twentieth-Century-Fox-Filme bestimmten William Darling, Richard Day und Lyle Wheeler; Warner-Brothers-Filme besaßen den grobkörnigen Realismus, den Anton Grot bevorzugte; MGM arbeitete mit den luxuriösen, hell ausgeleuchteten Szenenbildern von Cedric Gibbons; Paramount war geprägt vom europäischen Raffinement eines Hans Dreier; Universal-Filme zeigten eine mißmutige Düsternis, für die Herman Rosse und Charles D. Hall verantwortlich waren, und bei RKO war Van Nest Polglase für die Gestaltung der Astaire-Rogers-Musicals und des Films *Citizen Kane* zuständig.

Der wachsende Einfluß des Art Directors in den ersten Tonfilmjahren zeigt sich an einem neuen Namen, der schließlich für seinen erweiterten Verantwortungsbereich gefunden wurde. 1939 nahm William Cameron Menzies für *Vom Winde verweht* in der neu geschaffenen Sparte Bester Production Designer einen Oscar in Empfang. Nur zehn Jahre zuvor, bei der allerersten Oscarverleihung, hatte er die Auszeichnung als Art Director erhalten.

Zwar können die Aufgaben des Production Designers (Szenenbildners) von Film zu Film leicht variieren, aber auf jeden Fall hat er mehr Verantwortung als der Art Director (Filmarchitekt). Zusätzlich zu Entwurf und Gestaltung des Gesamtstils, der in Sets, Requisiten und Kostümen zum Ausdruck kommt, kümmert er sich weitgehend um die Einstellungsfolge und die dynamischen Elemente der Filmgestaltung. Ein gutes Beispiel dafür ist Menzies' Beitrag zu *Vom Winde verweht*. Für diesen Film zeichnete er Tausende von ausgefeilten Storyboardskizzen, denen Bildkomposition, Inszenierung und Schnitt für jede Einstellung detailliert zu entnehmen waren. Menzies trug dazu bei, daß der Production Designer in den inneren Kreis des kreativen Stabs aufgenommen wurde – als einer der Mitschöpfer der Schlüsseleinstellungen und Bildfolgen eines Films neben dem Regisseur, dem Kameramann, dem Cutter und manchmal dem Autor.

Szenenbildillustrationen

Die zentralisierten Bau- und Ausstattungsabteilungen vergangener Studiotage existieren längst nicht mehr. Heute werden der kreative Stab und das Produktionsteam für jeden Film neu zusammengestellt. Dennoch wird ein Production Designer immer mit Leuten zusammenarbeiten wollen, mit denen er in der Vergangenheit gute Erfahrungen gemacht hat. Und in der Regel erlaubt ihm der Produzent, sich sein Team nach eigenen Wünschen zusammenzustellen, wodurch sich zumindest eine gewisse Kontinuität in den Arbeitsbeziehungen einstellt. Schlüsselpositionen innerhalb seines Teams sind die des Art Directors (Filmarchitekt), des Prop Stylist (Requisiteur), des Draftsman (Bauzeichner), des Illustrator (Storyboardzeichner und Illustrator) und des Costume Designer (Kostümbildner).[1]

---

[1] In den USA ist der Production Designer der Leiter des Art Department. Unter ihm arbeiten alle künstlerischen Abteilungen.

Jeder Mitarbeiter in der Bau- und Ausstattungsabteilung (Art Department) trägt Entwürfe bei, die sich in eine von drei Grundkategorien einordnen lassen:

Erstkonzepte und Detaillierungen: Damit werden einzelne Bestandteile einer Produktion sowie Sets, Requisiten, Kostüme, Masken und Spezialeffekte dargestellt. Es sind Einzelillustrationen, mit denen Stil und Atmosphäre etabliert werden sollen, sie geben nicht notwendigerweise eine Einstellung oder eine Bildfolge des Films wieder.

Grundrisse, Ansichten und Projektionen: Dies sind die ausgeprägt technischen Darstellungsformen mit exakten Maßangaben, die zum Bau oder zur Herstellung dessen benötigt werden, was in den Entwürfen inhaltlich angedeutet wurde.

Anschlußskizzen und Storyboards: Sie bestehen aus einer Reihe von fortlaufenden Bildern, denen zu entnehmen ist, wie jede einzelne Einstellung komponiert und in die jeweilige Szene eingeordnet ist.

Erstkonzepte und Detaillierungen

Viele Zeichnungen, die während der Vorbereitung einer Filmproduktion entstehen, sind einfach schnell hingeworfene Skizzen, ein paar Striche, Rohentwürfe – was eben benötigt wird, um in dieser Anfangsphase eine Idee schnell anschaulich zu machen. Für offizielle Präsentationen und zur präzisen Verständigung werden diese Skizzen schließlich zu fertigen Entwürfen weiterentwickelt, zu vollständig durchgearbeiteten, künstlerisch anspruchsvollen Bildern, die bis zu 75 × 100 cm groß sein können. Sie sollen die Stimmung und Empfindung zeigen, die von einem Set, einem Außenschauplatz, einem Kostüm oder einer Maske ausgehen sollen. Darum sind Farbe, Lichtführung und Stil wichtiger als eine im technischen Sinn exakte Abbildung. Eine dramatische Darstellungsweise eignet sich am besten, weshalb die fertigen Konzeptionen normalerweise in einer der traditionellen Illustrationstechniken ausgeführt sind, wie etwa Gouache, Tempera, Öl, Wasserfarben, farbige Tinte, Acryl oder in einem Mischstil. In der Regel wird für jeden wichtigen Schauplatz und jedes wichtige Milieu ein vollständig durchgearbeiteter künstlerischer Entwurf angefertigt.

Für *Krieg der Sterne* machte der Szenenbildillustrator Ralph McQuarrie anfänglich von acht Hauptszenen detaillierte Bilder, mit denen er den visuellen Stil des gesamten Films etablierte. Sie waren eine große

Hilfe beim Verkauf des Projektes an ein Studio. Später wurden nach den ursprünglichen Ideen McQuarries von anderen Künstlern Hunderte von zusätzlichen Zeichnungen und Bildern angefertigt, die dem Originalkonzept aber alle weitgehend treu blieben.

Unten ist das Beispiel einer Konzeption des Illustrators Joe Musso (heute Präsident der Matte Painters and Production Illustrators Union) zu sehen. Dieses Gouachebild wurde für Hitchcocks *Der zerrissene Vorhang* angefertigt und zeigt das Büro eines kommunistischen Geheimdienstchefs in Ostberlin, der mit einem amerikanischen Wissenschaftler (Paul Newman) und dessen Freundin (Julie Andrews) spricht. Durch die Fenster sind die Ruinen ausgebombter Häuser des alten Berlin zu sehen, die Hitchcock mit einbezog, um sie zu der modernen Büroeinrichtung in Kontrast zu setzen und auf den historischen Kontext der Story zu verweisen. Die Ruinen wurden schließlich mittels eines von Albert Whitlock hergestellten Matte Painting (Glasmalerei) eingefügt.

Zwei besondere Konzeptentwürfe für *Citizen Kane* sind auf den Seiten 34 und 35 zu sehen. Der erste zeigt eine Innenansicht von der großen Eingangshalle in Kanes Wohnsitz Xanadu, der zweite den leeren Swimmingpool und die zerrissenen Markisen des Sets »Badehaus außen«.

Weitere Beispiele für die Illustration einer Konzeption sind die Entwürfe für zwei wunderbar verwirklichte Szenen in *The Purple Rose of Cairo* von Production Designer Stuart Wurtzel auf den Seiten 36 und 37.

Konzeptbild von Joe Musso für ›Der zerrissene Vorhang‹

Die dazugehörigen Standfotos zeigen, wie die Sets im Film aussahen. Beide Szenen wurden an Originalschauplätzen im New Yorker Norden gedreht. Da *The Purple Rose of Cairo* von einem Film im Film handelt, mußte Wurtzel zwei Welten erschaffen: die Welt Mitte der dreißiger Jahre und die überzeugende Nachempfindung einer zeitgenössischen Studiodekoration für die Dreharbeiten zu einer Salonkomödie.

Darauf folgen zwei Situationsskizzen von Richard Sylbert (Seite 38), dem Production Designer von Filmen wie *Chinatown*, *Die Reifeprüfung*, *Catch 22* und *Dick Tracy*. Seine Entwürfe für *Reds* und *Fieber im Blut* sind gelungene Beispiele für einen sicheren und anschaulichen Zeichenstil.

Architekturzeichnungen

Die technische Entwurfsarbeit beginnt, sobald die Konzeptionen für die in den fertigen Entwürfen dargestellten Sets, Kostüme und Ausstattungsteile abgesegnet sind. Die Materialien und die mechanischen

Produktionsskizze
zu ›Citizen Kane‹

Ein Blickwinkel auf die Eingangs-
halle ›Citizen Kane‹.
Orson Welles Produktion für
R.K.O. Hollywood. 1941.
Szenenbild: Van Nest Polglase.
Mitarbeiter: Perry Ferguson

Konstruktionslösungen müssen bestimmt und in maßstabgerechten technischen Zeichnungen erläutert werden. Diese Pläne werden unter der Aufsicht des Filmarchitekten und des Production Designers von Bauzeichnern angefertigt und müssen den Vorschriften für den Bühnenbau und den allgemein anerkannten Konstruktionsstandards entsprechen.

Es gibt vier Grundarten von Architekturzeichnungen, die beim Production Design Verwendung finden: Riß, Ansicht, Schnitt und Projektion. Die drei erstgenannten sind aufeinander bezogen und enthalten alle Informationen, die ein Handwerker braucht, um zu verstehen, wie ein Objekt, ein Gebäude oder ein Set konstruiert werden soll.

Risse, Schnitte und Ansichten

Ein **Riß** ist ein Blick von oben auf ein Objekt, wobei man auf eine Schnittfläche schaut, als habe ein Messer horizontal das gesamte Bauwerk durchtrennt und die obere Hälfte sei danach entfernt worden. Der Riß eines Gebäudes kann ein Grundriß, ein Deckenriß, ein Dachriß oder ein Lageplan (des Baugrundstücks)

›The Purple Rose of Cairo‹:
Situationsskizze von
Production Designer Stuart
Wurtzel, Standfoto

sein, je nachdem, wo der Schnitt angesetzt wurde. Beim Film und am Theater
wird meistens mit Grundrissen gearbeitet, da der Bau eines vollständigen Gebäudes nur selten erforderlich ist. Risse werden maßstabgerecht gezeichnet
und beinhalten die genauen Maßangaben.

Unter einem **Schnitt** versteht man üblicherweise einen vertikalen Schnitt, der

›The Purple Rose of Cairo‹:
Situationsskizze von
Production Designer Stuart
Wurtzel, Standfoto

meist ein Profil (Seitenansicht) des Objektes oder Gebäudes darstellt, und zwar
so, als sei von einer Seite eine Scheibe abgeschnitten, um eine Schnittfläche
freizulegen. Auch eine Rißzeichnung kann als Schnitt angesehen werden.
Ansichten sind Front- und Seitenansichten eines Objektes. Sie werden den Riß-
zeichnungen beigegeben und im gleichen Maßstab gezeichnet.

Situationsskizzen von Production Designer Richard Sylbert. Oben: ›Reds‹; unten: ›Fieber im Blut‹

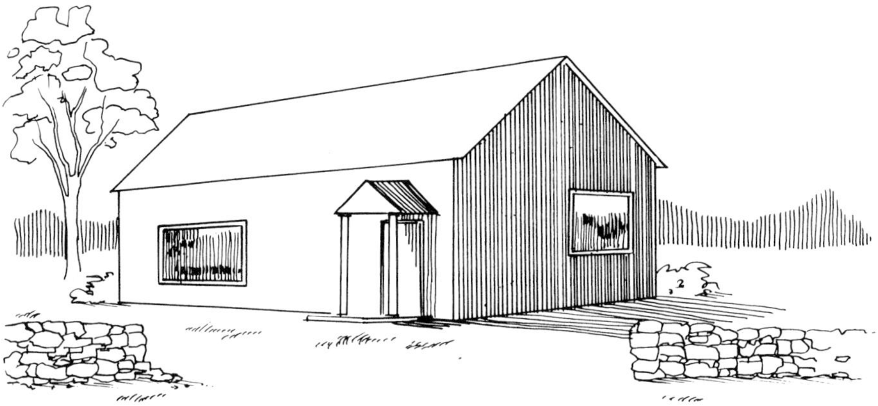

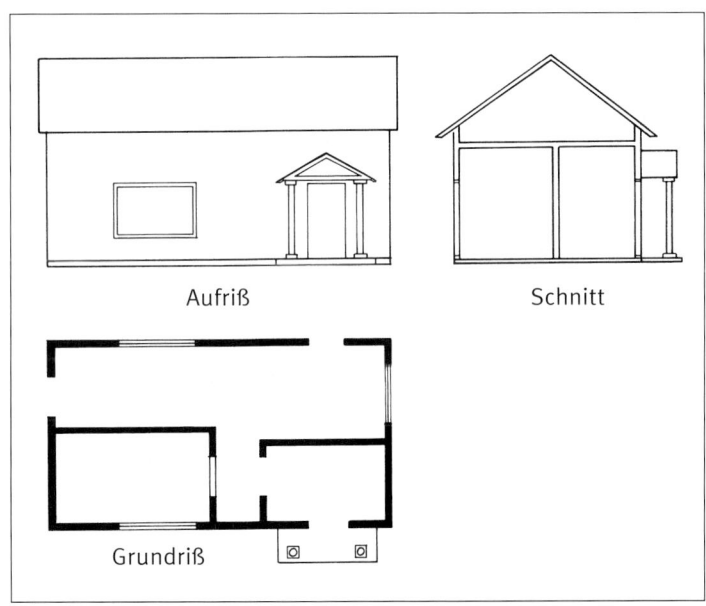

Abb. 2.1: Grafische Darstellung. Typische Konzeptionszeichnung

Die grafische Darstellung 2.2 zeigt das typische Aussehen von Riß, Schnitt und Ansicht zu dem Haus aus der Konzeptionszeichnung (grafische Darstellung 2.1).

In Konzeptionsstudien laufen fliehende Flächen und Linien zum Horizont hin zusammen, um die Perspektive zu veranschaulichen. Risse, Schnitte und Ansichten werden dagegen in einer orthogonalen Parallelprojektion gezeichnet, das heißt, parallele Flächen und Linien des Objektes erscheinen auch in der Zeichnung als parallele Flächen oder Linien.

Aufriß

Schnitt

Grundriß

Abb. 2.2: Grafische Darstellung. Drei Grundtypen der Darstellung, die beim Entwurf des Szenenbildes benutzt werden.

Projektionen

Ausgehend von Grundriß und Ansicht eines Drehortes ist es möglich, perspektivische Illustrationen zu zeichnen, aus denen hervorgeht, wie der fertige Set aus der Sicht der Kamera aussehen wird – je nach Objektiv und Standpunkt. Diese Zeichnungen nennt man *Projektion* oder *Darstellung des Kamerablicks (camera angle projection)*.

Eine solche Zeichnung hätte sich zum Beispiel in folgender Situation als nützlich erwiesen: Eine Filmszene verlangt, daß ein Flugzeug in einem Hangar Feuer fängt. Man hat einen passenden Schauplatz in einem echten Hangar gefunden und eine falsche Wand eingebaut, die in Brand gesetzt werden kann. Die neue Wand teilt den Drehort in zwei Hälften. Der Regisseur hatte gehofft, eine Totale von dem Flugzeug drehen zu können, aber das wird schwierig, weil die falsche Wand zu viel Raum abschneidet. Mit Hilfe eines extremen Weitwinkelobjektivs könnte man zwar auch jetzt noch das ganze Flugzeug ins Bild bekommen, müßte aber dafür unschöne Verzerrungen in Kauf nehmen.

Hätte der Production Designer Projektionen des Kamerablicks angefertigt, hätte der Regisseur diese Probleme bereits auf dem Papier erkennen können – bevor der Set gebaut wurde. Gleichzeitig hätte der Szenenbildner gesehen, daß er nur eine Hälfte der Wand bauen muß, da die Kamera nicht mehr vom Hangar erfaßt. Projektionen der Kameraperspektive sind besonders hilfreich für Trickaufnahmen wie Glas- und Maskenaufnahmen sowie für Modellsets und Sets mit künstlich veränderter Perspektive, es sei denn, man kann Sets und Innenschauplätze bereits im voraus begutachten.

Studie zum Kamerablickwinkel von Camille Abbott für ›Flashdance‹

Wie mir Harold Michelson erzählte, war die Darstellung des Kamerablicks eine Routineangelegenheit, die von jedem Zeichner der Abteilung beherrscht wurde, als er gegen Ende der vierziger Jahre seine berufliche Laufbahn in der künstlerischen Abteilung begann. Für nahezu jeden Set wurden vor Baubeginn solche Projektionen angefertigt, um überflüssige Bauten zu vermeiden und Proportionen des Setentwurfs zu begrenzen. Man bezog einfach das Objektiv, das für die Aufnahmen verwendet werden sollte, mit in die Konstruktionsüberlegungen ein. Weil die Praxis heute völlig anders aussieht, sind viele junge Illustratoren mit dieser ausgezeichneten Hilfstechnik nicht mehr vertraut.

Auf den Seiten 40 und 42 sind zwei Projektionsstudien abgebildet, die auf von Production Designern vorgegebenen Grundrissen und Ansichten basieren. Die erste stammt von Camille Abbott und zeigt den Mansardenset in *Flashdance*. Abbott ist eine vielseitig begabte und erfahrene Illustratorin. Im Zeichnen von Projektionen ist sie besonders bewandert und wird deswegen häufig bei schwierigen Setdarstellungen als Spezialistin zu Rate gezogen.

Das *Flashdance*-Bild ist breiter angelegt als das Bildformat von 1:1,85, weil für die Szene ein Schwenk vorgesehen war. Anhand von Abbotts Darstellung können Production Designer, Regisseur und Kameramann genau erkennen, wie der Set mit dem Kameraobjektiv aussehen wird, das speziell in der Zeichnung angegeben ist. Ein Wechsel des Objektivs oder der Kameraposition würde eine neue Projektionszeichnung notwendig machen.

Die zweite Projektion zeichnete Mentor Huebner für den Film *Harlem Nights*. Die Studie ist mehr als die Darstellung eines Sets, der auf dem Papier existiert, sie ist eine vollständig ausgearbeitete Konzeptionszeichnung, der sich Ausleuchtung, Inszenierung, Kostüme und die Atmosphäre der Szene entnehmen lassen. Ein Regisseur könnte daraus nicht nur ersehen, wie sein Set aus einem bestimmten Blickwinkel aussehen wird, er könnte auch von den vielen visuellen Vorschlägen profitieren, die in den Details enthalten sind. Das Original ist eine Kohlezeichnung im Format 45 × 60 cm und gilt als ein typisches Beispiel für Huebners handwerkliches Können. Er steht in dem Ruf, einer der Besten auf seinem Gebiet zu sein. Seine bis ins Detail durchgearbeiteten Entwürfe und Anschlußzeichnungen haben ihm zu Recht den Ruf eines herausragenden Illustrators und Storyboardkünstlers eingetragen.

Eine vollständig durchgearbeitete Darstellung wie die Studie zu *Harlem Nights* ist eine der besten Arbeitshilfen, die Bau- und Ausstattungsabteilung und Regisseur an die Hand bekommen können. (Für denjenigen, der Interesse daran hat, zu lernen, wie man aus Grundriß und Ansicht oder aus einer Fotografie eine Projektion entwickelt, bietet der Anhang, Seite 457, eine vollständige Einführung in die Michelson-Methode.)

Modelle

Maßstabgerechte Modelle sind ein weiteres Visualisierungsmittel, das der Architektur entlehnt wurde. Modelle dienen dazu, den dreidimensionalen Raum bildlich zu erfassen, den die Kamera aufnehmen wird, anders als Storyboards und Konzeptionsstudien, bei denen es um die zweidimensionale Fläche geht, die der Zuschauer auf der Leinwand zu sehen bekommt. Sie sind eine ausgezeichnete visuelle Hilfe, um Arrangements und Kameraeinrichtungen festzulegen, sie sind aber auch nützlich, um das Geschehen hinter der Kamera zu organisieren. Wenn etwa in einer Szene viele Menschen auftreten sollen, kann der Produktions- und Aufnahmeleiter die optimalen Wege für Team, Schauspieler und Ausrüstung planen, und zwar anhand eines Modells, das außer dem Schauplatz, den die Kamera erfaßt, auch dessen Umgebung zeigt.

Modelle werden aus verschiedenen Materialien hergestellt. Pappe, Schaumstoff, Balsaholz und Modellierton sind die gebräuchlichsten. Auch Spielzeugfiguren, Modellautos und das Zubehörsortiment für Modelleisenbahnen sind eine ausgezeichnete Quelle für vorgefertigte Bauwerke und Accessoires in unterschiedlichen Maßstäben.

Anschlußskizzen und Storyboards

Die allseitige Verwendung von Anschlußskizzen (continuity sketches) begann wahrscheinlich bei den ersten Zeichentrickfilm-Produktionen von Walt Disney. Webb Smith hieß der Trickfilmzeichner, dem die Erfindung des Storyboards in den frühen dreißiger Jahren zugeschrieben wird – allerdings im engsten Wortsinn. Bereits 1927 wurden nämlich für Disneys Serie *Oswald the Lucky Rabbit* Anschlußskizzen (sechs auf einer Seite) verwendet, in denen die wichtigsten Aktionen und Schnitte festgehalten waren. Im darauffolgenden Jahr waren Continuity-Skripts für *Steamboat Willie* bei Disney bereits Routine. Für Schlüsselszenen enthielten sie Bilderfolgen und maschinengeschriebene Erläuterungen des Geschehens. Die Leistung, die Smith ein paar Jahre später beisteuerte, bestand darin, Dutzende von Anschlußskizzen an eine Wandtafel zu heften – daher der Name Storyboard. Den Trickfilmzeichnern wurde es dadurch möglich, den Überblick über einen vollständigen Handlungsablauf zu gewinnen – allen voran Disney, der großen Wert auf die folgerichtige Entwicklung einer Story legte.

In der übrigen Filmindustrie waren zu jener Zeit Storyboards noch nicht selbstverständlich, um Spielfilme zu planen, obwohl in den Ausstattungsabteilungen Szenenentwürfe und einzelne Konzeptstudien gezeichnet wurden, in denen die Kameraperspektive veranschaulicht war. 1932 gelang Disney der internationale Durchbruch; er wurde als der bedeutendste Trickfilmzeichner seiner Zeit gefeiert. Die Art Directors der Hollywood-Spielfilme haben damals gewiß einiges von den Innovationen mitbekommen, die in den Disney-Studios vor sich gingen, und dazu zählte der Einsatz von Storyboards. Vermutlich hätte sich aber die Erkenntnis zwangsläufig durchgesetzt, daß sich ein Film mit Hilfe einzelner Bilder visualisieren läßt – selbst ohne Disneys Einfluß; denn die nahen Verwandten des Storyboards, die Comic strips, gehörten in den dreißiger Jahren für die meisten Amerikaner zum täglichen Leben.

Der Art Director und Production Designer Gene Allen (1953 erster Präsident der Storyboard and Matte Painters Union und später Präsident der Art Directors Guild) begann seine Karriere 1937 in der Ausstattungsabteilung von Warner Brothers. Allen erzählte mir, es sei dort schon Mitte der dreißiger Jahre üblich gewesen, zur Planung und Ausarbeitung von Szenen Storyboardwände zu benutzen, und in der Ausstattungsabteilung habe unter der Aufsicht von Abteilungsleiter Anton Grot ein Team von mindestens acht festangestellten Künstlern ausschließlich Anschlußskizzen gezeichnet. Im Studiosystem wurde das äußere Erscheinungsbild eines Films ausschließlich von der Bau- und Ausstattungsabteilung entworfen und verwirklicht. Der Art Director arbeitete, unterstützt von den ihm unterstellten Zeichnern, die Entwürfe für die Sets und die Kostüme aus und entwickelte den Ablauf der Einstellungen. Erst wenn der Film auf dem Papier entworfen war (und viele Sets bereits gebaut waren), stießen Regisseur und Kameramann dazu. Dieses Verfahren war äußerst effizient. Zwar kamen dabei häufig spezifisch grafische Lösungen heraus, aber das Verfahren gestattete es den besonders gefragten Schauspielern und Starregisseuren, drei Filme pro Jahr zu drehen. Als John Huston in der Blütezeit des Studiosystems seine Regiekarriere begann, war ihm der Wert solcher Vorplanung bewußt. Jahre später sagte er: »Ich habe *Der Malteser Falke* komplett in einem Storyboard vorausgeplant, weil ich vor dem Team nicht mein Gesicht verlieren wollte – ich wollte den Eindruck vermitteln, daß ich genau wußte, was ich tat.«

Das Studiosystem und seine Organisationsformen gehören inzwischen der Vergangenheit an, aber Storyboards sind noch immer in weit größerem Umfang in Gebrauch, als gemeinhin angenommen wird. Ein Mythos, der häufig von den Regisseuren selbst in die Welt gesetzt wird und bereitwillig Weiterverbreitung findet durch Kritiker, Rezensenten, Filmhistoriker und die Werbeabteilungen der Verleihfirmen, ist der vom Regisseur, der einen Film spontan aus dem Stegreif am Drehort entwickelt. In der Praxis läuft die Sache eher selten so ab. Lediglich bei

Experimentalfilmen und in unabhängigen Filmproduktionen, in denen der Regisseur gleichzeitig Autor, Kameramann, Cutter und Produzent ist, könnte er sich diese Freiheit nehmen. Doch selbst er wird meist sorgfältig planen und vorbereiten, bevor er ans Drehen geht.

Unter den verschiedenen Arten von Illustrationen ist das Storyboard für den Filmemacher das nützlichste Hilfsmittel, um aus seinen Ideen Bilder zu machen. Zudem fällt es unmittelbar unter die eigene Verantwortung. Im folgenden Kapitel werfen wir einen Blick auf die Arbeiten einzelner Storyboardkünstler und lernen die große Vielfalt an Stilen und Verfahren kennen, die man anwenden kann, wenn man die fließende Einstellungsfolge eines Films plant.

Ein gutes Storyboardbeispiel sind die Zeichnungen für den Film *Ninas Alibi*. Wie man sieht, zeichnet Huebner die gesamte Szenerie der Handlung und wählt dann wie ein Kameramann den Bildausschnitt. Nicht alle Storyboardkünstler verwenden diese Technik, aber sie eignet sich hervorragend, um Schwenks und Kamerafahrten zu zeigen.

Storyboard von Mentor Huebner für ›Ninas Alibi‹

4 – Gegenschuß – Rückfahrt mit Nina & ihrer Schwester

5 – Sam überredet Phil,
zu gehen –

6 – Phil erzählt Sam
von Flippy – er wird ihnen
helfen –

7 – Phil klopft zuversichtlich an die
Tür – von drinnen
ist unterdrücktes Stöhnen
zu hören – sie treten ein –

8 – Flippy ist sehr
beschäftigt

3 Storyboard

Maurice Zuberano, einer der angesehensten Produktionszeichner und Szenenbildner in den USA, hat das Storyboard das »Tagebuch des Films« genannt, allerdings ein Tagebuch geplanter Ereignisse. Damit wollte er ausdrücken, daß ein Storyboard das persönliche Protokoll des Visualisierungsprozesses ist, weshalb nur wenige Storyboards die Dreharbeiten unbeschadet überleben. Häufig zeugt das Storyboard auch davon, daß für das Aussehen eines Films nicht der Regisseur, sondern ein anderer verantwortlich war. Für Regisseure ohne ausgeprägte visuelle Begabung entwirft der Storyboardzeichner die Einstellungsfolge und entscheidet damit, wie Einstellungen und Sequenzen strukturiert, inszeniert und komponiert werden.

Natürlich gibt es Regisseure, die visuell genauso begabt und befähigt sind, wie die anderen Mitglieder des Art Departments. Als Erzähler mögen sie ihnen sogar überlegen sein. Mehr als jeder andere Regisseur wird Hitchcock mit der Storyboardarbeitsweise in Verbindung gebracht. Er entwickelte mit ausgearbeiteten Bildfolgen seine Vorstellungen und kontrollierte damit den Entstehungsprozeß seiner Filme. So konnte er seine ursprünglichen Intentionen auch tatsächlich in die Sprache des Films übersetzen.

Im übrigen sicherte sich Hitchcock, der seine Filmlaufbahn als Szenenbildner begann, durch die Arbeit mit dem Storyboard die Anerkennung als Designer seiner Filme. Bekannt geworden ist seine Aussage, seine Filme seien bereits vor Beginn der Produktion fertig gewesen, noch bevor der Kameramann oder der Cutter ein Stückchen Film in die Finger bekommen habe. Diese Behauptung wurde dadurch bestätigt, daß Hitchcock am Drehort nur selten durch den Sucher schaute, weil dieser für ihn lediglich das fotografische Äquivalent zum Storyboard darstellte, das schon seit langem feststand.

Hitchcock beeinflußte in den sechziger Jahren eine ganze Generation von Filmemachern, die bereits ihre Zuneigung zu den kontinuierlich fortlaufenden Bilderreihen der Comic strips entdeckt hatten. Diese fanden in jener Zeit erste Anerkennung als eigenständige amerikanische Kunstform wie der Jazz und der Blues. Der berühmteste Vertreter dieser Generation, Steven Spielberg, gilt allgemein als der führende visuelle Erzähler unter den Unterhaltungsregisseuren. Er hat aus der Zeit seiner Zusammenarbeit mit George Lucas eine Reihe von Bildbänden mit Produktionsillustrationen herausgegeben und damit erneut die Aufmerksamkeit darauf gelenkt, wie Storyboards und Drehbuchillustrationen verwendet werden. Ohne Storyboard hätten Spielbergs differenzierte Inszenierungen und spektakuläre Effekte nicht diesen kraftvoll-knappen Schliff bekommen, der zum Markenzeichen seiner Filme geworden ist – und zum Arbeitsziel für viele junge Filmemacher.

Es wäre leicht, das gegenwärtige Interesse an Storyboards als weiteren Beweis dafür abzutun, daß die heutigen Hollywood-Filmemacher Geschichten nur aus Comics kennen und mit Storyboards und Action wesentlich vertrauter sind, als mit der Kunst, originelle Ideen zu entwickeln. Wahr ist: Viele Filme werden durch Storyboards vorbereitet, und zwar unabhängig davon, um welches Thema und um welchen Inhalt es sich handelt. Selbst Filme ohne große Action können durchaus von einem Storyboard profitieren, manchmal mehr als spektakuläre Stoffe. Sogar Jean-Luc Godard hat hin und wieder Storyboards verwendet, um Bildanschlüsse auszuarbeiten, auch wenn er in seiner gesamten Karriere die Kunstgriffe des Continuity style – wie sie Comics oder klassische Hollywoodfilme benutzen – verwarf oder gewaltsam veränderte. Storyboards beziehungsweise Anschlußskizzen sind jedoch lediglich eine Arbeitshilfe. Sie sind keinem Stil oder Inhalt verpflichtet, nur dem, was der jeweilige Filmemacher ausdrücken möchte.

Storyboards erfüllen zwei Funktionen: Erstens ermöglichen sie dem Filmemacher schon früh, seine Ideen in Bildern faßbar zu machen und sie zu bearbeiten, so, wie ein Schriftsteller eine Idee in mehreren Textfassungen entwickelt; und zweitens dienen sie ihm dazu, sich mit dem Produktionsteam auf anschauliche Weise zu verständigen. Der Kommunikationswert des Storyboards wächst zwar mit der Komplexität der Produktion, aber Storyboards sind nicht allein für Actionszenen und Produktionen mit großem Budget sinnvoll. Auch kleine Spielfilme profitieren davon, denn ein Storyboard hilft dem Regisseur, Stimmungen und Dialoge auf den Punkt zu bringen.

Die Rolle des Regisseurs bei der Entstehung des Storyboards

Jeder Film entsteht aus einer einzigartigen Mischung von Talenten und Persönlichkeiten. Production Designer, Regisseur, Kameramann und Cutter teilen sich in unterschiedlichem Maß die Verantwortung für das Aussehen eines Films. In den letzten Jahren ist es üblich geworden, daß der Regisseur direkt mit einem Zeichner zusammenarbeitet. Dadurch ist die Verantwortung für die Bildanschlüsse inzwischen zum Teil vom Production Designer auf den Regisseur übergegangen. Einem visuell begabten Regisseur war es allerdings immer schon möglich, die Verantwortung für das Aussehen seines Films selbst in die Hand zu nehmen – trotz der Arbeitsteilung im Studiobetrieb. Da es in den USA keine Studios mehr gibt, die einen hauseigenen Stil aufzwingen, gilt dies heute um so mehr.

Ein Regisseur kann selbst Rohskizzen erstellen, die dann vom professionellen Storyboardzeichner ausgearbeitet werden. Er muß nur in grafischer Gestaltung geübt sein oder einfach gerne zeichnen, wie beispielsweise Hitchcock oder Ridley Scott. Sherman Labby ist ein vielgefragter Produktionszeichner, der mit Ridley Scott an dem Film *Blade Runner* zusammenarbeitete. Er erzählte mir von den ausdrucksstarken (liebevoll »Ridleygramme« genannten) Strichzeichnungen, die er von Regisseur Scott für viele Szenen erhielt. Zu den zeichnenden Regisseuren zählten auch Stilisten wie Eisenstein, Fellini und Kurosawa, die alle mit eigener Hand Storyboards für wichtige Sequenzen erstellten oder ausgearbeitete Konzeptstudien für ihre Filme lieferten. Selbst Regisseure mit weniger zeichnerischer Begabung, wie etwa Steven Spielberg oder George Miller, malen gelegentlich Strichfigurenskizzen, um eine bestimmte Bildkomposition oder eine Inszenierungsidee zu erläutern. Aber auch, wenn der Regisseur einen fertigen Entwurf im Kopf hat, wird er den Storyboardkünstler dazu ermuntern, eigene Ideen beizusteuern.

Paul Power, einer der jüngeren Produktionszeichner, hat zunächst als Comiczeichner und dann beim Film Erfahrung gesammelt. Ihm gefällt es, in langen Brainstorm-Sitzungen mit dem Regisseur zusammen jede einzelne Szene auszuarbeiten. Beide lesen den Drehbuchtext Seite für Seite und spielen die Szenen miteinander durch, wobei Power zwischendurch ein paar grobe Handskizzen hinwirft. Für die weitere Diskussion werden diese Skizzen zu detaillierten Zeichnungen ausgearbeitet. Seine intensive Beteiligung an Inszenierungs- und Dramaturgiekonzepten hat Power dazu geführt, sein Storyboardzeichnen als »Schauspielen mit dem Bleistift« zu bezeichnen. Er sieht die Aufgabe des Produktionszeichners darin, dem Regisseur bei der Suche nach den Ausdrucksmitteln für seine Ideen zu helfen. Diese Vorrangstellung des Regisseurs war ein stets wiederkehrendes Thema bei allen Gesprächen, die ich mit Produktionszeichnern geführt habe. In gewisser Weise lehrt die Kunst des Storyboardzeichnens den Illustrator Flexibilität. Da er gewohnt ist, ein Storyboard durch ständiges Überarbeiten zu verbessern, weiß er, daß es für ein Problem stets mehrere Lösungen gibt. Die Herausforderung in der Zusammenarbeit mit dem Regisseur besteht darin, dessen Auffassung vom Inhalt des Drehbuchs zu interpretieren und umzusetzen.

Zeitbedarf

Produktionszeichner können an einem Film zwei Wochen arbeiten, sie können aber auch länger als ein Jahr damit beschäftigt sein, je nach Komplexität der Produktion und den Anforderungen, die der Regisseur stellt. Einen durchschnittlichen Zeitbedarf festzulegen, ist äußerst schwierig. Im allgemeinen erfordert das Zeichnen der Storyboards für einen kompletten Film, wenn nicht nur die Actionsequenzen ausgearbeitet werden, mindestens drei bis vier Monate. Bei großen Produktionen mit aufwendigen Sets und ausgeklügelten Spezialeffekten können mehrere Zeichner beschäftigt sein, und manchmal macht auch der Production Designer Anschlußskizzen. Aber selbst dann kann die Arbeit am Storyboard für einen komplizierten Film ein ganzes Jahr in Anspruch nehmen. Und darin ist die Zeit nicht eingerechnet, die durch Warten verlorengeht. Denn jeder Originalschauplatz und jeder Set muß erst einmal geplant und bearbeitet sein, bevor die Storyboardarbeit weitergehen kann.

Fähigkeiten, die ein Storyboardzeichner mitbringen muß

Ein Storyboardzeichner muß sich auf Inszenierung, Schnitt und Bildkomposition verstehen und sollte gründlich damit vertraut sein, wie Objektive in der Kameraarbeit verwendet werden. Er sollte ein gewandter Entwurfszeichner sein, dazu geschickt im Zeichnen des menschlichen Körpers in unterschiedlichen Posen, ohne auf Modelle oder Fotos angewiesen zu sein. Er sollte in der Lage sein, unter Termindruck schnell zu arbeiten und sich auf Aussehen und Stimmung vergangener Epochen und exotischer Schauplätze einstellen können. Aber auch Recherchematerial wird zu Rate gezogen. Von einem Zeichner wird nicht erwartet, daß er die Mode der verschiedenen Epochen kennt oder weiß, wie das Innere eines Unterseebootes oder ein nepalesisches Gipfelpanorama aussieht. Aber ein gutes Bildgedächtnis ist von unschätzbarem Wert, denn dem Storyboardzeichner steht nur wenig Zeit zur Verfügung, Vorlagen zu finden, die er für eine Skizzenreihe benötigt.

Vorlagen und Recherchen

Wenn Regisseur, Szenenbildner und Kameramann die Drehorte ausgewählt haben, erhält der Zeichner Fotos davon, die er seinen Illustrationen zugrunde legt. Manchmal besucht er die Schauplätze persönlich und macht die Fotos für seine Vorlagen selbst. Für den Film *La Bamba*, die Lebensgeschichte des Rock-Musikers Ritchie Vallens, beschäftigte sich Paul Power intensiv mit der mexikanischen Kultur. Er besichtigte die Orte, an denen Vallens gelebt hatte, und traf sich mit Mitgliedern seiner Familie. Mehrere Monate lang arbeitete Power vor den Drehbeiten am Storyboard und blieb auch während der Dreharbeiten im Produktionsteam, um die Bilder an die laufenden Veränderungen anzupassen. Ein Auszug aus Paul Powers Storyboard für die Eröffnungsszene von *La Bamba* finden Sie auf den Seiten 54 und 55.
Für einen Film mit relativ kleinem Budget bot *La Bamba* Power außergewöhnliche Arbeitsmöglichkeiten. Im Filmgeschäft haben Storyboardzeichner heute weniger Zeit als früher, ihre Bilder auszuarbeiten. Unverständlicherweise gehört dieses exzellente Hilfsmittel, mit dem Produzenten viel Geld sparen können, zu den ersten Budgetposten, die

Storyboard von Paul Power
für ›La Bamba‹

gekürzt oder gestrichen werden. Mehrere Storyboardzeichner haben mir berichtet, es gebe einen Trend zu weniger ausgearbeiteten Storyboards für weniger Szenen, obwohl die Regisseure wissen, daß damit am falschen Ende gespart wird und sie diese Zeit der zeichnerischen Vorplanung benötigen.

In den alten Studiotagen, als Storyboardkünstler noch zum festangestellten Stab gehörten, war der durchschnittliche Grad an zeichnerischer Vorausplanung gewiß höher. Es gibt zwar in der Filmproduktion heute noch Illustratoren, die in ihren zeichnerischen Fähigkeiten mit den großen Künstlern vergangener Tage konkurrieren können, nachteilig hat sich aber auf ihr Metier und damit auf die Produktionsergebnisse ausgewirkt, daß begonnen wurde, Geld von der technisch-organisatorischen Seite auf die kreativ-gestalterische Seite der Produktion[1] umzuverteilen.

Stil

Ab Seite 57 sind fünf Storyboards für *Citizen Kane* zu sehen. Alle fünf sind gute Beispiele dafür, wie Anschlußstudien den Bilderfluß und die Stimmung einer Szene vermitteln können. Sie sind typisch für die Studioarbeiten der dreißiger und vierziger Jahre. Am Ende eines der Storyboards sind Regisseur Orson Welles, Art Director Van Nest Polglase und dessen Mitarbeiter Perry Ferguson erwähnt. Diese Angaben sind etwas irreführend – einer der unerfreulichen Aspekte des Studiosystems. In Wahrheit war Ferguson der Art Director von *Citizen Kane* und Polglase Chef der gesamten Abteilung Szenenbau und Ausstattung bei RKO. Ferguson machte die eigentliche Entwurfsarbeit für *Citizen Kane*, während Polglase vor allem für die Verwaltung zuständig war. An den gestalterischen Entscheidungen für den Film war er selten beteiligt. Im Studiosystem war es den Illustratoren leider nicht erlaubt, ihre Arbeiten zu signieren, deswegen ist es heute oft schwierig, Zeichnungen ihren Urhebern zuzuordnen.

[1] In den USA wird die Filmkalkulation in *below-the-line* (technisch-organisatorisch) und *above-the-line* (kreativ-gestalterisch) unterteilt. Zur ersten Kategorie gehören auch die Production Designer und Storyboardzeichner, zur zweiten unter anderem Drehbuchautoren, Regisseure, Schauspieler. (A.d.Ü.)

Ferguson arbeitete bei der Konzeption der einzelnen Szenen eng mit
Welles zusammen. Die Konzeptionen wurden anschließend von den
Illustratoren der RKO-Ausstattungsabteilung in Entwürfe, Setzeich-
nungen und Storyboards umgesetzt. Nach der Stabliste aus dem Buch
The Making of Citizen Kane von Robert C. Carringer haben an dem Film
fünf Illustratoren gearbeitet: Charles Ohmann ist als Chefzeichner aufgeführt, während Al Abbott, Claude Gillingwater jun., Albert Pyke und
Maurice Zuberano unter der Rubrik »Zeichnungen und Grafik« genannt werden. Es kann aber sein, daß noch andere Künstler Skizzen
beigetragen haben, da oftmals an einer Zeichnung oder an einem
Storyboard mehr als nur ein Künstler gearbeitet hat. Wenn die Zeit
drängte und die Arbeit schnell erledigt werden mußte, war es im Studiosystem nämlich üblich, die Zeichner an Projekten mitarbeiten zu
lassen, für die sie eigentlich gar nicht eingeteilt waren.

Das erste Storyboard (oben) ist eine Sequenz von vier Bildern für
die Thatcher-Bibliothek. Diese Kohlezeichnungen sind eher ein Beispiel
für Setdesign und Stimmung als für Bildanschlüsse. Die geheimnisvoll-
gruselige Lichtgestaltung kommt der späteren Filmszene recht nah.

Storyboard der später gestrichenen Rom-Szene in ›Citizen Kane‹

Erste Rom-Sequenz. 1. Wenn das Wort »Rom« aus dem Bild gewandert und verschwunden ist, sehen wir – 2. Schatten eines Kutschpferdes durchs Bild ziehen, rasch gefolgt – 3. von der Kalesche. Während Thatcher und Parker schnell aussteigen und – 4. auf uns zukommen, fährt die Kamera zurück und zeigt das Gittertor, durch das wir blicken. – 5. Hand taucht auf und öffnet das Tor, unmittelbar gefolgt vom – 6. Öffnen – 7. einer Zimmertür; Thatcher und Parker werden gemeldet. – 8. Kamera fährt zurück, während beide zugehen auf – 9. Kane, der am Kamin steht. – 10. Ein Gespräch beginnt, Überblendung auf – 11. Kane, Thatcher und möglicherweise Dernstein am selben Abend in der Bibliothek. – Am Ende des Dialogs Überblendung – 12. auf Thatcher in der Kalesche, die aus dem Bild rollt, gefolgt – 13. vom Schatten der Kalesche an der kahlen Mauer, wiederum gefolgt von – 14. Worten aus Thatchers Memoiren.

Teil I Visualisieren

Storyboard für ›Citizen Kane‹. Kane trifft Susan Alexander

Kane trifft Susan. Pläne auf Extrablatt/AUSSEN/DRUGSTORE & STRASSE WEST-SIDE N.Y. &INNEN/SUSANS ERSTE WOHNUNG 1. Aufblende auf Susan, die aus dem Drugstore kommt und sich, weil sie Zahnschmerzen hat, die Backe hält (rasse Straßen – R.K.O.-Ranch). – 2. Sie macht sich auf den Heimweg; vor ihrem Haus – 3. kommt ihr Kane entgegen – tritt auf – 4. lose Planke, die dort über eine Pfütze gelegt ist. – 5. Diese schnellt hoch und bespritzt ihn mit Dreck, gleichzeitig – 6. prallt er mit Susan zusammen. Sie lädt ihn ein, sich in ihrer Wohnung zu säubern;– 7. sie betreten das Mietshaus. – 8. Neue Einstellung, kurz bevor sie ihre Tür erreichen, und Schnitt auf – 9. Wohnung innen, während sie eintreten, darauf folgt: – 10. Kane geht zur Spiegelkommode – schaut sich ein wenig um – im Hintergrund Susan im Bad. – 11. Sie bringt ihm Wasser in einer Schüssel, und beide reinigen seine Sachen. Überblendung auf – 12. den Schatten einer Ente an der Wand; Rückfahrt, die zeigt, daß Kane Schattenspiele – 13. für Susan für Kane singt, während Ms. Perkins im Hintergrund den Raum betritt. –15. Dialog zwischen den dreien. Ende beim Stichwort Bier – (Fortsetzung)

Die zweite Sequenz (auf Seite 58) besteht aus eher konventionellen Anschlußbildern und zeigt eine Szene, die später aus dem Drehbuch gestrichen wurde. Die Sequenz zeigt eine Erinnerung von Kanes Vormund, dem Finanzier Walter Thatcher, an eine Romreise zu Kanes fünfundzwanzigstem Geburtstag. Der Text unter jedem Bildfeld beschreibt die wesentlichen Aktionen in der Szene sowie die Übergänge und Kamerabewegungen.

In der nächsten Bildfolge (Seite 59) trifft Kane vor einem Drugstore zum ersten Mal Susan Alexander. Die Grundzüge der Handlung blieben in der gedrehten Version der Szene annähernd bestehen, aber die Kameraeinstellungen und die Inszenierung sind vollkommen anders.

Die beiden letzten Storyboards (Seiten 61 und 62) zeigen, wie sich eine Szene in mehreren Entwürfen entwickelt. Die dargestellte Sequenz ist eine der berühmtesten Einstellungen in *Citizen Kane*: die Kranfahrt durch das Oberlicht des El-Rancho-Nachtclubs hinunter auf Susan Alexander und Kane, die an einem Tisch sitzen. Die Einstellung ist eine Kombination aus der Aufnahme eines Dachmodells und der Aufnahme des originalgroßen Nachtclub-Interieurs. Beide Aufnahmen werden durch eine Überblendung miteinander verbunden, als die Kamera die regenüberströmte Scheibe des Oberlichtes zu durchstoßen scheint.

Das erste Treatment für die Kraneinstellung, auf Seite 61 gezeigt, ist in einem wundervollen Illustrationsstil ausgeführt, der an die Lichtführung des deutschen Expressionismus der zwanziger Jahre denken läßt. Die hier gezeigte Auflösung der Szene ist allerdings von ihrer endgültigen Umsetzung im Film vollkommen verschieden.

Die zweite Version ist im Prinzip identisch mit der Filmsequenz, solange die Kamera an das Oberlicht heranfährt. Sobald die Kamera aber ins Erdgeschoß hinabfährt, weicht das Storyboard von der gedrehten Fassung ab. Vielleicht hat es andere Storyboards von dieser Szene gegeben, aber ein Blick auf gerade diese beiden Bildfolgen macht deutlich, wie wertvoll sie als Methode sind, um Ideen weiterzuentwickeln.

Bemerkenswert ist der schematische Grundriß der Szene, den das zweite Storyboard am rechten Rand des Blattes enthält. Mit seiner Hilfe können sich Designer und Kameramann über die technischen Erfordernisse der Szene verständigen, und er verdeutlicht die Gestaltung des Drehortes bei ungewöhnlichen oder desorientierenden Perspektiven.

Storyboard der Kran-
einstellung vom
El-Rancho-Nachtclub für
›Citizen Kane‹

›Citizen Kane‹. Orson Welles Pro-
duktion für R.K.O. Hollywood. 1941.
Szenenbild: Van Nest Polglase.
Mitarbeiter: Perry Ferguson

Ähnlich stimmungsvoll sind die beiden Storyboardblätter für Hitchcocks
Die Vögel. Die sechs hier vorgestellten Bildfelder zeigen, wie mit wenigen, ökonomisch eingesetzten Strichen alle Informationen transportiert
werden, die der Kameramann benötigt, um zu verstehen, in welche
Bilder eine Szene aufgelöst werden soll. Ohne viel Zeit für Details zu
verschwenden, etablieren diese kraftvollen Skizzen für jede Einstellung
Atmosphäre, Örtlichkeit, Bildkomposition, Inszenierung des Geschehens und Brennweite des Objektivs. Die sechs Bilder auf den Seiten 64
und 65 zeigen den Angriff der Vögel auf die Kinder, die vom Schulhaus
von Bodega Bay wegrennen, nachdem die Vögel sich in Scharen davor
versammelt haben.

Der Szenenbildner für *Die Vögel*, Robert Boyle, arbeitete ab 1942 an
fünf Hitchcock-Filmen mit: *Saboteure*, *Im Schatten des Zweifels*, *Der*

›Citizen Kane‹. Storyboard der Kraneinstellung vom El-Rancho-Nachtclub, mit Leuchtreklame

»El Rancho« Nachtclub. 1. o. soll heißen »El Rancho« usw. 1. u. Dach des Gebäudes von unten (Modell) – Leuchtreklame – Regen – Donner – Blitz; Kamera – 2. fährt hoch und durch die Buchstaben hindurch, dann – 3. hinunter zu einem Oberlicht auf dem Dach – Regen prasselt darauf. Die Fahrt geht – 4. näher an das Oberlicht heran, unten sieht man schemenhaft Susan an einem Tisch sitzen. – 5. Wenn wir ganz dicht an der regennassen Scheibe sind, verschwimmt die Einstellung und stimmt mit – 6. der Einstellung vom Set überein, wobei die Kamera kontinuierlich näher heranfährt – 7. bis zur Großaufnahme von Susan – die mit Thompson und dem Oberkellner spricht, – 8. bis Thompson seine Bemühungen aufgibt und – 9. geht, während der Oberkellner noch einen Drink für Susan bestellt.

unsichtbare Dritte, *Die Vögel* und schließlich *Marnie*. Er bestätigt Hitchcocks Ruf als methodischer Planer, aber auch als Regisseur, der sich für die Ideen der talentierten Leute interessierte, mit denen er arbeitete. Die Teamarbeit in der Produktionsvorbereitung begann normalerweise am Anfang eines jeden Drehtags mit einer Besprechung, in der jede Szene einmal durchgegangen wurde. Hitchcock machte dabei die eine oder andere Strichskizze, um eine Sequenz zu verdeutlichen; aber vor allem sollte seinem kreativen Stab die Möglichkeit gegeben werden, sich mit den Ideen der anderen auseinanderzusetzen. Aus diesen Konferenzen ging für jede Szene ein Masterplan hervor, der mehr oder weniger detailliert war.

Danach beaufsichtigte Boyle die Arbeit an den Storyboards, den Setentwürfen, den Kostümen und den Spezialeffekten und allem, was notwendig war, um eine Idee in filmische Wirklichkeit zu verwandeln, und prüfte, ob sie mit der Konzeption in Einklang standen. Boyle steuerte gelegentlich eigene Zeichnungen für Sets und Storyboards bei, aber den größten Teil seiner Arbeiten gab er den Storyboardzeichnern zusammen mit den Anweisungen, die sich aus seinen Besprechungen mit Hitchcock ergaben.

Auf die Zeichnungen von Michelson folgt auf Seite 66 ein äußerst seltenes Blatt, von Hitchcock selbst gezeichnet, mit Bemerkungen und Storyboardbildern zu *Das Rettungsboot*, einer Produktion aus dem Jahr 1943. Das Blatt ist zur Abheftung in einem Ordner gelocht. Es enthält Bemerkungen zu den Aktionen sowie die zu den Bildern gehörenden Dialogzeilen. Diese Stichworte aus dem Dialog bedeuten, daß Hitchcock seinen Schnitt in der Kamera machte und damit weitgehend die Möglichkeiten begrenzte, den Film anders zu schneiden, als er es wollte. Das erste Bild zeigt: Hitchcock hat eine kleine Korrektur in der Bildkomposition vorgenommen, indem er die Kamera näher heran und weiter nach links stellte.

Zu beachten ist ferner die Anweisung »Alles mit engerer Optik wiederholen« am äußeren linken Rand des zweiten Bildfeldes. Das bezieht sich wahrscheinlich auf die gepunktete Linie um den Ruderer und deutet auf die Absicht Hitchcocks hin, die gleiche Aktion in eine zusätzliche, engere Einstellung aufzulösen.

Storyboard von Harold
Michelson für ›Die Vögel‹.
Szenenbild von Robert Boyle

An der Bodega-Schule /
439 Melanie – lauf – lauf

440 Kinder – (Vordergrund gegen
Rückpro) Hintergrund – Bodega-
Schule mit Michelle und 2 oder
3 Kindern

440 A Fortsetzung von 440 –
Melanie rennt an Kamera vorbei

Rückprojektion /
447 Michelle und Cathy im
Vordergrund auf der Straße –
Hintergrund Kinder und Vögel
auf Rückprojektion

Rückpro / 448 Melanie –
Vordergrund – Vögel –
rennende Kinder Hintergrund

Rückpro

Notizen und Storyboardzeichnungen für ›Das Rettungsboot‹ von Alfred Hitchcock

150a / Aktion / Willi nimmt ein Ruder und geht nach achtern / Tank 2 3/4-total

Alles mit engerer Optik wiederholen / 161a »Ritterkreuz« usw. bis zu »alle schöpfen« / 162a / 152 + 154 / Aktion Allgemeine Handhabung des Ruders / Tank 2 3/4 – Tank 3 Totale / 158B Aktion – »Macht nichts« usw. bis »Natürlich ? Auge«

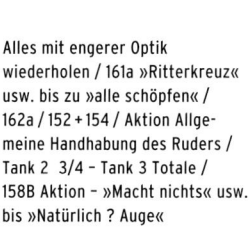

Materialien

Storyboards müssen leicht zu erstellen und problemlos reproduzierbar sein. Sie werden daher mit Zeichenutensilien angefertigt, die schnell und leicht zu handhaben sind, zum Beispiel mit Blei- oder Kohlestiften. Für die Kolorierung werden farbige Tinten, Kohle oder Marker verwendet.

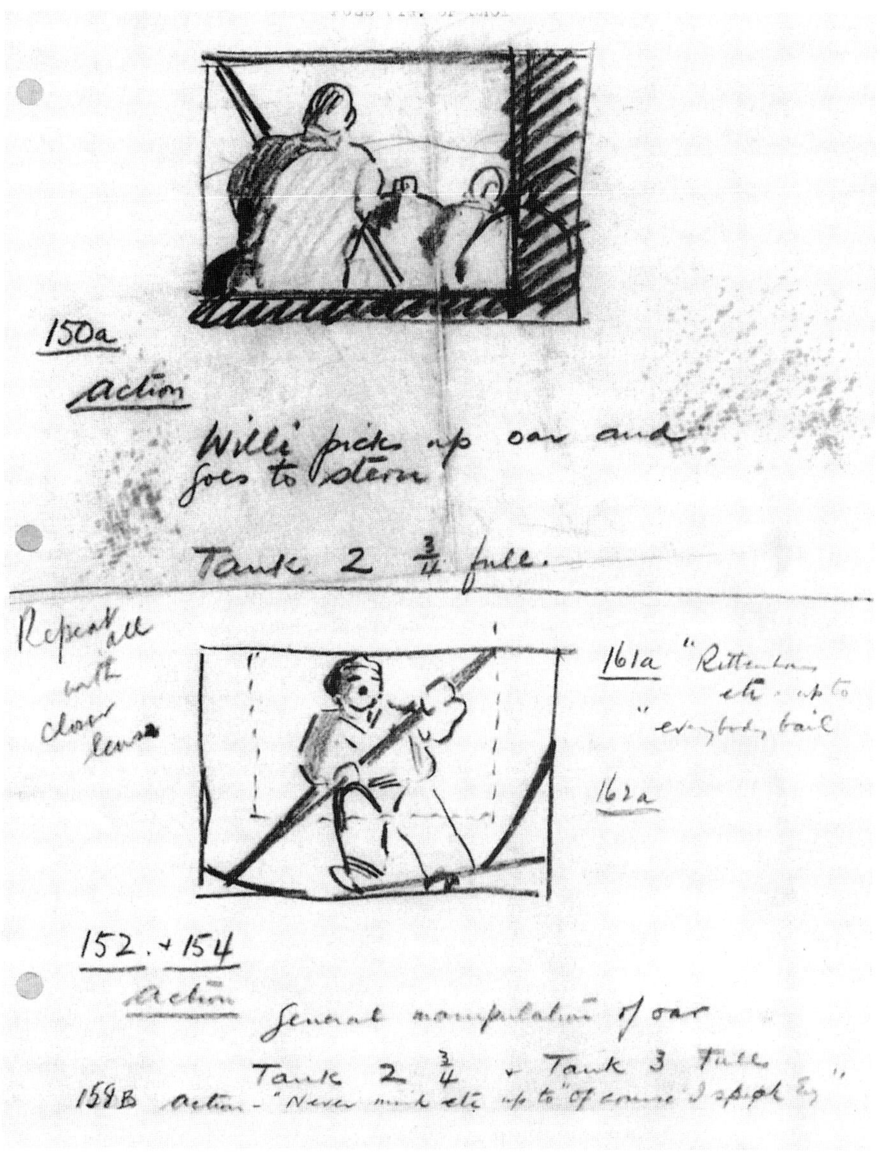

Stift

Graphit- und Kohlestifte gehören zur Grundausstattung des Illustrators. Selbst bei Tuschezeichnungen ist der Untergrund normalerweise mit dem Stift angelegt. Die Kontraste in der Fotokopie werden damit schärfer, allerdings erscheinen schwach gezogene Linien leicht als krakelig. Der größte Vorteil des Stiftes ist aber, daß man ihn ausradieren kann. Er ist die Textverarbeitung für den Zeichenkünstler. Ich habe den Bleistift in diesem Kapitel für die Storyboard-Demonstration einer Kranaufnahme benutzt, und wie man sehen kann, ist das Schwarz viel weniger wuchtig, als es mit Tusche oder Kohle erscheinen würde.

Tusche und Kohle

Beide Arbeitsmittel scheinen wie geschaffen für das Zeichnen von Storyboards. Es gibt kein anderes Zeichengerät, das mit breitem Strich so schnell eine Tönung anlegt, wie ein in Kohlestaub getauchter Leinenwischer, und für Korrekturen oder Glanzlichter kann Kohlestaub mit einem Knetgummiradierer wieder entfernt werden (siehe Harold Michelsons Zeichnungen auf den Seiten 64 und 65). Kohle läßt sich besser reproduzieren als Graphit und ermöglicht eine tiefere Tönung. Sie ist bei Storyboardzeichnern sicher das beliebteste Arbeitsmaterial. Sie werden sehen: Viele Illustratoren, die in diesem Buch vorgestellt werden, haben mit Kohle gearbeitet.

Marker

In den Ateliers der Werbestudios ist der Marker zum bevorzugten Arbeitsgerät avanciert. Marker sind nicht teuer, trocknen sofort und erfordern, im Gegensatz zu anderen farbigen Zeichenmaterialien, keinerlei Vorbereitung oder anschließendes Reinigen. Von der Hand eines guten Werbegrafikers geführt, können Marker bemerkenswert realistische Effekte hervorbringen. Für fertige Konzeptionszeichnungen werden sie allerdings häufig mit Buntstiften, Pastellfarben und Tuschen kombiniert. Sie sind das Standardzeichengerät für die Künstler im Werbeatelier, für Illustratoren, Produktdesigner, Architekten und Innenarchitekten – für jeden, der ein brilliantes, schnelles Medium benötigt, um anderen das Wesentliche einer Konzeption zu verdeutlichen. Marker sind nichts für ängstliche Zeichner, sie erfordern einen kühnen Schwung. Ihre Farben vermischen sich nicht leicht, ein einziger falscher Strich kann eine zarte Zeichnung arg verunstalten. In den meisten Fällen ist die moderne Markertechnik kunstvoller als für die Arbeit an einem Spielfilm-Storyboard nötig. Ein schlichter Markerstil ist auf jeden Fall vorzuziehen. Wer Marker verwenden möchte, sollte sicherstellen, daß sein Arbeitsplatz gut belüftet ist – viele Menschen empfinden den Geruch der Lösungsmittel als unangenehm. Und noch etwas: Marker sind nicht lichtecht, ihre Farben schwinden mit der Zeit. Je mehr die Zeichnungen ultraviolettem Licht (vor allem Sonnenlicht) ausgesetzt sind, um so schneller verblassen sie. Bei länger andauernder, intensiver Sonneneinstrahlung beginnt das erkennbare Ausbleichen bereits innerhalb weniger Wochen. Wer also seine Arbeiten für die Nachwelt aufheben möchte, sollte dieses Manko bedenken.

Das Illustrieren von Kameratechniken

Die augenfälligste Einschränkung des Storyboards besteht darin, keine Bewegung zeigen zu können – keine Aktion innerhalb eines Bildes und, was wichtiger ist, keine Bewegung der Kamera. Optische Effekte wie Überblendungen, Aus- und Aufblenden kann der Zeichner ebensowenig darstellen wie die Veränderungen der Schärfentiefe oder des Schärfenbereichs. Die gängige Lösung für dieses Problem sind ergänzende Texte und schematische Zeichnungen, mit deren Hilfe beschrieben wird, was nicht gezeichnet werden kann. Ferner gibt es einige Techniken, um Kamerabewegungen und Raumerweiterungen zu erläutern. Sie werden von Trickfilmzeichnern verwendet und lassen sich auf das Zeichnen von Spielfilmen übertragen.

Als erstes machen wir uns Gedanken über die Begrenzungen des Storyboard-Bildfeldes. In seinem Rahmen wird ein Ausschnitt aus dem gesamten Raumangebot gezeigt. Darum ist es erlaubt (und häufig von Nutzen), wenn die Zeichnung sich über den Rahmen des Bildfeldes hinaus erstreckt. Tatsächlich beginnen viele Zeichner ein Bild, ohne den Rahmen vorher festgelegt zu haben. Nachdem die Grundelemente skizziert sind, nehmen sie mehrere Papierbögen und decken damit Teile der Zeichnung ab, um so den gewünschten Bildausschnitt zu finden.

Weil sich im Film sowohl die Kamera als auch das Bildobjekt bewegen kann, ist es für den Filmemacher oft sinnvoll, den Rahmen des Bildes in eine größer angelegte Zeichnung hineinzusetzen, um auf diese Weise die veränderlichen Eigenschaften des Mediums in die Illustration hineinzubringen.

In den folgenden Bildbeispielen zeige ich mit Hilfe unterschiedlicher Zeichenstile verschiedene Illustrationsmethoden für Kamerabewegungen und Übergänge.

Der Schwenk und die Fahrt

Der erste breite Bildstreifen in Abb. 3.1 zeigt einen Mann, der eine Straße entlangrennt und einen Heckenschützen verfolgt, der auf ein Dach klettert. Der Mann auf der Straße ist in wichtigen Phasen der Aktion gezeigt, ein Pfeil deutet seinen Weg an. Diese Art der Darstellung kann für einen Schwenk oder eine Kamerafahrt verwendet wer-

Abb. 3.1

den. Es sind in dieser Version keine Bildausschnitte eingezeichnet, aber Kameraposition und Inszenierung lassen sich auch so deutlich erkennen.

Man kann auch den tatsächlichen Bildausschnitt angeben, wie im nächsten, in Abb. 3.2 dargestellten Beispiel einer Autojagd. Ein Rahmen

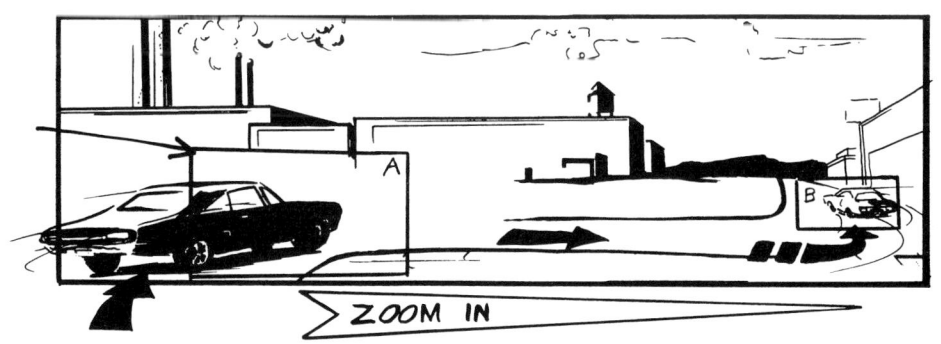

Abb. 3.2: Storyboard-Schwenk

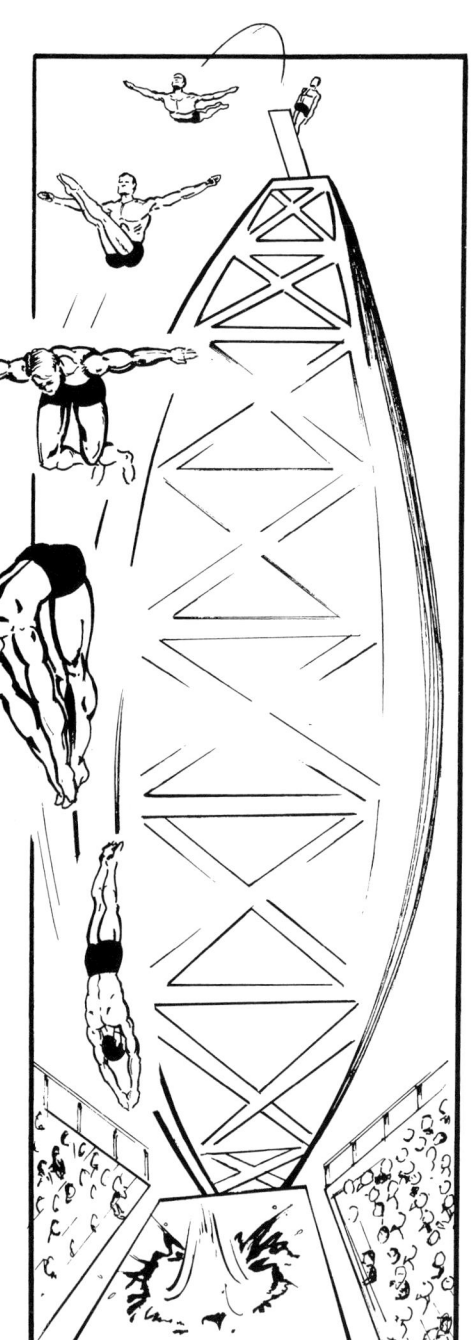

Abb. 3.3: Mit vielperspektivischen Darstellungen wie dieser ist ein Schwenk, der eine weite Strecke abdeckt, gut zu zeigen. Bei dieser Art von Illustration ist es schwer, die Größe der Einstellung als total, halbnah oder groß anzugeben. Wenn man aber anders vorgeht und den Sprung in mehreren Einzelbildern zeigt, kommt die Hauptcharakteristik der Einstellung nicht zum Ausdruck: der elegante Bewegungsablauf und der Blickwinkel, aus dem der Sprung zu sehen ist.

innerhalb des Rahmens zeigt die Komposition der Einstellung und wie die Kamera das Geschehen aufnehmen soll. Der linke Rahmen (A) schwenkt mit dem Auto mit und der Pfeil unter dem Bild zeigt an: Die Kamera zoomt näher heran bis zu dem Bildausschnitt des kleineren Rahmens rechts (B), in dem das Auto sich von links nach rechts bewegt. Es gibt keine Normen oder Standards für die Art der bildlichen Darstellung – man kann zeichnen, wie man will, solange nur die Idee richtig vermittelt wird.

Das dritte Panoramabild, Abb. 3.3, zeigt eine vertikale Kamerabewegung und demonstriert, wie sich mit einer vielperspektivischen Zeichnung ein weiträumiger Schwenk darstellen läßt. Der Turmspringer ist zunächst von unten aus der Froschperspektive zu sehen und wird dann mit einem Schwenk der Kamera bis hinunter zum Becken verfolgt.

Fahr- und Zoomaufnahmen

Im Trickfilm ist es möglich, ein großes Bild zu malen und dann Ausschnitte daraus zu nehmen, um so Nahaufnahmen, Großaufnahmen und Detailaufnahmen zu erhalten. Dieses Verfahren nennt man beim Trickfilm *Field-cut*. Es dient dazu, aus einem einzigen Bild die

Abb. 3.4: Die Zeichnung verwendet einen Rahmen im Rahmen, um einen Zoom oder eine Fahrt anzuzeigen. Fehlen die Linien, die den inneren Rahmen mit den Ecken des äußeren Rahmens verbinden, bedeutet das, man soll die Einstellungsgröße verändern, indem man in eine neue Einstellung schneidet.

maximale Anzahl von Einstellungen herauszuholen, indem man es in mehreren unterschiedlichen Einstellungsgrößen fotografiert. Ein Field-cut wird, wie in Abb. 3.4 gezeigt, als Rahmen im Rahmen dargestellt. Um die Richtung einer Fahrt oder eines Zooms (heran oder zurück) anzuzeigen, werden Pfeile hinzugefügt, die die beiden Rechtecke miteinander verbinden. Sie bedeuten, daß der Wechsel in der Einstellungsgröße durch eine Kamerabewegung erreicht werden soll, nicht durch einen Schnitt.

Eine konventionellere Methode, einen Umschnitt in derselben optischen Achse, eine Fahrt oder einen Zoom darzustellen, ist in Abb. 3.5 gezeigt. Das Problem ist natürlich, die Figur zweimal zeichnen zu müssen, was einen erklärenden Text erforderlich macht. Der Vorteil liegt darin, den dramatischen Effekt der Großaufnahme viel wirkungsvoller zur Geltung bringen zu können.

Abb. 3.5: Dies ist eine typische Methode, einen Wechsel in der Einstellungsgröße darzustellen.

— Zufahrt in die Großaufnahme —

Abb. 3.6: Kamerabewegungen, die Bodenerschütterungen, das Stampfen oder Rollen eines Schiffs oder andere Bewegungen des Objektes oder des Raums nachahmen, können durch einen Rahmen im Rahmen gezeigt werden.

Der Rahmen im Rahmen kann auch dazu benutzt werden, die Bewegungen einer stark schwankenden Kamera zu zeigen – wie in Abb. 3.6 zu sehen ist.

Transitionen (Überleitungen) zwischen den Einstellungen

In den nächsten Bildern (Abb. 3.7) sehen wir, wie Übergänge gehandhabt werden, etwa Überblendungen oder Abblenden. Diese besondere

Abb. 3.7: Trickfilmzeichner nutzen den Platz zwischen den Bildfeldern, um die Transitionen zwischen den Einstellungen zu erläutern.

Transitionen stehen hier

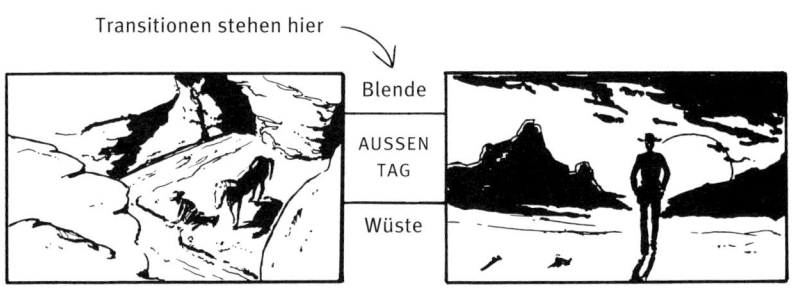

Blende

AUSSEN
TAG

Wüste

(Off-Kommentar)/Dialog/Erzählung steht hier
Toneffekte stehen darunter

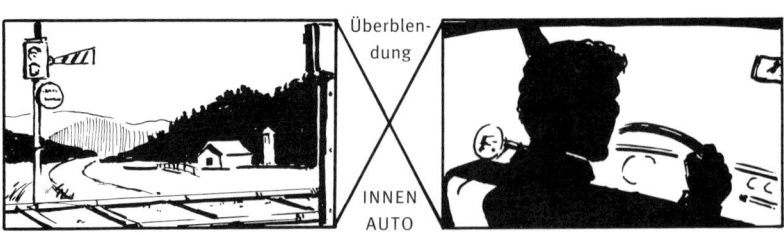

Überblendung

INNEN
AUTO

Darstellungsweise ist dem Trickfilm-Storyboard entliehen. Sie kann zwar von Trickfilmstudio zu Trickfilmstudio leicht variieren, Abb. 3.7 zeigt aber den typischen Gebrauch des Raumes zwischen den Bildfeldern.

Die Kranaufnahme

Das letzte Beispiel für Illustrationstechniken von Anschlüssen und Schnitten (Abb. 3.8) zeigt die komplette Plansequenz einer Kranfahrt. Das Storyboard, aus elf einzelnen Bildfeldern bestehend, soll eine einzige, ununterbrochene Einstellung ergeben.

Format und Präsentation

Es gibt für Storyboards verschiedene Präsentationsarten, je nach Größe der einzelnen Bildfelder. Die Maße der Bilder liegen bei ungefähr 10 × 15 cm, stehen aber weitgehend im Belieben des jeweiligen Künstlers. Einige arbeiten gern in einem größeren Maßstab, wenn mehr Detailtreue gefordert ist. Wenn man die Zeichnungen nicht in den Originalmaßen verwenden möchte, verkleinert man sie beim Kopieren auf ein Format, das für die Präsentation besser geeignet ist.

Storyboards werden normalerweise einer ganzen Reihe von Leuten aus dem Produktionsstab zugänglich gemacht, während ein Film vorbereitet wird. Das Format der Präsentation hängt davon ab, wofür die Bilder benötigt werden. Einige Production Designer folgen dem Beispiel Disneys und hängen die Storyboards an eine Wand oder Pinnwand in ihrer Ausstattungsabteilung, damit bei Gruppensitzungen viele Bilder gemeinsam betrachtet werden können. Das ist sinnvoll, wenn man einen Überblick darüber erhalten möchte, welche Logistik die Dreharbeiten erfordern. Doch es gibt bessere Präsentationsformen, um sich den genauen Bildfluß von Einstellung zu Einstellung und das exakte Timing vor Augen zu führen. Kleinere Storyboards mit sechs bis zwanzig Bildern lassen sich in einer Mappe zusammenfassen. Einige Regisseure sehen die Bilder lieber in der Form eines Buches, ein großes Bild (20 × 25 cm) pro Seite in einem Ordner. Der Vorteil dieser Präsentation besteht darin, ein Buch zum Umblättern zu haben, in dem der Betrachter jedes Bild einzeln aufschlagen muß. Das ermöglicht dem Art Direc-

Abb. 3.8: Erste von drei Bildfolgen, die zusammen eine ununterbrochene Kranaufnahme illustrieren.

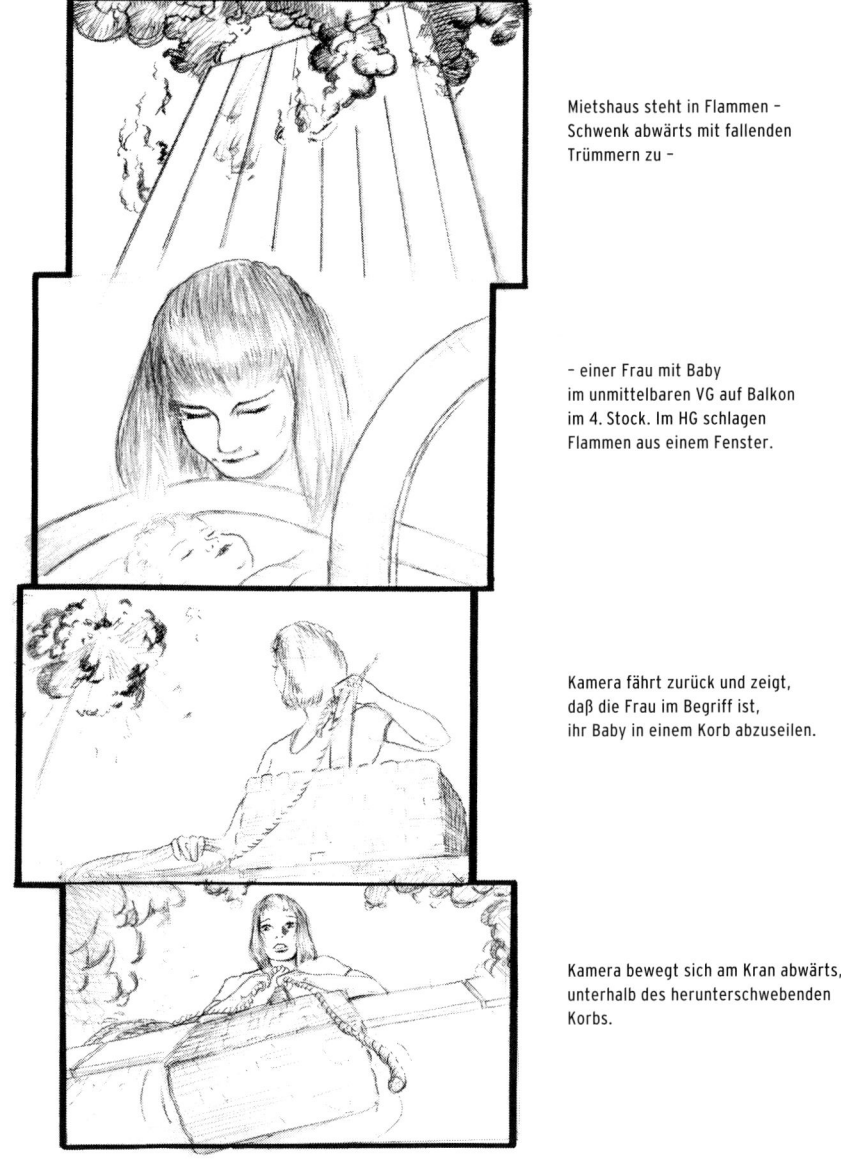

Mietshaus steht in Flammen –
Schwenk abwärts mit fallenden
Trümmern zu –

– einer Frau mit Baby
im unmittelbaren VG auf Balkon
im 4. Stock. Im HG schlagen
Flammen aus einem Fenster.

Kamera fährt zurück und zeigt,
daß die Frau im Begriff ist,
ihr Baby in einem Korb abzuseilen.

Kamera bewegt sich am Kran abwärts,
unterhalb des herunterschwebenden
Korbs.

tor, bereits im voraus auszuprobieren, wie die fertige Szene auf der Leinwand aussehen wird – er kann die Geschwindigkeit, mit der er die Seiten umblättert, verändern und damit den Schnittrhythmus simulieren. Außerdem lassen sich leicht einzelne Bilder einfügen oder entfernen oder anders einordnen, fast so, wie der Cutter mit dem Filmmaterial verfährt.

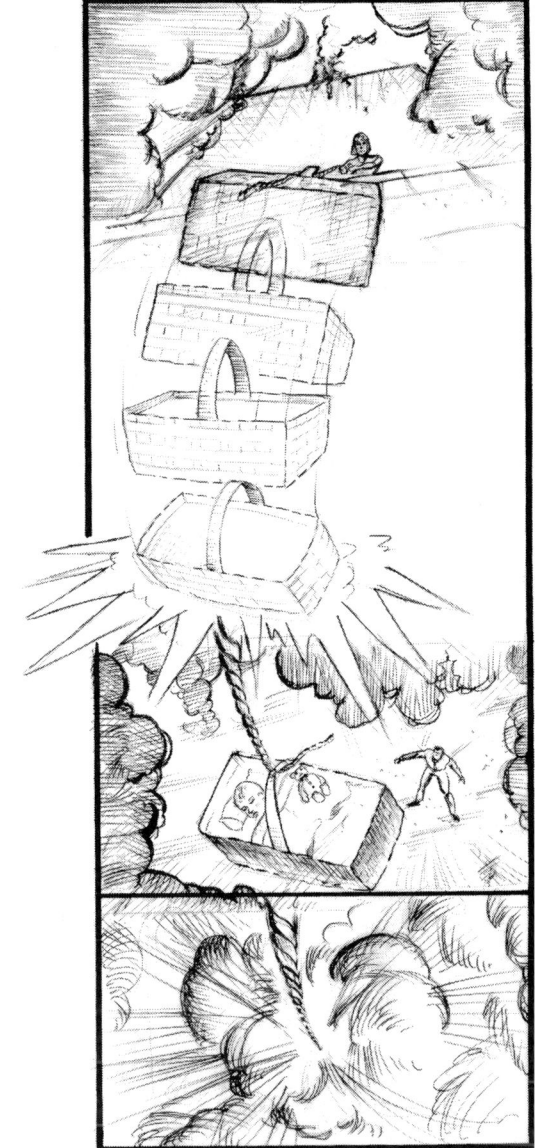

Kamera setzt ihre Abwärtsbewegung unterhalb des Korbes fort, bis die Frau weit in den HG gerückt ist.

Korb wird schneller, kommt auf die Kamera zu. Korb passiert Kamera.

Kamera schwenkt mit Korb und blickt nach unten.

Vater wartet unten, als Flammen und Rauch aus einem Fenster unterhalb des Korbes schlagen.

Rauch hüllt den Korb ein.

Vereinfachte Storyboardzeichnungen

Grundsätzlich übermittelt ein Storyboard zwei Arten von Informationen: Es zeigt die äußere Umgebung (Setgestaltung, Originalschauplatz) und die räumlichen Verhältnisse in einer Sequenz (Inszenierung, Kameraperspektive, Brennweite des Objektivs und die Bewegungen

Bild wird rauchgeschwärzt.

Kamera taucht aus dem Qualm auf und fährt abwärts zum Vater.

Vater ruft –
»Laß den Korb weiter herunter, ich kann ihn nicht sehen!«

Rauch sticht ihm in die Augen, und er kann kaum etwas erkennen.

Der Gesichtsausdruck des Vaters entspannt sich langsam, als der Korb in den unmittelbaren VG hineinpendelt.

Er greift nach dem Korb.

der einzelnen Elemente in der Einstellung). Ein Storyboardzeichner soll Stimmung, Lichtführung und andere Aspekte der Umgebungsgestaltung vermitteln, für einen Regisseur genügt dagegen ein einfacher Zeichenstil. Er muß nur klarmachen können, wie er sich die Kameraeinrichtungen vorstellt. Als nächstes werden mehrere grafische Darstellungsformen vorgestellt, die schnell und leicht zu beherrschen sind und

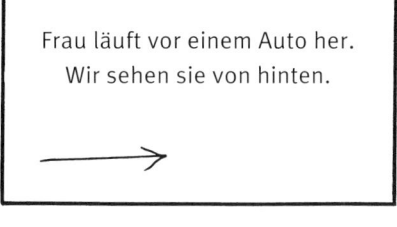

Frau läuft vor einem Auto her.
Wir sehen sie von hinten.

weite Einstellung – Frau + Auto

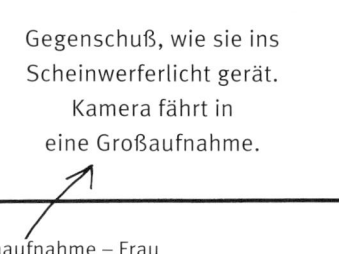

Gegenschuß, wie sie ins
Scheinwerferlicht gerät.
Kamera fährt in
eine Großaufnahme.

Nahaufnahme – Frau

Abb 3.9: Die einfachste
Form des Storyboards sind
Kästen, in die man Erklä-
rungen hineinschreibt.

sich beliebig miteinander kombinieren lassen. Deren einziges Ziel ist es, das Konzept des Regisseurs für eine Einstellung oder Szene deutlich zu machen. Unsere Beispielszene zeigt eine Frau, die auf die Straße läuft und vor ein Auto gerät. In Abb. 3.9 beginnen wir mit der grundlegendsten Verständigungsmethode aller Kommunikationstechniken, bei der mit Worten und Pfeilen angezeigt wird, in welche Richtung sich das Bildobjekt oder die Kamera bewegt. Zwar erscheint dieses Verfahren als zu simpel, um eine Hilfe bei der Planung einer Szene zu sein, aber ein Regisseur mit etwas Schnitterfahrung ist durchaus in der Lage, eine solche Storyboardzeichnung zu lesen und einen Eindruck von der beabsichtigten Bildfolge zu bekommen.

In Abb. 3.10 sind zwei verschiedene Schemazeichnungen zu sehen. Die erste ist eine Aufsicht, in der klar wiedergegeben ist, wo sich die

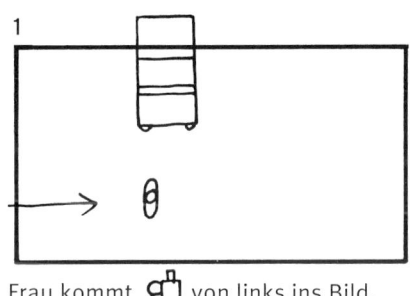

Frau kommt von links ins Bild,

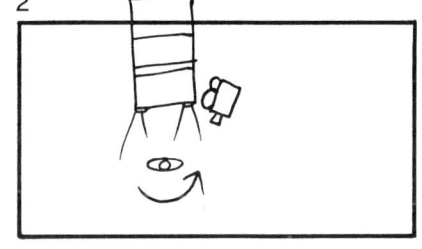

dreht sich um, von Scheinwerfern erschreckt.

Abb. 3.10: schematische
Zeichnungen

Abb. 3.11: Strichfiguren ohne Perspektive

Abb. 3.11: Strichfiguren ohne Perspektive

Totale

Halbtotale

weite Einstellung – Frau

nah – Zufahrt in die Großaufnahme

Kamera befindet und in welche Richtung sich die Aktion bewegt. Im zweiten Bildpaar von Abb. 3.10 sieht man eine schematische Darstellung von der Seite, in der die Höhe der Kamera deutlich zu erkennen ist. Schemazeichnungen sind nützlich, um die Reihenfolge zu planen, in der Einstellungen am Drehort aufgenommen werden, denn sie offenbaren häufig logistische Probleme. Für deren Lösung muß man in der Regel herausfinden, wie sich Leute und Ausrüstung am besten von einem Ort zum anderen bewegen lassen. Eine schematische Aufsicht kann etwa zeigen, daß die Dollyschienen für die letzte Einstellung die Autos blockieren würden, die noch bewegt werden müssen, falls die

Abb. 3.12: Mit Pfeilen lassen sich die Perspektiven anzeigen.

halbhohe Kamera –
weite Einstellung von der Frau

Gegenschuß zur Naheinstellung
Zufahrt in die Großaufnahme

Schienen vor der Mittagspause verlegt werden. Schemazeichnungen beschreiben die genaue Kameraposition, sagen aber nur wenig über die Einstellungsgröße, die emotionale Qualität einer Einstellung und die Bewegung darin aus.

Eine weitere Alternative sind Strichmännchen, mit denen die Positionen der Figuren und die Bewegungsrichtung der Aktionen klargemacht werden. Zwei Versionen von Strichfiguren-Illustrationen sind in Abb. 3.11 zu sehen. Was sie nicht zeigen, ist die Höhe der Kamera, da die Perspektive nicht angegeben werden kann. Aber trotz ihrer Einfachheit sind diese vier Bilder aufschlußreich. Sie können in weniger als einer Minute gezeichnet werden und sagen doch viel darüber aus, wie jedes Bildpaar zusammengeschnitten werden soll.

Aufwendigere Zeichnungen als diese muß ein Regisseur gar nicht machen, um die Einstellungsgrößen einer Sequenz herauszuarbeiten. Mit wenig zusätzlichem Aufwand lassen sich perspektivische Pfeile wie in Abb. 3.12 zeichnen, die viel über den Blickwinkel aussagen, mit dem der Regisseur gerne arbeiten möchte.

Pfeile sind ein vielseitig verwendbares Symbol und leicht zu zeichnen. Eine Auswahl davon ist in Abb. 3.13 abgebildet. Sie können veranschaulichen, wie sich die Kamera in der Einstellung bewegt oder das Bildobjekt – oder beide. Pfeile können den komplizierten Weg eines

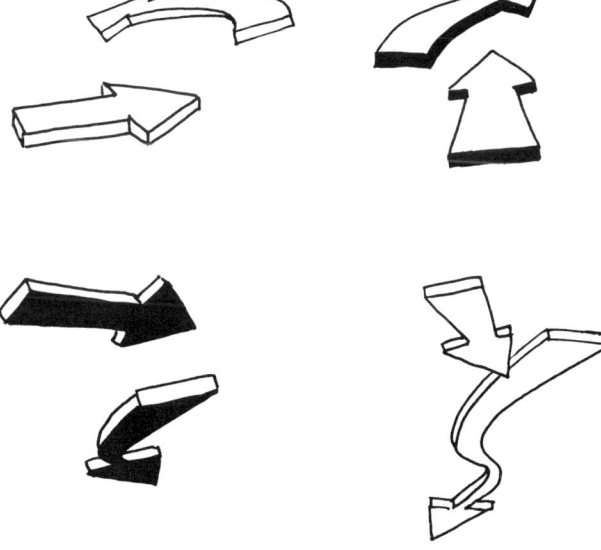

Abb. 3.13: Mit Pfeilen wie diesen lassen sich ausgezeichnet Blickwinkel und Bewegungen der Kamera angeben. Mit etwas Übung geht die Arbeit damit leicht von der Hand.

Autos auf der Flucht angeben oder in Schemazeichnungen den Weg der
Kamera innerhalb einer Plansequenz beschreiben.

Eine Variante sind die Pfeilspitzen in Abb. 3.14, mit denen sich die
gesamte Palette möglicher Blickwinkel wiedergeben läßt. Jede Perspektive ist mit ihnen schnell zu veranschaulichen. Ein Regisseur hat am
besten immer ein Blatt mit Pfeilen wie den hier gezeigten zur Hand.
Oder sein Art Director zeichnet eine Auswahl als Vorlage, die er beim
Strichfigurenmalen neben sich liegen hat. Das erspart ihm langwieriges
Suchen nach der richtigen Darstellungsweise für die gewünschte Perspektive.

Der Bildrahmen selbst kann als Pfeil benutzt werden, mit dem der
Weg der Kamera im Verlauf einer Szene angegeben wird. Sich überlappende Rahmen können dem gleichen Zweck dienen. Wenn die Linien
zwischen den übereinanderliegenden Rahmen beibehalten werden,
kann das bedeuten, daß die Kamera in ihrer Bewegung innehält und sie
dann fortsetzt. Abb. 3.15 zeigt repräsentative Beispiele für diese Dar-
stellungsarten.

Kehren wir zu dem Problem zurück, wie man an Strichfiguren die
Perspektive zeigt. Eine weitere Möglichkeit ist, sie mit dreidimensionalen Kästen zu umgeben, um so den Blickwinkel der Kamera anzudeuten. In Abb. 3.16 a sind zwei Untersichten dargestellt, in denen die
Höhe der Kamera ohne die Kästen nicht zu erkennen wäre. Als Variation dazu zeigt Abb. 3.16 b eine extreme Untersicht (Froschperspektive)
und eine Großaufnahme von oben (Aufsicht). Wie man sieht, ist das

Auto als Kasten gezeichnet, was dabei hilft, die Perspektive zu bestimmen. Selbst in diesen simplen Zeichnungen läßt sich mit der Kastentechnik verdeutlichen, wo die Kamera steht. Und auch jemand, der keine Zeichenerfahrung mitbringt, kann mit Hilfe solch einfacher Kästen leicht in den Griff bekommen, wie man die Perspektive bestimmt. Ein Blatt mit Würfeln in unterschied-

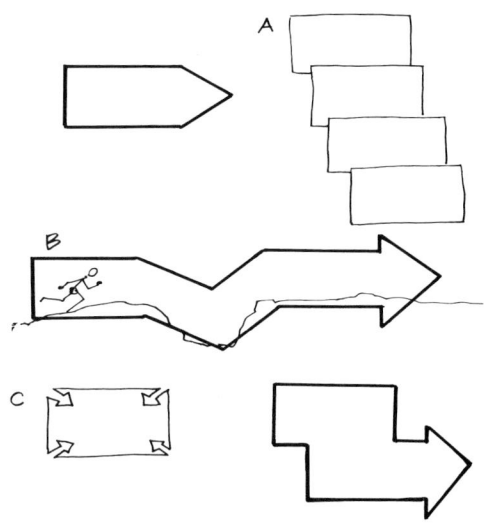

Abb. 3.15: Überlappende Bildfelder können dazu verwendet werden, eine bewegte Einstellung darzustellen (A). Das ganze Bildfeld kann als Pfeil gezeichnet werden, der den Weg eines sich bewegenden Akteurs oder Bildobjekts verdeutlicht (B). Hier benutzt der Zeichner die Rahmenbegrenzung für Pfeile, die eine Kamerabewegung in Richtung auf das Bildobjekt anzeigen (C).

lichen Perspektiven, vom Filmdesigner zur Verfügung gestellt, kann wieder als Vorlage dienen.

Wir erhalten einen besseren Eindruck von den räumlichen Verhältnissen, indem wir bei den einfachen Figuren Form und Volumen hin-

weite Einstellung von unten

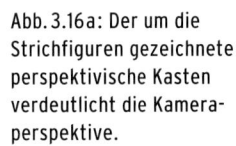

Untersicht – Großaufnahme – gekippte Einstellung

Abb. 3.16a: Der um die Strichfiguren gezeichnete perspektivische Kasten verdeutlicht die Kameraperspektive.

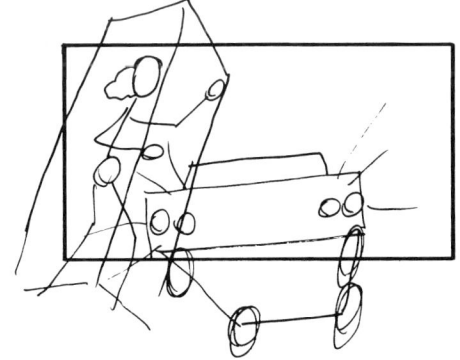

Abb. 3.16b: Froschperspektive und Aufsicht

Abb. 3.17: Wenn die Strichfiguren Volumen erhal-
ten, vermitteln sie zusätzliche Informationen zur
Komposition der Bilder.

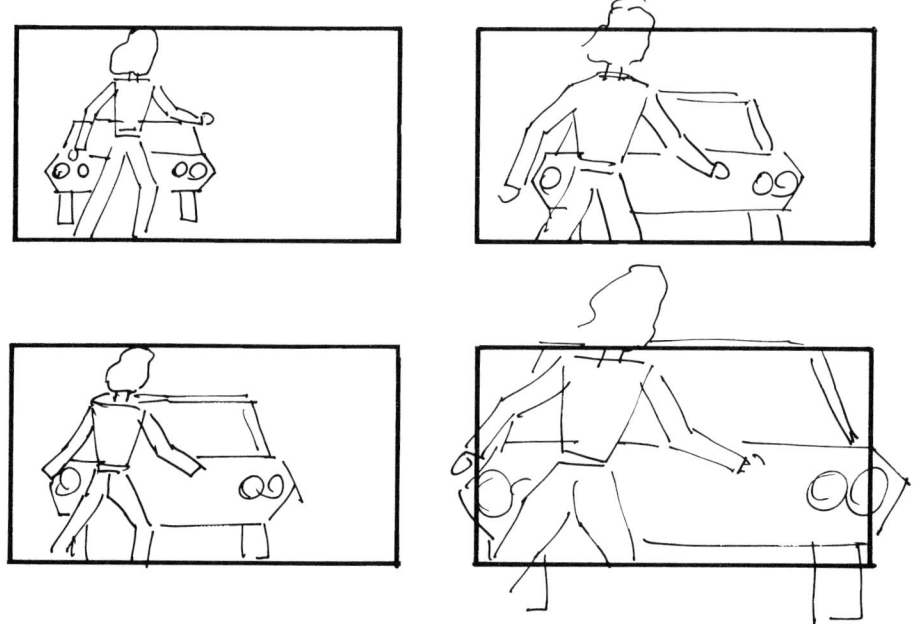

zufügen. Abb. 3.17 zeigt uns zum Beispiel, wie ein Regisseur verschiedene Versionen ausprobieren könnte, bis er mit der Anordnung von Auto und Frau im Bild zufrieden ist.

Die wichtigste Aussage dieses Kapitels ist: Ein Storyboard ist für den Regisseur auf jeden Fall von Nutzen, egal, ob er sich beim Drehen daran hält oder nicht. Wenn beispielsweise große Teile eines Drehbuchs gezeichnet vorliegen, kann sich der Regisseur den dramatischen Verlauf der Geschichte viel besser vor Augen führen, als wenn er es nur lesen würde. Außerdem dient das Visualisieren auf Papier nicht nur dazu, den Arbeitsplan für das Produktionsteam auf dem Set zu erstellen, sondern es entstehen bei diesem Prozeß vor allem neue Ideen. Der Visualisierungsprozeß ist für den Regisseur wesentlich fruchtbarer, wenn er sich seine eigenen Zeichnungen erarbeitet. Für einen Spielfilmregisseur ist es wichtig, sich vollkommen in die Aufgabe zu vertiefen und von vornherein mit Bildern zu arbeiten. Man kann die Bedeutung solch handwerklich-praktischer Tätigkeit gar nicht hoch genug einschätzen. Dabei spielt es keine Rolle, wie rudimentär die Zeichnungen sind. Der unschätzbare Wert dieser Arbeit liegt im Prozeß des Darübernachdenkens und in der Konzentration, die man benötigt, um Kameraeinstellungen auf dem Papier zu komponieren.

Regisseur Brian DePalma zeichnet auf einem Macintosh-Computer mit dem Programm Storyboarder® seine eigenen Strichfiguren-Illustrationen. Diese Zeichnungen sind recht schlicht, dienen aber als Gedächtnisstütze: Jedes Bildfeld ist ein Symbol, das eine bis ins Detail vertraute Einstellung ins Gedächtnis zurückruft – mit all den perspektivischen Elementen, die in der Zeichnung gar nicht zu sehen sind. Was bei DePalma funktioniert, muß selbstverständlich nicht bei jedem funktionieren, aber jeder kann die Form der Darstellung wählen, die ihm und seinen Bedürfnissen am besten entspricht. Was mir bei der Suche nach Storyboards für dieses Buch besonderen Spaß gemacht hat, war zu entdecken, welche Vielfalt an individuellen Methoden die einzelnen Illustratoren für das Storyboardzeichnen entwickelt haben.

Das Zeichenhandwerk

Wer zeichnen kann, sollte sein Storyboard auf ein höheres handwerkliches Niveau bringen. Nun kann es nicht Aufgabe dieses Buches sein, Zeichenunterricht zu erteilen, aber ein Gedanke, der für Storyboardzeichner besonders wertvoll ist, soll hier doch angesprochen werden: *Es zählt das, was du wegläßt.* Zum ersten Mal habe ich diese Binsenweisheit beim Musikmachen gehört. Sie wird immer dort zum Besten gegeben, wo sich erfahrene Künstler begegnen – egal welcher Couleur. Für den Zeichner eines Storyboards ist Schlichtheit mehr als eine Geschmackssache: sie ist Notwendigkeit. Denn nur in seltenen Fällen steht genügend Zeit zur Verfügung, um jedes einzelne Storyboardbild eines Films in einer detaillierten Zeichnung auszuarbeiten.

Die Strichkonturen des Zeichners Noel Sickles sind ein Vorbild an Schlichtheit und ein Lehrbeispiel für ökonomisches Zeichnen. Er ist zwar nie als Storyboardillustrator in Erscheinung getreten, aber seine innovativen Arbeiten als Comiczeichner und später als vielbeschäftigter anerkannter Werbegrafiker haben ihren Einfluß bis heute nicht verloren. Auf Seite 84 sind Vergrößerungen aus seinem frühen Comic *Scorchy Smith* abgebildet, die zeigen, wie mit wenigen Strichen jede Oberfläche und jeder Schauplatz dargestellt werden kann. Die Details des Hintergrundes sind für alle besonders interessant, die einen praktikablen Storyboardstil entwickeln möchten. (Ein Nachdruck seiner Werke ist bei Kitchen Sink Press, Princeton, erschienen.)

Noel Sickles begann 1933, im Alter von 26 Jahren, Comics zu zeichnen und fand schnell zu einem impressionistischen Schwarz-Weiß-Stil, der seinen Federzeichnungen ein höchst realistisches fotografisches Aussehen verlieh. Fünf Jahre später verabschiedete sich Sickles aus der Welt der Comics und wurde zu einem der führenden Buch- und Zeitschriftenillustratoren seiner Zeit.

Die Vergrößerungen aus seinem Comic »Scorchy Smith« zeigen, wie viele visuelle Information man mit wenigen wohlplazierten Strichen und Schatten vermitteln kann. Seine grafisch einfallsreichen und innovativen Arbeiten sind ein wahres Ideenreservoir für den Storyboardzeichner.

Selbst ein schlichter Zeichenstil kann für den Regisseur beim Entwickeln einer Szene hilfreich sein. Unten sind schnell hingeworfene Skizzen zu sehen, die von Sherman Labby für *Beverly Hills Cop II* gezeichnet wurden. Solche Rohskizzen, mit Schattierungen versehene Federzeichnungen, entstehen typischerweise in Besprechungen mit dem Regisseur, wobei für jedes Bildfeld nicht mehr als zwei oder drei

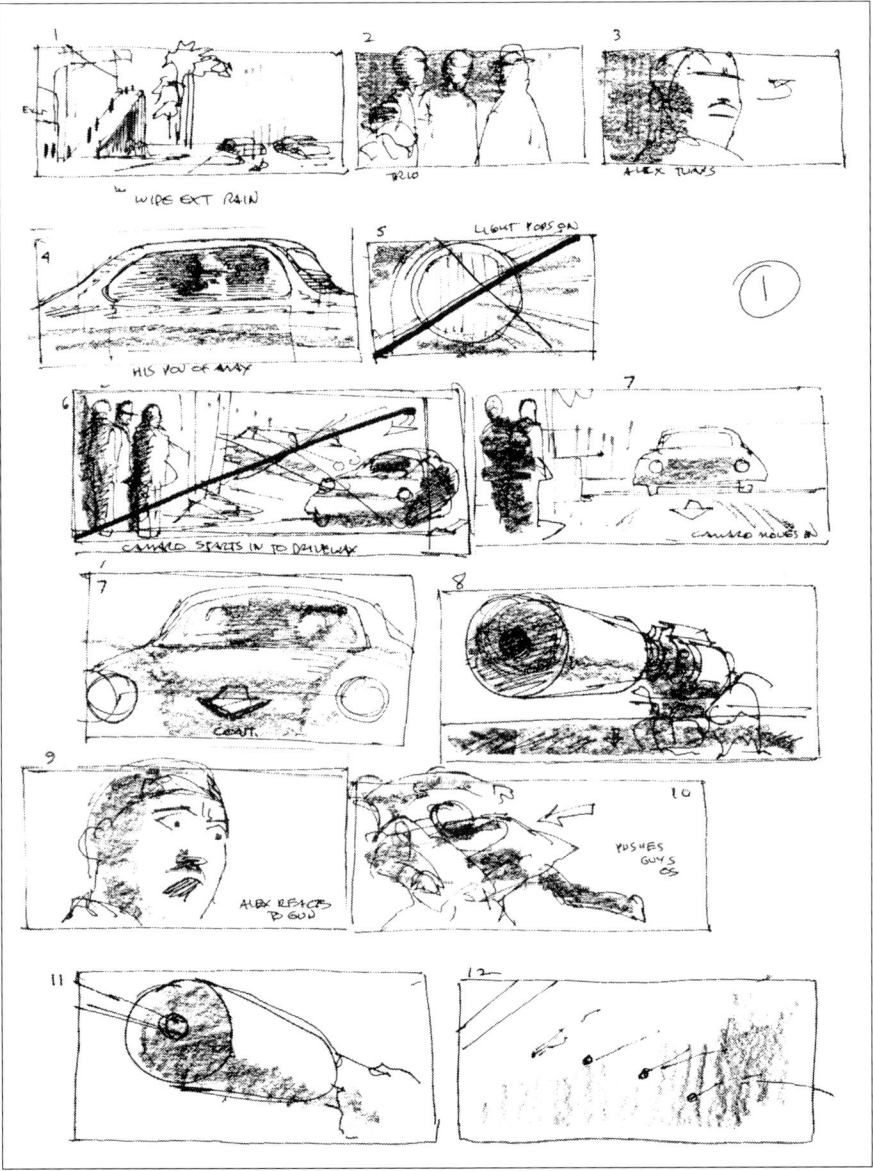

Sherman Labbys Rohskizzen für eine Szene in ›Beverly Hills Cop II‹

Minuten benötigt werden. Eine ganze Sequenz kann innerhalb einer Stunde durchgesprochen und gezeichnet werden. Allerdings wäre es falsch, bei der Entwicklung eines Storyboards nur an das Zeichnen zu denken. Die Zeit, die man benötigt, bis eine Sequenz aufs Papier gebracht ist, hängt auch davon ab, wie lange es dauert, das Szenenkonzept zu erstellen. Normalerweise benutzt der Storyboardzeichner Skizzen wie diese als Gedächtnisstütze, um die detaillierteren Zeichnungen auszuarbeiten, die später vorgelegt werden.

Stimmung

Weitere Storyboardbilder von Sherman Labby sind auf den Seiten 87 bis 95 zu finden. Sie zeigen eine Eröffnungsszene für *Blade Runner*, die zwar nicht gedreht wurde, aber das feine Gespür des Künstlers für bildhaftes Erzählen zeigt. Das Storyboard ist ein wunderbares Beispiel dafür, wie mit stimmungsvollen Bildern die Tonart eines Films etabliert wird, in diesem Fall der ironische Einsatz eines ruhigen, idyllisch-ländlichen Schauplatzes. Die Eröffnungssequenz zeigt den von Harrison Ford gespielten Deckard, der mit seinem Spinnenfahrzeug auf einem Bauernhof landet. Diese ersten elegant komponierten Bilder enthalten ein paar einfache Silhouetten, mit denen eine Atmosphäre des Staunens erzeugt wird, wie sie für die Science-fiction-Filme der vierziger Jahre typisch war.

Charaktere

Die Storyboardbilder von Fred Lucky (Seite 96 ff.) zeigen, wie ausdrucksvolle Charaktere die beabsichtigte Komik einer Situation verdeutlichen können. Fred bildete sein Zeichen- und Karikaturtalent in der Trickfilmabteilung der Disney-Studios aus, bevor er als Gagschreiber in deren Spielfilmproduktion wechselte. Seit ein paar Jahren arbeitet er freiberuflich an vier bis fünf Filmen pro Jahr. Er ist als Storyboardzeichner und Autor gefragt, weil er Comedy- und Actionsequenzen gekonnt umsetzen kann.

SPINNER KICKS UP DUST..

Storyboardfolge von Sherman Labby zu ›Blade Runner‹. (Diese Version der Eröffnung wurde nie gedreht.)

Das Gefährt wirbelt Staub auf

SPINNER LANDS - DOG BARKS AT IT AS D. RAISES HATCH

Das Gefährt landet – Ein Hund bellt sie an, als D. die Luke öffnet

Schnitt

CUT

WIND BLOWS - D. WALKS TO FARMHOUSE - CAM PAN

stürmischer Wind – D. geht zum Bauernhaus

Schwenk

Schnitt

D. öffnet Eingangstür

Schnitt

Subjektive D: Sein Blick wandert
über die Einrichtung

Schwenk –

Schnitt

(Subjektive) Dampfender Topf
auf dem Herd. Kamera fährt
zurück und...

...erfaßt D., der zum Topf
schaut... Er wendet sich nach
rechts... Kamera folgt

... RVL D. LOOKING AT POT.. HE TURNS TO RIGHT.. CAM FOLLOWS

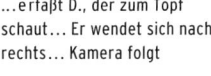

Schnitt

D. SITS - LOOKS OUT WINDOW

D. sitzt – blickt aus dem Fenster

Schnitt

HIS POV OF GIANT TRACTOR MOVING TOWARD HOUSE

Seine Subjektive von einer
riesigen Landmaschine, die auf
das Haus zukommt

Schnitt

Mann tritt ein – sieht Deckard –
Dialog

Schnitt

Mann nimmt Schutzbrille ab …

Schnitt

Mann geht in die Küche –
D. geht durchs Bild (Dialog)

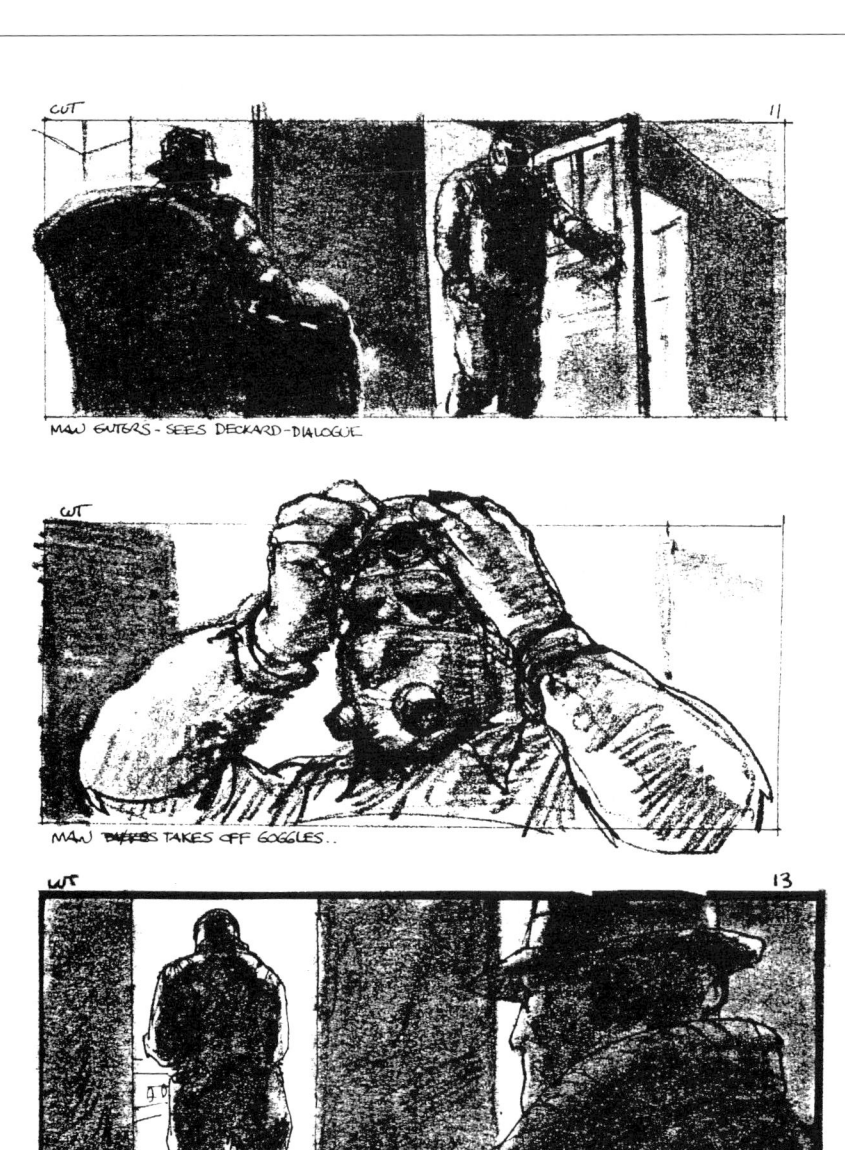

Schnitt

RESOLUTION COMES TO DECKARD'S FACE

Deckards Miene
zeigt Entschlossenheit

Schnitt

MAN COMES FROM KITCHEN WITH BOWL OF SOUP (DIALOGUE)

Mann kommt mit Suppenschüssel
aus der Küche (Dialog)

Schnitt

D. FIRES GUN AT MAN

D. schießt auf den Mann

Schnitt

Gegenschuß – der Mann ist
getroffen – er fällt... läßt die
Suppenschüssel fallen

Er fällt (Schuß über die Schulter)
aus dem Bild

Schnitt

D. steht über dem gestürzten
Mann

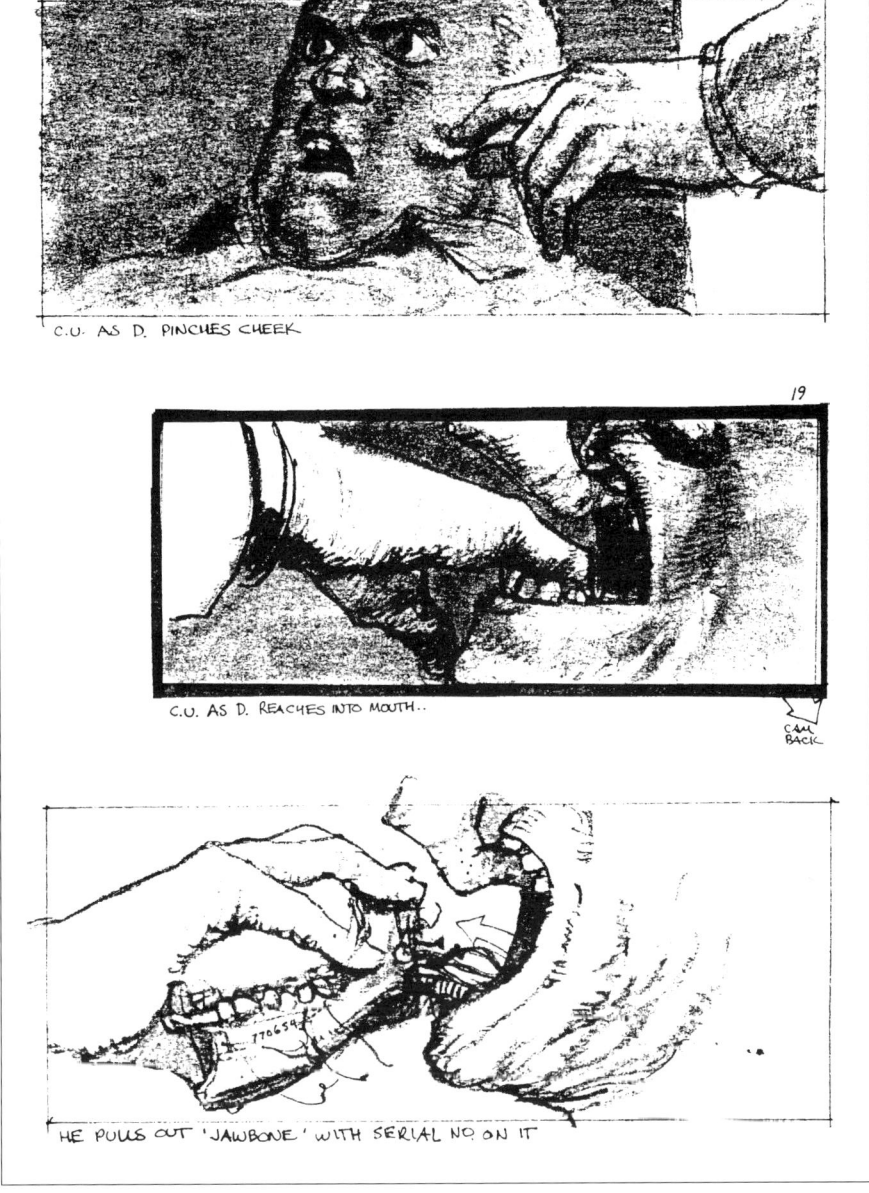

CUT

C.U. AS D. PINCHES CHEEK

19

C.U. AS D. REACHES INTO MOUTH..

CAM BACK

HE PULLS OUT 'JAWBONE' WITH SERIAL NO. ON IT

Schnitt

Großaufnahme D. kneift
in die Wange

Großaufnahme D. faßt
in den Mund...

Kamera fährt zurück

Er zieht »Unterkiefer« heraus,
auf dem eine Seriennummer steht

Kamera bleibt auf ihm, wenn er
kehrt macht und hinausgeht

Schnitt

Er geht über den Hof –
Hund folgt ihm

D. geht zu seinem Gefährt,
gefolgt von Hund – stumm steht
die riesige Landmaschine da

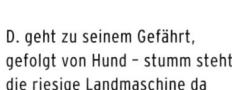

CAM FOLLOWS D. - HE ATTEMPTS TO PET DOG - DOG BACKS OFF - D. ENTERS SPINNER

Kamera folgt D. – er will den Hund streicheln – Hund weicht zurück – D. steigt in das Gefährt

POV DECKARD - SPINNER INT. RISES / MONITORS SHOW DOG TREE + FARM

Schnitt

Subjektive Deckard – Gefährt innen, hebt ab / Monitore zeigen Hund, Baum + Bauernhaus

Schnitt

SPINNER MOVES OFF - DOG WATCHES

END SQ

Gefährt fliegt davon – Hund schaut hinterher.

Ende der Szene

Interpretation

In erster Linie übermittelt das Storyboard den Fluß der Einstellungen einer Szene, kombiniert also dramaturgische und grafische Gestaltung. Die besten Storyboardzeichner versehen ihre Bilder zusätzlich mit einer emotionalen Tönung, aber an erster Stelle steht immer, Kamerastandpunkt und -perspektive zu zeigen sowie die erzählerischen Schritte darzustellen. Ein ausgezeichnetes Beispiel für diese Qualitäten

Storyboard von Fred Lucky. Erstes von drei Blättern

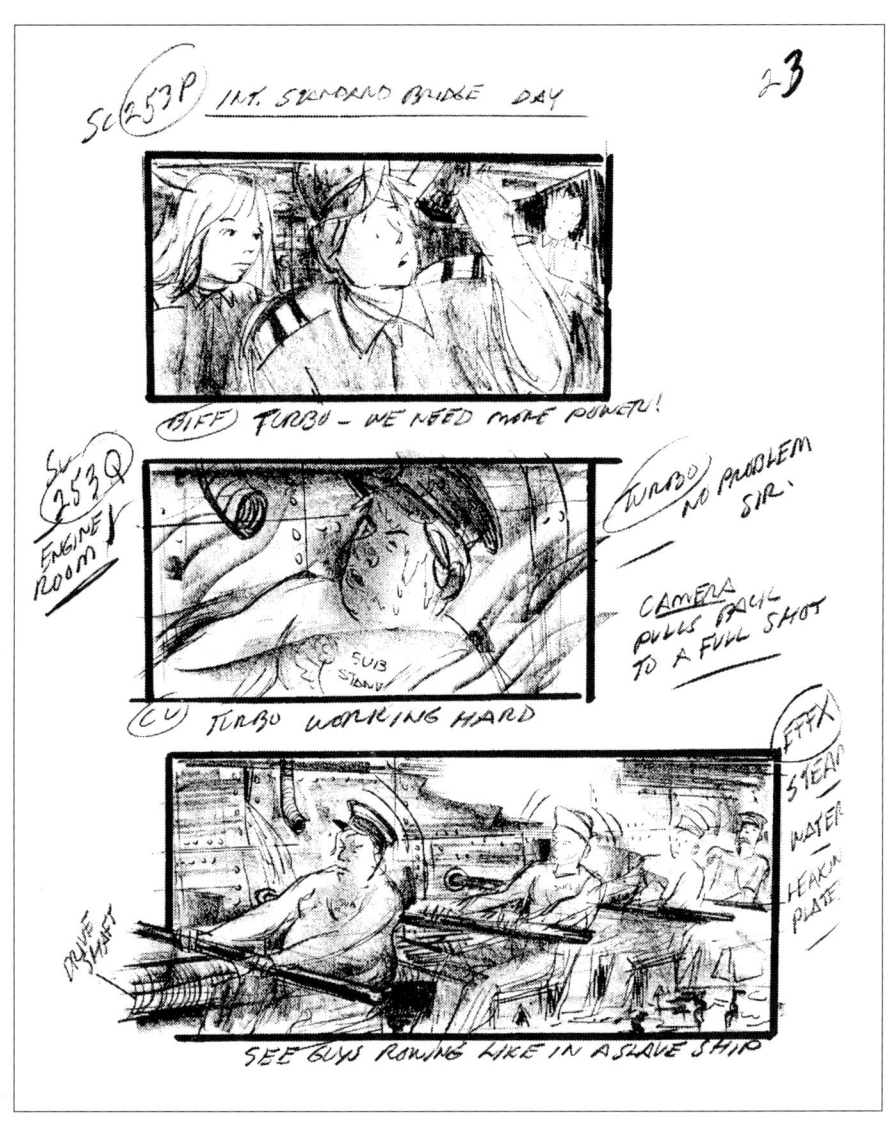

Szene 253P INNEN·BRÜCKE DER STANDARD·TAG / Biff: Turbo – wir brauchen mehr Power!

Szene 253Q MASCHINENRAUM / Turbo: Kein Problem, Sir. / Kamera fährt zurück in die Totale. / Großaufnahme: Turbo arbeitet schwer.

Effekte: Dampf, Wasser, Leck im Rumpf / Die Männer rudern wie Sklaven auf einer Galeere.

ist in Harold Michelsons Storyboard für *Die Reifeprüfung* zu sehen, das auf Seite 99 beginnt. Für das Szenenbild war Richard Sylbert verantwortlich.

Selbst wenn man die Story nicht kennt, sind die Aktionen in den Bildern leicht zu lesen, und der Schnittrhythmus ist eindeutig zu erkennen. Der Entwurf der Einzelbilder 7, 8 und 9 (Einstellungen 81–83) ist besonders elegant, ebenso deren Verbindung untereinander. Dabei wirken mehrere Effekte zusammen, um unsere Beziehung zu den Charak-

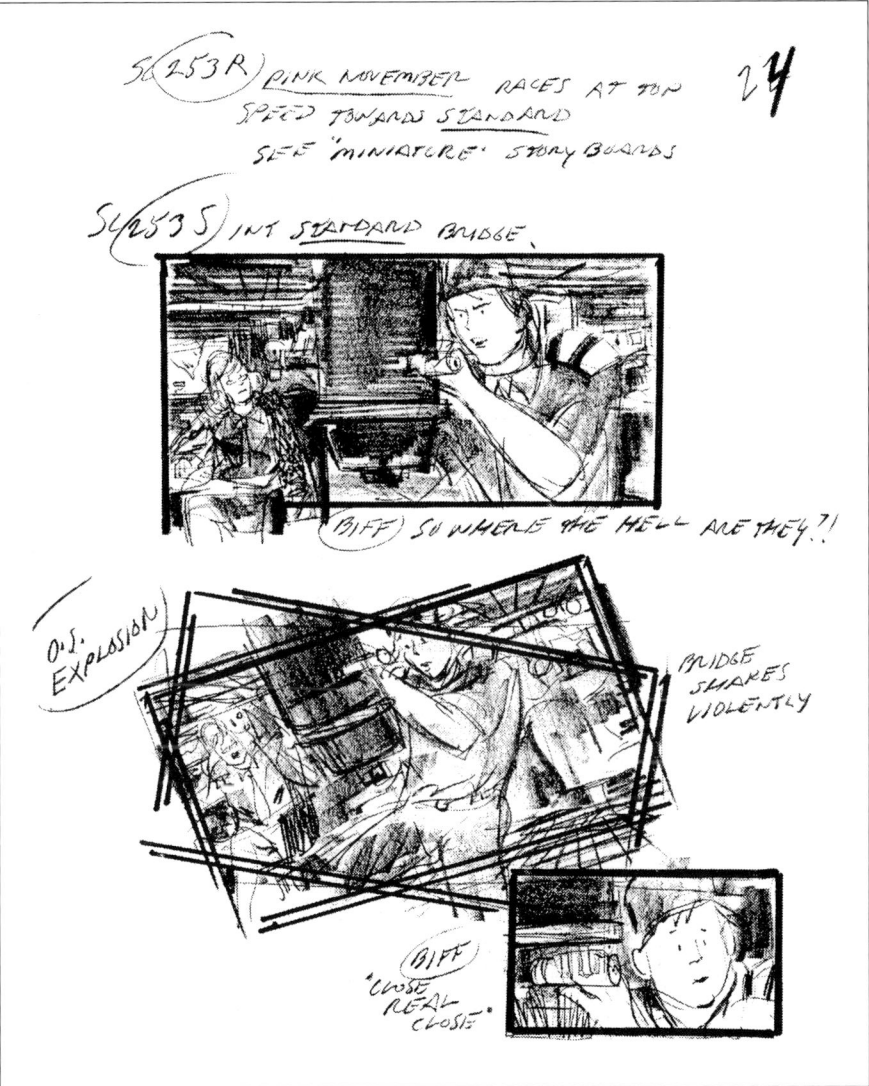

Zweites von drei Blättern

Szene 253R: PINK NOVEMBER braust mit voller Kraft auf STANDARD zu. / siehe ›Modell‹-Storyboards

Szene 253S INNEN/ BRÜCKE DER STANDARD / Biff: Wo zum Teufel sind sie?!

Explosion im Off / Brücke wird heftig erschüttert

Biff: Knapp, wirklich knapp.

teren festzulegen und Bens subjektive Sicht und Tagträumerei auszudrücken. Die dynamisch-schräge Komposition der Bilder ist subtil eingesetzt und durch die Inszenierung vollständig motiviert, das gleiche gilt für das dramatische Hinterlicht und den Schattenwurf auf dem Wasser. Das ist visuelles Geschichtenerzählen auf höchstem Niveau. Die Angaben von Dialogzeilen und Erläuterungen zur Komposition sind nie Selbstzweck, sondern stehen in harmonischem Zusammenhang mit dem Thema und der erzählerischen Absicht. Dieses Storyboard ist ein Lehrbeispiel für die Illustration eines Szenenablaufs.

Drittes von drei Blättern

Szene 253S INNEN/BRÜCKE DER STANDARD / Sonar: Ich bin ungern der Überbringer schlechter Nachrichten, aber da ist ein großer Gletscher vor uns.

Biff ist wie erstarrt, er umklammert das Teleskop.

Szene 254-257 weggelassen

Szene 288 INNEN/PINK NOVEMBER / Sowj. Kapitän: Haben wir getroffen? / Mann am Sonar: Knapp verfehlt, Sir. / Kapitän: Melden Sie mir, wenn wir Sonarverbindung haben. Der nächste Torpedo darf nicht danebengehen.

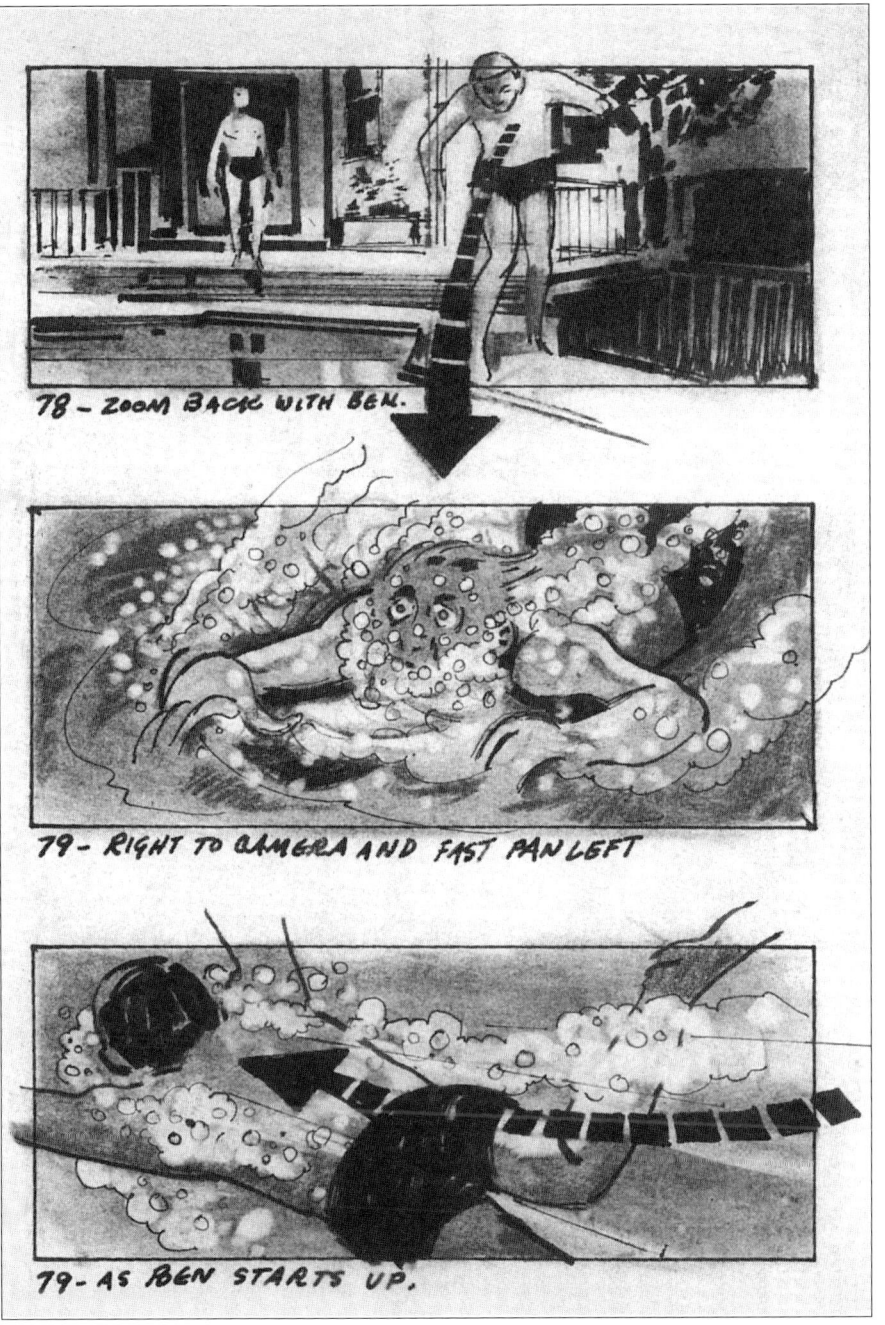

Harold Michelsons Story-
board für ›Die Reife-
prüfung‹. Szenenbild von
Richard Sylbert

78 - Die Kamera zieht auf mit Ben.

79 - Rechts von der Kamera und
schneller Schwenk nach links,

79 - wenn Ben nach oben schießt.

80 - Ben taucht auf

80 - Wir kommen mit ihm hoch und
sind über ihm

81 - Innen/Zimmer im Taft-Hotel

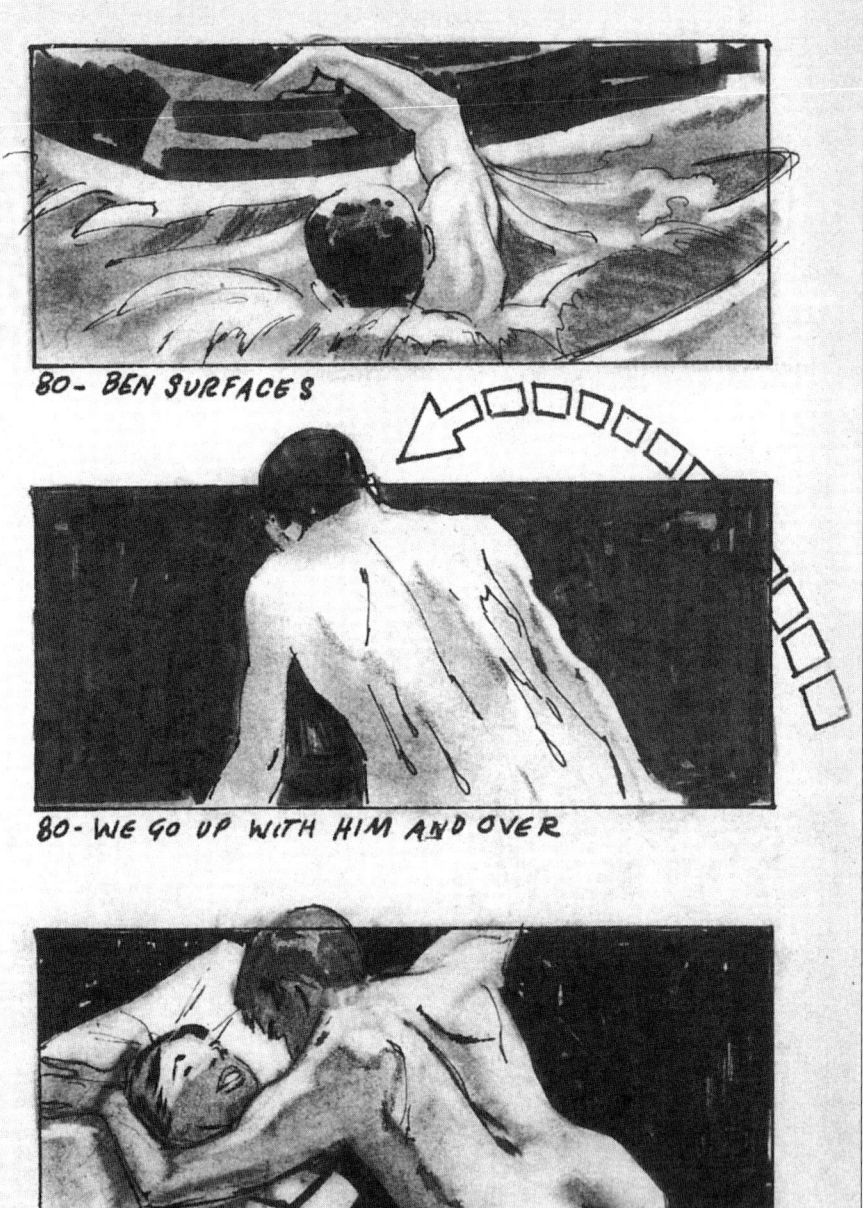

80- BEN SURFACES

80- WE GO UP WITH HIM AND OVER

81- INT. TAFT HOTEL ROOM

81- BEN TURNS TOWARD US AND LOOKS

81 - Ben dreht sich zu uns um und schaut

82- P.O.V. SHOT... MR. BRADDOCK AT POOL.

82 - Subjektive ... Mr. Braddock am Pool.

83- BEN ON RAFT.

83 - Ben auf Luftmatratze.

83 - ...»seinen Hintern
hochkriegen...«
»Die Robinsons sind hier.«

83 -

83 - Hallo, Ben...

83 - SAY HELLO TO MRS. ROBINSON, BENJAMIN

83 - Sag Mrs. Robinson
Guten Tag, Benjamin

84 - HELLO, MRS. ROBINSON

84 - Hallo, Mrs. Robinson

84 - HELLO BENJAMIN.

84 - Hallo, Benjamin.

Adaption

In gewissem Sinn ist jedes Storyboard eine Adaption, denn es ist aus einem Drehbuch umgesetzt. Ein Drehbuch ist, anders als ein Theaterstück oder ein Roman, als Zwischenform angelegt; es ist lediglich ein Plan für das Medium, in dem die Geschichte erzählt werden soll. Ein Drehbuchautor bemüht sich um Visualität, er schreibt dramatische Handlung, die man sehen und hören kann – in der Tat *muß* man sie sehen und hören können, um sie vollkommen zu verstehen. Theoretisch bebildert der Storyboardzeichner lediglich die Ideen des Drehbuchs, in der Praxis kann das Storyboard aber einem neuen Entwurf des Drehbuchs gleichkommen, auch wenn es nur darum ging, einigen Ideen den letzten Schliff zu verpassen. Genauso, wie Drehbuchautoren Bildelemente beschreiben, kommen einige Storyboardkünstler auf literarische Ideen, strukturieren Szenen neu, erweitern die Handlung und fügen neuen Dialog ein.

Schauen wir uns an, wie Filmemacher Steven Spielberg zwei Szenen aus J.G. Ballards autobiografischem Roman *Das Reich der Sonne* adaptiert hat, um einen besseren Eindruck davon zu gewinnen, welche Stadien eine Story durchläuft, bis sie auf der Leinwand erscheint. In diesem Fall war Spielberg weitgehend für den konzeptionellen Inhalt des Storyboards verantwortlich. Wir haben den Vorteil, mehrere Stufen des Entwicklungsprozesses miteinander vergleichen zu können: den Roman, zwei Drehbuchentwürfe und die überarbeitete dritte Version vom 12. September 1986 von Menno Meyjes – der erste Entwurf ist auf den 7. Januar 1986 datiert und stammt von dem Bühnenautor Tom Stoppard. Außerdem selbstverständlich das Storyboard, gezeichnet von David Jonas, das auf Seite 107 beginnt.

Der Roman

Die Geschichte beschreibt die Erlebnisse eines elf Jahre alten britischen Jungen namens Jim, der mit seinen wohlhabenden Eltern in Schanghai lebt. Wir befinden uns im Jahr 1941. Es ist der Tag, an dem die Japaner in Schanghai einmarschieren. Unsere erste Szene beginnt am frühen Morgen in Jims Zimmer im Cathay-Hotel. Im Roman ist er bereits wach und trägt seine Schuluniform. Er geht zum Fenster und schaut auf das

Treiben im Hafen des Jangtse hinunter. Jim sieht zwei Patrouillenboote mit japanischen Marinesoldaten und eine Motorbarkasse mit Offizieren, die von einem japanischen Kanonenboot ablegt. Die Offiziere gehen an Bord eines amerikanischen und eines britischen Schiffes. Die Barkasse blinkt mit einer Signallampe eine Nachricht zum Kanonenboot hinüber. Jim versucht zurückzusignalisieren, indem er mit den Armen Semaphorzeichen macht, die er bei den Pfadfindern aber nie richtig gelernt hat. Sekunden später feuert das Kanonenboot eine Granate auf das britische Schiff ab, und die Druckwelle erschüttert das Hotel. Jim springt erschrocken zum Bett zurück. Es ist der Beginn des Sturms auf Schanghai, und innerhalb von Minuten verlassen die Gäste fluchtartig das Hotel. Jims Vater kommt ins Zimmer und sagt dem Jungen, sie würden in drei Minuten das Hotel verlassen. Auf dem Bett sitzend denkt Jim über die Möglichkeit nach, daß er für den japanischen Angriff verantwortlich ist:

> Ihm wurde klar, daß wahrscheinlich er den Krieg ausgelöst hatte – mit seinen verworrenen Zeichen am Fenster, die die japanischen Offiziere in der Motorbarkasse falsch interpretiert hatten.

Das Drehbuch

Hier nun Tom Stoppards Adaption dieser Romanszene: Sie beginnt in Jims Hotelzimmer. Diesmal schläft der Junge noch. Er erwacht in der Morgendämmerung vom Dröhnen eines tieffliegenden Flugzeugs. Er krabbelt aus dem Bett und geht zum Fenster.

Die vielfältigen Aktionen der japanischen Marineboote aus dem Roman sind im Drehbuch dazu verdichtet, daß Jim beobachtet, wie das japanische Kanonenboot in den Fluß einläuft. Er tritt vom Fenster zurück und knipst die Nachttischlampe an. Eine Außeneinstellung vom Hotel zeigt uns das erleuchtete Fenster in der ansonsten vollkommen dunklen Hotelfassade.

Mit dem nächsten Schnitt machen wir einen kurzen Zeitsprung. Jim trägt jetzt seine Schuluniform. Er greift nach einem Lateinbuch, das neben einem kleinen Spielzeugbomber auf dem Nachttisch liegt, wird aber bald von dem Geschehen draußen vor dem Fenster abgelenkt. Das japanische Kanonenboot liegt in der Mitte des Flusses und signalisiert mit einem Signalscheinwerfer eine Nachricht zu einem anderen Schiff hinüber. Jim geht zum Nachttisch und holt seine Taschenlampe. Schnitt auf eine Außeneinstellung, eine sehr weite Totale mit dem Hotel, dem Fluß und den Kanonenbooten. In dem morgendlichen Dämmerlicht blinkt Jims Taschenlampe im Fenster seines Hotelzimmers. Er signalisiert einige Augenblicke, da feuert das Kanonenboot seine Geschütze ab. Ein greller Blitz erleuchtet Jims Zimmer. Jim wird rückwärts ins Zimmer geschleudert. Sekunden später stürzt Jims Vater ins Zimmer und ruft den Namen seines Sohnes.

JIM:
Das hab ich nicht gewollt! Ich hab doch nur Spaß gemacht.

Die erste Version des Drehbuchs ist mit der überarbeiteten dritten Version im wesentlichen identisch. Wir können sie mit dem Storyboard vergleichen, das eine recht getreue Umsetzung des Drehbuchs ist. Die größeren Veränderungen sind erst während der Dreharbeiten entstanden; sie machen die Szene erst wahrhaft filmisch. Im Folgenden sehen wir eine geraffte Version des Storyboards.

Da wir mit Roman, Drehbuch und Storyboard alle Quellen für die Szene kennengelernt haben, können wir uns nun näher ansehen, wie sie tatsächlich gedreht wurde.

Die Sequenz im Film

Die Szene beginnt mit mehreren Einstellungen vom Hafenviertel Schanghais am frühen Morgen. Schnitt auf den Schatten eines Flugzeugs an der Wand von Jims abgedunkeltem Hotelzimmer. Die Kamera schwenkt mit dem Schatten des Spielzeugbombers mit, den Jim in den Strahl einer Taschenlampe hält. Der Schwenk setzt sich fort, gleitet die Wand hinunter und zu Jim hinüber, der angezogen auf dem Bett liegt. Das klagende Horn eines Schiffes läßt Jim ans Fenster treten, von dem man einen Ausblick über den Fluß hat.

Neue Einstellung am Fenster mit Jim. Er beobachtet das japanische Kanonenboot, das mit einem Scheinwerfer Lichtsignale in Richtung Ufer gibt.

Schnitt auf drei Halbnaheinstellungen von dem japanischen Matrosen, der den Signalscheinwerfer bedient.

Schnitt auf eine Totale vom Fluß, mit Hotel und Kanonenboot im

Hintergrund. In dieser Einstellung sehen wir die beiden japanischen Schiffe sowie die Signale, die zwischen ihnen hin und her gehen. Plötzlich beginnt ein drittes Licht Signale zu geben, und zwar an einem Hotelfenster in einem der oberen Stockwerke.

Schnitt auf Jims Hotelzimmer, wo er mit seiner Taschenlampe am Fenster steht und signalisiert.

Hier können wir eine Pause einlegen und untersuchen, wie sich die filmische Struktur entwickelt hat. Es beginnt mit dem Lichtkegel und dem Spielzeugbomber. Spielberg hat zwei Bestandteile der Story zu

Storyboard von David Jonas für ›Das Reich der Sonne‹

Szene 41 – INNEN/HOTELZIMMER / NACHT-MORGENDÄMMERUNG – Das Blechmodell eines japanischen Kampfflugzeugs auf einem Nachttisch. Jims Hand kommt ins Bild und greift danach. / Kamera schwenkt

Szene 41 A - Jim geht zum Fenster.

Szene 41 B - Er schaut aus dem
Fenster – Kamera schiebt sich an
Jim vorbei und zeigt...

HE LOOKS OUT OF THE WINDOW - CAM PUSHES PAST
JIM TO REVEAL ---

CH-1c

Szene 42 -Jims Aussicht auf den
Fluß. Ein paar Schiffe sind unterwegs – am frühmorgendlichen Kai
ist wenig Verkehr; ein paar Rik-
schas usw. Schnitt auf

JIM'S VIEW OF THE RIVER. A FEW BOATS ARE MOVING -
A LITTLE EARLY MORNING TRAFFIC ON THE BUND - A FEW
RICKSHAWS ETC.   CUT TO

CH-1D

Szene 43 - AUSSEN/CATHAY-
HOTEL/DÄMMERUNG-DUNKEL /
Jim ist zu sehen, wie er aus dem
Fenster schaut. Wir können das
Geräusch eines Flugzeuges hören.

SC 43 EXT. CATHAY HOTEL DAWN/DARK.

JIM CAN BE SEEN LOOKING OUT OF THE WINDOW. WE
CAN HEAR THE SOUND OF A PLANE.

CH-2

SC 43A - EXT SKY   DAWN/DARK

JIM'S POV - A JAPANESE FIGHTER   CUT TO ··

Szene 43 A – AUSSEN/HIMMEL/
DÄMMERUNG-DUNKEL /
Jims Subjektive – ein japanisches
Kampfflugzeug. Schnitt auf...

SC 44. EXT- HOTEL-WINDOW.

JIM NAKAJIMA.
    CUT TO   CH-4

Szene 44 AUSSEN/HOTEL-
FENSTER / JIM: Nakajima – Schnitt
auf

SC 45. INT. HOTEL ROOM DAWN

Ⓐ

JIM IS DRESSED FOR SCHOOL - TYING HIS SHOE. ON A
TABLE IN F.G IS A FLASHLIGHT AND KENNEDY'S LATIN PRIMER.

                CH-5ₐ

Szene 45 - INNEN/HOTELZIMMER/
DÄMMERUNG / Jim trägt seine
Schuluniform – er bindet seinen
Schuh zu. Auf dem Tisch im VG
liegt eine Taschenlampe und ein
Lateinbuch.

Szene 45 A – Jim geht zum Tisch, nimmt das Buch und beginnt zu lesen, wird aber von Lichtern abgelenkt, die draußen blinken.

SC 45 A

JIM MOVES TO THE TABLE, TAKES THE BOOK, BEGINS TO READ, BUT IS ATTRACTED BY LIGHTS BLINKING OUTSIDE.

CH-5B

Szene 45 B – Er geht zum Fenster. Schnitt auf...

SC 45 B

HE MOVES TOWARD THE WINDOW   CUT TO

Szene 46 – ...Jim, der aus dem Fenster blickt und im fernen HG ein japanisches Kanonenboot sieht, das Signale (Lichtblitze) an ein ebenfalls signalisierendes britisches Kriegsschiff sendet.

SC 46

LOOKING OUT THE WINDOW, JIM SEES A JAPANESE GUNBOAT IN THE DISTANT BG SIGNALLING (FLASHING LIGHT) TOWARD A BRITISH NAVAL VESSEL WHICH IS ALSO SIGNALLING.

CH-6A

SC 46 A

HE TURNS BACK.   CUT TO--

Szene 46 A– Er wendet
sich um. Schnitt auf…

SC 47

JIM RUNS TOWARD CAMERA IN A WIDER SHOT.

Szene 47 – Jim, der in einer
weiten Einstellung auf die Kamera
zuläuft.

SC 47A

CAM BOOMS DOWN

HE PICKS UP THE FLASHLIGHT.   CUT TO--

Szene 47 A – Er nimmt die
Taschenlampe. Schnitt auf… /
Kamera fährt runter

Szene 47 B – Das signalisierende japanische Schiff... (Schnitt auf)

Szene 48 AUSSEN/CATHAY-HOTEL/DÄMMERUNG / Die Taschenlampe, die in Jims Fenster aufblitzt. Schnitt auf

Szene 49 – INNEN/HOTELZIMMER/DÄMMERUNG / Jim, der leise lachend am Fenster steht und mit der Taschenlampe Lichtzeichen gibt. Das Licht wird von der Fensterscheibe reflektiert. Schnitt auf

SC 49A - EXT. CATHAY HOTEL

(A)

JIM LAUGHING, BLINKING THE FLASHLIGHT.

Szene 49 A – AUSSEN/CATHAY-HOTEL / Jim, der lachend mit der Taschenlampe blinkt.

SC 49 B

(B)

THERE IS AN EXPLOSION. JIM'S WINDOW CRACKS - OTHERS SHATTER. STONEWORK BREAKS LOOSE AND TUMBLES DOWN THE FLASH IS REFLECTED IN THE WINDOWS

CUT TO -

Szene 49 B – Es gibt eine Explosion. Jims Fenster birst – andere zersplittern. Mauerbrocken lösen sich und fallen herunter. Der Blitz spiegelt sich in den Fenstern. Schnitt auf –

SC 49 C

(A)

JIM IS THROWN TO THE FLOOR, STILL CLUTCHING THE FLASHLIGHT.

CH-12A

Szene 49 C – Jim wird zu Boden geschleudert, hält dabei die Taschenlampe fest umklammert.

Szene 49 D – JIMS VATER (im Off):
Jamie!
JIM (dreht sich um): Das hab ich
nicht gewollt! Ich hab doch nur
Spaß gemacht. / Schnitt auf –

Szene 49 E – JIMS VATER: Zieh
dich an! / JIM: Bin ich schon.
JIMS VATER: Wir fahren.

einem einzigen Bild zusammengefaßt, mit dem wir auf anschauliche Weise zu Jim gelangen. Es ist ein eingängiges Symbol für Kindheit, und es führt die Taschenlampe und den Spielzeugbomber ein, die in späteren Szenen noch von Bedeutung sein werden.

Eine weitere wichtige visuelle Entscheidung betrifft die Semaphorzeichen des Romans. Sie wurden aus dem naheliegenden Grund durch Taschenlampensignale ersetzt, daß Licht aus der Entfernung viel besser zu sehen ist. Damit eröffneten sich neue Möglichkeiten für Einstellungen. Außerdem ist es weitaus plausibler, wenn Jim glaubt, er habe unbeabsichtigt die auslösenden Signale an das japanische Kanonenboot mit seiner Taschenlampe gegeben, und nicht mit den kaum erkennbaren Semaphorzeichen.

Anders als im Drehbuch und im Storyboard sehen wir Jim in der Filmszene nie vom Fenster zurücktreten, um die Taschenlampe zu holen. Da sie in der Eröffnungseinstellung mit dem Flugzeug zusammen eingeführt wurde, ist es unnötig, zu zeigen, wie der Junge sie vom Nachttisch nimmt. Durch das Vermeiden dieser Zwischeneinstellungen ist die Szene eleganter geworden. Das Publikum ist erstaunt (aber nicht verwirrt), wenn in der Flußtotalen über den japanischen Signalen Jims Lichtsignale erscheinen.

Spielberg fügt dem Storyboard in der filmischen Inszenierung noch eine letzte Veränderung hinzu. Wenn Jim rücklings auf den Fußboden stürzt, durch den Kanonenschuß erschreckt, schwenkt die Kamera mit ihm mit, verläßt ihn aber mitten im Fall, schwenkt schneller, um den Moment einzufangen, wenn er auf dem Boden ankommt und im Abbild von drei stehenden Spiegeln zu sehen ist, die durch Scharniere miteinander verbunden sind. Einer der beiden Flügel schwingt nach innen, durch den Schuß erschüttert, und zeigt rechtzeitig für uns die Tür, um den Vater ins Zimmer treten zu sehen. Jim ist in zwei Spiegeln zu sehen und sein Vater im dritten. Auf diese Weise sind drei Einstellungen in einer einzigen zusammengefaßt. Sie ist so geschickt ausgeführt, daß man den Trick fast nicht bemerkt.

Der Film profitierte vom Können zweier Storyboardzeichner, David Jonas und Ed Verraux. Sie arbeiteten in der Ausstattungsabteilung in Spielbergs Amblin'-Entertainment-Komplex in Universal City und benutzten in Schanghai aufgenommene Fotos als Vorlagen. Wie viele der Zeichner, mit denen ich sprach, begann auch Jonas in der Trickfilmabteilung bei Disney, wo er sein zeichnerisches und erzählerisches Talent ausbildete, bevor er sich der Illustration von Spielfilmen zuwandte.

Die Zeichnungen für *Das Reich der Sonne,* im Original auf 21,5 × 28 cm großen Bögen ausgeführt, sind außergewöhnlich detailliert und zeigen sein hervorragendes Gespür für Komposition sowie seine Kunstfertigkeit im Figurenzeichnen. Die zeichnerische Ausführung besitzt den höchsten Grad an Differenziertheit, den ein Storyboard erreichen kann; nahezu jede Szene des Films wurde mit derselben handwerklichen Akkuratesse illustriert. Jonas und Verraux arbeiteten nahezu ein Jahr lang ausschließlich an diesem Projekt.

Der Einstieg in den Beruf des Filmillustrators

Storyboardzeichnen ist eine hochspezialisierte Kunst. Mit ihr läßt sich kaum etwas von der persönlichen Anerkennung erzielen, die Künstlern anderer Sparten zuteil wird. Storyboardzeichner werden meistens angeheuert, um die Ideen anderer Leute auszuarbeiten, und stehen dann unter dem enormen Druck, ihre Arbeit in möglichst kurzer Zeit fertigstellen zu müssen. Für viele dieser Künstler ist es aber Belohnung genug, mit guten Szenenbildnern und Regisseuren zusammenzuarbeiten und die Aussicht zu haben, ihre Skizzen in einen großartigen Film verwandelt zu sehen.

Unterricht

Einer der Gründe für dieses Buch ist die Tatsache, daß sich nur wenige Kurse mit Production Design und Produktionszeichnen beschäftigen. Dieses Thema wird an den meisten Filmhochschulen nicht angeboten, obgleich für Regisseure, Produzenten und Autoren Produktionszeichnen im allgemeinen und Storyboardzeichnen im besonderen von großem Wert ist. Die Produktionszeichnerin Camille Abbott, deren Arbeit in Kapitel 2 zu sehen ist, bietet an der UCLA einen ständig überlaufenen Kurs in Storyboardzeichnen für Spielfilme an, der in der praktischen Ausbildung auf diesem Gebiet Zeichen setzt. Leider ist dies in den Vereinigten Staaten zur Zeit der einzige Kurs dieser Art.

Im Bereich Trickfilm ist das Angebot für Studenten, die das Storyboardzeichnen lernen wollen, schon größer. Das American Animation

Institute in Los Angeles bietet Kurse ohne akademischen Abschluß in Storyboardzeichnen, Bewegungszeichnen und Hintergrundmalerei und für andere Aspekte der Trickfilmtechnik an. Das Institut ist der Gewerkschaft der Trickfilmzeichner angeschlossen, der Motion Picture Screen Cartoonists Local 839. Die Kurse werden alle von Profis abgehalten, die im Berufsleben stehen. Selbst wenn man sich für die Illustration von Spielfilmen interessiert, hat man wahrscheinlich mehr Glück, wenn man sich in den trickfilmverwandten Bereichen nach Unterrichtsmöglichkeiten umsieht. Zumindest einige Schulen bieten auf diesem Gebiet inzwischen Seminare an. Für das Trickfilmzeichnen gibt es in den Vereinigten Staaten einige Spezialschulen, in denen Production-Design-Kurse zum Unterricht gehören.

Die gute Nachricht ist: Eine traditionelle Ausbildung an einer Hochschule für bildende Künste oder einer Schule für Werbegrafik schafft ebenfalls gute Voraussetzungen für die Arbeit als Production Designer, Art Director oder Produktionszeichner. Viele Kunsthochschulen bieten Kurse in Werbegrafik an, und darin ist auch das Storyboardzeichnen für Fernsehwerbespots enthalten. Allerdings liegt der Schwerpunkt dieser Kurse in der Regel bei Illustrations-, Marker- und Mischtechniken, und weniger bei den Verfahren, die für die Illustration von Spielfilmen interessant sind. Zeichentalent ist selbstverständlich wichtig für einen Produktionszeichner, aber in erster Linie ist er ein Filmgestalter, sein Geschäft ist die Kameraarbeit und der Schnitt. Kurse über Filmgeschichte und Filmtechnik sowie über die Grundlagen der Fotografie sind deshalb ein Muß für jeden, egal wie großartig er zeichnen kann.

4 Werkzeuge und Techniken

Fotoboards

Das Zeichnen von Storyboards ist nicht die einzige Möglichkeit, um Ideen für einen Film vor dem Drehen zu veranschaulichen. Man kann auch Fotoboards erstellen, wie ich es für dieses Buch getan habe. Der Vorteil eines Fotoboards ist, daß es sich leicht herstellen läßt und die optischen und grafischen Eigenschaften eines Kinofilms besitzt. Alle Entscheidungen, die in bezug auf Schärfentiefe und Brennweite zu treffen sind, lassen sich anhand von Fotoboards genau beurteilen, ebenso die Lichtverhältnisse. Der Nachteil dieser Methode ist, daß man dafür Darsteller benötigt und die Szenen zumindest in groben Zügen inszenieren muß. Ob sich Storyboard oder Fotoboard besser eignen, hängt vor allem von der Sequenz ab, die vorbereitet wird: eine kleine Spielszene mit wenigen Schauspielern ist ideal für ein Fotoboard, eine Actionsequenz mit vielen Beteiligten läßt sich dagegen leichter zeichnen.

Das unabhängige Digitalstudio

Desktop-Computer und Digitaltechnik sind für Filmemacher, die sich auf dem unabhängigen Filmmarkt behaupten wollen, von unschätzbarem Wert. Mit ihrer Hilfe kann der Filmemacher seinen Film selbst schneiden, Effekte produzieren, Titelsequenzen erstellen, die Musik komponieren, Dialoge synchronisieren, den Ton mischen und beschädigtes Filmmaterial reparieren oder störende Fehler in einer Einstellung beseitigen (beispielsweise Kratzer entfernen oder ein ins Bild ragendes Mikrophon herausnehmen). Einen leistungsstarken Macintosh oder einen PC für die Produktionsarbeit aufzurüsten, kostet einschließlich der erforderlichen Software umgerechnet zwischen 18 000 und 36 000 DM. Zusätzliche Festplatten, die für die Speicherung der enormen Datenmengen benötigt werden, sind in dieser Summe nicht enthalten. Auch wenn die Kosten für Filmmaterial und Kopierwerk noch immer relativ hoch sind, hat sich im Bereich der Postproduction (Endfertigung) doch sehr viel getan: Sie ist einfacher und wesentlich erschwinglicher geworden.

Im Grunde haben wir keine wirkliche Wahl, ob wir uns der digitalen Verfahren bedienen wollen oder nicht; sie verdrängen zunehmend die traditionellen Techniken, die mehr als achtzig Jahre lang angewendet wurden. So wehmütig wir auch der Zeit des Filmschneidetischs und des traditionellen Filmemachens nachhängen mögen, die wunderbare Erfahrung einer Filmproduktion vor der Einführung digitaler Hilfsmittel wird bald der Vergangenheit angehören. Auch wenn der Fortschritt zwangsläufig mit dem Traditionellen kollidiert, wird die digitale Zukunft ganz sicher aber einen demokratischeren Verteilungscharakter haben, weil sie denjenigen, die bisher aufgrund der immensen Kosten aus der Gemeinde der Filmschaffenden ausgeschlossen waren, starke Ausdrucksmittel an die Hand geben wird.

Das zeigt sich nirgendwo deutlicher als in der Akzeptanz und Anwendung der Videotechnik bei den freien Filmschaffenden. Wenn Sie über ein extrem niedriges Budget verfügen, können Sie auf Video anstatt auf Film drehen, auch wenn sich dadurch die Möglichkeiten des Vertriebs natürlich verringern. Die Übertragung von Video auf Film und die Einführung des High Definition Digitalvideos muß sich heute noch gegen die Konkurrenz des Films behaupten, aber diese Entwicklung wird sich wahrscheinlich in den nächsten zehn bis fünfzehn Jahren durchsetzen.

Für viele Filmschaffende ist das Video der einzige Weg, ein Projekt zu verwirklichen. Aber selbst wenn die Film- und Studiokosten erschwinglich werden, ist das Video ein effektives Hilfsmittel für den Visualisierungsprozeß. Der neueste Stand der Technik nennt sich DV und ist in zwei Varianten verfügbar: DV (für den semiprofessionellen Bereich) und DVcam (für den Profibereich, hier existieren eine ganze Reihe weiterer Formate wie Digitales Beta und D1). Diese neuen Formate sind das letzte fehlende Glied in der Produktionskette, das es allen Filmemachern erlaubt, Videofilmmaterial zu kaufen, Bilder zu bearbeiten und Szenen am Computer zu schneiden, ohne jeglichen Qualitäts- oder Generationsverlust durch Überspielung.

Ältere Analogformate wie VHS, 8mm, S-VHS und Hi8 haben ihre Bedeutung für den Visualisierungsprozeß (noch) nicht verloren und sind mit Digitalsystemen über ein Interface kompatibel. Aber sie sind auf dem Weg, in absehbarer Zeit überflüssig zu werden. Der Nachteil besteht darin, daß beim Überspielen des analogen Videomaterials für den Schnitt unweigerlich ein Qualitätsverlust eintritt.

Camcorder, die noch mit den älteren Analogsystemen arbeiten, sind im Moment um etwa 30 Prozent billiger als die neuen DV-Kameras und verfügen zum Teil über dieselben technischen Features, wie zum Beispiel Bildstabilisierung, (digitalen) Zoom (verlängert die Brennweite), integrierten Monitor und andere nützliche Vorrichtungen. Die Bildqualität des DV ist deutlich besser als die der besten Analogkameras für den semiprofessionellen Bereich (S-VHS, Hi8), und der professionelle DVcam steht sicher BetaCam SP nur wenig nach.

Der Schnitt

Analog-lineare Schneidesysteme (von Band zu Band) sind zwar immer noch zur Miete oder zum Kauf erhältlich, aber diese Technik ist eigentlich überholt. Digitale non-lineare Computersysteme (von Festplatte zu Festplatte) gehören heute für den Schnitt zum Standard; der Preis für ein Profisystem einschließlich der erforderlichen Software bewegt sich zwischen umgerechnet 27 000 und 145 000 DM. Man kann aber auch ohne weiteres für weniger als 4000 DM sehr effektive Schneidesysteme für den Macintosh oder für Computer mit Windows-Betriebssystem zusammenstellen, die über die notwendigen Eigenschaften verfügen und eine sehr hohe Qualität hervorbringen.

Die genannten Systeme verwenden ausnahmslos Compression Boards, die die vom Computer zu speichernde und weiterzuverarbeitende Datenmenge verringern, man kann den non-linearen Schnitt aber auch mit Programmen wie *Adobe Premiere* und ohne spezielle Compression Boards durchführen und so die Kosten erheblich reduzieren. Das funktioniert allerdings nur, wenn das Quellenmaterial am Computer erzeugt ist oder auf die Festplatte gescannt wurde. Es ist nur bedingt möglich, Analogvideo zu übertragen und in Digitalsignale zu konvertieren, die der Computer weiterverarbeiten könnte. DV ist bereits ein Digitalformat und kann daher unter Benutzung einer Firewire-

Verbindung in den Computer übertragen werden, aber man benötigt dazu ein Conversion Board.

Vor allem in gewerkschaftsunabhängigen Filmproduktionen (Beispiel USA), bei denen die Schauspieler vielleicht für längere Probenphasen zur Verfügung stehen, erfreut sich der Einsatz der Videotechnik für den Prozeß der Bildauflösung immer größerer Beliebtheit. Videoaufnahmen von den Proben bieten dem Filmemacher die fantastische Möglichkeit, an seinem Konzept für die Auflösung der Einstellungen zu feilen. Es kommt vor, daß Filmemacher, die mit wenigen Schauspielern und einer begrenzten Zahl von Drehorten arbeiten, große Teile ihres Films bereits auf Video für die Visualisierung aufgenommen und das Filmmaterial geschnitten haben, bevor sie mit dem Drehen auf Film beginnen. Wenn Sie die Lichtgestaltung außer acht lassen können, sind Sie bei dieser Art des Drehens sehr flexibel. Es bietet Ihnen den Luxus, daß Sie Ihren Film in einer Rohfassung betrachten können, bevor Sie mit den eigentlichen Aufnahmen beginnen. Eine solche Möglichkeit, die eigenen Ideen und Konzepte auszuarbeiten, kann ungeheuer hilfreich sein.

Storyboard- und 2D-Animationsprogramme

Es gibt bereits eine Vielzahl von Programmen zur Erzeugung, farblichen Gestaltung und Animation von Bildern, und der Markt entwickelt sich ständig weiter. Darunter sind auch Produkte, die speziell für Bildauflösungs- und Visualisierungszwecke entwickelt wurden. Im Rahmen der Storyboardprogramme sind *Storyboard Quick* und *Storyboard Artist* von Power Production Software hervorragend für die Erstellung von traditionellen Storyboards und von animierten und mit Ton unterlegten Multimedia-Storyboards geeignet. (Bezugsinformationen zu diesen wie zu allen anderen hier aufgeführten Programmen finden sich im Anhang.) Um Akteure und Schauplätze einzuführen, können Sie entweder Fotografien, Originalzeichnungen und Videoclips benutzen, oder Sie können auf das Archiv von Personen, Requisiten und Hintergrundmotiven zurückgreifen, das mit der Software geliefert wird. Weitere Archive können hinzugekauft werden.

Einen ebenfalls sehr nützlichen Softwaretyp repräsentiert *Adobe After Effects,* ein Programm, mit dem man Standfotos, Computergrafiken und Film- und Videomaterial animieren kann. Das Programm hat sich in kurzer Zeit zu einem der großen Softwareprodukte der neunziger Jahre entwickelt. Obwohl es für den Visualisierungsprozeß nicht ganz unkompliziert in der Anwendung sein mag, ist es für Filmschaffende, die im Umgang mit dem Computer fit sind, unentbehrlich geworden. Tatsächlich ist das Softwareprogramm, das die Firma Adobe anbietet, einschließlich *Photoshop, Illustrator, After Effects* und *Premiere*, ein komplettes Postproductionstudio für den Computer.

Diese Software, die inzwischen für viele unabhängige Filmemacher erschwinglich geworden ist, wird auch in den großen Animationsstudios in aller Welt bei der Produktion von computergenerierten Spielfilmen benutzt. Sie werden vielleicht nicht alle diese Programme benötigen, und wenn Sie sich nur eines leisten können, verfügt die non-lineare Schneidesoftware *Premiere* mit Effekten und Kompositionsmöglichkeiten über die für Filmschaffende nützlichsten Eigenschaften. Auch *Radius Edit,* ein aus Software und Hardware bestehendes Paket, mit dem man in DV-Standard auf einem Macintosh schneiden kann, wäre in Erwägung zu ziehen.

3D-Animation

Heute begegnen uns CGI-Effekte (computergenerierte Bilder) in allen Filmen, von *Jurassic Park* bis *Titanic*. Die technischen Hilfsmittel, die zur Produktion eines Films mit solchen erzählerischen Intentionen benötigt werden, sind heute, ebenso wie alle anderen Programme zur digitalen Bearbeitung, im allgemeinen auch für Filmemacher erschwinglich, die an einem Low-budget-Projekt arbeiten. Die 3D-Computergrafik-Animation ist zwar nicht einfach zu beherrschen, aber sie hat den Traum vom voll bewegten Storyboard Wirklichkeit werden lassen. Unter den Heerscharen von Computergrafik-Spezialisten, die heute die Universitäten verlassen, finden sich immer ein paar talentierte Leute, die in der Lage sind, sehr anspruchsvolle Visualisierungen auszuarbeiten. Der Filmmacher kann einen Computergrafiker beauftragen, einen Set, einen Gerichtssaal beispielsweise, zu erstellen, und sofern er über dieselbe Software verfügt, kann er nun in diesem Raum die Kamera und die Requisiten bewegen, ohne deshalb gleich das gesamte Programm lernen zu müssen.

Die Möglichkeit, Sets am Computer zu entwerfen und mit einer virtuellen Kamera fotografisch genaue Bilder zu erstellen, ist von unschätzbarem Vorteil für Studioproduktionen. Da die Animation von Figuren immer noch ein sehr zeitaufwendiges Unterfangen ist, kann man unbewegte Modelle benutzen, um die Gänge und Positionen der Schauspieler innerhalb einer Szene auszuarbeiten.

Eines der besten Programme, die neuerdings auf den Markt gekommen sind, ist *Poser 2* von Fractal Design. Diese benutzerfreundliche Software ist ein Programm zum Stellen und Animieren von Figuren. Es arbeitet mit Figuren, einem Mann und einer Frau, die so verändert werden können, daß sie verschiedene Körpertypen und Altersstadien repräsentieren, und verfügt zudem über eine begrenzte Auswahl an Kostümen. Es dauert nur Minuten, die Modelle zu stellen, und man kann einzelne Positionen für den späteren Gebrauch aufzeichnen. Für Storyboardkünstler, die für schwierige Positionen und Perspektiven auf ein Bezugsarchiv zurückgreifen möchten, ist *Poser* unentbehrlich. Für weniger als 100 Dollar bietet *Poser* auch bemerkenswerte Animationsmöglichkeiten und ist damit eine ideale Lernhilfe für Neulinge auf dem Gebiet der Figurenanimation.

Für den Szenenentwurf geeignete 3D-Animationssoftware gibt es in Preisklassen zwischen 250 und 3000 Dollar. Allerdings ist die animierte 3D-Visualisierung im allgemeinen Projekten mit großem Budget vorbehalten und wird vielleicht auch in absehbarer Zukunft noch zu aufwendig sein für kleine unabhängige Produktionen, die mit wenigen Sets und ohne Effekte auskommen.

Aber auch diese Filme können mit Hilfe von *Virtus Walkthrough* oder *Concept Cad*, beide von der Firma Virtus Corporation, am Computer visualisiert werden. Die Produktbeschreibung nennt dieses neue Software-Genre CAV, »computer-aided visualization«. In diesem Programm zeichnet der Designer zunächst Grundriß und Ansicht von einem Gebäude oder die Karte einer Landschaft. In wenigen Sekunden werden diese technischen Zeichnungen in ein farbiges Bild umgewandelt, das bildschirmfüllend und dreidimensional ist. Und jetzt kommt das Fantastische: Sie können die dreidimensionale Zeichnung in Realzeit betreten und in den Raum oder das Gebäude, das Sie entworfen haben, buchstäblich hineingehen und dort herumwandern. Während Sie sich kontinuierlich fortbewegen, können Sie Ihre Geschwindigkeit, die Bewegungsrichtung und den Blickwinkel verändern. Sie können in den möblierten Raum eines Hauses eintreten und sich zum Fenster wenden, um einen Blick hinauszuwerfen, und sehen dort ein Auto in der Einfahrt stehen. Wenn Sie sich innerhalb des Raumes bewegen, verändert sich entsprechend die Perspektive für ihren Blick durch das Fenster. Steht Ihr Haus in einer vollständig ausgearbeiteten Gartenlandschaft, dann können Sie zum rückwärtigen Fenster gehen und den Pool sehen, den sie entworfen haben. Gehen Sie hinaus, können Sie in den Pool steigen und von einem Blickpunkt zum Haus zurückschauen, der knapp oberhalb der Wasseroberfläche liegt.

Für den Filmemacher ist von besonderem Interesse, daß sich der »Objektiv-Bildwinkel« innerhalb eines großen Bereiches (15 mm–500 mm) in Sekunden verändern läßt. Die Abmessungen der Zimmer im Grundriß zu verändern, ist ebenso einfach. Nehmen wir an, Sie sind soeben durch die drei Räume eines von Ihnen entworfenen Farmhauses geschlendert. Sie haben Dutzende von Blickwinkeln ausprobiert, und nun würden Sie gern den Wohnraum größer machen. Sie müssen hierfür lediglich zum Grundriß zurückkehren und die Maße ändern, um aus dem 4,60 × 6,00 m großen Raum einen 6,00 × 7,60 m großen Raum zu machen. Wenn Sie zu der Perspektivansicht zurückkehren, ist das Zimmer in den neuen Maßen ausgeführt und die Perspektiven sind genau angepaßt. Ebenso leicht können sie ein Fenster einbauen oder Möbel verrücken. Die CAD-Technik ist ein großer Durchbruch und wird die Art und Weise gewiß bald verändern, wie Filme entworfen und gestaltet werden.

Produktionsmanagement

Computerprogramme gibt es inzwischen für jede Phase der Produktion: für Drehbuchkontrolle, Budgetierung, Drehplanerstellung und für das Codieren und Organisieren des Filmmaterials in der Nachbearbeitung. Diese Einzelprogramme können miteinander verknüpft werden, so daß die Szenennummern des Drehbuchs mit den Angaben im Script übereinstimmen, die der Verantwortliche für Script Continuity am Drehort gemacht hat und die an das Labor und den Cutter weitergegeben worden sind. Auf ähnliche Weise können die Budgetdaten zu den Produktionsvorgängen in Bezug gesetzt werden.

Das alles ist nur ein kleiner Ausschnitt aus dem Angebot an Hard- und Software. Die neunziger Jahre sind das Jahrzehnt, in dem sich der Computer im kommerziellen Film- und Designgeschäft einen festen Platz erobert hat. Wer sich Sorgen macht, von Hand Gefertigtes könne verschwinden, sollte an die Zeit am Ende des 19. Jahrhunderts denken, als viele Kunstmaler vorhersagten, die Fotografie werde ihr Handwerk aussterben lassen. Das ist natürlich nicht passiert, statt dessen gab die Fotografie den grafischen Künsten eine neue Richtung. Damit will ich nicht behaupten, daß immer alles bestens gelaufen ist. Aber wenn man es genau betrachtet, gibt es immer begabte, fähige Menschen, die es dazu drängt, ihre Sicht der Dinge zum Ausdruck zu bringen, und denen es vollkommen gleichgültig ist, welche Mittel ihnen dafür zur Verfügung stehen.

An den Schluß dieses Kapitels scheint mir ein längeres Beispiel für eine Visualisierung zu passen, das ich dem Storyboard für *Das Reich der Sonne* entnommen habe. Es schließt an die Bilder des Filmillustrators David Jonas an, die im vorhergehenden Kapitel gezeigt werden. In jedem Bild wird deutlich, daß Jonas genau den Augenblick in der Handlung zeigen kann, der den Schnitt und die Dynamik der Einstellungen vermittelt.

Selbstverständlich dient das Storyboard dazu, den visuellen Stil von Steven Spielberg zu veranschaulichen; und diejenigen, die mit seinen Arbeiten vertraut sind, werden einige seiner bevorzugten Effekte wiedererkennen, zum Beispiel erscheint die Spiegelung von Jims Gesicht innen auf dem Autofenster als halbdurchsichtiges Bild, durch das wir die Szene sehen können, die Jim draußen beobachtet. Dieser einfache Trick kombiniert die Schnittfolge von Schuß und Gegenschuß in einer einzigen Einstellung.

Die Sequenz setzt wenige Augenblicke nach der zuletzt gezeigten (Seite 114) ein, die mit dem Beginn der japanischen Invasion in Schanghai endete. Das Storyboard beginnt damit, daß Jims Eltern das Hotel verlassen und versuchen, mit dem Auto aus der Stadt zu fliehen.

SC-51 J-

WIDE LOW ANGLE FROM STREET AS YANG HUSTLES JIM AND
HIS PARENTS INTO THE PACKARD... (CUT TO)   TB-11

Szene 51J – Weite, tiefe Einstellung von der Straße, wenn Yang Jim und dessen Eltern eilig in den Packard drängt ... (Schnitt auf)

SC 52-

INT PACKARD~ ANGLE ON IGNITION SWITCH – YANG TURNS KEY~
STARTS ENGINE – (CUT TO)   TB-12

Szene 52 – Packard innen – das Zündschloß – Yang dreht den Schlüssel um, startet den Motor – (Schnitt auf)

SC 52-A-

(A)

EXT PACKARD... ANGLE THRU WINDOW AS JIM LOOKS OUT AT
THE CROWD STREAMING BY--- THEIR REFLECTIONS ON THE
GLASS...   TB-13A

Szene 52 A. – Packard außen ... Einstellung durchs Fenster, wenn Jim hinausschaut auf die vorbeiströmende Menge, die sich in der Scheibe spiegelt ...

SC 52 A (CONT)

Ⓑ

CAR EXITS FRAME .... (CUT TO)

TB-13ᴮ

Szene 52 A (Forts.) – Auto fährt aus dem Bild ... (Schnitt auf)

SC·52 B

INT CAR.. JIM'S MOTHER.. "WHAT ARE WE GOING TO DO?"
JIM'S FATHER "PERHAPS THERE'LL BE A BOAT.. I'M SORRY YOU TWO...
MAX WAS RIGHT."   (CUT TO)

TB-14

Szene 52 B – Auto innen ... JIMS MUTTER: »Was machen wir nun?« JIMS VATER: »Vielleicht gibt es ein Schiff ... Tut mir leid, daß ihr beide ... Max hatte recht.« (Schnitt auf)

SC 52 C

EXT... ANGLE ON PACKARD AS IT CRAWLS ALONG WITH THE CROWD...
(CUT TO)

TB-15

Szene 52 C – Außen ... Einstellung vom Packard, wie er langsam mit der Menge vorankriecht ... (Schnitt auf)

SC 52 D

Ⓐ

EXT... ANGLE ON REAR WINDOW~ JIM PEERS OUT~

Szene 52 D – Außen... Einstellung vom Heckfenster... Jim starrt hinaus...

SC 52 D (CONT)

Ⓑ

HIS CAR PULLS AWAY FROM CAM FOLLOWED BY A SECOND CAR~ (CUT TO)

TB-16c

Szene 52 D (Forts.) – Das Auto entfernt sich von der Kamera, gefolgt von einem zweiten Wagen... (Schnitt auf)

SC 53

Ⓐ

AS THE CAR FOLLOWING JIM'S PACKARD PASSES UNDER CAM, SURROUNDED BY THE CROWD, A CONTINGENT OF JAPANESE MARINES ROUNDS THE CORNER BEHIND, FOLLOWED BY A TANK ~~

TB-17A

Szene 53 – Wenn der zweite Wagen, von der Menschenmenge umgeben, unter der Kamera hindurchfährt, biegt ein Trupp japanischer Marinesoldaten um die Straßenecke, die hinter ihnen liegt – gefolgt von einem Panzer...

Szene 53 (Forts.) – ... dem zwei
weitere Panzer folgen und zwei
Panzerwagen ... (Schnitt auf)

Szene 54 – Reißschwenk nach
links / Groß auf Jims nervös
schwitzenden Vater – er hört ein
Klopfen an der Scheibe –
Reißschwenk auf...

Szene 54 (Forts.) – einen Engländer am Fenster – »Da sind Männer
im Wasser... Briten...«

SC 54 (cont)

THE ENGLISHMAN MOVES AWAY TOWARD THE RIVER. THERE
ARE MEN STRUGGLING IN THE WATER BEYOND, OTHERS HELPING
THEM, MORE CROWDED BY THE WATER'S EDGE, STANDING IN THE
MUD. SHELLS BURST IN THE WATER, THROWING UP GEYSERS

Szene 54 (Forts.) – Der Engländer
entfernt sich in Richtung Fluß.
Menschen kämpfen dort im Wasser
um ihr Leben, andere stehen dicht
gedrängt am Ufer im Schlamm und
wollen helfen. Granaten schlagen
im Wasser ein, Fontänen steigen
hoch…

SC 54 (cont)

JIM'S FATHER'S FACE IS REFLECTED IN THE WINDOW AS
HE MOVES TO GET OUT OF THE CAR.
"JAMIE, LOOK AFTER YOUR MOTHER."   CUT TO —

Szene 54 (Forts.) – Das Gesicht
von Jims Vater spiegelt sich in der
Scheibe, als er aus dem Wagen
aussteigen will. / »Jamie, paß auf
deine Mutter auf.« / Schnitt auf…

SC 54 A

EXT PACKARD - THE DOOR SWINGS OPEN AND JIMS
FATHER LEAPS OUT INTO THE CROWD AND HURRIES
TOWARD CAM — CAM PUSHES IN —

TB-19A

Szene 54 A – Packard außen – Die
Tür schwingt auf, Jims Vater
springt heraus in die Menge und
eilt auf die Kamera zu… Kamera
verdichtet auf…

SC 54 A

Szene 54 A – ...Jims Mutter, die sich an Jim vorbei zur Wagentür beugt, seinem Vater nachruft – »Bleib bei uns!« Schnitt auf...

~ TO JIM'S MOTHER AS SHE LUNGES PAST JIM, CALLING OUT TO HIS FATHER – " STAY WITH US ! " CUT TO ~

TB-19B

SC 54 B

Szene 54 B – Das nachfolgende Auto kracht in die hintere Stoßstange des Packard... Schnitt auf...

THE CAR BEHIND SMASHING INTO THE REAR BUMPER OF THE PACKARD ~ CUT TO ~

TB-20

SC 54 C

Szene 54 C – Packard innen, Fond, Jim und seine Mutter werden in die Sitze zurückgeworfen. Schnitt...

INT. PACKARD REAR SEAT AS JIM AND HIS MOTHER ARE HURLED BACK INTO THE SEAT. CUT TO ~

TB-21

5 Die Entwicklungsphasen einer Produktion

Die Produktion eines Films setzt sich in Bewegung wie ein langer Zug: Waggon für Waggon, beladen mit Ausrüstung und Passagieren. Wenn der Zug den Bahnhof erst einmal verlassen hat – die Dreharbeiten also begonnen haben, ist es fast unmöglich, den Fahrplan zu ändern. Ein Regisseur hat nur die Freiheit, die Richtung eines Films ungestraft zu ändern, solange keine größeren Geldbeträge investiert und keine Leute engagiert sind. Im allgemeinen ist das die Zeit, in der nur der Regisseur, der Produzent, der Drehbuchautor und der Production Designer an dem Projekt arbeiten. In dieser Phase ist der Regisseur auf Visualisierungen angewiesen, denn er muß für die Produktion Entscheidungen treffen, die um so schwerer wieder zu ändern sind, je näher die Dreharbeiten rücken. Außerdem muß er herausfinden, wie er seine persönliche Art der Visualisierung in den teamorientierten Produktionsprozeß einbringen kann.

Der Produktionsprozeß eines Spielfilms mit Originalschauplätzen und wechselnden Wetterverhältnissen ist im voraus nur schwer berechenbar. Das ist eine kreative Tugend und eine logistische Belastung zugleich: eine Tugend, weil für den Künstler und für den Zuschauer das Unerwartete das Aufregende ist; eine Belastung, weil eine Filmproduktion teuer und aufwendig ist und dies zu einem ungeheuren Hindernis werden kann, wenn die Dinge nicht so laufen wie geplant. Visualisierung ist eine der Möglichkeiten, die Hindernisse klein zu halten, besonders, wenn der Filmemacher in seiner Arbeit risikofreudig ist. Seine Ideen vor Drehbeginn zu entwickeln und deren Ausführung zu planen, läßt ihm später Zeit, seine Aufmerksamkeit auf Unvorhergesehenes zu richten. Überraschungen gibt es während der gesamten Produktion genug, vom ersten Tag des Schreibens bis zum letzten Schnitt.

Der grundsätzliche Ablauf einer Spielfilmproduktion ist relativ gleich, ob sie nun Hollywoodformat hat oder klein und unabhängig ist; aber von Projekt zu Projekt unterscheiden sich die Arbeitsweisen und die Art, wie kreative Aufgaben verteilt werden und wie intensiv sich der Regisseur am Prozeß der Visualisierung beteiligt. Im allgemeinen ist er für die visuellen Entscheidungen der Inszenierung und der Kameraeinrichtung verantwortlich. Für die Filmbühne ist der Szenenbildner zuständig. Er setzt Sets, Kostüme, Ausstattung und Requisiten entsprechend den konzeptionellen und thematischen Vorgaben des Regisseurs um.

Für den Filmemacher ist vor allen Dingen wichtig, daß er seine eigene Arbeitsmethode findet, mit der er seine besonderen Fähigkeiten und Stärken einbringen kann. Deswegen wird der Produktionsprozeß in diesem Kapitel als flexibler Rahmen dargestellt, den der Filmemacher an seine individuellen Bedürfnisse und Wünsche anpassen kann. Gleichzeitig ist dieses Kapitel ein praktischer Leitfaden durch den Gestaltungsprozeß, denn Filmemachen ist Handwerk (wenn auch eine gewisse unpraktische Ader manchmal das größte Kapital eines Filmemachers sein kann).

Visualisieren funktioniert auf zweierlei Weise: erstens als ein Vorgang des Aufnehmens, bei dem das Thema des Films erkundet wird und Ideen gesammelt werden, und zweitens als ein Prozeß der Vereinfachung, bei dem die Vorstellungen so ausgefeilt werden, daß nur die besten, die wirklich relevanten Ideen übrigbleiben. Beide Aspekte des Visualisierens lassen sich in allen fünf Phasen der Produktionsvorbereitung einsetzen, wobei es völlig gleichgültig ist, ob es sich bei dem Projekt um einen Spielfilm mit großem Budget handelt oder um einen kleinen, frei finanzierten Film. Die fünf Vorbereitungsphasen sind:

- Drehbuchschreiben
- Szenenbild
- Drehbuchanalyse
- Planung der Kameraarbeit
- Schauspielproben

Je nach Art des Films und Höhe des Budgets wird auf jede dieser fünf Phasen eine unterschiedlich lange Zeit verwendet. Ein Actionfilm benötigt zum Beispiel mehr Designzeit als ein kleiner Studiofilm. Hinzu kommt noch das Problem von Vertrieb und Markt. Jeder größere Kinofilm eines Studios ist hoch (wenn nicht gar aufgebläht) budgetiert und unter den Tarifbedingungen der Gewerkschaft gedreht. Von dem Zeitpunkt, an dem das Projekt grünes Licht erhält, bis zur Uraufführung im Kino vergeht mindestens ein volles Jahr an Produktionszeit. Unabhängige Filmemacher, die außerhalb des Hollywoodsystems arbeiten, müssen sich mit geringeren Ressourcen begnügen, vor allem im Bereich Production Design. Als Gegenleistung für die daraus zwangsläufig resultierenden Mühen erhalten sie jedoch einen viel direkteren Zugang zum gesamten filmischen Handwerk und haben eine Freiheit, um die sie viele Starregisseure vielleicht beneiden.

John Sayles, ehemaliger Romancier und Kurzgeschichtenautor, verdiente sich mit dem Schreiben von geistreichen Lowbudget-Horrorfilmen das Geld für seinen persönlichen Film *Die Rückkehr nach Secaucus,* für den er als Autor, Regisseur und Produzent verantwortlich war. Da er nur wenig Geld zur Verfügung hatte, schnitt er seinen Film selbst, ohne so etwas vorher gemacht zu haben. Eine solche praktische Erfahrung ist mehr wert als viele Sitzungen neben einem professionellen Cutter, der die Arbeit macht. Viele der Filmemacher, die heute an Filmhochschulen ausgebildet werden, haben ihr Handwerk auf ähnliche Weise gelernt und sind mit dem Prozeß der Filmproduktion vom Drehbuch bis zur Vorführkopie vertraut. Das allein macht zwar noch keinen großen Filmkünstler aus, aber welche zusätzlichen Qualifikationen auch immer notwendig sein mögen, die Beherrschung des Handwerks in allen seinen Bereichen ist auf jeden Fall von Vorteil.

PHASE EINS: Drehbuchschreiben

Das Drehbuch ist in seiner Form bemerkenswert konstant geblieben. Es folgt noch immer dem Modus, der in der arbeitsteiligen Studioproduktion üblich war. Erzählerische und visuelle Elemente werden getrennt beschrieben. Man kann eine Reihe guter Gründe dafür nennen, diese traditionelle Praxis beizubehalten, aber in Wirklichkeit gibt es keine starren und festen Regeln, wie ein Drehbuch komponiert sein sollte oder welche Funktion es genau bei der Herstellung eines Films einzunehmen hat.

David Byrnes hat Drehbuch und Storyboard für seinen Film *True Stories* in Buchform veröffentlicht. Das folgende Zitat stammt aus der Einleitung und beschreibt recht gut, wie Visualisierung und Schreiben in einem Prozeß miteinander kombiniert werden können.

Die Art, wie das Grundgerüst dieses Films konstruiert wurde, war ein wenig von meiner Zusammenarbeit mit Robert Wilson inspiriert – von seiner Arbeitsmethode. Er beginnt die Arbeit an einem Theaterstück oft mit Bildideen und legt dann den Ton und den Dialog in Schichten darüber. Ich habe eine ähnliche Methode angewandt. Zunächst hängte ich eine ganze Wand voll mit Zeichnungen, von denen die meisten Ereignisse zeigten, die in einer Kleinstadt passieren können. Dann stellte ich die Reihenfolge der Zeichnungen um, immer und immer wieder, bis sie mir einen gewissen Fluß zu haben schienen. In der Zwischenzeit ordnete ich die Charaktere, die aus den Artikeln der Boulevardpresse inspiriert waren, den Leuten zu, die in den Zeichnungen auftreten.

Dieses Verfahren ist sehr persönlich. Es setzte voraus, daß Byrne gleichzeitig Hauptautor und Regisseur von *True Stories* war. Sein Drehbuch mußte nicht in einem Stil verfaßt sein, mit dem ein Studio überzeugt werden sollte, das Projekt zu kaufen. Byrne besaß also die Freiheit, seine Story filmischer zu komponieren und dabei visuelles und sprachliches Material gleichwertig nebeneinanderzustellen. Sein Film gehört (nach Hollywoodstandard) nicht zum konventionellen Erzählkino, und das ist sowohl ein Ergebnis dieser Kompositionsmethode als auch ein Grund für sie. Ihr Schlüsselbegriff ist Beobachtung. Während der gesamten Entstehungszeit von *True Stories* suchte Byrne nach reportagehaftem Material und setzte es in sein stilisiertes Grundgerüst ein. Das für uns Wesentliche daran ist: Das traditionelle Drehbuchschreiben, bei dem die Worte den Bildern vorangehen, ist nicht die einzige Art, wie sich ein Drehbuch entwickeln läßt. Auf Seite 137 sind drei von David Byrne gezeichnete Storyboardbilder zu sehen, mit denen er sein Drehbuch gestaltet hat.

Gedächtnis und Recherche

Der Filmemacher, der sein eigenes Drehbuch schreibt, könnte in dieser Zeit einen Ordner oder ein Album anlegen, in dem er zu jeder Szene Bilder zusammenträgt. Dieses Material kann entweder als Vorlage für bestimmte Schauplätze dienen oder in einem allgemeineren Sinn Erinnerungen und Gefühle wecken. Es hilft, den dramatischen Inhalt einer Story zu entwickeln, und ist als Quellenmaterial nützlich, um in der Phase der Produktionsvorbereitung Ideen Gestalt zu verleihen.

Handelt eine Geschichte zum Beispiel von Kindern, werden Fotos

David Byrne entwickelte
mit Zeichnungen wie diesen
sein Drehbuch für den Film
›True Stories‹.

von einem Kinderzimmer viele Ideen und Bilder enthalten, die diese Welt viel besser vermitteln, als es Worte in einem Drehbuch könnten. Die Bilder müssen nicht die Kameraeinstellungen zeigen, die der Filmemacher in seinem Film verwenden möchte, aber sie können dazu dienen, dem Szenenbildner oder dem Kameramann die Atmosphäre und den Grundton der Szene zu verdeutlichen. Bilder von der Spielzeugkiste eines Kindes, vom Poster über dem Bett oder vom Chaos im Kleiderschrank eines Jungen enthalten Details, die ohne fotografische Dokumentation leicht vergessen werden. Häufig entwickeln Autoren für ihre Charaktere Hintergrundgeschichten oder Biografien, in denen beschrieben ist, wie deren Leben vor der Geschichte aussah. Autoren können die Gegenwart leichter gestalten, wenn sie Charaktere erschaffen, die abgerundet sind und eine Vergangenheit haben; denn sie treffen gewissermaßen Vorhersagen über das Verhalten der Figur, deren Herkunft und Geschichte sie kennen. Fotos, Bilder aus Magazinen, Zeitungsschlagzeilen, Postkarten oder eine fotokopierte Seite aus dem Jahrbuch einer Schule können zu einer visuellen Hintergrundgeschichte werden. Während der langen Stunden vor der Schreibmaschine oder am Computer helfen diese Details aus dem wirklichen Leben, eine plastische, greifbare Vorstellung von der Geschichte zu gewinnen.

Verknüpfungen

Als gute und erprobte Methode, die Struktur eines Drehbuchs zu organisieren, hat sich das Aneinanderlegen von Karteikarten erwiesen, wobei mehrere Kartenreihen auf eine Pinnwand geheftet werden und jede Karte eine Szene der Geschichte darstellt. Das ermöglicht dem Autor, sich die übergeordnete Struktur auf einen Blick vor Augen zu führen. Ähnlich kann man mit Bildern verfahren, die den einzelnen Szenen zugeordnet werden. Die Bilder können ganz unterschiedlich sein, wenn sie nur den Grundton und die Stimmung der Szene treffen. Man kann ein Gemälde von David Hockney benutzen oder ein Polaroidfoto, das mit Freunden am Strand entstanden ist, oder das Titelblatt einer Jugendzeitschrift von 1958. Regt das Bild zu weiteren Bildern und Gefühlen an, mit denen die Szene plastischer, einprägsamer wird, hat es seine Aufgabe erfüllt.

Bei einer anderen, ähnlichen Technik verwendet man Bilder, in denen nicht das Aussehen einer Szene wiedergegeben ist, sondern die Idee der im Drehbuch beschriebenen Szene. John Huston benutzte diese Art der indirekten Kommunikation bei *African Queen*, um Katharine Hepburn eine Regieanweisung zu geben. Er war nicht einverstanden, wie sie ihre Rolle der altjüngferlichen Missionsschwester Rosie konzipierte und empfahl, sie solle die Rolle so spielen, als sei sie Eleanor Roosevelt. Diese Anweisung war weitaus nützlicher, als langwierige Gespräche darüber, wie man eine Dialogzeile oder eine Geste mit Komik versehen könnte. Ein Bild oder eine Fotografie kann ebenso Assoziationen auslösen und Tonart und Atmosphäre einer Szene beschreiben. Handelt das Drehbuch zum Beispiel von zwei Männern in einer Bar des Mittleren Westens in den fünfziger Jahren, wird durch ein Foto von der Plattenliste einer Jukebox die Stimmung jener Zeit und Gegend weit besser vermittelt, als es ein Drehbuch könnte.

Geräusche und Musik

Visualisieren geschieht nicht allein durch Bilder. Auch Geräusche und Musik sind Teil dieses Vorgangs, weil sie Bilder heraufbeschwören. Viele mir bekannte Filmemacher hören beim Schreiben Musik. Das hilft ihnen, sich die Stimmung und das Tempo einer Szene zu veranschaulichen. Einige Cutter schneiden Filmsequenzen auf eine extra dafür ausgesuchte Musik, auch wenn sie später durch eine Original-Filmmusik ersetzt wird.

Mit Musik kann man dem Production Designer oder dem Cutter gut Rhythmus und Tempo einer Szene erläutern. Das funktioniert selbst dann, wenn in der Szene eigentlich gar keine Musik eingesetzt werden soll. Ein Kameramann oder ein Production Designer kann sofort heraushören, welches Gefühl vermittelt werden soll, und sogar die Schnittfolge erahnen, die dem Regisseur vorschwebt, wenn die Musik mit Bedacht ausgewählt ist. Hätte Stanley Kubrick die Eröffnungssequenz von *2001: Odyssee im Weltraum* besser beschreiben können als durch den Strauss-Walzer, mit dem die melancholisch-langsamen Bewegungen der Raumfahrzeuge schließlich unterlegt wurden?

Auch Geräusche sind eine wertvolle Hilfe. Der Straßenverkehr und das Echo einer Sirene, die in der Ferne aufheult, können die Bilder einer Großstadt in einem Autor heraufbeschwören, der sich in seiner Vorortvilla die Finger wundtippt. Ein Kassettenrecorder ist heutzutage so klein und leicht, daß man ihn problemlos mit sich herumtragen kann, um damit die Stimmung einer Gegend einzufangen oder ein paar Dialogfetzen, eine Büroatmosphäre oder das sommerliche Summen des Waldes. Ein Schauspieler würde diese Geräusche als Schlüssel zum »Sinnesgedächtnis« bezeichnen. Zu seiner Ausbildung gehört es, durch genaues Beobachten seine Sensibilität für die Welt zu erhöhen. Auch Filmemacher sollten sich darin üben.

Ein visuelles Skizzenbuch

Da ein Filmemacher seine Beobachtungen in Bilder und Töne verwandeln muß, kann er seine Fähigkeiten unter anderem dadurch vervollkommnen, daß er öfter durch den Sucher einer Kamera sieht. Für mich besteht Filmemachen in der Verpflichtung, zu entdecken, wie man eigenes Erleben in Bilder umsetzt. Die Welt durch das Auge einer Kamera zu sehen, ist für Filmemacher eine Notwendigkeit, und ich bin immer wieder erstaunt darüber, wie selten einige von ihnen selber einen Film drehen. Super-8-Kameras, Camcorder, Kassettenrecorder und Fotoapparate sind für jeden Geldbeutel erschwinglich und so leicht zu handhaben, daß es für einen Filmemacher selbstverständlich sein sollte, in die Welt hinauszugehen und dort sein Handwerk auszuüben. Die dabei eingefangenen Töne und Bilder können als Recherchematerial dienen, schärfen aber auch die Fähigkeit zu beobachten. Die Bildnotizen stellen einen Wert an sich dar, unabhängig von jedem praktischen Nutzen, den sie haben mögen; sie sind Dokumente für die individuelle Art, Dinge zu sehen, und Dokumente der gesehenen Dinge – was noch wichtiger ist.

PHASE ZWEI: Szenenbild

Während beim Schreiben des Drehbuchs viele Antworten auf die Frage nach dem »Was?« in der Geschichte gegeben werden, antwortet das Szenenbild auf das »Wo?« und das »Wie?« der Ausführung. Rohmaterial für die plastische Filmgestaltung sind die visuellen und akustischen Rechercheergebnisse, die der Filmemacher während des Schreibens zusammenträgt. Die unzusammenhängenden Bilder und Töne, gesammelt in seinen Aufzeichnungen, können nun helfen, Stimmung und atmosphärische Details für den späteren Film festzulegen.

In den seltensten Fällen wird der Filmemacher das Design selbst entwerfen, etwa, wenn extrem wenig Geld zur Verfügung steht oder bei einem Zeichentrickfilm. Meistens arbeitet er mit einem Szenenbildner zusammen. Die Produktionsvorbereitung beginnt mit Besprechungen, in denen der Filmemacher seinem Szenenbildner erklärt, wie er sich jede einzelne Drehbuchszene vorstellt. Hat der Filmemacher während des Schreibens seinen Stoff recherchiert, besitzt er bereits eine Fülle an Material, das er dem Kollegen zeigen kann.

Drehbuchauszug

Mit der Suche nach Möglichkeiten, ökonomisch zu drehen, verbringen Filmemacher häufig ebensoviel Zeit wie damit, die dramatischen und visuellen Elemente ihres Filmes zu perfektionieren. Spielfilmprofis sind so daran gewöhnt, die Filmmeter durch die Kamera rauschen zu hören, daß sie häufig nicht bemerken, wie viele kreative Lösungen sie wegen der Kosten überhaupt nicht in Betracht gezogen haben. Aber im Gegensatz zur landläufigen Meinung wird dem Budget nicht immer Vorrang vor kreativen Erwägungen gegeben. Filme überschreiten ihr Budget meist darum, weil der Produzent, der Regisseur und manchmal sogar der Finanzier glauben, daß eine zusätzliche Geldausgabe die Qualität des Films erhöht. Solche Entscheidungen sind jedoch immer schmerzlich und risikoreich.

Zu Beginn der Produktionsvorbereitung machen Regieassistent und Produktionsleiter gemeinsam einen Drehbuchauszug, der praktisch einer logistischen und finanziellen Prognose für den Film gleichkommt. Der Drehbuchauszug beantwortet die beiden grundsätzlichen Fragen: Wie lange wird die Produktion dauern, und wieviel wird sie kosten? Der Drehbuchauszug wird sich verändern, sobald die kreativen Abteilungen den genauen Plan für den Film ausarbeiten, aber die Gesamtkosten werden dieselben bleiben, so daß eine Kostensteigerung in einem Produktionsbereich die Kürzung der finanziellen Mittel für einen anderen nach sich zieht.

Drehbuchauszug und Drehplan sind die besten Argumente für eine

Visualisierung. Um Geld zu sparen, werden Filme nämlich fast ausnahmslos nicht in ihrer chronologischen Szenenfolge gedreht. Hinter dem Drehplan steht eine andere Logik: Nutze an jedem Tag jeden Schauspieler, jeden Set und jeden Drehort und auch jede andere Ressource so gut wie möglich! Da Schauspieler pro Tag bezahlt werden, wäre es ineffizient, einen Schauspieler, der nur ein paar Zeilen Text hat, an drei verschiedenen Tagen auf den Set zu holen, um die drei kleinen Szenen zu drehen, in denen er mitspielt. Häufig wird der Drehplan vorschreiben, daß der Schauspieler alle Sätze an einem Tag los wird und somit die drei Szenen abdreht, in denen er vorkommt. Darum sieht sich ein Regisseur regelmäßig vor die Aufgabe gestellt, an ein und demselben Tag eine Szene aus der Mitte des Films und eine vom Ende zu drehen. Das Drehbuch ist der einzige Führer durch diesen Drehplan, der wie ein Puzzle in einzelne Teilchen zerlegt ist. Unglücklicherweise sagt das Drehbuch dem Regisseur aber praktisch nichts über die einzelnen Einstellungen, die an verschiedenen Tagen aufgenommen werden – obgleich sie Teile einer einzigen Szene sind. Die für das Script verantwortliche Person wird die Anschlüsse für jede Einstellung und jede Szene genau dokumentieren, aber das ist ein Bericht über das, was war und nicht über das, was noch kommt. Deswegen ist ein Storyboard oder eine andere Art der Visualisierung so wichtig. Selbst wenn der Regisseur das Storyboard nur dazu benutzt, um sich auf dem Set zu neuen Einstellungen inspirieren zu lassen, kann er damit den gesamten Handlungsverlauf der Geschichte überblicken.

Bildhafte Gestaltung

Es gibt zwei Arten der visuellen Gestaltung, die der Filmemacher berücksichtigen muß: die bildhafte Gestaltung und die Bildgestaltung. Die bildhafte Gestaltung betrifft das Aussehen von Set, Kostümen, Ausstattung, Requisiten und Make-up sowie von allem, was an einem Originalschauplatz abgedeckt, gebaut, speziell angefertigt oder auf andere Weise beschafft werden muß. In der bildhaften Gestaltung geht es um die dreidimensionale Umgebung, die im Film geschaffen werden soll. Sie hat viel gemeinsam mit der Bühnenbildnerei beim Theater und mit Architektur und fällt gewöhnlich in die Verantwortung des Art Directors. Sein hochspezialisiertes Handwerk unterscheidet sich deutlich von der Bildgestaltung, also dem, was Autor, Storyboardzeichner, Regisseur, Kameramann und Cutter einbringen, um Einstellungen und Sequenzen eines Films zu gestalten.

Jedes kreative Team arbeitet anders. Der Regisseur und der Produzent bestimmen das Klima der Zusammenarbeit und wie die Verantwortung verteilt wird. Der Regisseur wird zwar spezielle Wünsche für die Gestaltung des Szenenbildes haben, aber der Art Director hat meistens einen großen Freiraum – unter der Oberaufsicht des Szenenbildners. Das kreative Grundkonzept eines Films wird vom Regisseur, dem Szenenbildner und dem Art Director gemeinsam bestimmt, und zwar in einem fortlaufenden Prozeß. Nach langen Diskussionen beginnt die Arbeit an den Produktionszeichnungen, mit deren Hilfe die Konzepte in der Gruppe begutachtet werden können.

Patricia von Brandenstein ist Production Designerin vieler aufwendiger Produktionen wie *Amadeus* und *The Untouchables – Die Unbestechlichen*. Sie plädiert mit Nachdruck dafür, dem Originalschauplatz im Designprozeß den Vorrang zu geben, also dem sinnlich erfahrbaren Raum vor der Kamera. Von Brandenstein ist eine hervorragende Künstlerin, die detailliert ausgearbeitete Konzeptionszeichnungen erstellt, wenn es nötig ist, aber lieber entwirft sie die Bildsequenzen eines Films direkt am Drehort. Gemeinsam mit Regisseur und Kameramann geht sie über den Set und plant dort die Einstellungen und die Bewegungen. Bei dieser »Motivbegehung« werden Entscheidungen getroffen, die als Einstellungsliste im Drehbuch festgehalten werden oder in einem flüchtig hingeworfenen Storyboard. Wichtig ist aber, daß die filmischen Aspekte der Szene nicht auf dem Papier entworfen, sondern am Drehort festgelegt wurden.

In unabhängigen Lowbudget-Filmen ist der Aufwand für die Produktion normalerweise auf ein absolutes Minimum beschränkt. Gebaute Sets sind gewöhnlich unerschwinglich teuer, weshalb Production Designer nach geeigneten Originalschauplätzen suchen, die mit geringem Aufwand hergerichtet werden können. In Produktionen mit wenig Geld sind Regisseure viel stärker an den praktischen Szenenbildentscheidungen beteiligt, denn zum einen gibt es nur wenige eigens gestaltete Dinge, und zum anderen werden Lowbudget-Filme häufig von einem Regisseur/Autor gemacht, der als Filmemacher bereits beträchtliche praktische Erfahrung mitbringt.

Gestaltung der Kontinuität

Zur Gestaltung der Kontinuität gehören: die Komposition der einzelnen Einstellungen, die Inszenierung, die Wahl der Optik sowie die Abfolge der Einstellungen im fertigen Film. Alle Entscheidungen darüber sind meiner Ansicht nach Sache des Regisseurs.

Man beginnt normalerweise, sich ernsthaft mit der Gestaltung der Kontinuität auseinanderzusetzen, sobald die ersten Drehorte festgelegt worden sind. Von da an kann der Filmemacher Storyboards einsetzen. Doch nicht jeder Filmemacher arbeitet gern mit einem detaillierten Drehplan. Mancher meint, es genüge, eine Szene einfach in viele unterschiedliche Einstellungen aufzulösen. Andere fühlen sich durch ein Storyboard in ihrer Improvisationskunst auf dem Set blockiert. Und wieder andere lehnen einfach die Verantwortung für das visuelle Erscheinungsbild des Films ab und überlassen dem Production Designer, dem Kameramann und dem Cutter die Entscheidung darüber, wie die Kontinuität des Films gestaltet werden soll. Ein Storyboard steht mit all diesen Bedürfnissen nicht notwendigerweise in Konflikt. Wenn man sich aber mit diesem Arbeitsmittel nicht wohl fühlt, muß man es auch nicht benutzen. Doch abgesehen von den praktischen Vorteilen eines Storyboards, kann die Arbeit damit einfach nur Spaß machen.

Motivsuche

Der erste Schritt bei der Gestaltung der Kontinuität ist die Entscheidung, wo jede einzelne Szene gedreht werden soll, ob im Studio oder nicht. Während der Vorproduktion verwendet ein Filmemacher viel Zeit darauf, mit seinem Produzenten und dem Production Designer (und manchmal auch mit dem Kameramann) herumzufahren und sich Drehorte anzuschauen, die von Location-Scouts vorher ausgesucht wurden, und über deren Verwertbarkeit zu entscheiden. Am Motiv geht der Filmemacher die Handlung der Szene mit dem Produktionsteam durch, zu dem in der Regel der Kameramann, der Production Designer, der Produzent und der Storyboardzeichner gehören. Vorstellungen, die im Rahmen der Fantasie des Drehbuchs als ideal erschienen, können sich an einem Motiv als unbrauchbar erweisen, doch aus den Details und Gegebenheiten des realen Ortes entstehen oft neue Ideen.

Es gibt Regisseure, die sich allein auf ihr Produktionsteam verlassen, wenn es um das Aussehen ihres Films geht. Gehört der Regisseur aber zu den visuellen Stilisten, macht er bei der Motivbegehung Fotos und probiert Blickwinkel, Bildkompositionen und unterschiedliche Objektive aus. Vielleicht investiert er sogar in einen Motivsucher (eine Konstruktion aus Sucher und Objektiv), um verschiedene Blickwinkel zu prüfen.

Ich selbst nehme auf eine solche Motivsuche lieber eine Kleinbild-Spiegelreflexkamera und ein paar Zoomobjektive mit und probiere Optiken und Blickwinkel aus. Für diesen Zweck gibt es Kodak-Kinofilm in den normalen Filmpatronen für Kleinbildkameras. Die fertigen Dias sind dann auf demselben Material, das später auch für den Film verwendet werden soll – damit bewegt sich die Visualisierung wesentlich näher am fertigen Film. Eine weitere wertvolle Ergänzung zur Ausrüstung eines Regisseurs ist ein Kompaß, der dabei helfen kann, den Lauf der Sonne und damit die Lichtverhältnisse zu bestimmen. Auf die Ausrüstung für die Motivsuche werde ich am Ende dieses Kapitels noch ausführlich zu sprechen kommen.

Das bebilderte Drehbuch

Sobald die meisten Drehorte feststehen, ist es meiner Meinung nach wichtig, daß der Filmemacher sich einen Überblick über den Film verschafft. Das läßt sich zum Beispiel erreichen, indem man Fotos und/oder Konzeptionsstudien in das Drehbuch einfügt und so versucht, den Gesamteindruck jeder einzelnen Szene zu veranschaulichen. Die Vorproduktionsphase besteht aus einer ungeheuren Menge an Details, deswegen verlieren Regisseure leicht den Blick für Tempo und Stimmung und für den visuellen Bogen der Geschichte – was die Drehorte angeht. Zunächst unabhängig voneinander wahrgenommene Motive können ein ganz anderes Aussehen annehmen, wenn sie in einem Drehbuch hintereinander aufgereiht werden. Mit dem »bebilderten Drehbuch« erhält der Filmemacher einen Eindruck von der visuellen Kontinuität des gesamten Films.

Kreative Teamsitzungen

Ich halte viel von der Idee, das Recherchematerial für eine Szene auf dem Boden oder auf einer anderen großen Arbeitsfläche auszulegen und das künstlerische Team darum zu versammeln. Für jeden sollte es leicht sein, die Reihenfolge der Bilder zu verändern. Das Recherchematerial sollte eine bewegliche, veränderbare Collage sein: Bildbände, Zeitschriften, Poster, Skizzen, Schauplatzfotos und Konzeptionsstudien. Aus irgendeinem Grund fördert eine solche Ideenbetrachtung im Team die Fähigkeit, zwischen den einzelnen Ideen Beziehungen zu entdecken, die vorher nicht erkennbar waren. Diese visuellen Entdeckungen nehmen dann unweigerlich auch direkt Einfluß auf den dramatischen Inhalt des Films.

PHASE DREI: Drehbuchanalyse

Jeder Filmemacher geht mit dem Drehbuch vor Drehbeginn auf seine eigene Weise um. Einige zeichnen Storyboards, andere erstellen eine ausführliche Einstellungsliste und wieder andere machen sich vom Drehort eine Aufsichtsskizze, in der eingezeichnet ist, wo die Kamera stehen soll. Ein Drehbuch läßt sich auf unterschiedliche Weise in Sequenzen verwandeln, außerdem kann die Arbeitsweise eines Regisseurs von Projekt zu Projekt eine andere sein. Im Folgenden werden mehrere Methoden vorgestellt, mit deren Hilfe man für eine Szene einen Einstellungsplan oder ein Storyboard entwerfen kann. Sie alle lassen sich am besten als Folge von Tagträumereien beschreiben, die zwar auf dem Drehbuch beruhen, sich aber nicht darauf beschränken.

Wir wollen die unterschiedlichen Methoden, die es gibt, um Einstellungen zu planen, an einem hypothetischen Drehbuch ausprobieren. Es heißt *Appomattox* und behandelt Robert E. Lees Kapitulation vor Ulysses S. Grant in Appomattox am Ende des Sezessionskrieges.

Nachdem der Regisseur das Drehbuch viele Male gelesen und ihm zusammen mit dem Autor den letzten Schliff gegeben hat, besitzt er von den meisten Szenen eine ungefähre Vorstellung, wie sie inszeniert werden sollten. Besonders gute Ideen hat er sich im Drehbuch am Rand notiert und überträgt sie schließlich in ein separates Notizbuch, in dem er Fotos, Skizzen und anderes Anschauungsmaterial für das Projekt sammelt. Später besucht er das Gerichtsgebäude von Appomattox und die anderen Schauplätze und macht von jedem Ort Fotos. Danach ist der Regisseur in der Lage, für jede einzelne Szene einen Plan auszuarbeiten, der von Einstellung zu Einstellung voranschreitet.

Einen Einstellungsplan zu erstellen bedeutet, die Inszenierung des Geschehens zu beschreiben, die Einstellungsgröße anzugeben, die Brennweite des Objektivs und den Standort der Kamera zu benennen. Eine Einstellungsliste könnte sich zum Beispiel so lesen: »Weite Einstellung, Optik mit langer Brennweite, um Vorder- und Hintergrund zu komprimieren. Die Kamera blickt aus leicht erhöhter Position hinunter auf die Frontlinie der Nordstaatler, mit Bäumen im unmittelbaren Vordergrund. Die Kamera schwenkt mit einem Reiter mit, der von rechts ins Bild kommt.«

So werden üblicherweise die grafischen und fotografischen Eigenschaften einer Einstellung beschrieben. Der Regisseur will jedoch letztlich durch die fotografischen Qualitäten einer Einstellung die erzählerische Wirkung einer Szene bestimmen. Mit der folgenden Übung, in der die traditionellen Einstellungsbeschreibungen in dramatische Begriffe umformuliert werden, läßt sich das Bewußtsein dafür schärfen, wie Visuelles und Dramatisches miteinander in Beziehung stehen. In den vier unten aufgelisteten Kategorien werden Fragen formuliert, die zeigen sollen, wie grafische Qualitäten in erzählerische Eigenschaften umgesetzt werden können.

1. grafisch: Wo steht die Kamera?
   erzählerisch: Wessen Standpunkt wird ausgedrückt?
2. grafisch: Welche Größe hat die Einstellung?
   erzählerisch: In welcher Entfernung zur Szene befinden wir uns?
3. grafisch: Welchen Blickwinkel haben wir?
   erzählerisch: Welche Beziehung haben wir zum Gegenstand der Szene?
4. grafisch: Schneiden wir, oder bewegen wir die Kamera?
   erzählerisch: Vergleichen wir unterschiedliche Standpunkte?

Die Fragen überschneiden sich alle ein wenig, aber sie zwingen dazu, das Material mit anderen Augen anzuschauen, wenn man jede einzelne für sich beantwortet. Jetzt wollen wir uns ansehen, wie diese Fragen auf das Drehbuch von *Appomattox* angewendet werden können.

Einstellungsplan – Erster Entwurf

Nachdem der Regisseur die Drehorte ein zweites Mal besucht und unter ihnen eine vorläufige Auswahl getroffen hat, die dem Budget entspricht, macht er einen Einstellungsplan, der über das reine Wunschdenken hinausgeht. Er beginnt damit, daß er die Fotos von den Schauplätzen und alles andere Recherchematerial an seinem Arbeitsplatz ausbreitet. Als nächstes macht er auf der Grundlage der Ideen, die ihm beim Lesen des Drehbuchs in den Sinn kommen, eine Liste von Bildern (keine Einstellungsliste). Diese Bilderliste kann aus einzelnen Karteikarten bestehen, auf die er je ein Bild schreibt. Die Übung läuft auf freies Assoziieren hinaus und kann die Ansicht des Regisseurs darüber enthalten, wie die Figuren im Bild stehen sollen, in welche Richtung sie blicken oder wie der Schauplatz aussieht. Manchmal kommen ihm persönliche Erfahrungen in den Sinn, die zu dem einen oder anderen Bild passen. Der Regisseur erinnert sich zum Beispiel an einen verlorenen Zweikampf in der Grundschule und an den mitfühlenden Gesichtsausdruck eines Freundes hinterher. Auch so etwas schreibt er auf eine Karteikarte. Schließlich sammelt er noch Ideen für bestimmte Einstellungen und Kompositionen und macht kleine Skizzen, wenn er ein wenig Zeichentalent besitzt.

Zweiter Entwurf

Nun geht der Regisseur mehr ins Detail. Wir wollen Drehbuchbeispiel 1 von *Appomattox* dazu benutzen, zu zeigen, wie der Regisseur weiter vorgehen könnte.

```
1. KAMPFLINIE DER NORDSTAATLER AM APPOMATTOX CREEK AUSSEN/
MITTAGS
Wir befinden uns hinter der Kampflinie der Nordstaatentruppen.
Die Männer in der Frontlinie sind auffallend ruhig, während sie
die vier Reiter beobachten, die mit einer Parlamentärsflagge
über ein offenes Feld näherkommen. Einer der Reiter ist General
Robert E. Lee. Die Linie teilt sich langsam, um die Reiter durch-
```

zulassen. Die Soldaten wenden sich um und beobachten Lee, der den Abhang hinter ihren Stellungen hinabreitet und zwischen den Bäumen verschwindet, die den Bach säumen. Einige Soldaten gehen ein kurzes Stück den Abhang hinunter, um zu sehen, wie die Reiter im sonnengefleckten Schatten der Bäume verschwinden.

Das Geschehen markiert den ersten Schritt der Kapitulation von General Lee vor General Grant. Die Kampflinien zwischen den Bürgerkriegsparteien galten als Grenzlinie zwischen Sieg und Niederlage. Es ist also ein denkwürdiger Augenblick, wenn sich der bedeutendste General der Konföderierten hinter die Kampflinie der Union begibt. Die Nordstaatensoldaten wissen, daß sie Geschichte miterleben – und höchstwahrscheinlich das Ende des Bürgerkrieges.

Die Absicht des Drehbuchautors scheint es zu sein, die Ereignisse dieser Szene vom Standpunkt der Nordstaatensoldaten aus zu betrachten. Das ist ein legitimer Ansatz und beantwortet die erste unserer vier Fragen: Wessen Standpunkt wird ausgedrückt?

Als nächstes müssen wir Frage zwei beantworten: Welche Größe hat die Einstellung? Total, nah oder groß? Oder in erzählerischen Begriffen ausgedrückt: In welcher Entfernung zur Szene befinden wir uns? Das möchte ich erklären: Ich ziehe es vor, zunächst die Einstellungsgröße als Entfernungsmaß zu begreifen, denn es kann entmutigen, wenn man sie sich als Rahmung vorstellt, die den Bildgegenstand umgibt. Denn dieser Rahmen ist in Wirklichkeit ein dreidimensionaler Kasten mit der Kamera am einen Ende. Während wir die vier Seiten des Rahmens wahrnehmen, fühlen wir die Entfernung zum Gegenstand. Weil die Kamera unser Standort ist, sagt uns die Größe des Bildes, wie dicht wir an einem Geschehen oder einem Bildgegenstand dran sind. Im erzählenden Film übersetzt sich die physische Distanz in eine emotionale Distanz. Wenn wir von der Einstellungsgröße sprechen, sprechen wir in Wirklichkeit über unser emotionales Verhältnis zum Geschehen auf der Leinwand.

Da der Regisseur entschieden hat, diese erste Einstellung aus der Sicht der Unionssoldaten zu drehen, bezieht sich die Einstellungsgröße darauf, wie weit die Soldaten von Robert E. Lee emotional getrennt sind. Lee ist das dramatische Zentrum der Szene. Die Soldaten mögen vielleicht große Bewunderung für ihn empfinden oder gar Sympathie, aber er ist immer noch ihr Todfeind. Aus diesem Grund legt der Regisseur fest, daß die Einstellungsgröße/Distanz, wenn Lee vorbereitet, nie größer als halbtotal sein sollte. Lee muß unergründlich bleiben. Das Publikum muß Mühe haben, Gefühle in seinem Gesicht zu erkennen. Dafür ist Abstand erforderlich.

Nun macht sich der Regisseur Gedanken über den Blickwinkel. Nachdem die Sichtweise und die Entfernung bestimmt sind, weiß er, daß die Kamera bei den Soldaten stehen wird, die Lees Herannahen erwarten. Wenn die Kamera zu niedrig steht, kann das einige praktische Probleme aufwerfen, weil die Soldaten die Sicht der Kamera verstellen könnten. Gleichzeitig bedenkt der Regisseur, daß die Männer an der Frontlinie sich als Gemeinschaft erleben, denn jeder von ihnen richtet seinen Blick auf Lee, und alle haben das gleiche Anliegen. Deswegen sollte die Kamera die Soldaten als Gruppe behandeln. Aus diesen beiden Gründen glaubt der Regisseur, die Kamera solle sich auf einer mittleren Höhe von etwa 2,20 bis 2,50 Meter über dem Boden befinden. So hat sie eine unverstellte Sicht auf Lee und erfaßt gleichzeitig viele der Soldaten in der Einstellung.

Abschließend kommt der Regisseur zur Frage der Montage: Schneiden oder Kamera bewegen? Soll die Sichtweise wechseln oder nicht? Nach seinem Verständnis entwickelt sich das Geschehen langsam, wenn Lee in der Ferne erscheint und sich auf die Frontlinie der Nordstaatler zubewegt. Wenn die Nachricht die Runde macht, Lee befinde sich auf dem Weg zu ihnen, könnte es Einstellungen von einzelnen Soldaten geben; aber die Szene ist feierlich erhaben und sollte nicht gehetzt wirken. Eine Plansequenz vom Kran aus wäre dafür nicht schlecht. Die Kamera könnte sich für eine Großaufnahme zwischen die Männer herabsenken und wieder hochfahren, wenn General Lee vorbeikommt. Mit dieser letzten Antwort hat der Regisseur festgelegt, wie die Szene gedreht werden wird.

In der Einstellungsliste könnten die Entscheidungen für Drehbuchbeispiel 1 so ausgedrückt sein:

»Die Kamera befindet sich auf einem Kran oder einem langen Ausleger bei den Nordstaatentruppen, ihr Blickwinkel bewegt sich entlang der Blickachse der Soldaten, die den heranreitenden Lee beobachten. Die Kamera beginnt niedrig zwischen den Männern, während sich deren Aufmerksamkeit Lee zuzuwenden beginnt. Die Kamera folgt den Männern zur Kampflinie und fährt langsam hoch auf 2,50 bis 3,00

Abb. 5.1

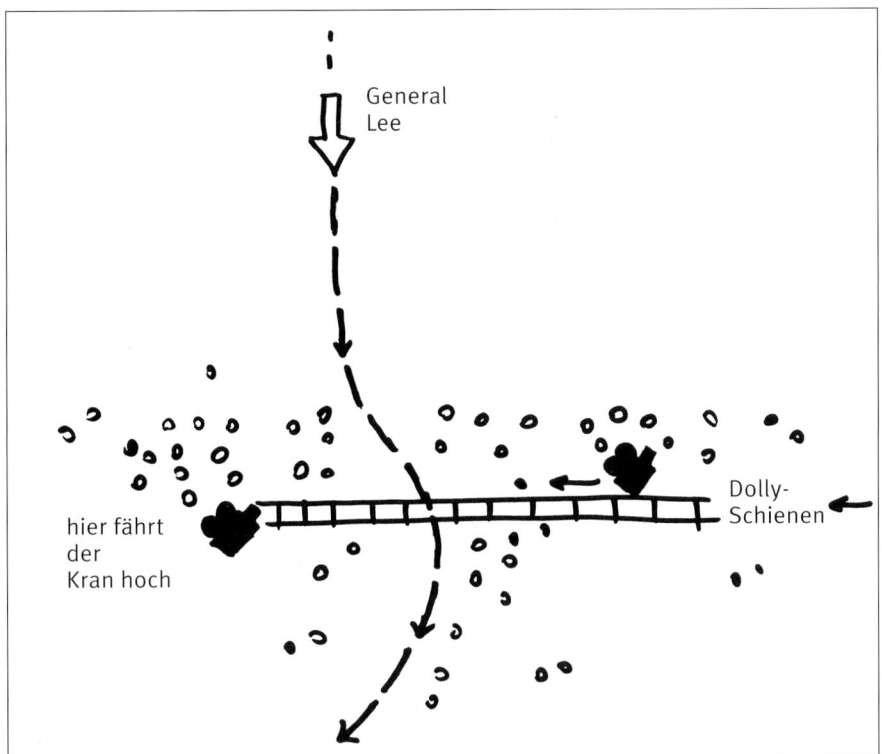

Meter Höhe, wenn Lee vorbeikommt. Schwenk mit Lee und den anderen Reitern, wenn sie passieren. Zusätzliche Einstellungen: Aufnahmen von den Männern hinter der Linie und ihren unterschiedlichen Reaktionen, wenn sie erfahren, daß Lee kommt.« Abb. 5.1 könnte die Notizen vervollständigen.

Wie man sieht, kann die schematische Zeichnung eine Dollyfahrt in einer Plansequenz nur annäherungsweise darstellen, zumal sie mit einer Kranbewegung aufwärts kombiniert ist. Ohne Anmerkungen läßt sich die Choreografie der Kamera und der Bildgegenstände nicht zeigen, wie beispielsweise die Position der Kamera und das Timing des Schwenks, wenn Lee vorbeireitet. Die grafische Darstellung ermöglicht es aber dem Production Designer, dem Kameramann, dem Produktionsleiter und dem Regieassistenten, Schauspieler, Team und Ausrüstung an den richtigen Platz zu bringen. Der Plan verdeutlicht alle Probleme, die den Mitarbeitern des künstlerischen und des technischen Stabs bekannt sein müssen. Damit ist unser erster Einstellungsplan für das Drehbuch fertig, versuchen wir uns am nächsten!

In Drehbuchbeispiel 2 springt der Regisseur zu einer anderen Szene und an einen neuen Schauplatz.

```
SCHNITT AUF:

2. AUF OFFENEM FELD – NORDSTAATENSEITE AUSSEN/TAG
Wir befinden uns an der Seite eines Stoßtrupps der Unionstrup-
pen, der gerade noch mit einem Vorposten der Südstaatler in ein
Gefecht zu geraten drohte, als eine einstündige Waffenruhe aus-
gerufen wurde. Der Stoßtrupp der Grauröcke sitzt in der vor-
geschobenen Linie an einem Feldrain unter einer Reihe von Bäu-
men und schaut zu dem blauen Stoßtrupp hinüber. Die Blauen
sind keine 100 Meter entfernt und haben sich auf beiden Seiten
einer staubigen Straße niedergelassen. Die Männer beider Par-
teien können sich deutlich sehen. Ein Unionssoldat, der in der
Nähe der Kamera sitzt, vertreibt sich die Zeit damit, sein Bajo-
nett in einen Ameisenhaufen zu stoßen.
```

Diesmal analysiert der Regisseur die Szene nicht, sondern schreibt statt dessen eine ausführliche Fassung des Drehbuchgeschehens. Er möchte keine Plansequenz drehen, sondern mehrere Einstellungen anein-anderschneiden:

»Niedrige Einstellung von Südstaatlern auf einem Feld, die sich gleichvielen Blauröcken gegenübersehen. Die Kamera steht auf der Seite der Nordstaatler, sie hat mehrere von ihnen im Bild. Im unmittel-baren Vordergrund vertreibt sich ein junger Blaurock die Zeit damit, eine Ameise zu beobachten, die an seinem aufgepflanzten Bajonett hin-aufkrabbelt, das er in einen Ameisenhaufen gestoßen hat. Immer mehr Ameisen kommen heraus. Auf der anderen Seite des Feldes beobachtet ihn aus einer Entfernung von etwa 50 bis 60 Metern einer der Süd-staatler – er sitzt dem jungen Blaurock am nächsten. Der junge Nord-staatler blickt auf, und beide Soldaten schauen sich in die Augen. Be-fangen zieht der Blaurock sein Gewehr aus dem Boden und zerstört den Ameisenhaufen, dann schüttelt er die Ameisen ab. Schnitt. Neue Ein-stellung aus dem Rücken des Südstaatlers: Der sieht, wie der Blaurock sein Gewehr hebt und glaubt, es sei eine Geste der Überheblichkeit. Er nimmt sein eigenes Gewehr und legt es quer über seinen Schoß. Er schaut dem Blaurock direkt in die Augen und zwingt ihn mit einem Lächeln, den Blick zu senken.«

Einstellungsliste:

1. Profil des Blaurocks am Ameisenhaufen. Südstaatensoldat im HG[1].
2. Großaufnahme vom Ameisenhaufen mit Bajonett.
3. Gegenschuß, weit, OS des Südstaatlers, mit Blaurock im HG.
4. OS des Blaurocks, mit Südstaatler
   im HG.

Abb. 5.2 zeigt, wie eine schematische
Darstellung dieser Szene aussehen
könnte.

Nun wenden wir uns dem Drehbuchbeispiel 3 zu und schauen uns an,
wie man eine Dialogszene behandeln
könnte. Diesmal sind wir mit General
Lee in einem Farmhaus.

Abb. 5.2: In dieser schematischen Zeichnung sind
für jede Kameraeinstellung
in der Sequenz Zahlen eingesetzt. Die Zahlen stimmen
mit denen der Storyboard-
bilder überein, die diesem
ersten Plan folgen. Sie sind
auf den Seiten 157 und
158 zu sehen.

3. WOHNSTUBE/BACKSTEINFARMHAUS INNEN/NACHMITTAGS
General Robert E. Lee sitzt in einem Sessel in einer Ecke des
Raumes. Er starrt aus dem Fenster.
Plötzlich bemerkt er die Starrheit seines Blickes und beginnt,
sich im Raum umzuschauen, aber es ist lediglich eine andere Form
des Auf- und Abgehens und selbst die ist gekünstelt. Keine Bewegung, keine Regung in seinem Gesicht, nichts verrät seine Gefühle. Sein Adjutant, Oberstleutnant Charles Marshall, ein viel
jüngerer Mann, betrachtet ein Bild an der Wand. Er folgt dem Beispiel seines Generals und gibt sich ebenfalls teilnahmslos. Von
Zeit zu Zeit wirft Marshall einen Blick zu Lee hinüber, um zu
sehen, was der gerade tut. Schließlich nimmt Marshall am Kamin
Platz.
In der Eingangshalle steht Oberstleutnant Orville Babcock aus
Grants Stab. Er hat es vorgezogen, Lee und Marshall im Salon

---

[1] HG ist die Abkürzung für »Hintergrund«, O(T)S für »Over (the) Shoulder = Über
die Schulter«. Daneben werden in der deutschen Filmproduktion weitere Abkür-
zungen gebraucht, darunter VG für »Vordergrund«, G für »Großaufnahme«, N für
»Nahaufnahme«, T für »Totale«, AM für »Amerikanische« und HT für »Halbtotale«.

allein zu lassen, um oberflächliches Geplauder zu vermeiden, was von allen als unangenehm empfunden würde. Babcock ist erleichtert, als er General Grant und General Sheridan das Tor zum Vorgarten durchschreiten sieht. Babcock öffnet die Tür und läßt die Offiziere ein. Alle salutieren.

BABCOCK:
(zu Grant)
General Grant –

Grant nimmt Babcock kaum wahr. Seine Gedanken sind allein auf einen Mann gerichtet. Er geht durch die Wohnstube direkt auf General Lee zu, der sich erhebt, um ihn zu begrüßen. Die beiden Männer schütteln sich die Hand.

GRANT:
General Lee.

Grant blickt sich nach einem Sessel um, während Lee sich auf seinen alten Platz setzt. Für einen Moment ist Grant irritiert, als Babcock fünf weitere Offiziere in den Raum bittet. Sie treten langsam nacheinander ein und nehmen rundum im Raum Platz, während Marshall zurück zum Kamin geht. Grant zieht sich einen Sessel heran und setzt sich Lee direkt gegenüber. Grant versucht, diesen Augenblick für beide zu entkrampfen.

GRANT:
Wir sind uns schon einmal begegnet, General Lee. Ich war damals in Neumexiko stationiert, und Sie kamen zur Inspektion der Brigade. Mir ist Ihre Erscheinung immer vor Augen geblieben. Ich glaube, ich hätte Sie überall wiedererkannt.

LEE:
Ja, ich weiß, daß wir uns bei dieser Gelegenheit begegnet sind. Ich habe versucht, mir Ihr Aussehen ins Gedächtnis zurückzurufen, aber es wollte mir nicht gelingen, mich an eine einzige Besonderheit zu erinnern.

Diesmal wird der Einstellungsplan nicht vollständig ausgearbeitet. Die Beschreibung besteht aus Bemerkungen über die Charaktere und ihre Positionen vor der Kamera, da sich eine Innenszene, in der es Dialoge und kleine Gänge und Aktionen gibt, leichter mit den Schauspielern am Drehort inszenieren läßt. Die Notizen zu den Einstellungen sähen dann vielleicht so aus:

Einstellungsplan:

1. Weitwinklige Einstellung vom Innenraum, wo Lee in der Wohnstube eines Farmhauses sitzt: Im Vordergrund steht Oberstleutnant Babcock, der zu Grants Stab gehört und Lee durch die Kampflinien eskortiert hat. In dem Raum bei Lee steht Oberstleutnant Marshall, Lees Adjutant. Babcock schaut aus dem Fenster, er hat sich entschieden, in der Halle zu bleiben und Lee mit Marshall allein zu lassen. Babcock schaut zu Lee hinüber, der seinen Handschuh glattstreicht. Wir hören von draußen Stimmen im Off, Babcock nimmt Haltung an.

2. Außen, seitliche TOTALE vom Haus und vom Vorgarten, leichte Untersicht: Grant geht mit General Sheridan durchs Tor. Im Gehen klopft Grant den Staub von seiner zerknitterten Uniform, um sich im letzten Moment etwas herzurichten, aber er verlangsamt deswegen nicht seinen Schritt.

3. Innen, Einstellung vom Salon. Die Kamera steht hinter Lee im Hintergrund des Raumes. Lee ist aufgestanden, um Grant zu begrüßen. Grant kommt durch die Eingangstür und geht geradewegs auf Lee zu. Die beiden Männer geben sich die Hand. SCHNITT AUF:

4. GEGENSCHUSS VON LEE UND GRANT, wie sie sich die Hände schütteln. Marshall geht durchs Bild, und die KAMERA FÄHRT ZURÜCK. Grant blickt sich nach einem Sessel um, Lee setzt sich auf seinen alten Platz. Grant zieht sich einen Sessel heran, noch bevor Babcock ihm helfen kann. Grant scheint nervös zu sein. Lee ist die Ruhe und Gelassenheit in Person. SCHNITT AUF:

5. NAHEINSTELLUNG VON DER EINGANGSTÜR, Kamerahöhe etwa 1,50 Meter. Unionsoffiziere kommen leise herein, als gingen sie zu einem Begräbnis. Alle schauen verstohlen zu Lee hinüber. Die Kamera fährt mit ihnen zurück und schwenkt mit einem Offizier auf:
HALBTOTALE VOM RAUM. SEITLICHE EINSTELLUNG VON LEE UND GRANT IM PROFIL, BETONUNG AUF LEE. Die

Kamerahöhe von etwa 1,20 Meter wird während des gesamten Gesprächs zwischen den Generälen beibehalten (dies ist die Haupteinstellung, auch Master genannt).

6. OS Lee.
7. OS Grant
8. GROSS Lee
9. GROSS Grant.

Wie man sieht, gibt es keine strenge Form. Alles was man braucht, um zu verdeutlichen, was aufgenommen werden soll, ist sinnvoll, wie etwa Bemerkungen, grafische Darstellungen, Einstellungslisten. Das einzige Ziel ist dabei, präzise zu sein, alles auf den Punkt zu bringen und alle wichtigen visuellen Details aufzuführen. Normalerweise wird die Inszenierung und alles, was im Bild zu sehen ist, insgesamt beschrieben, bevor die Einstellungen numeriert werden. Auf diese Weise können Kameramann, Schauspieler und Team den Plan und den Sinn der Inszenierung in den Grundzügen verstehen, so daß Schnitt und Komposition der gesamten Szene klar sind, wenn die numerierten Einstellungen schrittweise abgearbeitet werden.

Ausarbeitung des Storyboards

Der Einstellungsplan, den der Regisseur soeben ausgearbeitet hat, ist recht präzise. Nun kann er ihn in ein Storyboard verwandeln. Um mit der einfachsten Methode zu beginnen: Man kann die Einstellungsliste einfach ohne Zeichnungen in die Bildfelder eines Storyboards hineinschreiben. Das zwingt den Regisseur, in Bildfolgen zu denken. Aus irgendeinem Grund wirkt selbst eine Einstellungsliste filmischer und ist näher an dem, was auf der Leinwand zu sehen sein wird, wenn jede Einstellungsbeschreibung zwischen den Rahmenlinien eines Bildfeldes steht. Solche Storyboardbildfelder für die Einstellungsliste von Seite 153 sind in Abb. 5.3, Seite 157, zu sehen.

Als nächstes fügt der Regisseur Zeichnungen oder Fotos hinzu. Das können Grobskizzen oder Polaroidfotos sein. In jedes Foto läßt sich auch hineinzeichnen. Der Regisseur besitzt einen ganzen Stapel von Aufnahmen, auf denen seine Hauptdarsteller in Großaufnahme, in Nahaufnahme und als ganze Figur zu sehen sind. Er verwendet sie für sein Storyboard. Er klebt die Storyboardbilder auf einzelne Blätter und heftet sie in einem Ringbuch ab, so daß sich die Reihenfolge der Einstellungen verändern läßt. Abb. 5.4 auf Seite 158 zeigt Zeichnungen, wie sie der Regisseur in dieser Arbeitsphase machen könnte.

Während der Regisseur am Storyboard arbeitet und sich die Szenen im Geist vorstellt, hört er Musik. Unterschiedliche Musik fördert unterschiedliche Ideen zutage. Arbeitet er an einer dramatischen Szene, könnte er vorher Dialogproben auf Tonband aufgenommen haben und sie abspielen, während er die Inszenierung der Szene entwirft.

Vielleicht werden Sie mehrere Filme bearbeiten müssen, bis sich Ihr visuelles Gedächtnis durch solche Bildfolgen verbessert hat, aber am Ende werden Sie darin geübt sein, in Bildern zu denken. Längere und komplexere Szenen werden sich leichter handhaben lassen, und Sie werden viel besser als vorher beurteilen können, was (für Sie) funktioniert und was nicht.

Modelle und Spielzeugfiguren

Für einen Film wie *Appomattox* sind Modelle besonders nützlich. In der ersten Szene unseres Beispieldrehbuchs überquert Lee die Frontlinie der Nordstaatler während einer Waffenruhe. Dazu gehören Hunderte

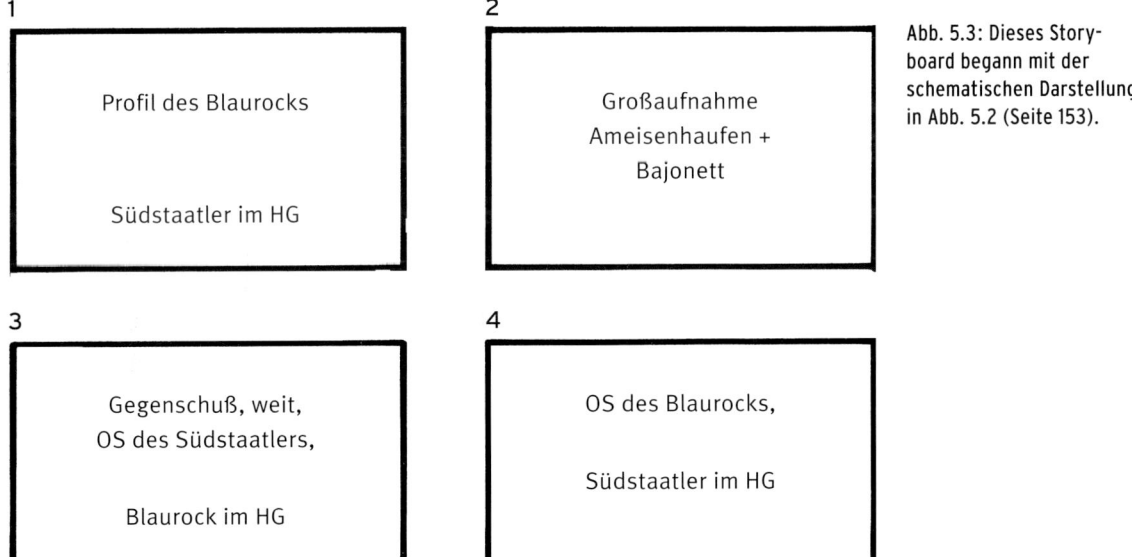

Abb. 5.3: Dieses Storyboard begann mit der schematischen Darstellung in Abb. 5.2 (Seite 153).

von Komparsen in historischen Kostümen, Pferde und spezielle Requisiten wie Planwagen und Kanonen. Die logistischen Probleme bei der Inszenierung einer solchen Szene sind enorm, und darum ist es ebenso wichtig, sich vor Augen zu führen, was hinter der Kamera vor sich geht, wie zu visualisieren, was die Kamera aufnehmen wird. Der Regieassistent und der Produktionsleiter werden vielleicht in das Modell auch die Zugangswege einbeziehen und den LKW mit dem Generator, den Kran, die Dollyschienen und all die anderen Ausrüstungsgegenstände, die beim Inszenieren des Geschehens berücksichtigt werden müssen.

Um die erste Szene von *Appomattox* zu planen, probiert der Regisseur mit Miniaturfiguren verschiedene Gruppierungen aus und nimmt jede Konstellation mit einem Fotoapparat auf. Er macht mehrere Fotos, einige mit dem Bildausschnitt, den er gern für bestimmte Einstellungen hätte, und andere mit mehr Umfeld, aus denen sich ein Überblick über den Schauplatz ergibt. Er macht von dem Miniaturset auch Aufnahmen aus der Vogelperspektive, die ihm in späteren Gesprächen mit dem Produktionsteam nützlich sein können.

Auf den Abzügen der Fotototalen kann der Regisseur mit einem Filzstift herummalen, die Fahrten der Kamera darauf einzeichnen oder zeigen, was sie in einem Schwenk erfaßt. Alle Storyboard-Zeichen-

Abb. 5.4: Dies ist die endgültige Version des Storyboards, das sich aus der Drehbuchinterpretation entwickelte.

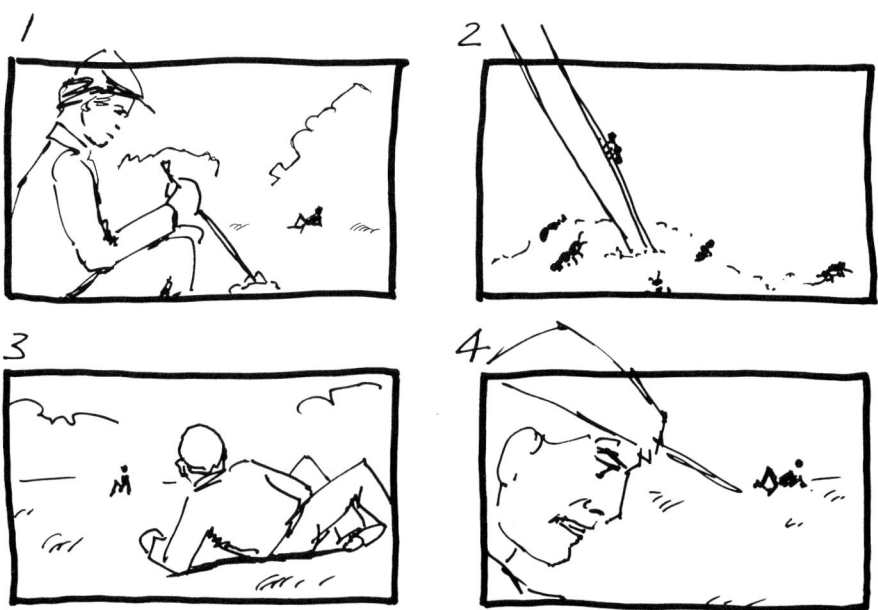

techniken aus Kapitel 3 lassen sich auf Fotos anwenden, um Gänge, Kamerabewegungen und Inszenierung zu verdeutlichen.

Die Innenszene von *Appomattox* läßt sich auf die gleiche Weise vorbereiten. Die Wände des tatsächlichen Zimmers oder des gebauten Sets können fotografiert werden, die Abzüge lassen sich auf Styropor aufziehen und zu einer Miniaturwohnung zusammenstellen. Spielzeugfiguren und Puppenmöbel vervollständigen das Modell. Mit einem Objektiv für Nahaufnahmen, einem Makro-Objektiv oder einem Satz Vorsatzlinsen können Nahaufnahmen, eventuell sogar Großaufnahmen von den Spielzeugfiguren gemacht werden. Modelle sind eher großen, aufwendigen Szenen angemessen, aber für ihren Nutzen ist letztlich entscheidend, ob der Regisseur sie benötigt oder nicht, um die Szene optimal zu gestalten. Wie jedes andere Mittel zur Veranschaulichung, soll auch das Modell vor allem dazu dienen, die Fantasie des Filmemachers anzuregen.

PHASE VIER: Planung der Kameraarbeit

Es ist nicht ungewöhnlich für einen vielbeschäftigten Kameramann, wenn er sich erst wenige Wochen vor dem eigentlichen Drehbeginn dem Produktionsteam anschließt. Er muß sich also schnell mit den Anforderungen vertraut machen, die der Film an ihn stellt, zumal dieser wahrscheinlich bereits mehrere Monate lang in der Vorbereitung ist. Als erstes besucht er mit dem Regisseur die Drehorte, geht mit ihm die Storyboards durch, bespricht Sets, Ausstattung, Requisiten, Kostüme und Masken und macht davon eventuell Probeaufnahmen.

Es ist zwar bei jedem Film ein wenig anders, aber im Prinzip ist der Kameramann verantwortlich für das Setzen des Lichts, die Belichtung des Filmmaterials und die Kameraeinstellungen und -bewegungen, die der Szenenbildner, der Regisseur und er selbst festgelegt haben. Vielen mag es befremdlich erscheinen, daß nicht der Kameramann die Entscheidung über die Einstellungsfolgen trifft, aber letztendlich ist dies Sache des Regisseurs.

Die Verständigung zwischen Regisseur und Kameramann ist äußerst wichtig. Einige Filmemacher zeigen ihrem Kameramann Fotos, Gemälde, Filme und anderes Bildmaterial, um zu illustrieren, welcher Stil ihnen vorschwebt. Oft muß man mit einer Beschreibung nur die richtigen Assoziationen wecken, um dem Kameramann die Richtung anzugeben, in die er suchen soll. Natürlich entstehen daraus Diskussionen und Meinungsverschiedenheiten, aber es ergeben sich auch Lösungen und neue Ideen.

In den letzten Wochen vor Drehbeginn sollte der Regisseur das Umfeld genau kennenlernen, in dem seine Geschichte spielt, also die gebauten Sets und die Originalschauplätze, die Ausstattung, die Requisiten, die Kostüme und die Masken. In dieser Zeit werden von allen Elementen, die zum Design gehören, Probeaufnahmen gedreht, so daß sich Lichtgestaltung und Fotografie beurteilen und nötigenfalls korrigieren lassen.

PHASE FÜNF: Schauspielerproben

Zum Vergnügen beim Lesen eines Romans oder beim Anschauen eines Spielfilms gehört es, die kuriosen und flüchtigen Momente des Alltagslebens zu entdecken, die wir oft nicht beachten, bis sie uns in einem Buch oder auf der Leinwand begegnen. Schauspieler und Regisseure schaffen sich einen geheimen Vorrat an solchen Impressionen, indem sie fortwährend beobachten; in ihrer Zusammenarbeit geht es darum, diesen Schatz zu heben. Oft hindert der Zeitdruck, der bei Dreharbeiten entsteht, die Schauspieler daran, sich diese Ressourcen zu erschließen und die kleinen Nuancen des Verhaltens intuitiv in ihr Rollenspiel einzubringen. Dann verfallen Schauspieler und Regisseur in Routine und Klischee. Die Aufgabe des Regisseurs ist es, ein Umfeld zu schaffen, in dem der Schauspieler seine Spielfreude und seine Abenteuerlust entfalten kann und durch die gemeinsame Arbeit das Unerwartete und Unvorhergesehene findet. Das trägt mehr als alles andere zu einer schöpferischen Inszenierung und einer guten Schauspielerleistung bei. Hat der Schauspieler erst einmal die Seltsamkeiten und komischen Aspekte des Alltäglichen in sich entdeckt und in sein Spiel integriert, muß der Regisseur das Ergebnis nur noch ins Bild setzen.

Leider sind die Probenzeiten beim Film – verglichen mit dem Theater – sehr kurz, und manchmal gibt es gar keine Proben. Wenn sich ein Schauspielerensemble vor den Dreharbeiten für zwei oder drei Wochen zu Proben zusammenfindet, wird das bereits als extrem großzügig angesehen. Zum Vergleich: Theaterregisseure sind es gewohnt, daß ihnen das doppelte bis dreifache an Probenzeit zur Verfügung steht.

Szenen im Videotest

Sobald die Schauspieler verfügbar sind und mit der Arbeit an einzelnen Szenen begonnen werden kann, erweist sich ein Mittel zur Visualisierung als besonders wertvoll: Video. Selbst, wenn eine Probe nur von einer einzigen Kameraposition aus aufgenommen wird, ist die Aufzeichnung enorm aufschlußreich. Mit einem Bildrahmen um die Schauspieler herum verändert sich das Aussehen einer Szene. Plötzlich kann der Regisseur Probleme erkennen und neue Möglichkeiten entdecken, die ihm vorher verborgen waren.

Die Struktur und das Tempo des Films kann durch einfaches Aneinanderschneiden von Haupteinstellungen (Masters) ebenfalls simuliert werden. Ein Rohschnitt ist schnell bewerkstelligt, wenn man alle paar Tage zwei oder drei aufeinanderfolgende Szenen mit einem billigen Off-Line-Schnittgerät aneinanderhängt. Und da sich die passenden Übergänge (Überblendungen, Trickblenden usw.) und eine provisorische Musikspur relativ leicht hinzufügen lassen, kann der Filmemacher einen guten Eindruck vom Fluß der dramatischen Handlung im Film gewinnen. Je nach Art der Handlung können auch längere Abschnitte aneinandergehängt werden. Logischerweise ist es leichter, die Szenen eines Kammerspiels zu proben, als die Szenen eines turbulenten Actionfilms, aber in jedem Fall läßt sich im vorhinein der dramatische Ausdruck der Darstellung begutachten. Es ist schwierig, ein Drehbuch und dessen schauspielerische Umsetzung in der Hektik einer Spielfilmproduktion zu verfeinern. Aus diesem Grund stimmte Irving Thalberg, der verantwortliche Produzent bei MGM, auch dem Vorschlag von Groucho Marx zu, die Nummern für den Film *Die Marx Brothers in der Oper* vor Beginn der Dreharbeiten ausprobieren zu lassen, und zwar auf einer Bühne vor Publikum.

Aber nicht nur die dramatischen Elemente, auch die Details der Kameraeinstellungen und der Inszenierung lassen sich mittels Vorschau verbessern. Es ist ideal, wenn man am vorgesehenen Drehort proben kann, unbedingt notwendig ist es aber nicht. In einem Probenraum können Türen und Möbel mit Klebestreifen auf dem Boden markiert werden, damit die Schauspieler einen ungefähren Eindruck vom Aussehen des tatsächlichen Drehortes haben. Es ist allerdings besser, wenn Ausstattungsteile und Requisiten zur Verfügung stehen oder sich vergleichbare Möbel finden lassen. Ein Schauspieler läßt sich von den Details eines Ortes inspirieren. Jedes leicht zu beschaffende Requisit, das den Probenraum realistischer wirken läßt, ist dabei von Vorteil. Wenn eine Szene in einem kleinen Restaurant spielt, geht man mit den Schauspielern außerhalb der Geschäftszeit in ein solches Lokal. Normalerweise wird niemand etwas dagegen haben, wenn ein Assistent dabei einen VHS-Camcorder aufstellt. Leicht aufnehmen lassen sich auch Szenen in Autos, Schlafzimmern, Parks, einer Rechtsanwaltskanzlei oder in einer anderen, relativ einfachen Umgebung. Die Videovorschau ist im übrigen eine ausgezeichnete Methode, um den Schauspielern zu ermöglichen, Ideen fürs Drehbuch zu improvisieren. Einmal auf Video aufgezeichnet, ist die neue Dialogzeile, ein Gang oder eine Geste festgehalten und kann ins Drehbuch übernommen werden.

Wenn ein Zeichner beschäftigt wird, um ein Storyboard zu erstellen, kann es für diesen nützlich sein, die Proben von Zeit zu Zeit zu besuchen oder sich die Bänder davon anzusehen. Ein Drehort, der zur Zeit nicht verfügbar ist, kann in einem Probenraum nachgestellt werden, wie zum Beispiel das Innere eines gut besuchten Einkaufszentrums. Der Zeichner ist dann in der Lage, den entsprechenden Hintergrund in seine Zeichnungen einzufügen.

Das bringt uns zur letzten Phase in der Entwicklung einer Produktion, und da geht es um das tatsächliche Drehen. Das Visualisieren setzt sich auch hier fort, obgleich der Regisseur bis zu diesem Zeitpunkt so viele Versionen des Drehbuchs in der Vorschau gesehen hat, daß er aus dem Handgelenk improvisieren könnte, wenn er das wollte. Überwiegend wird aber nach den Vorgaben eines festen Plans gedreht. Regisseur und Team haben das Storyboard auf dem Set dabei, um sich danach zu richten. Ed Verraux ist ein Storyboardzeichner, der inzwischen zum Art Director avanciert ist und der für mehrere Filme von Steven Spielberg die Storyboards gezeichnet hat. Er erzählte mir, für jeden Drehtag seien detaillierte Storyboards am Set ausgestellt worden, damit das Team sie sich ansehen konnte. Und immer, wenn eine Einstellung abgedreht war, wurde das entsprechende Board abgehakt.

Nachbearbeitung (Postproduction)

Zum Schluß erhält der Cutter die Storyboards und den Drehbericht des für das Script zuständigen Mitarbeiters (unter Umständen war der Cutter ab einem bestimmten Zeitpunkt an den Storyboardbesprechungen beteiligt). Manchmal fertigt er den Rohschnitt bereits während der Dreharbeiten, vielleicht befindet er sich mit seinem Schneidetisch sogar am Drehort. Eine Dialogsequenz von einer bis vier Minuten, an einem Tag gedreht, kann oft vorgeschnitten werden, sobald der Film aus dem Kopierwerk gekommen ist. Elektronischer Schnitt verkürzt den Montagevorgang erheblich, allerdings werden zusätzliche Zeit und Geld benötigt, um das Filmmaterial auf ein anderes System zu übertragen.

Auch für den Schnitt können Storyboards benutzt werden, indem man Bilder zeichnet, die auf dem gedrehten Material beruhen. Ich habe diese Methode mehrmals am Schneidetisch angewendet. Wenn man ein Blatt Papier auf den Bildschirm des Schneidetischs legt, kann man die einzelnen Bilder für jede Einstellung schnell durchzeichnen. Diese Pausen habe ich dann auf dem Boden hintereinander ausgelegt und die Reihenfolge solange verändert, bis mir der grafische Fluß leicht und glatt erschien. Das Verfahren spart viel Zeit, die ansonsten durch ständig neues Ausprobieren verlorenginge, klebte man den Film tatsächlich zusammen.

Arbeitsmittel und Materialien für die Recherche

Es gibt für den Filmemacher eine Grundausrüstung an Arbeitsgeräten, die er besitzen sollte, wenn er seinen Film visualisieren und seine Technik vervollkommnen möchte. Über einige Geräte haben wir bereits gesprochen: den Motivsucher, die Videokamera und den Fotoapparat. Hier ein paar zusätzliche Hinweise zu diesem Thema: Eine Kleinbild-Spiegelreflexkamera ist noch immer das Werkzeug, das ein Filmemacher am allerwenigsten entbehren kann. Für nahezu alle in diesem Buch erwähnten Filmkamera-Objektive gibt es eine Entsprechung für das Kleinbildformat. Wer zwei gebräuchliche Zoomobjektive besitzt, etwa eines von 30–80 mm und eines von 80–200 mm, kann die meisten Situationen abdecken, die beim Filmemachen auftreten. Werden zusätzliche Objektive benötigt, so sind es meistens die am weitwinkligen Ende der Skala. Ein 28-mm- und ein 24-mm-Objektiv sind daher am nützlichsten. Neue und bessere Zoomobjektive kommen ständig auf den Markt, so daß sich jeder geeignete Brennweitenbereiche zusammenstellen kann. Da ich viele Jahre lang als Fotograf gearbeitet habe, enthält meine Ausrüstung Objektive von 17 mm bis 1000 mm und dazu ein Sortiment an Vorsatzlinsen und Filtern. Das ist, offen gesagt, bei der Motivsuche eine schwere Last. Ich schleppe aber nicht die gesamte Ausrüstung mit mir herum, während ich am Studioset oder am Außendrehort herumwandere, weil ich normalerweise schon vorher weiß, welche Optik ich für die vorzubereitende Szene benutzen möchte. Allerdings hat sich jedes Objektiv, das ich besitze, bei der einen oder anderen Gelegenheit als sinnvoll erwiesen.

Polaroidkameras sind bei der Arbeit an Originalschauplätzen sehr praktisch, und die Amateurmodelle sind billig und zudem einfach zu handhaben. Das Modell 600 SE Professional ist auch für anspruchsvolle Aufnahmen geeignet. Es hat drei Objektive zum Wechseln, außerdem lassen sich Blende, Verschlußzeit und Schärfenbereich von Hand einstellen. Vor ein paar Jahren nahm ich eine alte SX 70 (wird heute nicht mehr gebaut) wieder in Dienst, weil man mit ihr bis auf 30 cm an ein Objekt herangehen und so schnell und problemlos Detailaufnahmen machen kann. Polaroidfotos sind auch nützlich, um Storyboards zu erstellen, wenn man schnell eine Fotovorlage benötigt. Man muß nur einen Schritt vor die Tür machen, um ein Auto zu fotografieren oder ein Haus aus der Froschperspektive oder ein Modell oder irgendeinen anderen Gegenstand, den man abzeichnen möchte.

In Kalifornien gibt es ein Unternehmen, die Firma 4 Designs Company, das darauf spezialisiert ist, nicht mehr produzierte Polaroidkameras nachzubauen und alte Kameras umzurüsten, damit moderne Filme verwendet werden können. Der Vorteil der älteren Polaroidkameras besteht darin, Verschlußzeiten und Belichtung von Hand selbst einstellen zu können. Standfotografen haben diese Kameras jahrelang benutzt, um Lichtempfindlichkeit und Beleuchtung zu testen – besonders beim Einsatz von Röhrenblitzgeräten. 4 Designs baut auch Zusatzgeräte in die Kameras ein, etwa eine Vorrichtung zur Mehrfachentwicklung oder einen Anschluß für Elektronenblitze, der mit dem Verschluß gekoppelt ist.

Ich fotografiere am liebsten mit Diapositivfilm. Für Dias erweist sich ein Lichttisch oder Lichtkasten als nützlich, damit sich die Ausbeute eines Arbeitstages problemlos anschauen läßt. Farbkorrigierte Lichtkästen sind recht billig, für Preise zwischen 100 DM und 300 DM, zu haben und erlauben es, 25 bis 150 Dias gleichzeitig zu betrachten. Auf einem Lichtkasten lassen sich Szenen leicht arrangieren und schnell umstellen.

Ausrüstung für die Motivsuche

Ihre Ausrüstung sollte beinhalten: einen Kompaß, die Kamera Ihrer Wahl oder auch mehrere, einen Vorrat an Filmen, ein kleines Diktiergerät für Bemerkungen, Block und Bleistift, Maßband (bis 15 m) und einen Plastiksack, um die Ausrüstung vor einem plötzlichen Regenguß zu schützen (wie er mir auf einem Ritt passiert ist, Meilen vom Stall entfernt). Art Director Harold Michelson erzählte mir, er trage immer einen Infrarot-Entfernungsmesser bei sich, um die Höhe einer Zimmerdecke oder anderer unerreichbarer Orte bestimmen zu können.

TEIL II
KONTINUITÄT
UND
ANSCHLÜSSE

6 Komposition der Einstellungen: Räumliche Anschlüsse

Einstellungsgröße

Wie wir alle wissen, sind die allgemein anerkannten Kompositionseinheiten beim Film die Totale, die Halbnaheinstellung und die Großaufnahme. Diese Einstellungsgrößen gehören insofern zum System der Kontinuitätserzeugung, als sie überlappende Teilstücke eines einzigen Raumes darstellen und ihren Sinn nur dadurch erhalten, daß sie aufeinander bezogen sind. Das bedeutet, sie werden als Einheit benutzt, um eine zusammenhängende räumliche und/oder zeitliche Ordnung zu schaffen. Mit ihnen kann man Räume beschreiben, die so groß sind wie das Sonnensystem oder so klein wie ein Stecknadelkopf; wir wissen dennoch immer, wie groß der abgebildete Bereich in etwa ist, denn die Einstellungsgrößen sind auf das jeweilige Bildobjekt abgestimmt und proportional aufeinander bezogen.

In einer Totalen vom World Trade Center sind beide Türme in voller Höhe zu sehen und außerdem noch ein großzügiges Stück von Manhattan. Eine Halbnaheinstellung des Gebäudes würde einige der unteren Stockwerke abschneiden, und wenn wir zu einer Großaufnahme heranfahren, könnte es ein einzelnes Fenster sein, das den Bildrahmen füllt. Es gibt aber keine absolut verbindlichen Regeln, wie Bezeichnungen verwendet werden, und auch die Bezeichnungen selbst sind nicht einheitlich. In Abb. 6.1 auf Seite 170 werden die Einstellungsgrößen in bezug auf den menschlichen Körper gezeigt.

Der Wechsel in der Einstellungsgröße wird unterschiedlich gehandhabt, ist aber von den Grenzen der Erkennbarkeit bestimmt. Solange wir sehen können, daß eine Einstellung ein Ausschnitt aus der Totalen ist, ist es erlaubt, die Größe der Einstellung zu ändern. Bei dieser Definition sind allerdings die Veränderungen im Montagestil zu berück-

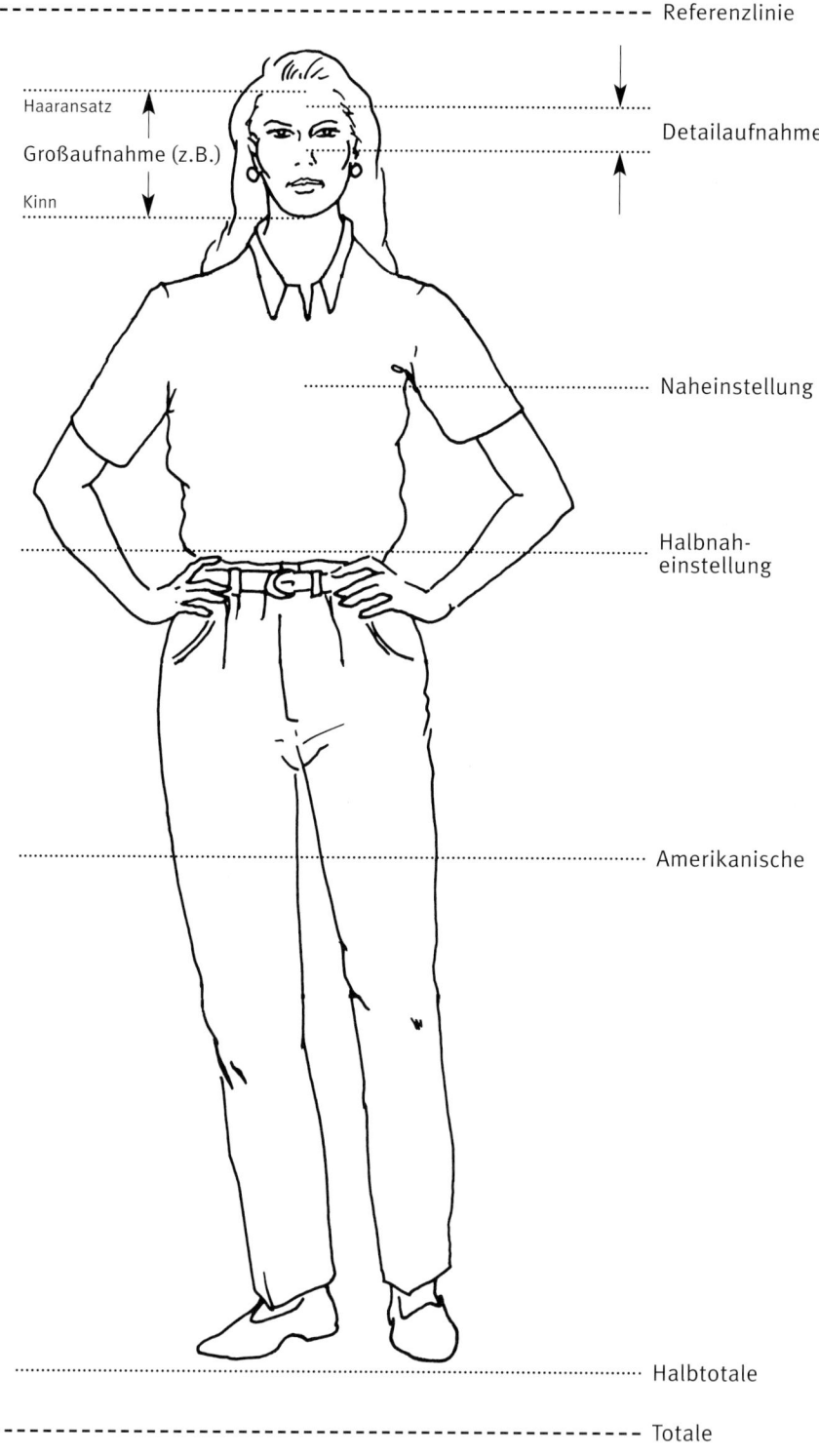

Abb. 6.1: Einstellungsgrößen bezogen auf die menschliche Gestalt

Referenzlinie

Haaransatz

Großaufnahme (z.B.)

Kinn

Detailaufnahme

Naheinstellung

Halbnah-
einstellung

Amerikanische

Halbtotale

Totale

sichtigen, die sich über Jahrzehnte hin entwickelt haben. In den ersten fünfzig Jahren der Filmgeschichte wurde der Schnitt von einer Totalen auf eine Großaufnahme, ohne Halbnaheinstellung dazwischen, als ein für die Zuschauer zu radikaler Sprung angesehen. Aus Angst, das Publikum könnte in Verwirrung gestürzt werden, war es Hollywoods Cuttern verboten, eine Totale mit einer Großaufnahme gegeneinander zu schneiden. Heute akzeptiert das Publikum extreme Wechsel in der Einstellungsgröße ohne Schwierigkeiten, da es seit mehreren Jahrzehnten mit den Hollywood-Konventionen vertraut ist. Mittlerweile scheint es vielmehr so, als hinkten die konservativen Montageregeln aus der Vergangenheit dem Auffassungsvermögen des Publikums hinterher.

Es ist jedoch nur die eine Hälfte des Kontinuitätsprinzips, Einstellungen als zusammengehörig erkennen zu können. Am häufigsten besteht die Beziehung zwischen den Einstellungen darin, etwas vorausahnen oder schlußfolgern zu können. Wir sehen zum Beispiel in einer Totalen einen Mann, der auf eine Tür zugeht, dann folgt ein Schnitt auf eine Detailaufnahme von der Hand des Mannes, die den Türknauf herumdreht. Der Türknauf war zwar in der Totalen zu klein, als daß wir auf ihn geachtet hätten, wir erwarten aber doch, daß diese Einstellung mit der vorhergehenden in Zusammenhang steht, denn das ist logisch sinnvoll – obgleich wir auch eine andere Tür an einem anderen Ort zu einer anderen Zeit sehen könnten. Erzählerische Logik und die visuelle Verbindung zwischen den Einstellungen erzeugen zusammen das Gefühl, einen einheitlichen Raum vor sich zu haben. Ursache und Wirkung einerseits und räumliche Wiedererkennbarkeit andererseits bilden dabei als Ideenpaar die Organisationsbasis für das Kontinuitätsprinzip.
Mit Totale, Halbnaheinstellung und Großaufnahme kann man jeden Gegenstand und jeden Schauplatz beschreiben, aber am häufigsten liefern sie ein Bild der menschlichen Gestalt. Die Begriffe nehmen dabei eine besondere Bedeutung an. Der Wechsel zwischen den Einstellungsgrößen hängt nämlich nicht allein von der Logik ab oder davon, Bilder wiedererkennen zu können; der Bildausschnitt wird auch bestimmt von den Konventionen in der Kunst, die es seit der Renaissance gibt, und von dem, was man allgemeinhin als harmonische und ausgewogene Komposition bezeichnet.

Großaufnahme und Naheinstellung

Durch das Fernsehen hat sich der Gebrauch von Großaufnahmen vervielfacht. Um die geringe Größe des Bildschirms auszugleichen, soll uns die Großaufnahme oder die Naheinstellung näher an das Geschehen bringen. Für Dialogsequenzen ist die Einstellung mit Kopf und Schulteransatz zur vorherrschenden Einstellungsgröße geworden. Kostenbewußte Produzenten lieben diese näheren Einstellungen, weil sie leichter auszuleuchten sind und mit fast jeder anderen Einstellung zusammengeschnitten werden können, so daß sich die Anzahl unterschiedlicher Einstellungen, die für die Szene benötigt werden (Coverage) reduziert. Die Vorliebe für die Großaufnahme ist auch in den Spielfilm hineingetragen worden, seitdem immer mehr Filmregisseure den Sprung vom Fernsehbildschirm zur Leinwand gemacht haben.

Im Film sind die Augen das Wichtigste. Jean-Luc Godard hat einmal gesagt, der natürlichste Schnitt ist der Schnitt auf den Blick. Seine starke Suggestivkraft erklärt, warum der Film das Zwinkern liebt, das Aufschauen, das Starren, die Tränen, den verstohlenen Blick, das zornige Funkeln und die gesamte Sprachpalette, die den Augen zu Gebote steht. Die Augen sind der ausdrucksstärkste Teil des menschlichen Gesichts, sie sagen stumm, was der Mund vor allem mit Worten und Geräuschen vermitteln muß. Ein Blick kann uns mitteilen, daß ein Objekt außerhalb des Bildes Aufmerksamkeit erregt hat, und er kann uns sagen, in welcher Richtung dieses Objekt zu finden ist. Die Blicklinie einer Person bestimmt nämlich eindeutig die räumlichen Verhältnisse innerhalb einer Szene, ähnlich wie die Brennweite des Objektivs und der Kamerablickwinkel festlegen, wie der Zuschauer Gegenstände und Personen auf der Leinwand räumlich wahrnimmt. Zuschauer sind besonders empfindlich, wenn Blicklinien von Personen nicht übereinstimmen, die sich eigentlich anschauen sollten, und merken in den meisten Situationen schnell, wenn die Blickrichtungen nur leicht verschoben sind. Tele-Prompter, die einen Text in die Blicklinie zum Objektiv einspiegeln, werden vor allem deswegen eingesetzt, weil die Zuschauer bemerken, wenn ein Akteur auf eine Texttafel schaut, selbst wenn sie nur ein paar Zentimeter neben der Kamera steht.

Die Großaufnahme kann uns eine intimere Beziehung zu den Personen auf der Leinwand vermitteln, als wir sie normalerweise mit einem anderen Menschen hätten, abgesehen von unseren engsten Freunden und Familienangehörigen. Diese Fähigkeit, Einblick zu gewähren, wird manchmal überstrapaziert. Die Großaufnahme ist so intim, daß sie die Privatsphäre verletzt, und sie sollte nur verwendet werden, wenn der Betroffene zustimmt. Die Kamera fragt jedoch nicht nach dem Einverständnis, besonders dann nicht, wenn sie mit einem Teleobjektiv ausgestattet ist. Nachrichtenleute stecken häufig ihre Kameranasen in Augenblicken der Trauer tief in den Lebensbereich von Familien hinein, indem sie Großaufnahmen machen. Zuschauer fühlen sich dann oft unangenehm berührt, wenn sie diese Szenen sehen, bei denen sie sich im täglichen Leben taktvoll abgewendet hätten.

Jede Kultur hat ihre eigenen Regeln, was Privatsphäre, Berührungen und akzeptierte Umgangsformen angeht. Sie beruhen auf der jeweils erlaubten Distanz zwischen Personen in unterschiedlichen Situationen. Ein Filmemacher kann diese sozial bestimmten Distanzen mit der Kamera so abbilden, daß wir als Zuschauer darauf reagieren, als fände die Begegnung in unserer eigenen Sphäre statt. Die Großaufnahme enthüllt nicht nur das Persönliche, sie vermittelt uns auch das Gefühl, als würden wir in die Intimsphäre eindringen oder an Augenblicken der Verletzlichkeit teilnehmen – so, als habe sich die Person auf der Leinwand uns gegenüber geöffnet. Man kann unsere Gefühle zu den Ereignissen und Personen auf der Leinwand auf Abstand halten oder aufwühlen, je nachdem, wie der Raum durch das Objektiv der Kamera erscheint.

Abb. 6.2 zeigt eine Reihe von acht Großaufnahmen in drei unterschiedlichen Bildformaten: dem Standardformat, das bei 16-mm-Film und beim Fernsehen zu finden ist (1:1,33), dem Breitwandformat (1:1,85) und dem anamorphotischen Cinemascope-Verfahren (1:2,35).

Die Bilder werden paarweise so gezeigt, wie sie auch in einer Szene erscheinen könnten, weil das Gleich- oder Ungleichgewicht jedes Bildes von den Einstellungen abhängt, die davor und danach kommen. In den ersten beiden Bildern sind die Personen genau im Zentrum plaziert. Man bemerkt den fehlenden Rhythmus im Einstellungswechsel, wenn man die Augen über diese beiden Bildfelder gleiten läßt, sie sozusagen »liest«, als seien sie aneinandergeschnitten, denn die Augen bleiben immer auf das Zentrum der Leinwand gerichtet. Im Vergleich dazu Bild 3 und 4: Hier schafft die Komposition durch ihre dezentrale Anordnung

in den wechselnden Großaufnahmen eine dynamische Augenbewe-
gung, die hin und her zwischen links und rechts geht. Dieser Effekt wird
um so ausgeprägter, je breiter das Bild auf der Leinwand wird. Wir
sehen hier ein gutes Beispiel für sequentielle Kunst: Bildkompositionen
werden nicht nach dem einzelnen Bild beurteilt, sondern danach, wie
sich die Bilder in der Abfolge ergänzen.

Nach dem Kunstverständnis der westlichen Welt wird bei Porträts
das Gesicht bevorzugt leicht neben dem Zentrum plaziert, um lästige
Gleichförmigkeit in der Komposition zu vermeiden. Üblicherweise gibt
man mehr Luft auf der Seite der Leinwand, die in Blickrichtung der
abgebildeten Person liegt, und mehr Luft am unteren Bildrand als am
oberen. Beim Film ist die dezentrale Komposition um so gebräuchlicher,
je breiter das Bildformat ist, aber das sollte nicht vom Experimentieren
abhalten. Es gibt für einen Filmemacher nicht einen einzigen Grund,
solche Gepflogenheiten zu akzeptieren, wenn sie seinem Gefühl nicht
entsprechen, wie etwas gestaltet werden sollte. Die folgenden Beispiele
illustrieren sowohl gängige als auch ausgefallene Bildausschnitte.

Es ist möglich, die Leinwandbreite extrem auszunutzen, wie in den
unkonventionellen Bildkompositionen der Porträts in Abb. 6.3 zu sehen
ist. In jedem Format läßt sich eine ausgeprägte dezentrale Bildauf-
teilung erreichen, die Wirkung ist aber um so entschiedener, je breiter

das Bild auf der Leinwand ist. Diese Art der Komposition ist seit einiger Zeit in der Fernsehwerbung üblich geworden, was sich auf den Einfluß der Werbegrafik zurückführen läßt. Diese hat wiederum einen subtilen

Einfluß auf den Spielfilm genommen, der sich gerne Techniken aus anderen Kunstbereichen aneignet.

Augen, Mund und Ohren werden häufig in eigentümlichen Detailaufnahmen abgebildet, normalerweise, um einen besonderen Aspekt der Erzählung hervorzuheben. Zum Beispiel kann auf die Einstellung von einer Frau, die nachts allein durch eine einsame Straße nach Hause geht, eine Detailaufnahme ihres Ohres folgen, während man aus der Ferne Schritte hört. In ähnlichem Zusammenhang könnte eine Detailaufnahme ihrer Augen Angst signalisieren. Dies sind altbekannte Kunstgriffe, und wenn man zu experimentieren beginnt, findet man

Abb. 6.3

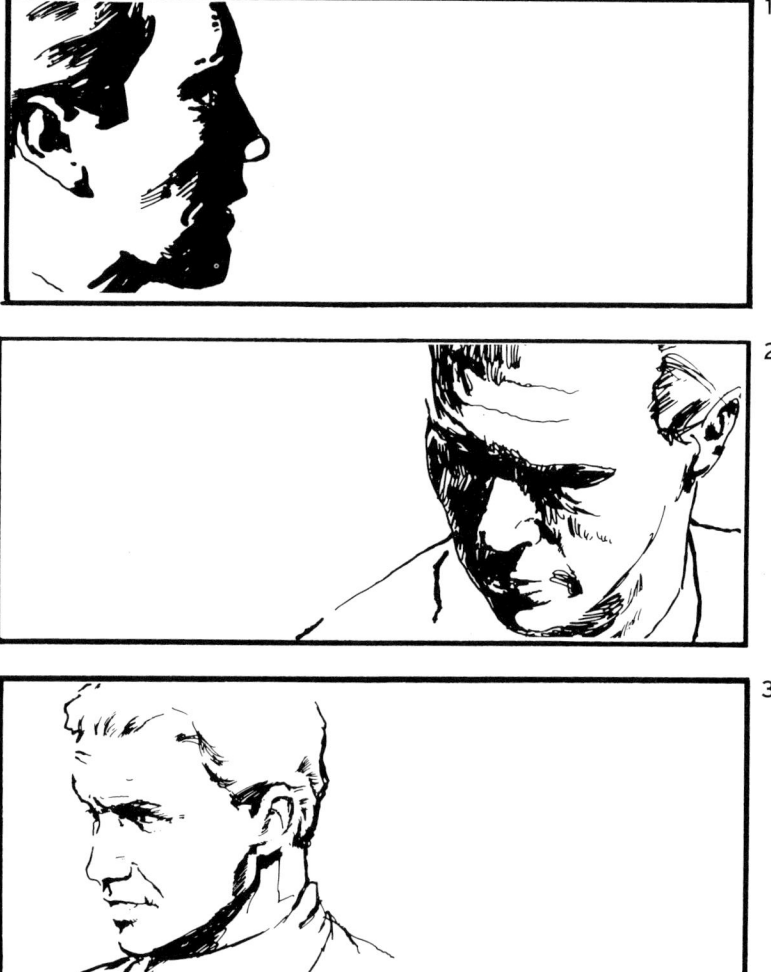

4

5

6

eine ganze Reihe weiterer Möglichkeiten, wie sich Detailaufnahmen verwenden lassen. Drei unterschiedliche Versionen der Detail- und Makrofotografie sind in Abb. 6.4 auf Seite 178 dargestellt. In allen Fällen sieht die Kamera von vorn oder von der Seite auf das Detail. Das ist aber nur eine der Konventionen, von denen sich ein individueller Stil nicht einschränken lassen muß. Man kann auch ungewöhnliche Blickpunkte, Bildkompositionen und Einstellungsgrößen verwenden, um ein Gesicht mittels Struktur und Licht in seiner unbegrenzten Formenvielfalt zu erkunden. Deswegen sollte man nicht die traditionellen Verfahren aufgeben, denn die sind keineswegs ausgeschöpft und können

Abb. 6.4

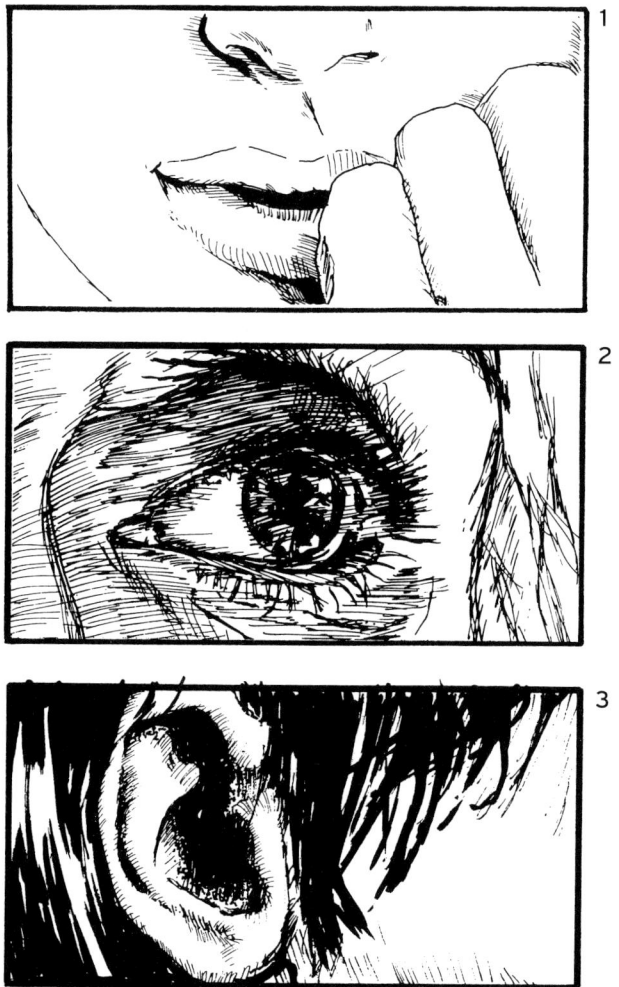

genauso kommunikativ, überraschend und bewegend sein wie die eher experimentellen Techniken.

Die Halbnaheinstellung

Die Halbnaheinstellung war für Dialogszenen die am meisten benutzte Einstellung während der Tonfilmzeit, bevor das Fernsehen den Gebrauch von Nah- und Großeinstellungen zu forcieren begann. Sie kombiniert die wertvollen Eigenschaften der Halbtotalen mit denen der Großaufnahme und wird daher im Fernsehen wie im Spielfilm noch immer häufig verwendet. Wie in der Halbtotalen werden auch in der Halbnaheinstellung Gesten und Körpersprache eines Schauspielers eingefangen, aber sie ist noch nah genug am Gesicht, um auch die feinen Veränderungen der Mimik zu erfassen.

Die Halbnaheinstellung ist im allgemeinen die Einstellungsgröße, mit der in einer Dialogszene mehrere Leute aufgenommen werden, also die typischen Zweier-, Dreier-, Vierer- und Fünfereinstellungen. Bei mehr als fünf Beteiligten im Bild muß die Kamera meist in die Halbtotale zurückfahren, um alle ins Bild zu bekommen, sofern die Personen sich nicht beträchtlich überschneiden sollen. Gegenwärtig ist die Halbnaheinstellung so beliebt wie die Nahaufnahme, weil beide oft zusammen eingesetzt werden – als einzige Einrichtung einer Szene ist die Halbnahe dagegen selten. Wir übergehen in diesem Abschnitt die Beispiele für Halbnaheinstellungen und werden sie später in Teil III (Workshop) ausführlich behandeln.

Die Totale

Die Totale ist in den letzten zwanzig Jahren als Alternative zur Halbnaheinstellung und zur Nahaufnahme in Mißkredit geraten. Reduziert auf die Funktion einer Einführungseinstellung, wird sie nur dann eingesetzt, wenn eine Figur und ein Schauplatz miteinander verbunden werden sollen. Es widerstrebt Filmemachern offenbar, eine Szene in einer weiten Einstellung zu drehen, wenn statt dessen eine Nahaufnahme oder eine Halbnaheinstellung verwendet werden kann. Einer der Gründe für den seltenen Gebrauch der Totalen ist der, daß eine Dialogszene in der Totalen in einem langen Take aufgenommen werden muß, denn die Totale nimmt normalerweise alle sprechenden Personen einer Szene mit ins Bild und macht das Montagemuster von Halbnah- und Nahaufnahmen überflüssig. Wird die Totale aber zusammen mit diesen beiden engeren Bildausschnitten eingesetzt, so geht man in der Montage der Einstellungen ausnahmslos immer dichter heran und kehrt zur Totalen nicht wieder zurück. Halbnaheinstellung und Totale geben das Geschehen einer Szene umfassend wieder, ohne daß auf andere Einstellungen zurückgegriffen werden müßte, um die Erzählung verständlich zu machen. Eine Nahaufnahme muß dagegen immer von anderen Einstellungen ergänzt werden, wie etwa einer Halbnaheinstellung oder einer Totalen, um deutlich zu machen, was in der Szene erzählt werden soll.

Eine der reizvollsten Eigenschaften der Totalen liegt darin, dem Schauspieler zu erlauben, seine Körpersprache einzusetzen. Diese Art des physischen Ausdrucks ist seit der Stummfilmzeit fast gänzlich aus dem Film verschwunden. Daran tragen wiederum vor allem das Fernsehen und knickerige Produzenten die Schuld, denn es gibt nichts, was billiger zu drehen oder einzuleuchten wäre als eine Nah-, beziehungsweise eine Großaufnahme. Am deutlichsten wird das an der Art, wie man in Musikvideos Tanz fotografiert. Nur selten sind die Tänzer in einer längeren Einstellung vollständig zu sehen.

Für die Bildkomposition bietet eine Einstellung, in der die ganze Figur zu sehen ist, viele der asymmetrischen Gestaltungsmöglichkeiten, wie sie auch die Nah- oder Großaufnahme erlaubt. Besonders in den

Abb. 6.5:
ausgewogene
Bildgestaltung

breiteren Bildformaten paßt die vertikale Linie der stehenden Figur gut in grafisch betonte Kompositionen hinein.

Abb. 6.5 auf Seite 180 illustriert eine ausgewogene Bildgestaltung in zwei verschiedenen Totalen. Die leicht dezentrale Anordnung ist heute derart üblich geworden, daß ein in die Mitte gestelltes Bildobjekt ebenso stark wirkt wie eine übertrieben dezentrale Komposition.

Die Handlungsachse

Generell möchte ich in diesem Buch Sie als Filmemacher dazu ermutigen, Problemlösungen zu entwickeln, die Ihren individuellen Bedürfnissen gerecht werden. Zwar lassen sich viele der hier gezeigten Lösungen als Bestandteil einer bestimmten Strategie verstehen, aber der Filmemacher kann mit seinen persönlichen Vorstellungen ein System jederzeit umstürzen, kann allgemein anerkannte Verfahren übergehen, althergebrachtes Wissen über Bord werfen und Konventionen sprengen. Nach dieser Vorbemerkung wenden wir uns der wichtigsten Regel zu, die gemäß des Prinzips der Kontinuitätswirkung bestimmt, wo die Kamera steht: der Handlungsachse.

Der Sinn und Zweck der Handlungsachse ist relativ simpel: Sie ordnet die Kamerapositionen so, daß auf der Leinwand die Richtung von Bewegungen durchgängig erscheint und die räumliche Einheit erhalten bleibt. Die Handlungsachse ist auch nützlich, um die Einstellungsliste zu erstellen. Man kann nämlich Einstellungen aus ähnlichen Kamerapositionen zusammenlegen, um sie nacheinander abzudrehen. Damit wird vermieden, daß eine Kameraposition mehrmals eingeleuchtet werden muß.

Wir können uns die Handlungsachse als eine imaginäre Trennlinie vorstellen, die durch den Raum vor der Kamera verläuft. Ursprünglich wurde sie erfunden, um sicherzustellen, daß man im Schnitt Einstellungen von einer Szene verwenden kann, die man aus unterschiedlichen Perspektiven gedreht hat, ohne auf der Leinwand eine irritierende Umkehrung von links und rechts hervorzurufen. Respektiert man die Handlungsachse, bewegen sich Personen in einer Einstellung in die gleiche Richtung wie in der darauffolgenden. Dieser Sachverhalt wird »180-Grad-Prinzip« oder »Achsenschema« genannt und ist in Abb. 6.6 auf Seite 182 dargestellt. Damit die beiden Personen, die am

Abb. 6.6

Tisch sitzen, auf der Leinwand stets in die gleiche Richtung blicken,
schlägt das Kontinuitätsprinzip vor, zwischen ihnen eine imaginäre
Handlungsachse zu ziehen. Diese Achse kann verlaufen, wo immer es
der Filmemacher möchte, aber in der Regel ist es die Blicklinie zwischen
den Personen, die in einer Szene auftreten. Ist diese Achse festgelegt, so
ist damit ein Arbeitsbereich von 180 Grad (der graue Halbkreis) etabliert. Nur innerhalb dieses festgelegten Halbkreises sind für jede Szene
oder Sequenz Kamerapositionen erlaubt. Als Ergebnis erhält man in
allen Einstellungen, die von derselben Seite der Achse aus aufgenommen werden, auf der Leinwand eine durchgängige Blick- und Bewegungsrichtung. Das ist in Abb. 6.7 mit den Einstellungen veranschaulicht, die von den Kameras A, B und C aus Abb. 6.6 aufgenommen wurden. Kamerapositionen, die nicht in dem grauen Arbeitsbereich liegen,
sondern in der anderen Hälfte des Kreises, nennt man »über der
Achse«. Von dort aufgenommene Bilder verursachen einen Achsensprung. Abb. 6.8 veranschaulicht, was passiert, wenn wir Einstellungen

Abb. 6.7

A	B	C
	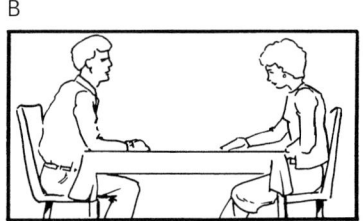	

von beiden Seiten der Achse aneinanderschneiden – in diesem Fall die Bilder der Kameras A und F: Der Mann schaut der Frau auf den Hinterkopf.

Die Dreiecksanordnung

In Verbindung mit der Handlungsachse gibt es eine weitere Regel, die darin besteht, die Kamerapositionen auf der einen Seite der Achse im Dreieck anzuordnen. In diesem Dreiecksystem der Kamerapositionen lassen sich sämtliche Grundeinstellungen, die von einem Objekt möglich sind, von drei Punkten aus innerhalb des 180-Grad-Arbeitsbereichs aufnehmen. Verbinden wir die drei Punkte miteinander, so erhalten wir ein Dreieck, das sich in Form und Größe unterscheidet, je nachdem wo die Kamera steht. Jede Einstellung aus einer Position im Dreieck kann mit jeder anderen daraus verbunden werden. Das System deckt alle wesentlichen Einstellungsgrößen und Kameraperspektiven für Dialogszenen ab, um die Kontinuitätswirkung zu gewährleisten. Die Dreiecksanordnung wird in unterschiedlichen Situationen eingesetzt, auch in Szenen mit einzelnen Personen und in Actionszenen ohne Dialog. Im Live-Fernsehen nutzt man diese Methode ausgiebig, etwa in Quizshows, in Sportsendungen und in Sitcoms. In den folgenden Beispielen sind drei oder zwei Kameras abgebildet, aber auch eine einzelne Kamera kann, wie es beim Spielfilm meistens der Fall ist, nacheinander in jede Position des Dreiecks gebracht werden und die unterschiedlichen Aufbauten einzeln abarbeiten. Allerdings bietet sich die Dreiecksanordnung besonders für die Arbeit mit mehreren Kameras an, solange keine aufwendige Inszenierung oder Kamerabewegungen erforderlich sind. Dies würde das Problem aufwerfen, daß eine Kamera vor die andere gerät. Innerhalb des Dreiecks läßt sich die Kamera auf fünf Postionen einrichten: als Einstellung von schräg vorne (Halbnah oder Nah), als durchgehende Zweiereinstellung (Master), als Schuß über die Schulter, als Point of View (Halbnah oder Nah) sowie Profilaufnahmen.

In Abb. 6.9 ergeben die Kamerapositionen A und C von den beiden Personen, die am Tisch sitzen, Einstellungen von schräg vorne. Position B ergibt eine Zweiereinstellung. Die Bildausschnitte, die mit jeder Kameraposition verbunden sind, lassen sich selbstverständlich verändern, die Einstellungsgrößen für die Kameras A und C können sich zwischen Großaufnahme und Totale bewegen.

Abb. 6.10 zeigt die zweite Einrichtung innerhalb des Dreiecks für die Schüsse über die Schulter. Die Kameras A und C sind in den entsprechenden Positionen für diese Einstellungen. Kamera B behält die Zweiereinstellung aus Abb. 6.9 bei und ist daher in diesem und den folgenden Beispielen nicht extra eingezeichnet. Die Variationen werden einzig durch die Außen- oder Flügelpositionen der Kameras erzielt.

Abb. 6.9: Aufnahmen von schräg vorn und Zweiereinstellung

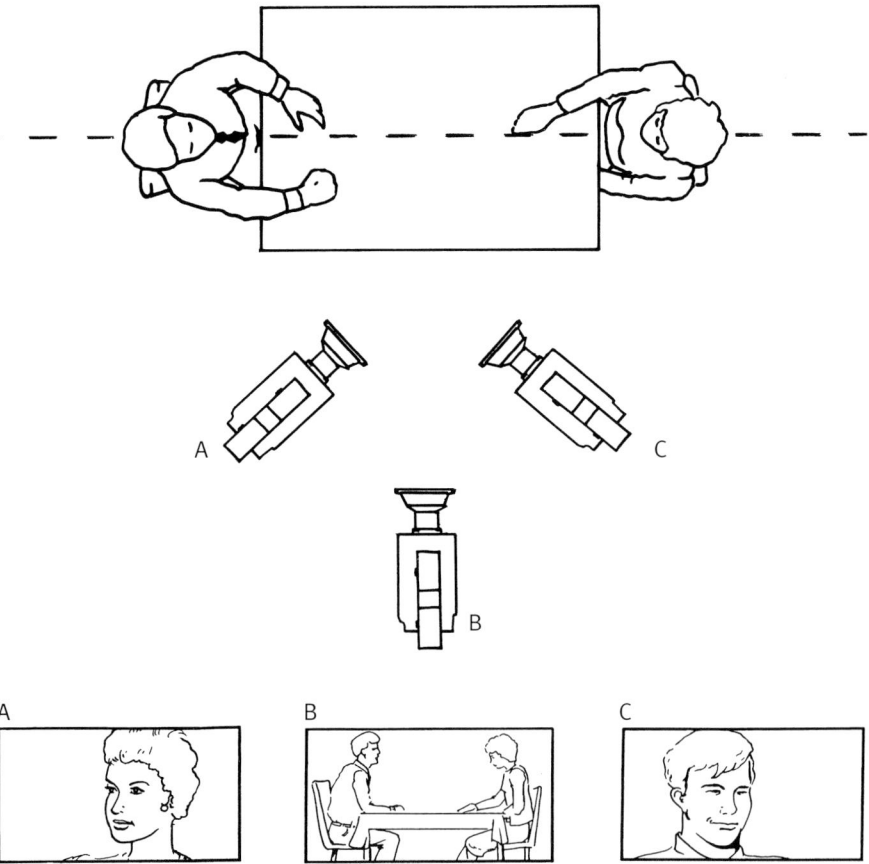

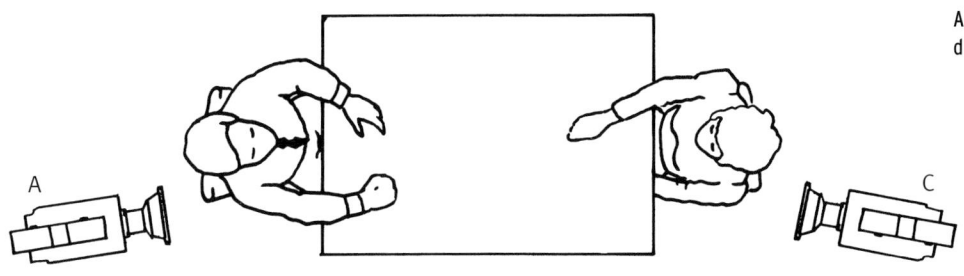

In der Einrichtung, die in Abb. 6.11 dargestellt ist, sind die Kameras A und C genau in die Handlungsachse hineingesetzt worden oder, besser gesagt, in die Blicklinie der Personen. Sie machen von diesen Positionen aus Großaufnahmen aus der Point-of-View-Perspektive der jeweils anderen Person. In diesem Fall wird die Person von ihrem Platz entfernt, die nicht im Bild ist, um die Kamera dort aufstellen zu können. Dies wird durch die gestrichelte Linie angedeutet.

Abb. 6.12 zeigt die letzte Einrichtung, die innerhalb der Dreiecks-

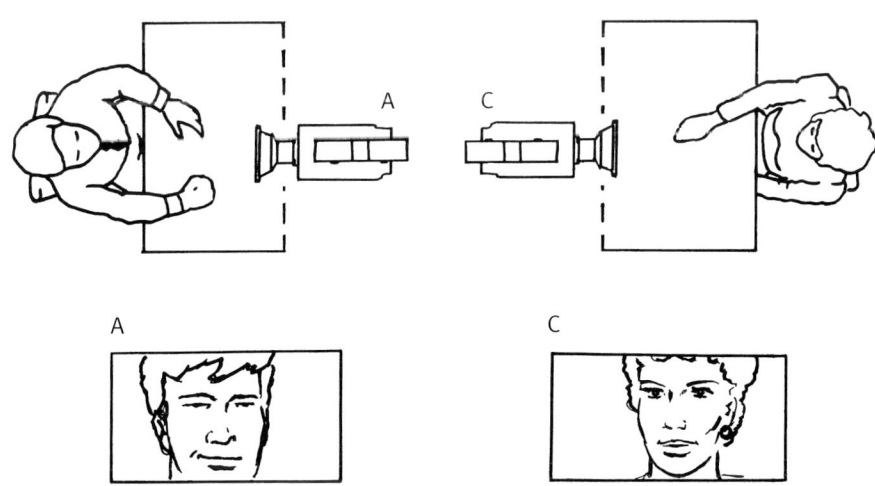

Abb. 6.11: Point-of-View-
Großaufnahmen (POV)

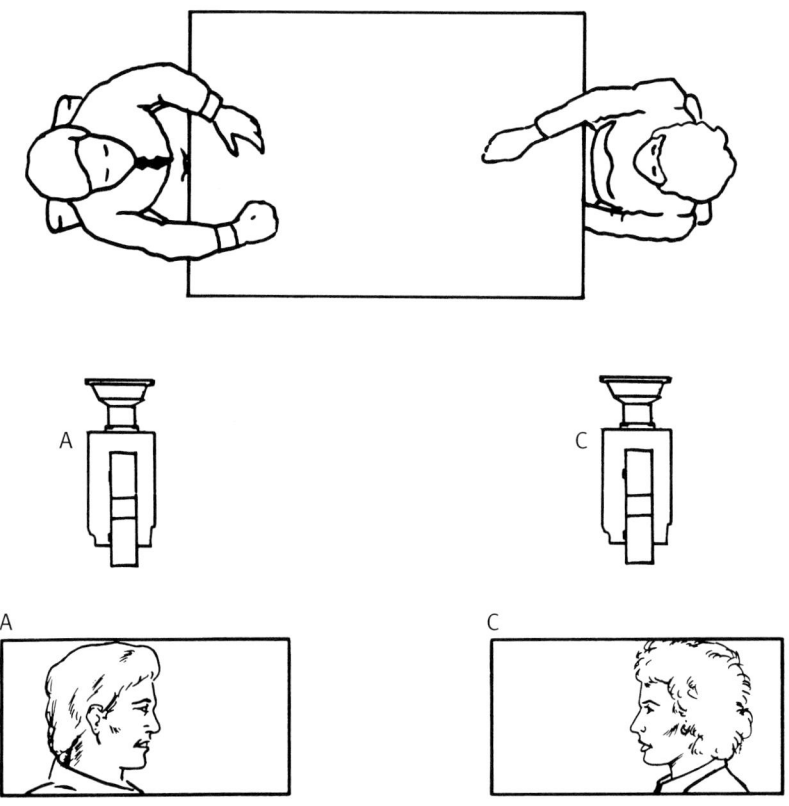

anordnung möglich ist: Profilaufnahmen durch die Kameras A und C. Der exakte Blickwinkel der Einstellungen, die Bildkomposition und die Einstellungsgröße lassen sich selbstverständlich innerhalb des Dreiecks beliebig variieren, solange nur die Handlungsachse gewahrt bleibt.

Etablieren einer neuen Handlungsachse durch eine neue Blicklinie

Nur in einem Fall ist es der Kamera erlaubt, die Handlungsachse zu überschreiten, und zwar dann, wenn eine neue Handlungsachse etabliert wird. Wie man das beispielsweise erreichen kann, ist in Abb. 6.13 dargestellt. Die alte Achse verläuft hier zwischen dem Paar, das am Tisch sitzt. Ein zweiter Mann tritt an den Tisch, und der sitzende Mann wendet seine Aufmerksamkeit ihm zu. Mit dieser Blicklinie wird eine neue Handlungsachse etabliert und auch ein neuer Arbeitsbereich von 180

Grad für die Kamera, der durch den grauen Halbkreis angedeutet ist. Eine neue Handlungsachse wird normalerweise durch eine Einstellung von einer Person geschaffen, die ihre Aufmerksamkeit auf einen neuen Bereich oder eine neue Person im Bild richtet. Diese Verbindungseinstellung (pivot shot) verknüpft die bisherige mit der neuen Handlungsachse.

Ist die neue Handlungsachse etabliert, kann die Kamera die alte Handlungsachse überschreiten und sich überall im neuen Arbeitshalbkreis bewegen, solange die Blicklinie zwischen den beiden Männern bestehen bleibt. Es fällt auf, daß auch die Frau in diesen Raum miteinbezogen ist. Die Kamera wird für eine Aufnahme von ihr nie im Kreisviertel X (Quadrant) plaziert, obgleich es nach der Achsensprungregel erlaubt wäre. Bei der nächsten Einstellung von der Frau wird die Kamera in eine Position gebracht, die der alten Handlungsachse entspricht. Das nennt man eine Rückführungseinstellung (reestablishing shot). Es ist gebräuchlich, daß man Handlungsachsen und die entsprechenden Kameraeinrichtungen möglichst wiederverwendet, weil sich durch die Wiederholung ein widerspruchsfreies Raumgefühl einstellt. Ist das Grundmuster der Montage (und der Einstellungsgeografie) erst einmal etabliert, muß die Rückkehr zu einer alten Handlungsachse nicht durch eine Verbindungseinstellung neu begründet werden, da der Betrachter bereits einen allgemeinen Eindruck davon hat, wo sich die Akteure im Raum befinden.

Abb. 6.13: Etablieren einer neuen Achse

alte Achse

neue Achse

X-Quadrant

In der Praxis ist der Wechsel zwischen den Achsen viel unkompliziert. Der Drehplan ist so aufgestellt, daß alle Einstellungen zusammengelegt werden, die von einer Kameraposition aus aufzunehmen sind, auch wenn dabei die Reihenfolge der Dialoge durcheinandergerät. Erst später werden die Einstellungen in die richtige Abfolge der dramatischen Handlung gebracht. Auf der Leinwand scheint der ständige Wechsel der Handlungsachse oft einem weitaus komplizierteren Schema zu folgen, als es beim Drehen tatsächlich der Fall war.

Etablieren einer neuen Achse, wenn ein Mitspieler die Achse überschreitet

Eine zweite Methode für das Errichten einer neuen Achse besteht darin, einen der Akteure seine eigene Handlungsachse überqueren zu lassen. Das wird in Abb. 6.14 gezeigt. Wie vorher verläuft die Handlungsachse zwischen dem sitzenden Paar, der Arbeitsbereich für die Kamera liegt auf der vorderen Seite der Achse (A). In Schritt Eins steht der Mann vom Tisch auf und geht über die Achse in eine neue Position im Bereich B. Sobald der Mann in Schritt Zwei wieder Augenkontakt mit der Frau aufgenommen hat, ist die neue Handlungsachse etabliert. Die neue Achse hebt die alte Achse auf, die nun nicht mehr gültig ist. Wieder entsteht ein Arbeitsbereich von 180 Grad. Die einzige Bedingung für dieses Verfahren ist, daß der Standortwechsel des Akteurs in einer Einstellung zu sehen ist, die es dem Betrachter erlaubt, sich zu orientieren.

Des weiteren ist zu bedenken, auf welcher Seite die Kamera stehen soll, wenn eine neue Achse eingeführt wird. Abb. 6.15 auf Seite 190 veranschaulicht die alternative Einrichtung zu Abb. 6.14. Diesmal liegt der Arbeitsbereich für die Kamera auf der gegenüberliegenden Seite der Achse. Beide Varianten sind erlaubt, solange der neue Bereich mit der Verbindungseinstellung übereinstimmt, die entsprechend der vorherigen Handlungsachse aufgenommen wurde. Das ist in Abb. 6.16 dargestellt. Teil Eins zeigt die Handlungsachse und den dazugehörigen halbkreisförmigen Arbeitsbereich für die Kamera. Die Linie, die den Halbkreis zweiteilt, ist die neue Handlungsachse, die etabliert sein wird, wenn der Mann sich neben die Frau stellt und sie anschaut. Die Kameras A und B stellen die Alternativen für die Verbindungseinstellung dar, die zeigt, wie sich der Mann in seine neue Position begibt. Teil Zwei der grafischen Darstellung zeigt den 180-Grad-Arbeitsbereich, der entsteht, wenn Kamera B für die Verbindungseinstellung gewählt wird; Teil Drei zeigt den Arbeitsbereich, der bei der Wahl von Kameraposition A entsteht.

Abb. 6.14

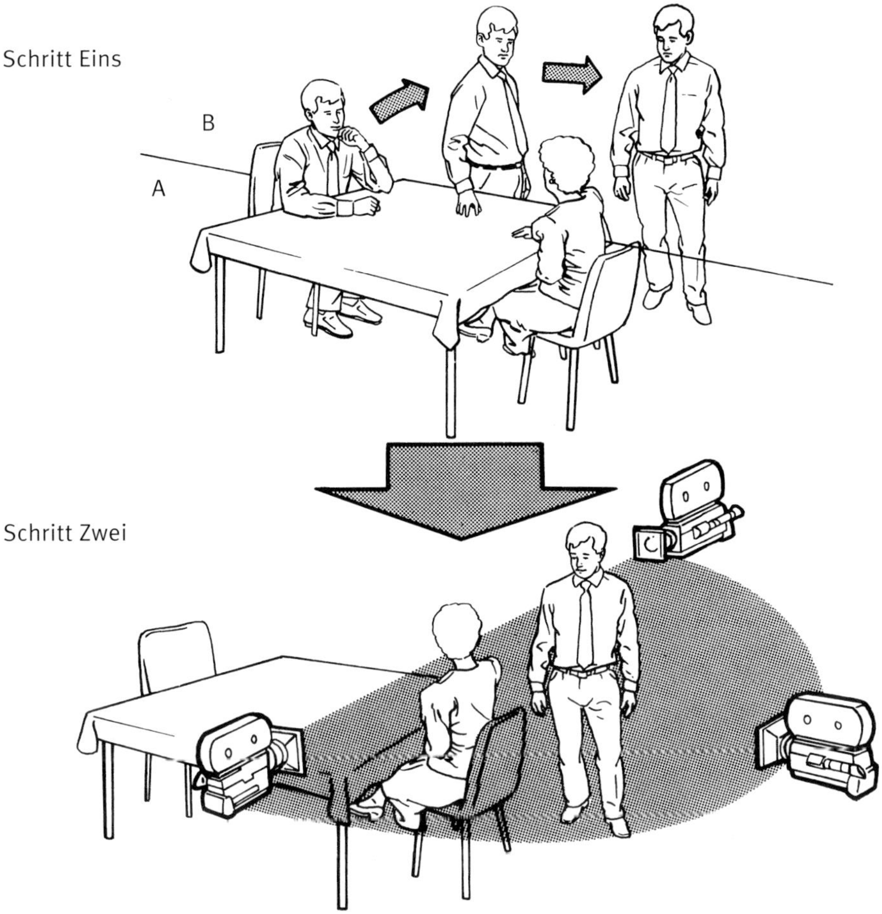

Schritt Eins

Schritt Zwei

Es gibt eine Regel, nach der der Arbeitsbereich jeder neu gewählten Handlungsachse die Kamera im Zentrum der Gruppe halten soll, wenn Dialogsituationen an einem Tisch gedreht werden oder in einem engen Raum.

Wenn die Kamera über die Achse bewegt wird

Nicht nur die Akteure können die Achse überqueren und sie damit neu etablieren, auch die Kamera kann schwenken, fahren oder sich mit dem Kran in einen neuen Bereich begeben und damit eine neue Handlungsachse einführen. Dabei gibt es keine Probleme, solange die Kamera-

Abb. 6.16: alternativer
Arbeitsbereich

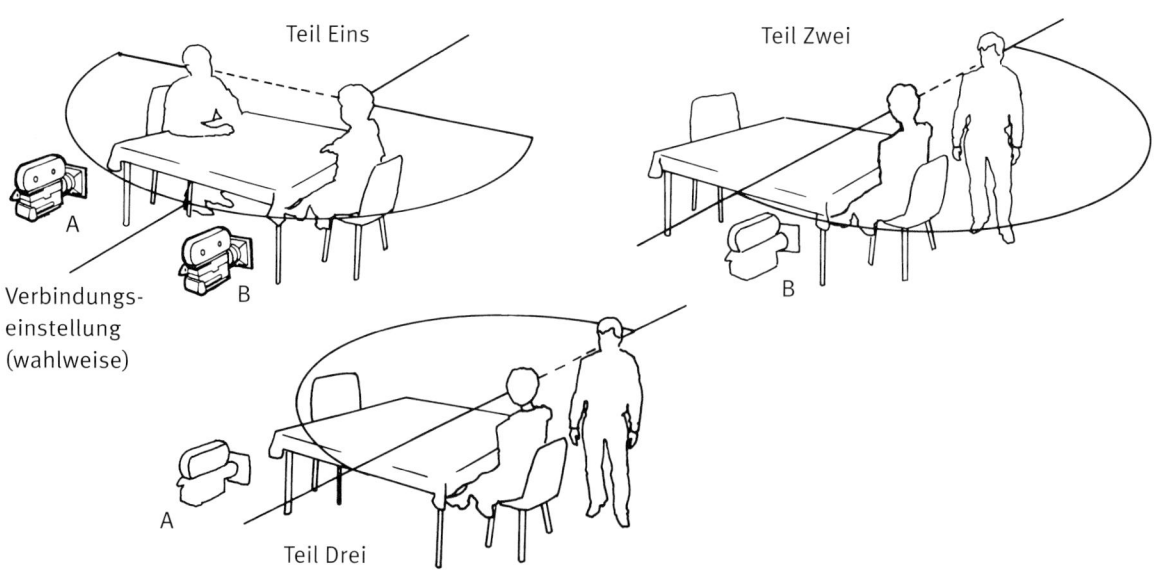

bewegung nicht unterbrochen wird. Auch ein Augenkontakt muß dafür nicht hergestellt werden. Die Kamera kann sich von einer Seite der Blicklinie, die zwischen den Schauspielern besteht, auf die andere begeben, ohne Verwirrung zu stiften. Abb. 6.17 zeigt eine Version dieser Methode, bei der die Handlungsachse in einer halbkreisförmigen Kamerafahrt (schwarz gestrichelte Linie) überquert wird.

Zwischenschnitte

Man kann die Achse auch kreuzen, um zu einem anderen Teil der Szene zu gelangen, indem man die Geografie der Sequenz mit einer Einstellung unterbricht, die zwar einen klaren Bezug zur Handlung der Szene

Abb. 6.17: Kamera überquert die Achse.

hat, aber nicht zu ihrer Geografie. Wir haben zum Beispiel eine Handlungsachse in einer Szene festgelegt, die im Klassenraum einer Schule stattfindet. Wir möchten diese Achse überqueren, aber keine der bislang abgehandelten Methoden läßt sich im Szenenablauf sinnvoll einsetzen. In diesem Fall fotografieren wir groß das Heft eines Schülers oder irgendein anderes Detail, das zum Thema paßt. Dieser Zwischenschnitt erfüllt den gleichen Zweck wie die Verbindungseinstellung. Wenn wir zum Hauptgeschehen zurückkehren, kann die Kamera auf der anderen Seite der bisherigen Achse aufgestellt werden und damit eine neue Achse etablieren. Dieses Verfahren dient als schnelle und bequeme Lösung, wenn sich beim Schnitt Anschlußprobleme ergeben.

Die Handlungsachse bei sich bewegenden Objekten

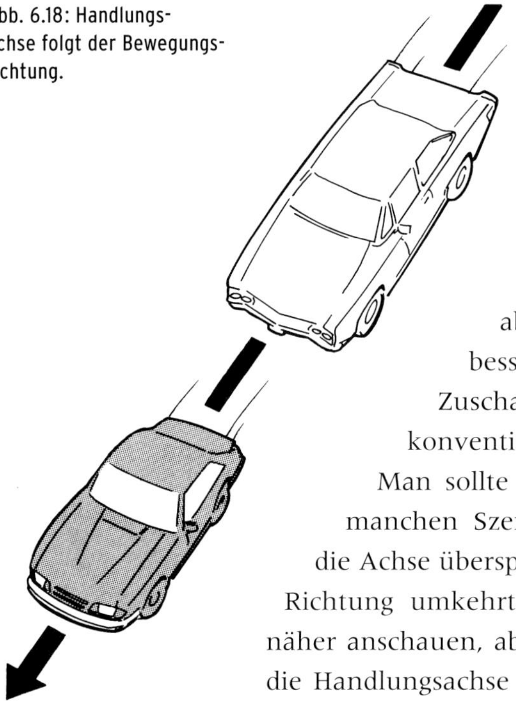

Meiner Meinung nach ist die Handlungsachse am nützlichsten, um Dialogsequenzen mit vielen Beteiligten zu planen. Auch wenn die Bewegungsrichtung sicher wichtig ist, damit der Zuschauer den Bezug zwischen zwei sich schnell bewegenden Objekten – Autos bei einer Verfolgungsjagd beispielsweise – nachvollziehen kann, steht ein unkritisches Befolgen der Achsensprungregel doch oft interessanteren Einstellungsanordnungen im Wege. Zum einen ist Kontinuität bei der Montage nicht das einzige Ordnungsprinzip für das Aneinanderschneiden von Filmbildern; andere Methoden, wie etwa die kinetische oder die analytische Montage, könnten mit einer strikt durchgehaltenen Kontinuität ins Gehege kommen, bieten aber eventuell für die gestalterischen Probleme die besseren Lösungen. Zum anderen sind die heutigen Zuschauer visuell gebildet und durchaus in der Lage, unkonventionelle Montagemuster relativ leicht zu »lesen«. Man sollte auf jeden Fall zur Kenntnis nehmen, daß es in manchen Szenen zu dynamischeren Ergebnissen führt, wenn die Achse übersprungen wird und sich die Bewegung in die andere Richtung umkehrt. Später werden wir uns andere Montagearten näher anschauen, aber da wir im Augenblick noch fortfahren wollen, die Handlungsachse zu untersuchen, müssen wir vorerst nur wissen, daß man Einstellungen auch nach anderen Kriterien aneinanderschneiden kann.

Abb. 6.18: Handlungsachse folgt der Bewegungsrichtung.

Actionszenen

In Actionszenen gibt es häufig keine Blicklinien, um eine Handlungsachse zu etablieren. In diesem Fall folgt sie der Richtung, in der sich das Bildobjekt hauptsächlich bewegt. Wenn ein Auto ein anderes verfolgt, bildet die Fahrtrichtung die Achse, wie in Abb. 6.18 gezeigt. Wenn beide Wagen nebeneinander fahren, kann eine zusätzliche Handlungsachse zwischen den Autos etabliert werden. Ich nenne sie die implizite Blicklinie, weil die Autos zu Symbolen für ihre Fahrer und deren Blicklinie

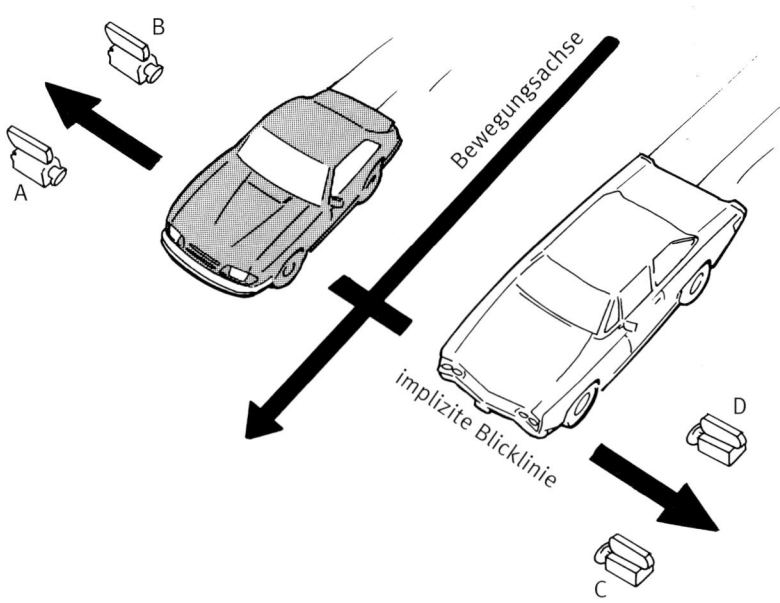

werden, auch wenn die Wagenlenker selbst in der Einstellung nicht
zu sehen sind. In Abb.6.19 sind beide Achsen dargestellt. Einstellungen,
die von beiden Seiten der Bewegungsachse aus fotografiert werden
(Kameraposition A, C und B, D) kehren aneinandergeschnitten die

Einstellung
von Kameraposition C
aus

Abb. 6.19b

Einstellung
von Kameraposition A
aus

Bewegung um, wie die dazugehörenden Storyboardbilder demonstrieren. Die implizite Blicklinie ist ein Sonderfall und hebt die Bewegungsachse nur zeitweilig auf. Ansonsten ist die Bewegungsachse für die Orientierung entscheidend. Es scheint zwar so, als sei genau dies die Situation, die man verhindern wollte, als man die Achsensprungregel erfand, aber eine Montage, die sich an der impliziten Blicklinie orientiert, ist selbst in Dialogszenen durchaus üblich, wenn darin gleichzeitig Bewegungsachse und implizite Blicklinie vorhanden sind.

Das ist der Fall in einer Szene des Films *Der Pate – Teil II*, in der der junge Vito Corleone mit einem Lieferwagen durch die verkehrsreichen New Yorker Straßen fährt. Der Gangsterboß Fanucci sitzt neben Vito, und beide unterhalten sich während der Fahrt. Es werden zwei Fahraufnahmen verwendet, je eine Einstellung von einer Seite des Wagens, in denen ein großer Teil des Autos sowie der vorbeigleitende Hintergrund zu sehen sind. Aneinandergeschnitten ergeben die Einstellungen ein Paar von weit gehaltenen Schüssen über die Schulter. Jedesmal, wenn in der Unterhaltung ein Schnitt erfolgt, wechselt der Hintergrund die Bewegungsrichtung. Die Schroffheit des Schnitts hätte durch engere Einstellungen gemildert werden können, in denen Vito und Fanucci das Bildformat ausfüllen. Aber wie man sieht, wird der Wechsel der Einstellungen nicht als unangenehm empfunden und ist somit ein Beispiel für den Spielraum, der innerhalb der Achsensprungregel besteht.

Der Achsensprung in Szenen ohne Dialog

Die Verfahren für den »richtigen« Achsensprung sind in Situationen ohne Dialog im wesentlichen die gleichen, wie wir sie für Dialogszenen gezeigt haben, angefangen mit Abb. 6.13 auf Seite 187. Der einzige Unterschied liegt darin, daß die Blicklinie durch die Hauptbewegungsachse ersetzt ist. Zusammengefaßt gibt es drei Methoden, um eine neue Handlungs- oder Bewegungsachse zu etablieren:

1. Ein Bildobjekt (Auto, Pferd, Mensch usw.) kann die Achse überqueren und durch die Richtung seiner Bewegung eine neue Achse etablieren.
2. Die Kamera kann die Achse überqueren, indem sie einem Bild-

objekt zu einem neuen Szenenort folgt oder wegen der grafischen Abwechslung herumfährt und einen neuen Standort einnimmt.

3. Ein weiterer Akteur kann ins Bild kommen und damit die alte Bewegungsachse durch eine neue aufheben. Diese Situation entspricht der in Abb. 6.13 gezeigten, in der eine dritte Person die Szene betritt und damit eine neue Blicklinie etabliert.

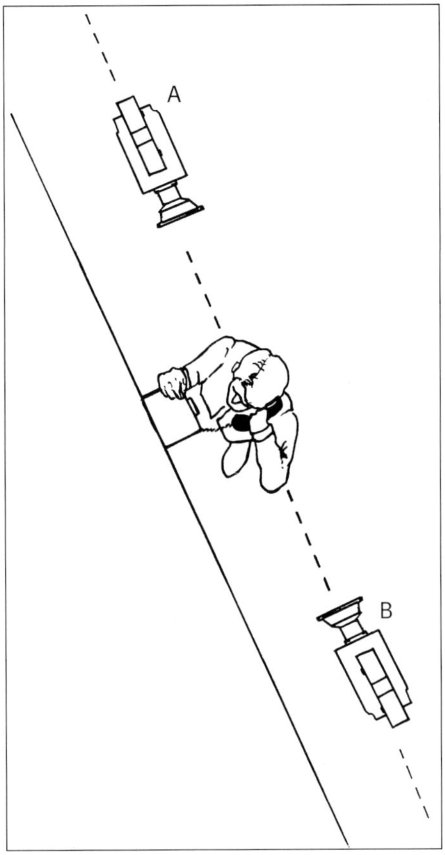

Achsensprung auf der Achse

Je näher die Kamera an der Handlungsachse plaziert ist, um so schwieriger wird es, festzustellen, wann die Kamera die Achse

Abb. 6.20a: Die Handlungsachse. Schneidet man die Einstellungen aneinander, die von den Kameras A und B aufgenommen wurden, kehrt sich die Bewegungsrichtung um.

überschreitet. In Abb. 6.20a liegen die Kamerapositionen A und B auf der Handlungsachse, so daß eine Umkehr der Bewegungsrichtung entsteht, wenn ihre Bilder aneinandergeschnitten werden. Diese Art der Bildfolge wäre wahrscheinlich vor sechzig Jahren umgangen worden, heute hat das Publikum jedoch kein Problem, die Geografie des Szenenraums bei einer solchen Schnittfolge zu verstehen. Die hier gezeigte Umkehrung ist etwas verblüffender, als es normalerweise beim Fotografieren entlang der Achse der Fall ist, da der Akteur im Profil zu sehen ist. Wenn die Blicklinie der Person mit der Handlungsachse übereinstimmt, erhalten wir eine Front- und eine Rückansicht, dadurch kann der Betrachter die Einstellungen leichter unterscheiden.

Für gewöhnlich ist es während des Drehens selten notwendig, aufwendige Inszenierungen vorzunehmen und logistische Analysen anzustellen, um eine neue Handlungsachse zu etablieren. Wenn der Filmemacher solide Kenntnis von der filmischen Geografie besitzt, dazu mit

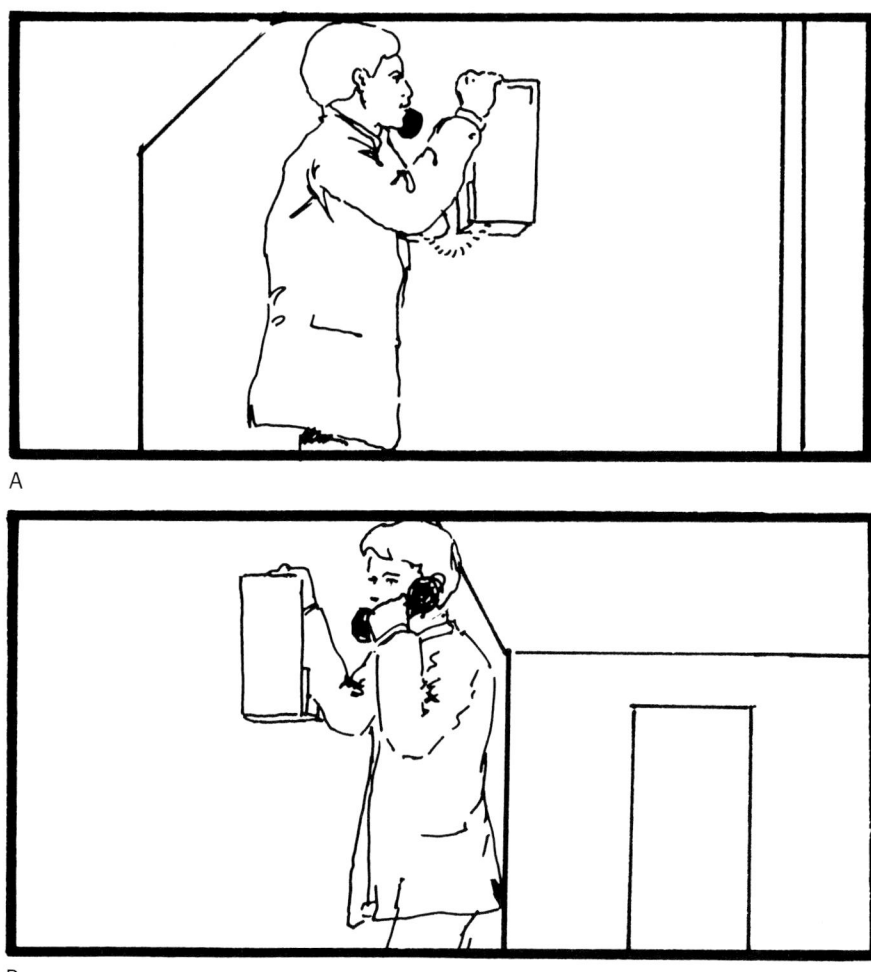

Abb. 6.20b: Die Handlungsachse. Jede der hier
abgebildeten Kamera-
einstellungen kann
mit der anderen verbunden
werden, ohne daß es den
Betrachter verwirrt.

A

B

der Szene vertraut ist und außerdem gewissenhaft notiert hat, was er gerade drehen will und was bereits abgedreht ist, dann sollte er meiner Meinung nach keine große Schwierigkeiten mit der Kontinuität haben.

Schlußbetrachtung

Die Achsensprungregel ist nur für denjenigen Gesetz, der sie ohne Hinterfragen akzeptiert. Meiner Ansicht nach werden viele ihrer Annahmen in ihrer Bedeutung überschätzt. Die Zuschauer haben sich, was das Verstehen räumlicher Beziehungen im Film angeht, als weitaus scharfsinniger erwiesen, als ihnen im allgemeinen zugetraut wird.

Regisseure wie Ozu, Bresson oder Dreyer entwickelten Erzähltechniken, die die Regeln des Kontinuitätskinos häufig verletzt haben, um ihre Ziele zu erreichen. Ihre Zuschauer werden zwar in mancher Hinsicht gefordert, aber sie sind nicht durch den visuellen Stil verwirrt. Anders als Godard und die radikal linke Filmbewegung, haben sich diese Regisseure nie gegen die Kontinuität aufgelehnt. Ihre Art der visuellen Umsetzung von inhaltlichen Konzepten ist aber wesentlich variationsreicher und authentischer als der oft maniriert wirkende Stil der Linken.

Vor zehn Jahren hätte es als reaktionär gegolten, die Handlungsachse zu verteidigen. Praktisch jede Gruppierung, die sich außerhalb des Mainstreamkinos mit Filmtheorie beschäftigte, lehnte seinerzeit die Handlungsachse kurzerhand ab. Für eine gerechte Neubeurteilung des Kontinuitätsprinzips ist es wahrscheinlich zu früh, aber nachdem die Linke vier Jahrzehnte lang die traditionellen Erzähltechniken kritisiert und ihre begrenzten Möglichkeiten durch Analysen belegt hat, könnte es in diesem Streit vielleicht versöhnend wirken, wenn ich sage, daß meiner Ansicht nach kein Filmstil über einen anderen erhaben ist. Wer meint, ein bestimmter Stil oder eine bestimmte Kombination von Stilen sei für seine Arbeit angemessen, für den gibt es nicht einen einzigen Grund, der ihn vom Experimentieren abhalten sollte. Wenn es in der Kunst eine Regel gibt, dann die, daß es keine gibt.

7 Montage: Zeitliche Anschlüsse

Der sowjetische Filmemacher und Filmtheoretiker Lew Kuleschow führte 1920 ein inzwischen berühmt gewordenes Experiment durch, mit dem er zeigte, daß die Wirkung einer Einstellungsfolge allein von der Montage abhängig ist. Kuleschow benutzte in drei unterschiedlichen Sequenzen eine Großaufnahme vom ausdruckslosen Gesicht des russischen Schauspielers Mosschuchin als Reaktionseinstellung. Dabei »reagierte« der Schauspieler auf eine Suppenschüssel, auf eine Frau in einem Sarg und auf ein Kind, das mit einem Teddybär spielte. Das Publikum, das die Szenen sah, rühmte Mosschuchins sensible Darstellung in jeder der drei gezeigten Situationen, obgleich es sich in allen Fällen um dieselbe Großaufnahme handelte.

Daß der Montagevorgang sinngebend in die Gestaltung der Aussage eingreift, läßt sich nicht leugnen, ein solcher Pauschaleinsatz dieser Technik ist aber die Ausnahme. In den meisten erzählenden Filmen werden Einstellungen nicht – wie bei Kuleschow – als neutrale Bausteine benutzt, sondern sie sind komponiert, um Ideen auszudrücken und Geschichten so zu erzählen, wie sie im Drehbuch stehen. Jede Einstellung enthält, in Verbindung mit dem Ton, erzählerische und grafische Informationen, durch die alle wesentlichen Montageentscheidungen vorbestimmt sind, wie etwa die Lange der Einstellungen oder deren Abfolge. Regisscur und Autor spielen nach dieser Auffassung von Montage eine wichtige Rolle bei der Gestaltung der Erzähllogik, die wiederum die Grundlage für jede Entscheidung des Cutters bildet.

Wenn wir von Erzähllogik sprechen, meinen wir damit den Aufbau von Einstellungen, Sequenzen und Szenen. Deren Struktur bestimmt die Reihenfolge, in der dem Zuschauer die Informationen übermittelt werden, die für das Erzählen der Geschichte notwendig sind. Sie ist für den Erzählvorgang ebenso wichtig, wie die Informationen selbst. Und da in einem Storyboard die Struktur eines Films ganz anders präsentiert werden kann als in einem Drehbuch, läßt sich der Visualisierungsprozeß als Teil des Schreibens ansehen – und schließlich auch als Teil der Montage.

Der erzählerische Impuls

Die oft zitierte Definition von Plot des englischen Erzählers E. M. Forster ist ein guter Ausgangspunkt, um den Aufbau der Logik zu verstehen, aus der sich die Alternativen bei der Montage ergeben. Forster schildert zunächst eine Abfolge von Ereignissen, die keinen Plot ergeben: »Der König starb, und dann starb die Königin.« Aber, wie Forster bemerkt, wenn wir sagen: »Der König starb, und dann starb die Königin aus Kummer«, haben wir den Plot beschrieben, weil eine kausale Verbindung besteht.

In jeder Erzählung ziehen Ursache und Wirkung als Grundschema den Leser in den Ablauf der Geschichte hinein. Dies geschieht, indem der Leser aufgefordert wird, zwischen den Ereignissen logische Verknüpfungen herzustellen. Forsters Beispiel ist um der Pointe willen stark vereinfacht. Es zeigt uns nicht, wie ein Autor enthüllt hätte, wie König und Königin zueinander stehen. Zum Beispiel hätte die Königin in den Anfangskapiteln dargestellt werden können, als sei sie vom Tod des Königs vollkommen unberührt geblieben. Mit dem Fortschreiten der Handlung könnte der Autor aber kleine Details aufdecken, aus denen hervorgeht, daß die Königin seit der Regierungsübernahme darauf bedacht ist, ihre Gefühle nicht zu offenbaren, weil sie Angst hat, ihre Untertanen könnten das als Schwäche auslegen. Oder wir könnten im ersten Kapitel lesen, daß die Königin gestorben ist, und erst auf der allerletzten Seite erfahren wir: Der Grund für ihre Erkrankung ist der Tod des Königs gewesen. In beiden Fällen wird der Leser durch die Art und Weise, wie der Plot entschlüsselt wird, zu unterschiedlichen Spekulationen angeregt, obwohl in jeder Version der Geschichte die gleichen Grundgeschehnisse aufeinander bezogen sind.

Beim Geschichtenerzählen werden Ursache und Wirkung häufig in ein Frage-und-Antwort-Schema gefaßt, das den Leser dazu bringt, Anteil zu nehmen. Ein Beispiel, wie dieses erzählerische Mittel auf die Spitze getrieben wird, ist der »Cliff-hanger« – das offene Ende einer Fortsetzungsgeschichte, bei dem die Antwort auf die Frage, was als nächstes passiert, bis zur nächsten Folge aufgeschoben wird, um die Spannung einstweilen zu erhalten.

Geschichten mit einer Frage-und-Antwort-Strategie können unterschiedlich gebaut sein. Eine Frage kann beantwortet werden, indem über Dutzende von Seiten hinweg Hinweise gegeben werden, oder sie wird kurz und bündig beantwortet, kaum daß sie gestellt wurde. In einer Geschichte werden Informationen ständig in der Form von Frage und Antwort präsentiert, und zwar auf mehreren Ebenen gleichzeitig. Dies gilt für ein Drehbuch oder einen Film ebenso wie für einen Roman oder eine Kurzgeschichte. Kontinuitätsmontage beruht auf dieser Art von Frage-und-Antwort-Strategie, allerdings sprechen wir hier in der Regel von Anschlüssen. Im Folgenden sind die drei Grundformen aufgeführt, wie man in der Kontinuitätsmontage Einstellungen miteinander verbindet:

> **Zeitliche Anschlüsse:** Wir schneiden von der Einstellung eines Mannes, der sein Glas fallen läßt, in die zweite Einstellung, in der das Glas auf dem Boden zu Bruch geht.
>
> **Räumliche Anschlüsse:** Wir schneiden von einer Totalen, die das Weiße Haus zeigt, auf ein erkennbares Detail des Gebäudes in einer engeren Einstellung – zum Beispiel auf den Säulengang mit dem Eingangsportal.
>
> **Logische Anschlüsse:** Wir schneiden von einer Totalen, die das Weiße Haus zeigt, auf eine Einstellung vom amerikanischen Präsidenten in seinem Amtszimmer. In dieser Zusammenstellung ist weder eine zeitliche noch eine räumliche Verbindung notwendig. Wenn wir das Weiße Haus erkennen und dazu den amerikanischen Präsidenten, stellen wir die logische Verknüpfung her, daß er in einem Amtszimmer des Weißen Hauses sitzt, obgleich es keine Information gibt, die uns sagt, daß wir uns tatsächlich dort befinden.

Wie man sieht, schaffen diese Formen von Anschlüssen die Illusion einer realen, greifbaren Welt. Es sind keineswegs nur Hintergrundverknüpfungen, die lediglich die Umwelt des Films verdeutlichen; sie formen darüber hinaus den Plot und die Dramatik des Geschehens.

Erzählerischer Antrieb

Um eine Geschichte voranzutreiben, genügt es nicht, Fragen zu stellen, es müssen auch Erwartungen aufgebaut werden. In dem Beispiel, das in zwei Einstellungen zeigt, wie ein Mann sein Glas fallen läßt, dienen Frage und Antwort nur dazu, das Geschehen abzubilden. Wenn wir jedoch wissen, daß ein Getränk auf der Party Gift enthält, sind wir herausgefordert, alle möglichen Fragen zu stellen, die sich um das Gift drehen: wer, was, wann, wo und warum? Und für alle aufgeworfenen Fragen spekulieren wir über mögliche Antworten; denn wir gehen mit all unseren Kenntnissen und Erfahrungen an die Geschichten heran, die wir lesen oder sehen. Nahezu alle Formen erzählender Filmmontage sind erfunden worden, um in einer Abfolge von Einstellungen ein System von Erwartungen aufzubauen. Daraus entsteht, was man den erzählerischen Antrieb nennt.

Auf diese Weise Einstellungen zu arrangieren, ist die Grundlage der Filmmontage. Die dialektische Montage hielt der sowjetische Filmemacher Sergej Eisenstein für eine Alternative zur Montage nach Ursache und Wirkung. Aber selbst sie nutzte den Mechanismus des erzählerischen Antriebs aus, indem sie Erwartungen weckte und Fragen aufwarf. In Eisensteins dialektischem Einstellungsmuster von These-Antithese-Synthese fragen die ersten beiden Einstellungen: »Was ist die Verbindung zwischen diesen beiden Ideen?« Die Antwort lautet, von Eisenstein in Einstellung drei gegeben: »Synthese!« So gesehen, sind sowjetische Montage und Hollywoods Kontinuitätsprinzipien für den Schnitt nicht polare Gegensätze, sondern Variationen der Frage-und-Antwort-Strategie.

Frage-und-Antwort-Muster

Die einfachste Montageform von Frage und Antwort benötigt lediglich zwei Einstellungen; zum Beispiel zeigt eine Einstellung eine Person, deren Blick auf einen Punkt außerhalb des Bildausschnitts gerichtet ist, und in der nächsten ist das Objekt zu sehen, das die Person betrachtet. Alle Montageformen sind in ihrer Länge unbeschränkt, und es kann mehrere Dutzend Einstellungen lang dauern, bis eine einzelne Frage-und-Antwort-Einheit abgeschlossen ist. Die Grundformen lassen sich variieren, indem die Reihenfolge der Einstellungen verändert wird. Was wir an den Filmen von Regisseuren wie Buñuel, Hitchcock, Godard, Welles oder Truffaut schätzen, ergibt sich überwiegend daraus, wie sie Frage-und-Antwort-Muster entwickeln, mit denen sie den Zuschauer fordern – obgleich wir über ihre Art des Geschichtenerzählens nicht in diesen Begriffen sprechen.

Kontext

Die Bedeutung, die in jedem beliebigen Frage-und-Antwort-Muster enthalten ist, kann erweitert oder modifiziert werden, indem der Kontext verändert wird, in dem dieses Muster steht. In Kuleschows Experiment gehen wir zum Beispiel davon aus, daß der Mann jeweils aufrichtig bewegt ist, wenn er auf die Suppe, den Sarg und das Kind reagiert. Fügte man eine neue Szene hinzu, aus der hervorginge, daß er seine Reaktionen nur vortäuscht, würden wir die ursprünglichen Sequenzen ganz anders interpretieren. Dies mag als rudimentärer Handlungsentwurf erscheinen, aber gerade der geschickte Gebrauch solcher erzählerischen Elemente war entscheidend dafür, wie Alfred Hitchcock Spannung erzeugte oder Buster Keaton einen Gag aufbaute.

Der Gebrauch der Muster

Meiner Meinung nach muß sich derjenige, der visualisiert, nicht vordringlich um die Bildelemente einer Einstellung oder einer Szene kümmern, sondern um deren Struktur. Anders ausgedrückt: Er sollte wissen, was der Zuschauer weiß und wann er es erfährt. Wie sich nämlich herausgestellt hat, sind interessante Ideen für eine Komposition selten die Folge eines mutigen Experimentierens mit der Bildgestaltung, sondern sie ergeben sich in der Regel aus erzählerischem Erfindungsreichtum.

Die erste Reihe von Beispielen veranschaulicht, wie der erzählerische Kontext und das Frage-und-Antwort-Muster darüber entscheiden, wie wir eine Szene lesen.

Abb. 7.1: Die Frage-Antwort-Beziehung verbindet die Einstellungen zu einer Kette von Bildern, die sich überlappen.

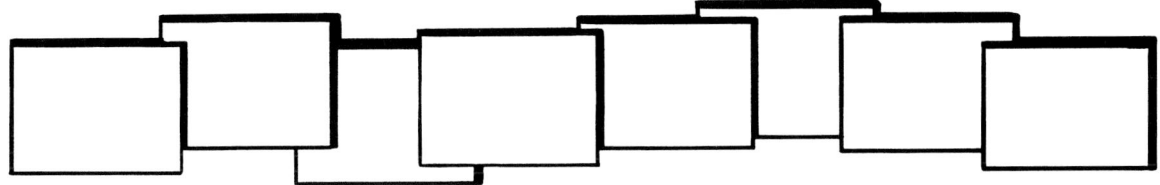

Beispiel Eins

Erzählerischer Kontext: Unsere Szene spielt an einem Sommertag in einem Waldstück. Laura, ein Teenager, sucht ihren älteren Bruder Tom. Zu diesem Zeitpunkt der Geschichte haben wir Tom noch nicht gesehen, wissen also nicht, wie er aussieht.

Einstellung A: Laura geht in den Wald.
Frage: »Wo ist Tom?«

Einstellung B: Vor einer Waldlichtung bleibt Laura plötzlich stehen.
Neue Frage: »Was hat sie gefunden?«

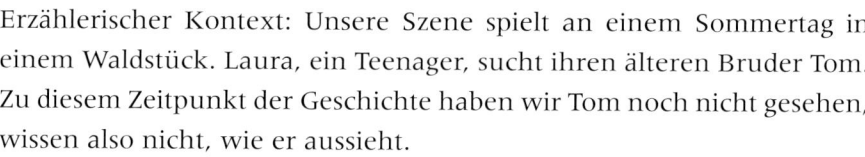

Einstellung C: Auf der Lichtung liegt Tom mit einem Mädchen nackt auf einer Decke.
Antwort: »Laura hat ihren Bruder gefunden.«

Dies ist eine simple Form der Frage-und-Antwort-Montage, und für den Zuschauer ist das Ergebnis leicht vorhersehbar. Wenn wir im nächsten Beispiel den Kontext ein wenig verändern, so daß wir wissen, wie Tom aussieht, wird Einstellung C zur Antwort auf Einstellung A und stellt gleichzeitig eine neue Frage.

Beispiel Zwei

Einstellung A: Laura geht in den Wald.
Frage: »Wo ist Tom?«

Einstellung C: Auf einer Lichtung liegt Tom mit einem Mädchen nackt auf einer Decke.
Antwort: »Tom ist hier.«
Neue Frage: »Wird Laura Tom finden?«

Einstellung B: Vor einer Waldlichtung bleibt Laura plötzlich stehen.
Antwort: »Laura hat Tom gefunden.«

Würden wir die Zeit vor Lauras Auftauchen in Einstellung B verlängern, hätten Zuschauer und Filmemacher gemeinsam ein Geheimnis, denn beide wissen, daß Tom ganz in der Nähe ist und sich in einer kompromittierenden Situation befindet. Dieses Montagemuster gibt die Antwort, bevor die Frage gestellt ist, und schafft dadurch Spannung. Wir können ein solches Muster herstellen, indem wir die Reihenfolge der Einstellungen ändern und den Kontext anpassen.

Beispiel Drei

Ändern wir den erzählerischen Kontext nochmals. Diesmal wissen wir, daß Tom von seiner Schwester gesucht wird. Allerdings haben wir Laura in der Geschichte bislang noch nicht zu Gesicht bekommen und wissen also nicht, wie sie aussieht. Der in einer vorhergehenden Szene entwickelte Kontext läßt Toms Aufenthaltsort im Unbekannten. Zu Beginn der Szene erhalten wir unsere erste Antwort.

Einstellung C: Auf einer Lichtung liegt Tom mit einem Mädchen nackt auf einer Decke.
Antwort: »Tom ist hier.«

Einstellung A: Ein Mädchen geht in den Wald.
Frage: »Ist das Laura?«

Einstellung B: Vor einer Waldlichtung bleibt Laura plötzlich stehen.
Antwort: »Dies ist Laura.«

Weil Tom in der Eröffnungseinstellung in einer kompromittierenden Situation zu sehen ist, entsteht für den Rest der Szene eine gewisse Spannung. Sobald Laura in der zweiten Einstellung in den Wald geht, ist die Lunte angezündet, denn nun wissen wir, daß möglicherweise ein peinliches Zusammentreffen bevorstehen könnte. Hitchcock baute seine Szenen häufig in dieser Manier. Er brachte sein Publikum in eine privilegierte (und unangenehme) Position, indem er es mit Informationen versorgte, die der Protagonist zwar nicht hatte, aber dringend benötigte. Wenn wir dieselbe Szene weiter ausschmücken, könnten unsere Erwartungen mit dieser Methode auch untergraben werden, etwa, wenn Laura im Wald andere Liebespärchen bei eindeutiger Beschäftigung antrifft, bevor sie Tom findet. Diese Begegnungen gäbe es, damit wir vorübergehend glauben, Laura habe Tom gefunden, und damit uns nachher offenbart werden könnte, daß Laura die Paare gar nicht kennt. Das würde uns in unserer Annahme, wir könnten den Verlauf der Geschichte vorhersagen, verunsichern und unsere Überraschung beim tatsächlichen Zusammentreffen vergrößern.

Zusätzlich zum erzählerischen Kontext, den der Filmemacher schafft, bringt der Zuschauer bestimmte Voraussetzungen mit, aus denen heraus er jede Szene versteht. Zu diesen Voraussetzungen können allgemeingültige Moralvorstellungen ebenso gehören, wie die Vertrautheit mit den gängigen Konventionen des Geschichtenerzählens. Der Filmemacher kann mit den Vermutungen spielen, die sich daraus ergeben, kann sie bestätigen oder widerlegen.

Hitchcock hat dieses Spiel in *Psycho* perfide gespielt, indem er die Person nach dem ersten Filmdrittel umbringen läßt, von der das Publikum annimmt, sie sei der Protagonist. Dieser Mord kommt vollkommen unerwartet und bricht mit sämtlichen Regeln des herkömmlichen Erzählens. Das Ergebnis ist, daß die Zuschauer sich vollkommen im Stich gelassen fühlen – und in der Tat sind sie es auch, denn in der fiktionalen Welt gibt es plötzlich keinen moralischen Fixpunkt mehr. Diese Beispiele lehren uns: Montagemuster und ihr erzählerischer Kontext geben die Ereignisse einer Geschichte nicht notwendigerweise in einer einfachen chronologischen Reihenfolge wieder.

Weitere Variationen des Frage-und-Antwort-Musters

Der Rhythmus und das Timing des Frage-und-Antwort-Musters kann nicht nur variiert werden, indem die Reihenfolge verändert wird, sondern auch durch das Zurückhalten einiger oder aller erwarteten Informationen, die für die Erzählung wichtig sind – ein paar Einstellungen lang oder über mehrere Szenen hinweg. Auch ist es möglich, in einer einzigen Einstellung mehr als nur eine Frage aufzuwerfen oder mehr als nur eine Antwort zu geben oder alles in einer Einstellung miteinander zu kombinieren. Wir verwenden ein Film-Noir-Miniszenario, und schauen uns ein paar Beispiele an:

– Eine Frage kann in einer Einstellung aufgeworfen werden, und die Antwort darauf folgt nicht in der darauffolgenden, sondern erst mehrere Einstellungen später.

Sequenz A

In diesem Fall würde der Blick aus der ersten Einstellung üblicherweise durch eine Einstellung von der Pistole beantwortet werden. Die Antwort wurde jedoch dadurch hinausgezögert, daß die Einstellungen 2 und 3 zeigen, wie der Mann das Licht anknipst.

– Es kann in einer Einstellung eine Antwort gegeben werden, für die die Frage erst später gestellt wird.

Sequenz B

In dieser Version ist der Schnitt auf den Blick umgestellt worden, so daß wir das Objekt der Aufmerksamkeit als erstes sehen.

– Eine Frage kann aufgeworfen und in einer Reihe von Einstellungen weiter ausgeführt werden, bevor sie in einer einzigen Einstellung oder in einer Reihe von Einstellungen beantwortet wird.

Sequenz C

Die Frage in diesen Einstellungen lautet: Wer ist die Person, die durch die Tür tritt, und warum kommt sie hierher? Die Teilantwort lautet: Es ist ein Mann! Und in Bild 3 sehen wir den fehlenden Finger an seiner Hand. In Bild 4 erfahren wir, daß er dort ist, weil er nach der Pistole sucht.

– Es kann in einer Einstellung oder in mehreren Einstellungen mehr als eine Frage gestellt werden. Folglich kann in einer Einstellung oder in mehreren Einstellungen auch mehr als eine Antwort gegeben werden.

  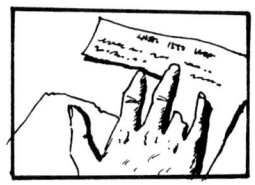 

In Bild 1 werden zwei Fragen aufgeworfen: Wer kommt da zur Tür herein? Und: Wessen Hand taucht hinter der Tür auf? Sobald die Person in Bild 2 den Raum betritt, erhalten wir eine Teilantwort und erfahren, daß die Person ein Mann ist. Aber Bild 2 stellt auch die Frage nach der Bedeutung der schwarzen Tintenlache auf dem Boden. In Bild 3 legt der Mann seine Hand auf das Blatt Papier, das auf dem Tisch liegt. Damit wird die Frage nach der Identität des Mannes beantwortet, da wir nun wissen: Es ist der Mann mit dem fehlenden Finger. Aber eine neue Frage wird aufgeworfen: Warum ist ein Stück aus dem Brief sorgfältig herausgetrennt? Endlich, in Bild 4, erfahren wir, daß die Pistole auf dem Boden liegt. Allerdings erhebt sich eine neue Frage: Wer ist die Frau, die neben der Pistole steht?

Diese letzte Reihe enthält, verglichen mit den vorhergehenden Beispielen, in der gleichen Anzahl von Einstellungen weit mehr Informationen. Damit wird zwar das Frage-und-Antwort-Muster überstrapaziert, aber durch den subtilen Einsatz dieser Strategie formten Bergman, Kurosawa, Dreyer und viele andere Filmemacher psychologisch stimmige Erzählungen und zogen den Zuschauer in die moralischen Dilemmata hinein, die sie auf der Leinwand zeigten.

Wenn wir uns vorzustellen versuchen, wie die Bezüge zwischen den Fragen und den Antworten grafisch darzustellen sind, erscheinen die Einstellungen nicht so, als seien sie miteinander verknüpft, wie es der Cutter mit dem tatsächlichen Filmmaterial macht, sondern sie haben Ähnlichkeit mit einer Reihe sich überdeckender Bildtafeln – sie erscheinen eher wie ein ausgebreitetes Kartenspiel. Abb. 7.1 (Seite 203) zeigt die erzählerischen Bezüge innerhalb einer Einstellungsreihe. Einige Einstellungen ragen in ihrer Bedeutung für den erzählerischen Fortgang weiter heraus als andere, und einige Einstellungen bleiben im Hintergrund, ohne Fragen zu beantworten oder neue aufzuwerfen, sie stützen nur die bekannten Informationen durch zusätzliche Details.

Die Grenzen der Klarheit

Die Frage-und-Antwort-Technik des Geschichtenerzählens gibt häufig Informationen auf Umwegen weiter. Dadurch entsteht eine Indirektheit, die dem Uneingeweihten zunächst verwirrend erscheint, wenn er sie in einem Drehbuch, einer Einstellungsliste oder einem Storyboard dargestellt sieht. Manche Drehbuchautoren, Regisseure und Cutter meinen, sie müßten ungewöhnliche Frage-und-Antwort-Muster meiden, weil sie fälschlicherweise annehmen, die Resultate für den Zuschauer seien dann klarer. Ein Beispiel dafür ist die klassische Eröffnungseinstellung am Beginn einer Szene. Wir erfahren etwa, daß eine Schauspielerin als zweite Besetzung für ein Stück engagiert ist und sich auf dem Weg zum Theater befindet, um für die erkrankte Hauptdarstellerin einzuspringen. In der Anfangseinstellung der nächsten Szene sehen wir das Theater. In diesem bekannten Montagemuster wird uns lediglich vorgeführt, was wir bereits erwartet hatten, es weckt kaum andere Erwartungen und erzählt nichts Neues. Wenn jedoch das Theater mit verschieden komponierten Einstellungen eingeführt wird, in denen Fragen aufgeworfen werden, ist der Zuschauer damit beschäftigt, diese Stückchen zusammenzusetzen, um eine sinnvolle Aussage zu erhalten. Wie wäre es mit der folgenden Sequenz von Einstellungen, um den Theaterschauplatz vorzustellen:

> eine Großaufnahme von ein paar zerknüllten Programmheften auf dem Boden
> + eine Großaufnahme von Kulissen auf einer Müllhalde
> + eine Großaufnahme von einer fast leeren Anschlagtafel, auf der die meisten Buchstaben fehlen
> = ein geschlossenes Theater

Auf diese Art die Geschichte zu erzählen, ist eine Alternative zu einer Eröffnungseinstellung, in der die Front des Theaters gezeigt wird und auf einem Transparent quer über den Eingangstüren in dicken Lettern das Wort »Geschlossen« prangt. Beide Versionen stellen bekannte Techniken dar. Was wir als Lehre daraus mitnehmen, ist keine bestimmte Lösung, sondern die allgemeine Erkenntnis, daß man beim Geschichtenerzählen den Zuschauer jederzeit dazu bringen sollte, Vermutungen anzustellen.

Je komplexer und komprimierter die Montagemuster einer Erzählung strukturiert sind, um so schwieriger wird es, sie umzusetzen, ohne vorauszuplanen. Wie wir gesehen haben, müssen sich Fragen und Antworten von Einstellung zu Einstellung überschneiden, damit Montageformen entstehen, die das Publikum zur Eigenbeteiligung herausfordern. Diese präzisen Wechselbeziehungen zwischen den Einstellungen verweisen die Optionen, die im Schnitt zur Verfügung stehen, schnell in die Schranken eines sorgfältig ausgearbeiteten Plans. Andererseits gehören die dadurch wegfallenden Montagemöglichkeiten fast ausschließlich zu den stereotypen Lösungen, die leicht austauschbar sind, weil ihnen die verbindenden Bezüge von komplexen Frage-und-Antwort-Strategien fehlen. Das bringt uns zu dem Thema Coverage, zum Abdecken des Geschehens durch unterschiedliche Einstellungen.

Schneiden in der Kamera vs. Drehen auf Coverage

Theoretisch kann ein vollständig ausgearbeitetes Storyboard dem Regisseur alle Einstellungen zeigen, die er für eine Szene benötigt. Wenn Regisseur und Kameramann die Storyboards genau nachdrehen, wie sie auf dem Papier stehen, kann selbst die Länge der Einstellungen im voraus abgeschätzt werden. Der Cutter muß sie später nur noch ein wenig zurechtstutzen, damit sie sauber aneinanderpassen. Diese Methode des Drehens nennt man »Schneiden in der Kamera«. Sie setzt ein perfektes Drehbuch voraus, ein perfektes Storyboard und die perfekte Umsetzung jeder einzelnen Einstellung. Optimismus kann eine Tugend sein, aber es grenzt an Tollkühnheit, all das zu ignorieren, was bei der Herstellung eines Films schief gehen kann – und das ist eine Menge. Schneiden in der Kamera ist wie ein Drahtseilakt ohne Netz.

Andererseits könnte man auch davon ausgehen, daß Perfektion ohnehin niemals erreicht werden kann und es darum nicht sinnvoll ist, sie als oberstes Ziel anzustreben. Regisseure, die eine solche Haltung haben und sich über die Art der Visualisierung nicht im klaren sind, drehen Sequenzen, indem sie auf ein festgefügtes System von Kameraeinrichtungen zurückgreifen. Dieses System basiert in der Regel auf der Dreiecksanordnung der Kamera und wird Coverage genannt. Es bedient sich bei jeder Art von Handlung mehrerer Kamerapositionen und stellt so sicher, daß bei der Montage die Einstellungen in eine logische

Abfolge zusammengeschnitten werden können. Eine Standardauswahl an totalen, halbnahen und großen Aufnahmen ist in der Regel für die Grundinterpretation einer jeden Szene ausreichend. Dabei erhält der Beitrag viel Gewicht, den der Cutter zu leisten hat. Auf Coverage zu drehen bedeutet, auf Nummer Sicher zu gehen, ist aber auch fantasielos, weil visuelle Strategien, die entworfen wurden, um den besonderen Anforderungen einer Szene gerecht zu werden, so lange zurückgestellt werden, bis alle Einstellungen abgedeckt (gecovert) sind. Unglücklicherweise ist im Drehplan häufig nur für die Coverage genügend Zeit eingeplant, was zur Folge hat, daß viele visuell interessantere Ansätze niemals ausprobiert werden.

Jede der beiden Methoden, Schneiden in der Kamera wie auch Drehen auf Coverage, hat ihre Vor- und Nachteile, und keine wird in der Spielfilmproduktion ausschließlich eingesetzt. Deswegen ist mit »auf Coverage drehen« nicht nur ein System von Kamerapositionen gemeint, sondern auch das Drehen von Extraeinstellungen zur Sicherheit (zusätzlich zu den Einstellungen des Storyboards), wenn die Zeit es erlaubt oder wenn der Regisseur mit einem ungewöhnlichen Ansatz an eine Szene herangegangen ist und dadurch ein Risiko auf sich genommen hat. Ist der Drehort eingeleuchtet, abgesperrt, und alle Einstellungen sind abgedreht, die man braucht, um die Geschichte umzusetzen, dann sagen Regisseur und Kameramann für gewöhnlich: »Da wir gerade dabei sind, können wir noch schnell ein paar Sicherheitseinstellungen machen – nur für den Fall, daß...« Jeder Filmemacher wird wissen, wie praktisch das ist. Es ist nämlich relativ leicht, den Standort der Kamera ein wenig zu verändern und ein paar zusätzliche Einstellungen zu drehen, verglichen mit dem Zeitaufwand, den man benötigt, um eine Szene neu einzurichten und einzuleuchten. Sobald technisch und künstlerisch alles bereit ist, um eine Szene zu drehen, geraten Regisseure häufig in Versuchung, so viele Einstellungen wie nur möglich herauszuholen, bevor die Lampen abgebaut werden und es mit der nächsten Szene weitergeht. Außerdem ist Filmmaterial relativ billig im Vergleich zu den Produktionskosten, die für einen vollständigen Drehtag anfallen. Diese Haltung setzt sich durch, selbst wenn ein Storyboard verwendet wird. Wieviele Extraeinstellungen wirklich gedreht werden, hängt einzig und allein vom Selbstvertrauen und von der Erfahrung des Regisseurs ab. Und schließlich gibt es noch den Faktor Enthusiasmus. Viele Regisseure lieben es einfach, Bilder zu machen. Ist das Wetter genau richtig oder das Licht günstig und der Drehort überwältigend, kann es manchmal schon schwer werden, »Gestorben« über die Lippen zu bringen – selbst, wenn alle notwendigen Einstellungen im Kasten sind.

Ein nützlicher Aspekt der Coverage ist, daß für die meisten Einrichtungen das gesamte Geschehen in voller Länge ausgespielt wird, auch wenn der Regisseur vorhat, aus einem bestimmten Take nur einen kleinen Teil zu verwenden. Besonders hilfreich ist dies, wenn man Dialogszenen dreht. Eine Szene, in der ein Vater zu seinen Kindern spricht, ist zum Beispiel im Storyboard so aufgelöst, daß allein der Vater spricht. Im Storyboard ist er zunächst in einer Dreiereinstellung zu sehen, dann fährt die Kamera an den Kindern vorbei und endet auf dem Vater in einer Großaufnahme. Die ganze Szene ist in einer einzigen Einstellung gedreht. Selbst wenn sich alle im kreativen Team drüber einig sind, daß die Szene in dieser Weise gedreht werden sollte, wäre es dennoch unklug, sich einzig auf diese Einstellung zu verlassen und nicht auch Gegenschüsse von den Kindern zu machen. Denn damit hätte der Regisseur eine zusätzliche Auflösung in der Hinterhand, falls sich bei der Mustervorführung herausstellt, daß es mit der Fahraufnahme ein Problem gibt.

Nehmen wir einmal an, anstatt der langen Kamerafahrt, die im Storyboard steht, möchte der Regisseur lieber auf Coverage arbeiten. Wahrscheinlich würde er eine Naheinstellung und eine Großaufnahme vom Vater drehen und die gleichen Einstellungsgrößen von den Kindern. Das sind sechs Einstellungen. Wahrscheinlich wird er auch eine Dreiereinstellung über die Schulter der Kinder drehen und den Gegenschuß über die Schulter des Vaters. Das ergibt insgesamt acht Einrichtungen. Der Aufwand an Zeit, den es erfordert, all diese Einstellungen einzuleuchten und zu drehen, kann leicht bedeuten, daß die Fahraufnahme geopfert werden muß. So sieht die Wahl zwischen Drehen auf Coverage und Schneiden in der Kamera in der Praxis aus.

Es sollte aus diesem Beispiel klar hervorgegangen sein, daß das Abwägen zwischen den Methoden von der jeweiligen Situation abhängt. Einige Szenen sind offenbar leichter zu drehen als andere, sei es aus technischen Gründen oder aus künstlerischen. Manchmal ist es möglich, viel von einer Szene zu covern und schwierige Kamerafahrten oder andere zeitraubende Einrichtungen zu verwirklichen. Man kann jedoch

sicher sein, daß viele der aufgenommenen Einstellungen in der Schnitt-
fassung keine Verwendung finden werden. Ein Teil des Lernprozesses
für die Kunst des Visualisierens besteht darin, ein gutes Gespür dafür
zu entwickeln, was funktioniert und was nicht, und zwar bevor die
Kamera läuft. Alle Regisseure verschaffen sich durch ein gewisses Maß
an Coverage einen Sicherheitsspielraum, um Fehler ausbügeln zu können; aber wenn man von vornherein weiß, was funktioniert, setzt sich
das in ein günstiges Drehverhältnis um. Der Gewinn besteht nicht in
dem gesparten Geld, weil es weniger Umbauten gibt, sondern in der
gewonnenen Zeit, die man nutzen kann, um bessere künstlerische
Möglichkeiten zu wählen – mit einer anspruchsvolleren Inszenierung,
mit komplexeren Einstellungen und mit einer subtileren Darstellung.

Die Komposition von Bewegung für den Schnitt

Bis hierher haben wir uns in diesem Kapitel darauf konzentriert, die
Montage im Hinblick auf das Geschichtenerzählen und den erzählerischen Antrieb zu untersuchen. Eine ausführliche Darstellung, welche
Methoden ein Cutter beim Schnitt verwendet und welche Arbeits-
vorgänge in einem Schneideraum ablaufen, lassen sich in mehreren
exzellenten Büchern nachlesen, die im Anhang in der Liste der emp-
fehlenswerten Literatur aufgeführt sind. Grundkenntnisse in diesen
Techniken sind beim Visualisieren einer Sequenz für jeden Filmemacher von Vorteil.

Schneiden in der Bewegung

Wie bereits zu Beginn des Kapitels erwähnt, werden die Schnittstellen
einer Einstellung »festgelegt« oder zumindest vorgeplant, wenn der
Regisseur das Geschehen inszeniert. Es gibt mehrere Möglichkeiten
beim Schnitt, um die Kontinuität einer Aktion zu erhalten, wenn das
Bildobjekt aus zwei oder mehr Blickwinkeln aufgenommen wurde.
Nehmen wir an, wir wollen einen Jungen aufnehmen, der aus dem Lauf
über eine Hecke springt, wie es in Abb. 7.2 dargestellt ist. Die erste Einstellung geht über die gesamte Länge der Aktion. Jetzt entscheiden wir
uns, irgendwo in dieser ersten Einstellung auf einen anderen Blickwinkel umzuschneiden. Dann haben wir die Wahl zwischen drei Möglich-

Abb. 7.2: Schnittbereiche
für das Schneiden
in der Bewegung

vor dem Sprung   im Sprung   nach dem Sprung

keiten: Wir können auf die neue Einstellung schneiden, wenn der Junge die Hecke erreicht hat und zum Sprung ansetzt oder während der Junge sich mitten im Sprung befindet oder nachdem er gelandet ist.

Alle diese Stellen sind für einen Schnitt akzeptabel, aber nach der allgemein anerkannten Praxis der Kontinuitätserzeugung würde man irgendwo mitten in der Sprungbewegung schneiden und nicht dort, wo der Junge noch nicht den Boden verlassen hat oder nachdem er wieder gelandet ist. Das versteckt den Schnitt und macht den Übergang in die neue Einstellung unsichtbar. Wo genau die Schnittstelle liegt, hängt vom Bildobjekt ab und vom Gefühl des Cutters für Bewegung.

Abb. 7.3

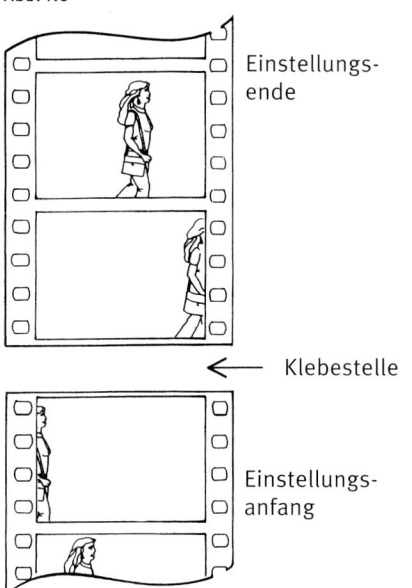

Einstellungs-
ende

← Klebestelle

Einstellungs-
anfang

Den Schnitt in der Bewegung findet man in nahezu jeder beliebigen Bildfolge, ob eine Person ein Glas zum Mund führt, den Kopf wendet oder nur die Augen bewegt. Filmemacher, die diese wichtige Schnittechnik mitbedenken, inszenieren Aktionen so, daß sie sich an der voraussichtlichen Schnittstelle überlappen.

Abgänge und Auftritte

Wenn ein Akteur in ein Bild hinein- oder aus dem Bild hinausgeht, ist es üblich, den Schnitt so zu legen, daß von ihm noch ein Stück im Bild zu sehen ist. Abb. 7.3 zeigt die Positionen einer Person am Ende und am Anfang einer Einstellung. Dadurch wirkt der Schnitt auf der Leinwand weicher und die Handlung flüssiger.

Das Bild frei werden lassen

Dies ist eine Alternative zum Schnitt in der Bewegung, wenn unterschiedliche Blickwinkel vom selben Objekt zusammengefügt werden sollen. Anstatt zu schneiden, wenn das Objekt sich noch im Bild befindet, wird solange gewartet, bis es das Bild verlassen hat, und erst dann erfolgt der Schnitt auf eine neue Einstellung. Bei dieser Methode ist es üblich, das freie Bild der auslaufenden Einstellung für einen Moment stehenzulassen. Abb. 7.4 zeigt ein Beispiel für diese Schnittechnik. In der zum Ende kommenden Einstellung fliegen Vögel ins Bild, die wir beobachten können, während das freie Bild am Ende der Einstellung für mindestens 1 bis 2 Sekunden stehen bleibt (in unserer Darstellung steht das letzte Bild symbolisch für die 24 oder mehr Bildfelder des Films).

Für den Schnitt auf den Anfang der nächsten Einstellung stehen nach dem freien Bild mehrere Möglichkeiten zur Wahl, je nachdem, wie lange das freie Bild am Ende stehen bleibt. Eine davon ist, die Einstellung ohne den Akteur beginnen zu lassen (A). Dieser Anfang kann in der Länge unterschiedlich sein, abhängig davon, was in der Einstellung geschieht, bevor die Hauptperson dazukommt. Wenn wir auf einem Park mit vielen Menschen beginnen oder auf einem Wildbach, der sich durch den Wald schlängelt, kann man dieses Bild für mehrere Sekunden frei stehen lassen, da dieser Anfang den gleichen Zweck wie eine Eröffnungseinstellung erfüllt. Eine weitere Möglichkeit ist, direkt mit der Person im Bild zu beginnen (B), was man praktisch aber nie macht, da es abrupt wirkt. Eine dritte Alternative wäre, auf die Person zu schneiden, wenn ein Stück von ihr zu sehen ist – wie im vorhergehenden Beispiel (Abb. 7.3).

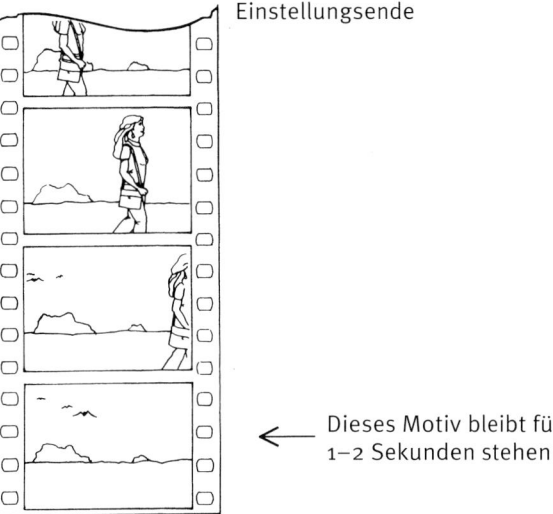

Einstellungsende

Dieses Motiv bleibt für 1–2 Sekunden stehen.

Einstellungsanfang A

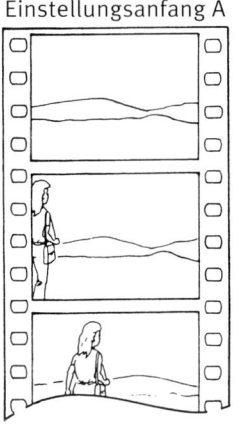

Einstellungsanfang B

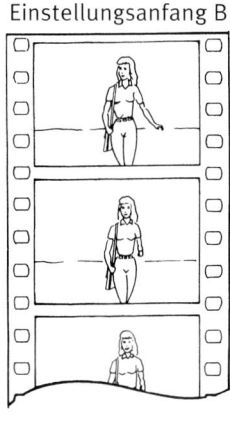

Abb. 7.4

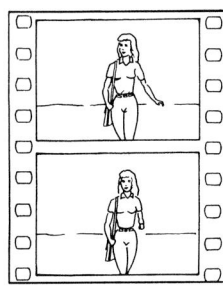

Einstellungsende

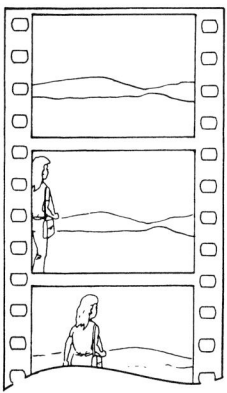

Einstellungs-
anfang

Am Anfang ist
das Bild frei.

Abb. 7.5

Das Bild frei werden zu lassen, kann zwei Funktionen erfüllen: Erstens ist es eine Methode, um Einstellungen zusammenzufügen, die dasselbe Bildobjekt vor wechselndem Hintergrund zeigen. In diesem Fall wirkt der Schnitt ähnlich wie eine Überblendung und zeigt an, daß Zeit vergangen ist. In seiner zweiten Funktion ersetzt es einen Schnitt in der Bewegung, so daß auslaufende und beginnende Einstellung einen kontinuierlichen Zeitablauf darstellen. Für einen Regisseur, der Angst hat, seine Anschlüsse könnten nicht stimmen, ist die Methode, ein Bild frei werden zu lassen, ein problemloser Einstellungsschluß, denn einen Anschlußfehler zu begehen, ist mit dieser Technik nahezu unmöglich. Dieser Schnitt ist so flexibel, daß selbst Einstellungen von unterschiedlichen Seiten der Handlungsachse miteinander verbunden werden können.

Zum Schluß ist in Abb. 7.5 eine Methode dargestellt, in der die Person am Einstellungsende deutlich im Bild zu sehen ist. Der Anfang der nächsten Einstellung beginnt mit einem freien Bild und läßt es mindestens eine Sekunde lang stehen, bevor die Person dazukommt (auch hier steht das freie Bild in der grafischen Darstellung symbolisch für die vielen freien Bildfelder des Films).

Schnitt und Visualisierung

Ein Filmemacher, der die herkömmlichen Schnittpraktiken kennt, hat damit den Vorteil, die Anfangs- und Endpunkte einer Einstellung zu kennen. Wenn man sich der Bewegungen bewußt ist, die Gelegenheit zum Schnitt bieten, wird insbesondere das Inszenieren leichter. Für jede Szene wird der Filmemacher sich vor Augen führen können, wie lange bestimmte Aktionen zu sehen sein sollten, bevor zur nächsten Einstellung übergegangen wird. An diesen Stellen wird er versuchen, Bewegung einzuplanen, damit der Schnitt visuell motiviert ist.

Das hört sich vielleicht mechanischer an, als es in Wirklichkeit ist, aber wer diese Regeln allzu einschränkend findet, sollte sich daran erinnern, daß sie jederzeit übergangen werden können, wenn es eine bessere Idee gibt. Der Regisseur, der die Schnittpraktiken kennt, ist in der Lage, sich durch das Visualisieren einen Überblick darüber zu verschaffen, welche Kameraeinrichtungen eine Szene benötigt. Das ist von Vorteil, weil es ihm später erlaubt, sich ganz auf die Dramaturgie und Ausarbeitung zu konzentrieren.

TEIL III
WORKSHOP

8 Die Grundlagen in der Anwendung

Shot Flow (fließende Einstellungsfolge)

Der Begriff Shot Flow bezeichnet die Bewegungsenergie einer Abfolge von Einstellungen. Es ist ein treffender Begriff, denn er beschwört das Bild eines fließenden Gewässers herauf, das wild oder ruhig sein, sich schlängeln oder sogar mitten im Lauf eine Kehrtwendung vollziehen kann. Eine Abfolge von Einstellungen enthält oft komplexe rhythmische und dynamische Kontinuitätsbeziehungen, die sich wie ein Fluß zu einer einheitlichen Struktur verbinden. Aber wie verschlungen die Beziehungen zwischen den Einstellungen auch sein mögen, ausschlaggebend für unser Verständnis der Bilder sind zwei Bestandteile: die Einstellungsgröße und der Blickwinkel. Den Fotografen und Malern sind noch viele andere Kompositionselemente vertraut, mit denen man eine Sequenz gestalten kann, aber die dominanten formalen Modifikationen, die den Einstellungsfluß bestimmen, sind der Wechsel des Blickwinkels und die Änderung der Einstellungsgröße. In diesem Kapitel wollen wir uns auf die Größe der Einstellung konzentrieren.

Die grundsätzliche Beziehung, die zwischen Totale, Halbnaheinstellung und Nahaufnahme einerseits und dem Blickwinkel andererseits besteht, wird klar, wenn wir eine Sequenz entwerfen, die ein Bildobjekt an einem Schauplatz vorstellt. Wir halten unser Beispiel bewußt einfach, damit wir uns darauf konzentrieren können, wie das Bild grafisch gestaltet wurde. Diese erste Übung soll unser Bewußtsein schärfen für die Bandbreite der Dynamik, die sich mit ein paar simplen Einstellungen erzeugen läßt.

Einführen eines Schauplatzes
durch unterschiedliche Einstellungsgrößen

Das Wechseln der Einstellungsgröße bildet zwar die Grundlage für die Kontinuitätswirkung, aber Filmemacher beschäftigen sich nur selten intensiver mit diesem Thema. Wer aber durch ständiges Training lernt zu beurteilen, wie grafische Variationen in einer Szene wirken, der schärft seine Wahrnehmung für Stimmung, Perspektive, Rhythmus, Tempo, emotionale Distanz und dramatischen Inhalt von Erzählsituationen.

In den folgenden Fotoreihen wollen wir als Schauplatz ein Haus vorstellen und die Konsequenzen untersuchen, die sich aus den unterschiedlichen Einstellungsgrößen ergeben. Nach dem Kontinuitätsprinzip gibt es drei Grundformen, mit denen der Schauplatz beschrieben werden kann: Die Kamera kann in einer weiten Einstellung beginnen und sich dann dem Haus nähern; die Kamera kann auf einem bestimmten Detail des Hauses beginnen und sich zurückbewegen, um den ganzen Schauplatz zu zeigen; und die Kamera kann mit einer Reihe von Großaufnahmen einen Gesamteindruck hervorrufen.

VERSION EINS

In dem ersten Sequenzpaar, den Bildern 1 bis 3 und 4 bis 6, können wir die grafischen Beziehungen miteinander vergleichen, die entstehen, wenn wir die Abbildungsgröße zwischen den Einstellungen verändern. Jede der beiden Sequenzen erzeugt eine andere Bewegung. Die Unterschiede in der Geschwindigkeit und in der Beschleunigung sollte man sich bewußt machen. In der Bildreihe 1 bis 3 unterscheiden sich zum Beispiel die Bilder 1 und 2 kaum, in Bild 3 springt das Haus aber nach vorn. Die zweite Sequenz ist dynamischer, vor allem, weil in Bild 6 das Haus den Bildrahmen ausfüllt. Wenn wir die Fotoreihen in umgekehrter Reihenfolge von rechts nach links lesen, können wir auch beurteilen, wie eine »Rückfahrt« wirkt, also eine Bewegung vom Bildobjekt weg.

Schieben Sie die Analyse für einen Moment beiseite und schauen Sie sich jede Sequenz an, als ob sie eine vollständige Aussage darstellte. Ein intuitives Verständnis dafür zu entwickeln, wie eine Sequenz wahrgenommen wird, ist eine der Fähigkeiten, die man fürs Visualisieren

1   2   3

4   5   6

benötigt. Stellen Sie sich für diese beiden Sequenzen eine Handlung vor – mit Ton und Musik. Lassen Sie Ihre Augen über die Bilder gleiten, wie Sie sich die geschnittene Abfolge vorstellen könnten. Das ist, was man können muß, um den Text eines Drehbuchs in ein Storyboard zu verwandeln.

VERSION ZWEI

Hier ist die Spannweite innerhalb der Einstellungsreihe größer. Im vorigen Beispiel zeigten beide Sequenzen ein Haus, das immer näher heranrückt, aber keine neue Information wurde dabei übermittelt. Nun ist mit den Bildern 3 und 6 eine echte Nahaufnahme hinzugekommen, und wir sehen ein »For Sale«-Schild. Beim zweiten Beispiel ist der

1   2   3

4

5

6

Unterschied in den Abbildungsgrößen extrem, denn die Kamera legt zwischen den einzelnen Einstellungen ungefähr 400 Meter zurück. Decken Sie nun die Bilder 2 und 5 mit einer Hand ab und schauen Sie sich die Einstellungspaarungen 1/3 und 4/6 an, die dadurch entstehen. Man sieht, wie groß ein Sprung durch den Raum sein kann, ohne die räumliche Einheit zu gefährden.

VERSION DREI

Im nächsten Beispiel werden vier Sequenzen miteinander verglichen. Die erste Sequenz ergibt sich aus einem einfachen Wechsel der Einstellungsgrößen, aufgenommen aus einem steilen, hohen Blickwinkel (Bilder 1 bis 3).

1

2

3

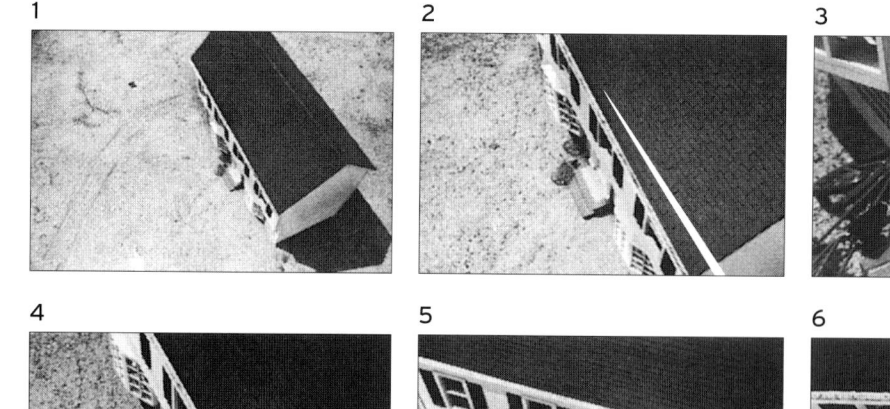

4

5

6

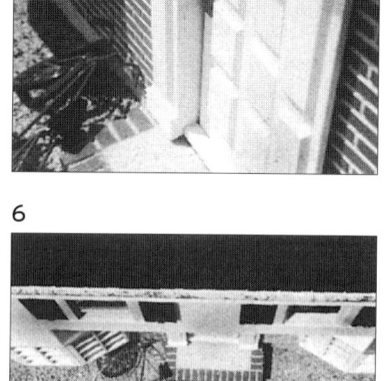

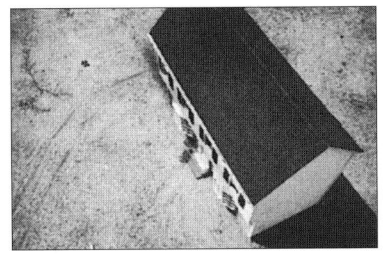
7

8

9

10

11

12

In den Bildern 4 bis 6 wurde eine Drehbewegung hinzugefügt, ohne den Wechsel in der Einstellungsgröße zu verändern.

Als nächstes verbinden wir diese beiden Schritte miteinander und fahren in den Bildern 7 bis 9 in einem Kreisbogen näher heran.

Schließlich bewegen wir uns in den Bildern 10 bis 12 auf drei Ebenen: abwärts, vorwärts und in einem Kreisbogen um das Haus herum.

VERSION VIER

In den beiden nächsten Ausführungen gehen wir von einer Nahaufnahme zu einer weiten Totalen, bewegen uns also zurück. In beiden Fällen folgt auf zwei frontale Einstellungen eine schräg-seitliche Aufnahme von oben, was in der Montage dynamischer wirkt. Dieser visuelle Kontrast in der Bewegung ist ein wertvoller grafischer Effekt, der

1

2

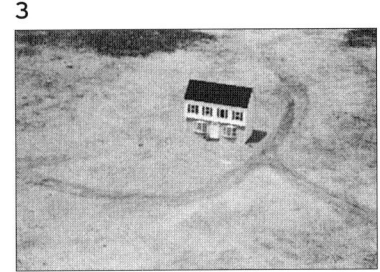
3

1   2   3

die Kraft demonstriert, die in einem simplen Wechsel der Perspektive liegt. In beiden Beispielen bauen die ersten zwei Einstellungen in der Sequenz eine Bewegungsrichtung auf, so daß wir für das dritte Bild eine Fortsetzung der geradlinigen Rückwärtsbewegung erwarten, die von der Eingangstür des Hauses ausgeht; aber statt dessen erfolgt ein großer Sprung in Abbildungsgröße und Perspektive.

VERSION FÜNF

Die nächste Einstellungsfolge wollen wir ein wenig abwandeln. Wir komponieren einen Schauplatz aus Details, aus denen sich der Zuschauer die Gesamtansicht zusammensetzen muß. Dieses Verfahren stützt sich auf den Gebrauch von eher ikonografischen, abstrakten Bildern. Deshalb wollen wir mit einer Liste von Einstellungen beginnen, in der Ideen ausgedrückt sind, wie sich das Haus in Einzelbildern darstellen läßt. Um unsere Energie zu bündeln, geben wir uns selbst einen erzählerischen Kontext: Eine Familie ist durch Scheidung auseinandergerissen worden; das Haus, das sie einst bewohnte, steht nun zum Verkauf. Es folgt eine Reihe von Bildern, die nach meiner Vorstellung ein Ausdruck dieser Situation sein können:

1) verrostetes Fahrrad liegt draußen verlassen herum
2) umgestürzter Briefkasten am Boden
3) ein Haufen nicht eingesammelter Werbebroschüren auf der Veranda
4) zerbrochene Fensterscheiben
5) leere Räume, gesehen durch die zerbrochenen Fenster
6) Schild »For Sale«
7) abgeklemmter Kabelanschluß fürs Fernsehen

8) leere Hundehütte, umgestürzt

9) Vandalismus (Graffiti an der Hauswand)

10) mit Müll gefüllte Umzugskartons

Das nachfolgende Storyboard beruht auf einigen dieser Ideen.

Wie wir soeben gesehen haben, können wir eine Grundsequenz von drei oder sechs Einstellungen auf unterschiedliche Weise handhaben, selbst wenn wir die Kamera unbewegt lassen, um ein simples Bildobjekt aufzunehmen. Teil des Visualisierungsprozesses ist das Vergleichen von Storyboard-»Entwürfen«, wie wir es gerade getan haben. Dabei verbinden wir alte und neue Ideen solange miteinander, bis die Sequenz genau unseren Vorstellungen entspricht. Der Wert solcher Übungen liegt für den Filmemacher darin, daß sie seine Fähigkeit schärfen, sich eine Geschichte in vollständigen Sequenzen vorzustellen. Sie schulen die visuelle Erinnerung und das Bewußtsein für die vielen grafischen Elemente, die jede Einstellung und Sequenz enthält. Im nächsten Beispiel wollen wir uns mit den Augen eines Filmemachers ansehen, wie so ein Entwurf entsteht. Da wir die Beispiele aus seiner Sicht schildern, werden wir nicht nur die Möglichkeit haben, die Ergebnisse des kreativen Vorgangs zu sehen, sondern auch beobachten können, wie der Vorgang selbst abläuft.

ERZÄHLERISCHE FRAGE EINS: DIE STATISCHE EINSTELLUNG

Ein Filmemacher ist auf Motivsuche. Er möchte für die Eröffnungsszene eines Films, der auf eigenen Kindheitserlebnissen basiert, einen Drehort finden. Die Szene verlangt nach einem Vorstadtmilieu. Er fährt durch eine Seitenstraße, in der eine Baumreihe und die Art, wie das Sonnenlicht aufs Pflaster fällt, vertraute Erinnerungen wecken. Er steigt aus dem Auto und geht den Bürgersteig entlang zu einem Haus, das dem ersten Haus seiner Familie stark ähnelt. Am Rasen vor dem Haus bleibt er stehen und versucht, sich die Eröffnungsszene des Films vorzustellen. Seinem Gefühl nach muß er in der ersten Szene nicht unbedingt in jedem Detail der Richtung folgen, die das Drehbuch vorgibt; er sieht seine Aufgabe vielmehr darin, jene Zeit anzudeuten, die Personen einzuführen und die Stimmung der Geschichte zu etablieren.

Die Szene, wie sie der Filmemacher ursprünglich geschrieben hat, schildert einen Morgen an einem Wochentag. Von allen Mitgliedern seiner Familie stand er, wie üblich, als letzter auf. Fast die gesamte Handlung fand in der Küche mehr oder weniger schweigend statt. Während der Filmemacher im hellen Sonnenlicht vor diesem Haus steht, erwachen neue Erinnerungen. Er denkt daran, wie frustriert seine Eltern wegen seiner Vergeßlichkeit waren, er denkt an die Jacken und Pullover, die in der Schule verlorengingen, und an die Schulbücher, die im Bus liegenblieben. Ihm kommt ein bestimmter Morgen in den Sinn, als er etwa zehn Jahre alt war...

1. Vater tritt aus der Eingangstür und geht zur Garage / 2. Socke fällt vom Bett → wenn der Junge die Bettdecke bewegt. Vater geht im HG vorbei. / 3. Vater geht im HG am Fenster vorbei.

VERSION EINS

Der Regisseur beschließt, sich in dieser ersten Sequenz auf feste Einstellungen und kleine Schwenks zu beschränken, um der Handlung zu

DAD EXITS FRONT DOOR AND WALKS TO GARAGE.

SOCK FALLS OF BED
WHEN BOY STIRS COVERS.   DAD CROSSES BG.

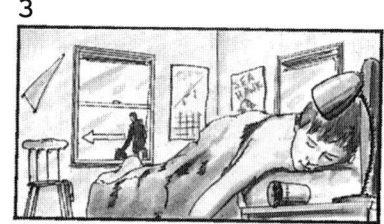

DAD PASSES BY WINDOW IN BG.

228

folgen. Er beginnt mit einer unkomplizierten Totalen des Hauses in Bild 1. Nach ein paar Augenblicken kommt der Vater aus der Eingangstür und geht auf die Garage zu. Eine neue Einstellung in Bild 2 zeigt das Schlafzimmerfenster des Jungen, durch das man eine Ecke des Bettes sieht, während draußen der Vater vorbeigeht. Die Bettdecke bewegt sich, und eine Socke fällt vom Bett. Wir schneiden auf Bild 3, in dem der Junge im unmittelbaren Vordergrund liegt und der Vater draußen zu sehen ist.

Hier hält der Filmemacher inne, denn er bemerkt, daß die Inszenierung nicht funktioniert. Er hat das Gefühl, das Haus in Bild 1 sollte in einen größeren Zusammenhang gestellt werden. Man müßte also die nähere Umgebung sehen können und erkennen, daß wir uns in der Vergangenheit befinden. Und er ist der Ansicht, der Blickwinkel im zweiten Bild sei zu schräg. Aber ihm gefällt die Bildgestaltung, die wie improvisiert wirkt, in der nur ein Teil vom Bett des Jungen zu sehen ist und nicht der Junge selbst. Er probiert eine andere Inszenierung.

VERSION ZWEI

Der Filmemacher beginnt die neue Sequenz mit einer Einstellung von oben, die ihn ein wenig vom Geschehen absetzt. Zwar könnte die Einstellung weniger steil sein, wie er meint, aber der größere Freiraum um das Haus herum läßt mehr Luft zum Atmen als die ursprüngliche Anfangseinstellung. Der Vater kommt in Bild 1 aus dem Haus und entdeckt auf dem Weg zur Garage etwas im Gras. Sobald er sich bückt, um es aufzuheben, schneiden wir auf Bild 2: Er hat einen Turnschuh gefunden und geht kopfschüttelnd ein paar Schritte auf die Kamera zu – bis in eine Halbnaheinstellung, die ihn zeigt, wie er seufzt. Schnitt

1. Vater kommt aus dem Haus und bleibt auf halbem Weg zur Garage stehen. / 2. Vater findet Turnschuh. Er hebt ihn auf. / 3. Kamera bleibt auf dem Jungen, der sich im Bett herumdreht. Vaters Hand kommt ins Bild. Er steckt den Turnschuh auf den Bettpfosten.

DAD EXITS FFRONT DOOR AND STOPS HALFWAY DOWN WALK.

DAD FINDS SNEAKER. HE PICKS IT UP.

HOLD ON BOY AS HE SQUIRMS UNDER COVERS. DAD'S HAND ENTERS FRAME. HE PUTS SNEAKER ON BEDPOST.

auf Bild 3: Der Junge dreht sich im Bett um, sein nackter Fuß lugt unter der Decke hervor. Wir hören im Off, wie die Tür geöffnet wird, und während sich der Junge behaglich in sein Kissen schmiegt, kommt die Hand des Vaters ins Bild und steckt den Turnschuh auf den Bettpfosten.

VERSION DREI

In dieser neuen Version beginnt der Film in Bild 1a mit einer Aufblende, die bildfüllend ein helles, orangefarbenes Raumschiff zeigt. Es flattert in der morgendlichen Brise. Die Kamera fährt zurück, und wir erkennen einen eingerissenen und zerknitterten Drachen, der sich an den oberen Ästen eines Baumes aufgespießt hat und den die Morgensonne wunderschön von hinten anstrahlt. Der Drachen reißt sich in einem Windstoß los und macht das Bild frei, so daß in Bild 1a das Haus darunter sichtbar wird. Der Vater kommt in Bild 1b aus dem Haus und geht zur Garage. Schnitt auf den Jungen im Bett in Bild 2:

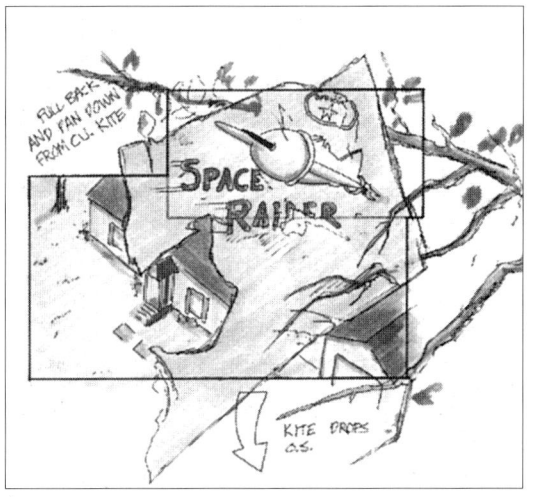

1a. Großaufnahme des Drachens, anschließend Rückfahrt und Schwenk nach unten / Drachen fällt aus dem Bild.

1a

Man hört im Hintergrund, wie das Garagentor geöffnet wird. Schnitt auf das Garagentor in Bild 3: Der Vater geht zum Auto, und wir schneiden in Bild 4 auf den Jungen im Bett zurück. Er dreht sich um, und wir sehen zuerst, wie sich ein Fuß mit einer Socke vor dem Fenster bewegt, dann taucht der zweite Fuß ohne Socke auf. Durch das Fenster sehen wir, wie der Vater im Auto rückwärts aus der Einfahrt fährt.

Der Filmemacher erkennt sofort, daß es für Bild 4 besser ist, wenn er den Bildausschnitt enger wählt (Bild 5). Einen Augenblick, nachdem das Auto am Fenster vorbeigefahren ist, hört man Bremsen quietschen. Schnitt auf eine tiefe Einstellung von der Einfahrt und dem Auto, das kurz vor dem Turnschuh angehalten hat. Die Wagentür öffnet sich, und

DAD EXITS FRONT DOOR. HEADS FOR GARAGE

1b

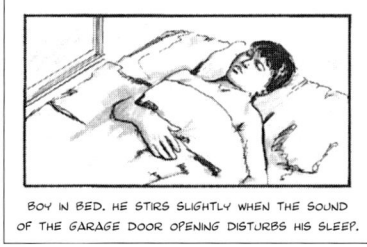

BOY IN BED. HE STIRS SLIGHTLY WHEN THE SOUND OF THE GARAGE DOOR OPENING DISTURBS HIS SLEEP.

2

DAD ENTERS THE GARAGE AND STARTS THE CAR.

3

BOY TURNS OVER IN BED. FOOT WITH SOCKS POPS UP FIRST, BARE FOOT SECOND. CAR PASSES IN BG.

4

ALTERNATE   FOR FRAME 4

5

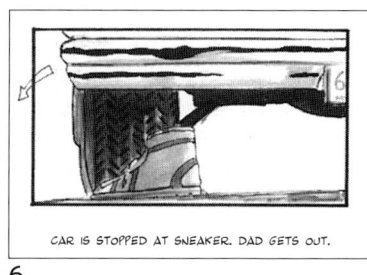

CAR IS STOPPED AT SNEAKER. DAD GETS OUT.

6

die Kamera schwenkt leicht mit, um den aussteigenden Vater (nur die Füße) ins Bild zu bekommen.

An dieser Stelle hält der Filmemacher erneut inne und überdenkt die letzte Version. Er hat einige Ideen entwickelt, die ihm gefallen, aber er sieht auch, daß sie noch verändert werden müssen. Als erstes beschließt er, die Sache mit dem Drachen beizubehalten, aber eine tiefere Kameraposition zu wählen. Auf diese Weise kann der Filmemacher noch etwas von der Nachbarschaft mit ins Bild bekommen, bevor er auf das Haus schwenkt.

Zweitens hat er den Eindruck, daß sich die Geschichte zu sehr auf den Jungen und seinen Vater konzentriert. Er würde lieber mehr von den anderen Familienmitgliedern und der morgendlichen Hektik im Haus hineinnehmen. Das erfordert Zwischenschnitte auf andere Personen, was helfen könnte, die Konzentration auf die Turnschuhgeschichte zu durchbrechen.

VERSION VIER

In dieser letzten Version hat der Filmemacher die verschiedenen Elemente miteinander verbunden, um daraus eine komplette Sequenz zusammenzubauen.

1b. Endposition des Schwenks / Vater kommt aus der Tür, geht zur Garage. / 2. Junge im Bett. Er bewegt sich leicht, als ihn das Geräusch des sich öffnenden Garagentors im Schlaf stört. / 3. Vater geht in die Garage und läßt den Wagen an. / 4. Der Junge dreht sich im Bett um. Der Fuß mit der Socke kommt zuerst zum Vorschein, danach der nackte Fuß. Auto fährt im HG vorbei. / 5. Alternative für Bild 4 / 6. Auto hält vor dem Turnschuh an. Vater steigt aus.

1. Rückfahrt von der Großaufnahme des Drachens. Wind weht den Drachen hinunter. Kamera schwenkt mit Drachen zum Haus. Vater kommt aus der Eingangstür – geht zur Garage und hält inne. Er geht zum Haus zurück.

2. Mutter kommt ins Bild, nimmt die Aktentasche und öffnet die Eingangstür.

SHE'S WAITING FOR DAD WHEN HE
COMES UP STEPS.   HE TAKES THE
BRIEFCASE.

3. Sie wartet an der Treppe auf
Vater. Der geht hinauf und nimmt
seine Aktentasche.

DAD SMILES SHEEPISHLY GOING
DOWN STEPS.   MOM EXITS TOWARDS
CAMERA.

4. Vater lächelt verlegen, geht die
Stufen hinunter. Mutter geht in
Richtung Kamera ab.

BOY REARRANGES BED COVERS IN HIS SLEEP.

5. Der Junge zieht im Schlaf die
Bettdecke zurecht.

6. Mutter ist in der Küche – räumt Geschirr weg. Ruft der Tochter zu: »Ist Peter auf?«

MOM IN KITCHEN – PUTS DISHES AWAY. CALLS TO DAUGHTER "IS PETER UP?"

7. Blickachse entlang des Bettes. Linker Fuß mit Socke taucht unter der Decke auf, dann erscheint der nackte Fuß. Im HG setzt Vater den Wagen rückwärts aus der Einfahrt. – QUIETSCHEN der Bremsen im Off.

CAMERA ANGLE DOWN BED. LEFT FOOT WITH SOCK APPEARS FROM UNDER COVERS. BARE FOOT APPEARS NEXT. DAD BACKS CAR DOWN DRIVEWAY IN BG. — (SFX) SQUEAL OF BRAKES O.S.

8. Vater steigt aus dem Wagen. Im HG Turnschuh hinter dem Auto.

DAD GETS OUT OF CAR. SNEAKER IN BG. BEHIND CAR.

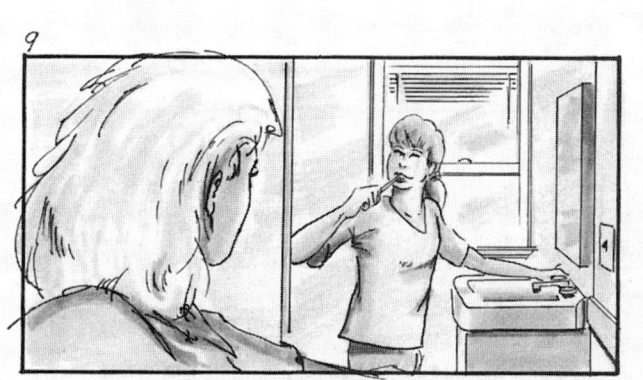

MOM OPENS BATHROOM DOOR "IS PETER UP?"
DAUGHTER SAYS "HOW SHOULD I KNOW?"
(SFX) DOORBELL. MOM EXITS CROSSING FRAME.

9. Mutter öffnet die Badezimmertür. »Ist Peter auf?«
Die Tochter sagt: »Woher soll ich das wissen?« TÜRKLINGEL.
Mutter geht durchs Bild nach rechts ab.

MOM OPENS FRONT DOOR. SHE SEES DAD LEAVING
IN CAR. LOOK DOWN AND SEES SNEAKER ON
DOORSTEP.

10. Mutter öffnet die Eingangstür. Sie sieht, wie Vater davonfährt, schaut hinunter und sieht den Turnschuh auf den Eingangsstufen.

PAN WITH CAR OUT OF DRIVEWAY. BUMPER
SNAGS KITE STRING HANGING FROM TREE
11 CAR PULLS AWAY DRAGGING KITE.

11. Schwenk mit dem Auto aus der Einfahrt. Drachenschnur, die vom Baum herunterhängt, verfängt sich an der Stoßstange. Auto zieht im Davonfahren den Drachen hinter sich her.

DAD'S CAR ENTERS FRAME. AFTER A FEW SECONDS KITE APPEARS. — END OF SEQUENCE —

12. Vaters Auto fährt ins Bild. Nach ein paar Sekunden erscheint der Drachen. – Ende der Szene –

Die Analyse des Filmemachers

An dieser Stelle hört der Filmemacher auf, denn beim letzten Versuch für die Anfangssequenz hat er seine Möglichkeiten ausgereizt. Viele Ideen könnten verbessert und vereinfacht werden, wenn Fahrten und Schwenks erlaubt wären, aber im Augenblick ist der Filmemacher vor allem darauf bedacht, den Grundton und die Aussage der Szene zu treffen. Es hat keinen Sinn, Bildideen zu überarbeiten, wenn sie anschließend verworfen werden müssen, weil sie der Geschichte nicht dienen. Der Filmemacher hält seine Lösungen und Pointen für humorvoll, wie etwa die parallele Vergeßlichkeit von Vater und Sohn und der Gag mit dem Drachen; aber das Erzählen aus der Sicht des Jungen ist auf der Strecke geblieben, als versucht wurde, einen handlungsbetonten Auftakt zu schaffen. Als einzelnes lyrisches Element könnte der Drachen vielleicht funktionieren, aber nach der Eröffnungseinstellung sollte die Perspektive auf den Jungen übergehen und dann auch bei ihm bleiben. Der Filmemacher trägt dies in sein Notizbuch ein – für eine spätere Version derselben Szene.

Ergänzung

Noch ein paar Worte zu dieser letzten Storyboardsequenz. Ein noch stärker ausgearbeitetes Storyboard könnte jede Phase des Geschehens zeigen, indem die Objekte, die sich bewegen, in jedem Bildfeld wiederholt werden. Das ist in Bild 6 der Fall, wo die Mutter zweimal im Raum abgebildet ist. In Bild 7 ist in einem einzigen Bildfeld dargestellt und in der Bildunterschrift erklärt, wie erst der linke Fuß des Jungen und dann der rechte erscheint. Da unser Filmemacher mit den Möglichkeiten der Montage und den Details der Inszenierung vertraut ist und diese Bilder für sich zeichnet, besteht keine Gefahr, daß jemand dadurch verwirrt werden könnte. Wird das Geschehen aber für einen anderen Regisseur als Storyboard gezeichnet, so ist es wichtig, jede bedeutsame Bewegung festzuhalten, damit keine Mißverständnisse entstehen.

9 Inszenieren von Dialogsequenzen

Zwei Ziele muß der Regisseur im Auge behalten, wenn er Dialogszenen inszeniert: eine wahrhaftige Interpretation menschlicher
Beziehungen und ihre zuschauergerechte Präsentation. Die Interpretation ergibt sich aus dem Drehbuch und der schauspielerischen
Darstellung, die Präsentation aus Inszenierung, Kameraführung und
Schnitt. Am Drehort hat der Regisseur allerdings oft den Eindruck,
daß die schauspielerische Arbeit mit den praktischen und dramaturgischen Anforderungen der Kamera nicht auf einen Nenner zu bringen
ist. In diesem klassischen Konflikt gibt es keine richtigen oder falschen
Lösungen, es zählt einzig, was für den Filmemacher in der jeweiligen
Situation am besten funktioniert.

Die visuelle Herausforderung beim Inszenieren liegt ganz wesentlich
in der räumlichen Problematik; sie erfordert die Fähigkeit, im dreidimensionalen Raum vorzukalkulieren, was auf einer zweidimensionalen Leinwand funktionieren soll. Es ist manchmal schwierig, sich die
räumliche Wirkung einer gefilmten Szene zu veranschaulichen, weil sie
aus so vielen verschiedenen, im Fluß befindlichen Einzelheiten besteht,
wie etwa der Komposition des gefilmten Bildes, die sich stetig wandelt,
wenn sich Kamera oder Bildobjekt bewegen. In der Geschichte des Erzählkinos ist es nur wenigen Regisseuren gelungen, einen unverwechselbaren Inszenierungsstil zu entwickeln – es ist nach wie vor eine besondere, schwer faßbare Kunst. Die Herausforderung ist um so größer,
weil es kaum Gelegenheiten gibt, sich in dieser Kunst praktisch zu üben.

Methoden der Visualisierung einer Inszenierung

Künstlerische Techniken sind weitgehend eine Frage verbesserter
Wahrnehmung. In der Musik bedeutet das zum Beispiel, zu lernen, genauer hinzuhören, beim Film bedeutet es, genauer hinzusehen. Besonders die filmische Fantasie gründet sich auf räumliches Erinnern und

Wiedererkennen. Diese zwei Fähigkeiten lassen sich erlernen und ausbauen, und genau das wollen wir in den nächsten Kapiteln erreichen.

Als erstes benötigen wir ein Grundvokabular an Einstellungen und Schauspielerpositionen. Dafür ließe sich jede Art von Konstruktion verwenden, sofern der Filmemacher dessen Elemente nur konsequent einsetzt. Für unsere Zwecke bietet das Kontinuitätsprinzip, wie es Hollywood gebraucht, ein ganzes Bündel von Problemlösungen, die sich alle in ein System von Einzelbausteinen zerlegen lassen. Mit diesem vorprogrammierten Verfahren sollen jedoch nicht einfach Standardlösungen angeboten werden. Man hat eine sichere Grundlage, wenn man weiß, wie sich Menschen prinzipiell in einer Unterhaltung stellen, und wenn man die entsprechenden Kamerapositionen kennt, mit denen sie aufgenommen werden. Von dieser Grundlage aus kann der Filmemacher improvisieren, Regeln durchbrechen und kreative Risiken eingehen und dabei sowohl die Grundanforderungen erfüllen, die Schauspieler und Drehbuch stellen, als auch die Ansprüche, die er an sich selbst stellt.

Dieses räumliche Verfahren gliedert sich in fünf Grundthemen:

Stellen von Schauspielern, die sich nicht bewegen
Stellen von Schauspielern, die sich bewegen
Ausschöpfen der Tiefe im Bild
Festlegen der Kamerabewegung
Abstimmen von Kamera und Schauspielern, wenn sich
    beide bewegen

Die ersten Bausteine, die wir uns ansehen, sind Inszenierungsmuster für zwei Personen. In den Fotoboards werden Beispiele für Kamerawinkel, Optiken und Montagemuster miteinander verglichen, so daß man sehen kann, wie unser Verständnis von einer Szene beeinflußt wird, wenn bereits eine Komponente leicht verändert ist. Sobald die Inszenierungsmuster für zwei Personen abgehandelt sind, können wir diese Prinzipien in den folgenden Kapiteln auf Situationen mit drei und vier Personen übertragen.

Bevor wir zu den Beispielen kommen, wollen wir zunächst einen Blick auf ein paar Inszenierungsregeln werfen, die es im Erzählkino gibt. Zu bedenken ist allerdings, daß diese Konventionen keineswegs die Grenzen des gerade noch Erlaubten beschreiben, sondern vielmehr Ausgangspunkte für neue Ideen sind.

Frontalität

Frontalität ist eine Grundregel westlicher Kunst. Der Begriff bedeutet lediglich, daß die Personen in einem Bild ihr Gesicht meistens dem Betrachter oder – auf den Film bezogen – der Kamera zuwenden. Viele Inszenierungsanordnungen sind im Film frontal, das heißt, Personen, die sich miteinander unterhalten, wenden ihr Gesicht eher der Kamera zu als ihrem Gesprächspartner. Diese Art der Körperhaltung ist auch im Alltag zu beobachten, aber im Film ist sie durch die Erfordernisse der Kamera begründet.

Eine Szene, in der zwei Schauspieler so inszeniert sind, daß sie der Kamera frontal gegenüberstehen, kann in einer einzigen Haupteinstellung aufgenommen werden. Wenn sich jedoch ein Schauspieler von der Kamera abwendet (teilweise oder ganz), benötigt man mehr als eine Kameraposition, um die Gesichter beider Schauspieler sehen zu können. Für die Montage gibt es zwei Varianten bei diesen Inszenierungen: In der einen wenden sich die Schauspieler einer einzigen Kameraeinrichtung zu, in der anderen werden Einstellungen aneinandergeschnitten, die aus verschiedenen Kamerablickwinkeln aufgenommen wurden.

Master Shot (Haupteinstellung)

Die Haupteinstellung ist diejenige Einstellung, die weit genug ist, um alle Akteure einer Szene zu zeigen; sie reicht über die gesamte Länge der Aktion. Wenn ein Regisseur von einer Haupteinstellung oder einer »Master« spricht, meint er damit in der Regel, daß die Master Teil einer geplanten Auflösung für diese Szene (der Coverage) ist. Es werden also noch andere Einstellungen innerhalb des Dreieckssystems gemacht, die schließlich alle zusammengeschnitten werden. Gelegentlich ist die Master aber die einzige Einstellung, die der Regisseur für notwendig hält.

Plansequenz

Normalerweise fährt die Kamera in der Haupteinstellung nicht, vor allem, wenn beabsichtigt ist, auf andere Blickwinkel umzuschneiden. Wenn sich die Kamera in der Master bewegt, wird sie mit Hilfe eines Dollys während des gesamten Szenenverlaufs in Position gefahren und verbindet dadurch unterschiedliche Blickwinkel miteinander, die in einer geschnittenen Sequenz in einzelnen Einstellungen gedreht worden wären. Diese Art der Auflösung wird Plansequenz genannt; sie erfordert normalerweise, daß sich die Schauspieler zusammen mit der fahrenden Kamera bewegen. Dabei ist die Plansequenz dem Prinzip der Frontalität mehr verpflichtet als eine geschnittene Sequenz. In der Montage ist es nämlich erlaubt, Einstellungen miteinander zu verbinden, die sich um bis zu 180 Grad gegenüberstehen. Den entsprechenden Wechsel in einer Plansequenz schnell durchzuführen, ist nahezu unmöglich, schon gar nicht mehrere Male hintereinander. Daher behält die fahrende Kamera in einer Dialogsequenz meistens eine einzige Blickrichtung bei. Wir werden uns in dem Kapitel, in dem es um das Einrichten bewegter Einstellungen geht, noch intensiver mit diesem Thema beschäftigen.[1]

Einstellungsgröße und Distanz

Eine Version des Master Shots, die Zweierhalbnaheinstellung, war derart charakteristisch für die amerikanischen Filme der dreißiger und vierziger Jahre, daß sie von den Franzosen »plan Americain« und von den Deutschen »Amerikanische« genannt wurde. In den frühen Dreißigern deckte man mit einer Zweiereinstellung ganze Dialogsequenzen ab, ohne eine zusätzliche Großaufnahme zu verwenden. Dies hing mit dem Aufkommen des Tonfilms zusammen und mit den langen Dialogen, die nun möglich waren. Die klobigen Kameras mit ihrer schalldichten Apparatur waren nicht so beweglich wie die der Stummfilmzeit, und die Zweiereinstellung ersparte Kameraumbauten. Über diese technische Einschränkung gelangte man zwar schnell hinaus, aber die Zweiereinstellung wurde noch jahrelang geschätzt, weil sie als eine lockere,

[1] Merkmal einer Plansequenz ist auch, daß sie ungeschnitten verwendet wird und daß ihr Anfang und ihr Ende mit der Szene übereinstimmen (A.d.Red.).

entspannte und daher besonders geeignete Art der Bildgestaltung für Komödien und Musicals angesehen wurde.

Ich selbst mag die Distanz und die Objektivität, die Zweier- und Ganzkörpereinstellungen bieten. Der Körper kann wunderbar ausdrucksvoll sein, und häufig benutzen Menschen ihre Körpersprache, um deutlich zu machen, wie sie zu anderen Menschen stehen; zum Beispiel ist es vielsagend, wo sie sich in einem Raum hinstellen oder auf welche unterschiedliche Art sie sich einem Rivalen nähern, einem Freund oder einem geliebten Menschen. Wie sich eine Person bewegt, kann ein ebenso gutes Unterscheidungsmerkmal sein wie die Stimme. Die meisten Menschen können einen Freund bereits auf einige Entfernung an seinen charakteristischen Bewegungen erkennen, noch bevor sie sein Gesicht sehen. Ausdrucksstarke Körpersprache fällt in den Bereich von Totale bis Halbnaheinstellung. Ganze Szenen lassen sich wirkungsvoll für diese Distanz inszenieren, ohne daß man einmal auf eine Großaufnahme zurückgreifen müßte.

Das Schuß-Gegenschuß-Schema

Sollen die Schauspieler in abwechselnden Großaufnahmen gezeigt werden, ist das Schuß-Gegenschuß-Schema eine der brauchbarsten Lösungen. Diese Montagetechnik verkörpert den Hollywoodstil besser als jede andere. Sie ist so beliebt, weil sie die meisten Möglichkeiten beim Schnitt bietet und mit zwei wichtigen Vorteilen aufwarten kann, die die Zweiereinstellung nicht aufzuweisen hat: Wir bekommen in einem Dialog nicht nur die isolierte Reaktion einer Person zu sehen, sondern es wechselt der Blickpunkt innerhalb der Szene. Außerdem wird ein Eindruck von räumlicher Einheit erzeugt, indem die Blicklinie einer Person mit der einer anderen übereinstimmt.

Blicklinie und Blickkontakt

Es gilt für jede Einstellung von einem Schauspieler: Je näher die Blicklinie an der Kamera liegt, um so intimer ist unser Kontakt mit dem Akteur. Im Extremfall kann der Schauspieler direkt ins Objektiv schauen und einen Blickkontakt mit dem Zuschauer herstellen. Diese Konfrontation kann für das Publikum ziemlich verblüffend sein.

Am häufigsten entsteht der direkte Blickkontakt in Sequenzen, die aus einer subjektiven Sicht gedreht sind – der Zuschauer wird dazu gebracht, die Dinge durch die Augen einer bestimmten Figur zu sehen. Das kommt allerdings im Erzählkino nur selten vor, meistens werden Dialogszenen so fotografiert, daß die Blicklinien der Schauspieler ein wenig links oder rechts an der Kamera vorbeigehen. In abwechselnden Großaufnahmen von zwei oder mehr Akteuren ist es üblich, die Blicklinien jeweils den gleichen Abstand von der Kamera einhalten zu lassen. Abb. 9.1 vergleicht drei verschiedene Einrichtungen für eine Großaufnahme, jede zeigt eine andere Blicklinie im Verhältnis zur Kamera.

Wenn man erst einmal ein Gefühl dafür entwickelt hat, was Blicklinie und Blickkontakt psychologisch und dramaturgisch bedeuten, kann man kleine, subtile Veränderungen innerhalb einer Sequenz vornehmen, um die Dramatik einer Szene zu betonen.

Das Inszenierungssystem

Nur ein Regisseur, der viel Zeit auf sein visuelles Training verwendet, kann alle Möglichkeiten erkennen, die es gibt, um die Kamera einzurichten und die Schauspieler zu inszenieren. Andere verlassen sich gewöhnlich auf ein paar Allzweckmethoden, mit denen sich jede beliebige Szene inszenieren läßt. Gewährt ein Regisseur seinen Schauspielern größere Freiheit, können sich neue, interessantere Alternativen ergeben; fehlt ihm aber solides Wissen darüber, wie man für die Kamera inszeniert, wird der Produktionsbetrieb seiner Experimentierfreude schnell Grenzen setzen. Er wird mit dem Kameramann und dem Produzenten aneinandergeraten, die beide nicht verstehen wollen, warum er eine Szene immer wieder uminszeniert, wodurch Zeit verloren geht und häufig auch die Spontaneität der Schauspieler.

Abb. 9.1

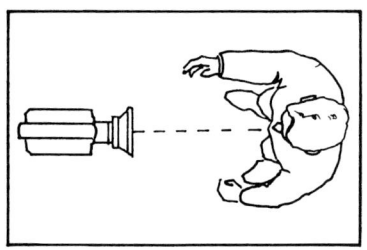 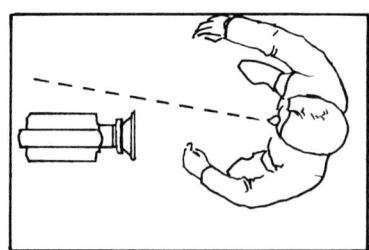 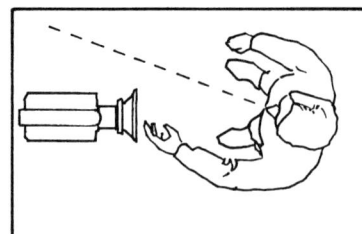

Einem solchen Regisseur fehlt die Fähigkeit, sich Schauspieler und Kamera im Raum vorzustellen, und so kann er sich auch nicht die Kompositionen vor Augen führen, die sich aus diesen verschiedenen Elementen ergeben. Und genau an dieser Stelle kommen die Inszenierungssysteme ins Spiel, die verschiedene Grundmuster haben.

Buchstabenmuster

Das Inszenierungssystem, das wir von jetzt an benutzen wollen, unterscheidet zwei Arten, Schauspieler zu plazieren: Grundmuster und Stellung. Wir sehen uns zunächst das Grundmuster an:

Grundmuster: Es gibt drei grundlegende Muster der Figurenverteilung in einem Bild. Wir wollen sie »A«–, »I«– und »L«-Form nennen. Ähnlich diesen Buchstaben sehen nämlich die Schauspielergruppen aus, wenn man sie von oben betrachtet.

Der Wert dieser Grundmuster besteht darin, daß sie die einfachste Form darstellen, Schauspieler nach den Regeln der Handlungsachse zu arrangieren. Aus diesem Grund beziehen sich die Inszenierungsmuster immer auf die Kameraposition.

Wie man in der folgenden Skizze sehen kann, erfordern die Formen A und L drei und mehr Akteure, um den jeweiligen Buchstaben nachzubilden. Das einzige Arrangement für zwei Personen ist die I-Form. Abb. 9.2 zeigt alle drei Grundformen.

Stellung: Damit ist die Richtung gemeint, in die die Personen innerhalb des Grundmusters schauen. In jedem Grundmuster kann es viele unterschiedliche Stellungen geben.

Abb 9.2: Grundformen

A-Form   I-Form   L-Form

Besonders wichtig ist, daß die Stellung sich auf die Komposition des Bildes bezieht. Das bedeutet: Das Stellen der Schauspieler (die Richtung, in die sie im Bild schauen) wird in seinen Feinheiten davon bestimmt, wo die Akteure stehen, sobald die Kamera für ein bestimmtes Grundmuster eingerichtet ist. Ein erfahrener Regisseur wird Grundform und Stellung gleichzeitig bedenken, aber am Anfang sind beide Methoden leichter zu verstehen, wenn wir sie als getrennte Konzepte betrachten. Drei typische Stellungen in der I-Form sind in Abb. 9.3 dargestellt.

Noch etwas: Das I-Muster für zwei Akteure ist in unserem System der Grundbaustein. Das liegt an der Handlungsachse, die zur gleichen Zeit immer nur zwischen zwei Personen verlaufen kann. Sind an einem Gespräch mehr als zwei Personen beteiligt, wandert die Handlungsachse (das ist in Kapitel 6 ausführlich dargestellt). Wir können also aufatmen, denn wir müssen lediglich für zwei Personen die Stellungen lernen, um diese später auf größere Gruppen anwenden zu können. Aus der Sicht des Kameramanns läßt sich die A-Form wie die L-Form in einzelne I-Formen zerlegen, sobald mehrere Großaufnahmen und Einzeleinstellungen erforderlich werden.

Die Dialoginszenierung für zwei Personen

Um der Klarheit willen sind die meisten Fotoboards in diesem Kapitel in einer schlichten Umgebung aufgenommen und für die statische Kamera inszeniert worden. Später werden wir sehen, wie sich mit der Bewegung von Kamera oder Schauspielern ein Schnitt ersetzen läßt. Zunächst ist die Kamera fest installiert, und die Fotoboardsequenzen geben die unterschiedlichen Kamerablickwinkel wieder, die aneinandergeschnitten werden sollen.

STELLUNG EINS: Gegenüberstellung (Face-to-Face)

Die elementarste Grundstellung von zwei Menschen im Gespräch ist, wenn sie sich von Angesicht zu Angesicht gegenüberstehen, wobei ihre Schulterlinien parallel zueinander verlaufen. Die erste Möglichkeit ist, die Personen im Profil zu zeigen, wie in den ersten sechs Bildern zu sehen ist.

Als Komposition ermöglicht dieses Arrangement eine ausdrucksstarke Gegenüberstellung der Personen. Von der Mimik der Schauspieler bekommen wir bei diesem Aufbau nicht viel zu sehen, es sei denn, das Bild wird eng gehalten (wie in Beispiel 6). Will man Großaufnahmen von einem einzelnen Akteur haben, wird die Kamera normaler-

weise umgebaut, um Gegenschüsse über die Schulter zu ermöglichen, obwohl auch Profilgroßaufnahmen von den einzelnen Personen machbar sind.

STELLUNG EINS: Über die Schulter

Diese zweite Bilderreihe zeigt das klassische Schuß-Gegenschuß-Schema für Aufnahmen über die Schulter. Sie könnten die Einstellungen sein, die die Profilaufnahmen der vorhergehenden Seite logisch ergänzen. Obwohl Schüsse über die Schulter in der Regel mit gleicher Optik und Bildgestaltung gedreht werden, damit sie als Einstellungspaar zueinander passen, kann man auch unterschiedliche Paarungen anein-

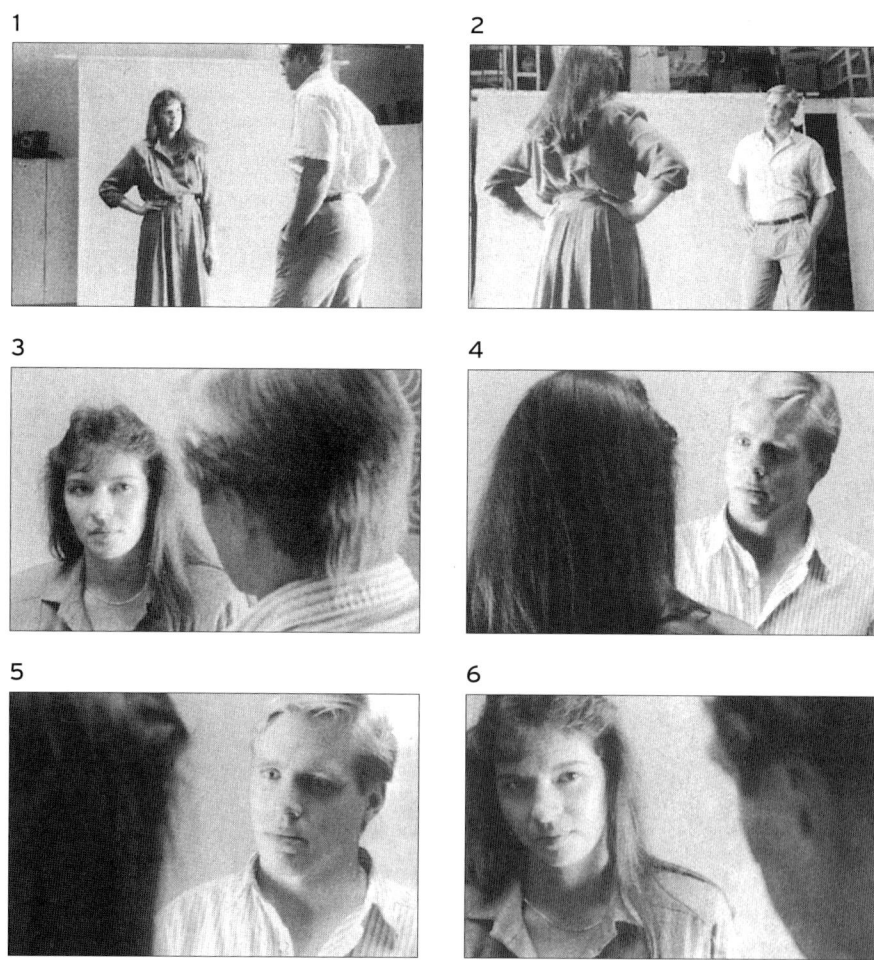

anderschneiden. In einer längeren Dialogfolge ist es aber üblich, zueinander passende Einstellungspaare zu verwenden.

In engen Bildeinstellungen gibt es hauptsächlich zwei Methoden für den Schuß über die Schulter. So ist in den Bildern 3 und 4 der ganze Kopf der Person im Vordergrund zu sehen, in den Bildern 5 und 6 ist praktisch ein Drittel bis die Hälfte des Bildes durch den Hinterkopf abgedeckt – damit wird der Akteur isoliert, der uns zugewandt ist.

STELLUNG EINS: Teleeinstellungen (Schüsse über die Schulter)

In dieser Reihe von Einstellungen über die Schulter (Bilder 1 bis 6), die immer noch Stellung Eins als Grundlage benutzt, beginnt die Brenn-

weite des Objektivs bei 120 mm und steigt auf 200 mm. Was das bewirkt, läßt sich leicht erkennen. Zum ersten Mal ist das Gesicht so ge-
rahmt, daß wir im buchstäblichen Sinn einen Schuß über die Schulter
sehen, denn wir sehen nur Schulter und Nacken der Person im Vordergrund. Diese Kombination von langer Brennweite und enger Bildein-
stellung erzeugt eine intimere Atmosphäre, als es mit einer weitwink-
ligeren Optik möglich wäre.

STELLUNG EINS: Gegenschüsse aus der Untersicht

Eine weitere Version von Schuß und Gegenschuß für Stellung Eins wird
in dieser Fotoreihe gezeigt. Man könnte sie als »Schüsse über die Hüfte«

bezeichnen. Alle Bilder sind dynamische Untersichten und tendieren dazu, die Personen als Gegner erscheinen zu lassen. Die Bilder 1 und 2 sind nur leicht untersichtig fotografiert und trennen die Personen nicht so stark voneinander, wie es die Bilder 3 und 4 tun, die aus einer Kamerahöhe von etwa 90 cm aufgenommen wurden. Für die Bilder 5 und 6 ist eine Optik mit längerer Brennweite (100 mm) verwendet worden, um die Person im Vordergrund unschärfer abzubilden und dadurch der Person im Hintergrund mehr Gewicht zukommen zu lassen.

STELLUNG ZWEI: Schulter an Schulter

Dieses Arrangement, das im wesentlichen frontal ausgerichtet ist, bietet mehr Alternativen als die meisten anderen Anordnungen, weil die Schauspieler in derselben Einstellung sowohl mit dem ganzen Gesicht als auch im Profil gezeigt werden können. In unserem Beispiel schauen die Personen nach vorne und betrachten eine Straßenkarte, die auf der Motorhaube ausgebreitet liegt. Spricht das Paar aber miteinander, wenden beide der Kamera ihr Profil zu.

Die Bilder 1 bis 3 sind einfache Zweiereinstellungen, von denen jede als Master dienen könnte (Bild 1 wäre für ein Gespräch vielleicht zu

7   8   9

10   11   12

weit). Versuchen Sie, sich beim Anschauen dieser Bilder eine Dialogszene vorzustellen. Sie werden vermutlich die Erfahrung machen, daß
die Größe der Einstellung einen Einfluß darauf hat, welche Art von
Szene Ihnen in den Sinn kommt. Sie können es sich als eine Art Um-
kehrübung vorstellen, da Sie in der Regel mit der umgekehrten Situation konfrontiert sind – sich also für eine Drehbuchszene eine Einstellung vorstellen.

Die Bilder 4, 5 und 6 bilden eine Sequenz. Wir fangen mit der Profil-
zweiereinstellung in Bild 4 an und gehen mit den Profilgroßaufnahmen
in den Bildern 5 und 6 näher heran. Für die Großaufnahmen würde
sich zwar die Kamera annähern, aber sie hätte noch denselben Blickwinkel wie in der vorher gezeigten offenen Zweiereinstellung. (Meiner
Ansicht nach wird dadurch, wie die Großaufnahmen hier verwendet
werden, die Szene in ihrem Gesamteindruck zerstört, obwohl diese
Art der Auflösung nach dem Kontinuitätsprinzip eine absolut legitime
Schnittfolge ist.)

In den Bildern 7 bis 9 beginnen wir mit einer Zweierhalbnaheinstellung. Diesmal haben wir die Großaufnahmen der vorhergehenden Version durch eine Zweiereinstellung von den Profilen ersetzt. Die Kamera
ist daher in eine seitliche Position versetzt worden und macht später
von der entgegengesetzten Seite den Schuß über die Schulter. Bedauer-

licherweise ist der Bildausschnitt nicht so dicht gewählt worden, wie ich es gerne gesehen hätte. Wäre dies ein Storyboard, wüßte ich im voraus, daß die Einstellungen enger sein sollten.

In dieser letzten Reihe, in den Bildern 10 bis 12, beginnen wir mit einer Haupteinstellung, auf die zwei Großaufnahmen folgen. Wir fangen diesmal mit einer schräg seitlichen Zweiereinstellung an. Für die Schuß-Gegenschuß-Großaufnahmen ist die Kamera wieder seitlich gestellt worden. Vergleichen wir diese Großaufnahmen mit den beiden Profilgroßaufnahmen aus den Bildern 5 und 6, so fällt auf, daß die neuen Großaufnahmen eine viel stärkere Präsenz haben. Dieser Eindruck entsteht, weil jede Person in der Großaufnahme in unsere Richtung (zur Kamera hin) schaut und uns dadurch in die Szene hineinzieht.

STELLUNG DREI

Dieses Grundarrangement stellt die Personen in einen Winkel von 90 Grad zueinander. Das ist ein Kompromiß zwischen der Anordnung in Stellung Eins, die die Schultern parallel setzte und dem Arrangement in Stellung Zwei, das die Akteure Schulter an Schulter plazierte. Es ist eine

1

2

3

4

5   6

eher beiläufige Pose, keine, die man erwarten würde, wenn das Paar sich stritte oder sich vertraut unterhielte. Die eher lockere Beziehung zueinander erlaubt es dem Paar, die andere Person nicht anzuschauen und dadurch die Richtung der Kopfhaltung zu ändern.

In der seitlichen Zweiereinstellung der Bilder 1 und 2 ist der Akteur, der jeweils der Kamera gegenübersteht, in einer bevorzugten Position. Diese Einrichtung ähnelt den Einstellungen, die über die Schulter aufgenommen wurden; deswegen erwarten wir einen Gegenschuß von dem Akteur, der sich in der nachrangigen Position befindet.

Die frontale Zweiereinstellung in den Bildern 3 und 4 behandelt die Beteiligten gleichwertig und ist deswegen die logische Wahl für eine Haupteinstellung, die ohne Großaufnahmen und Gegenschüsse auskommen soll. Eine Alternative bestünde darin, den Schauspieler in der nachrangigen Position so zur Kamera umzudrehen, daß derselbe Effekt wie bei einem Gegenschuß entsteht. Wie bei allen anderen Stellungen in der »I«-Form, können Schüsse über die Schulter und Großaufnahmen verwendet werden, allerdings zwingt das die Personen schnell in die eher direkte Beziehung von Stellung Zwei. Eine Möglichkeit, das Winkelarrangement beizubehalten, besteht darin, den Bildausschnitt der Zweiereinstellung sehr eng zu wählen und den Raum zwischen den Personen zu schließen. Eine Schuß-Gegenschuß-Version davon ist in den Bildern 5 und 6 zu sehen.

STELLUNG VIER

Mit dieser Stellung wollen wir beginnen, Arrangements zu betrachten, die Spannung erzeugen. Diese Spannung hängt in allen Beispielen damit zusammen, daß zwischen den Akteuren kein Blickkontakt besteht.

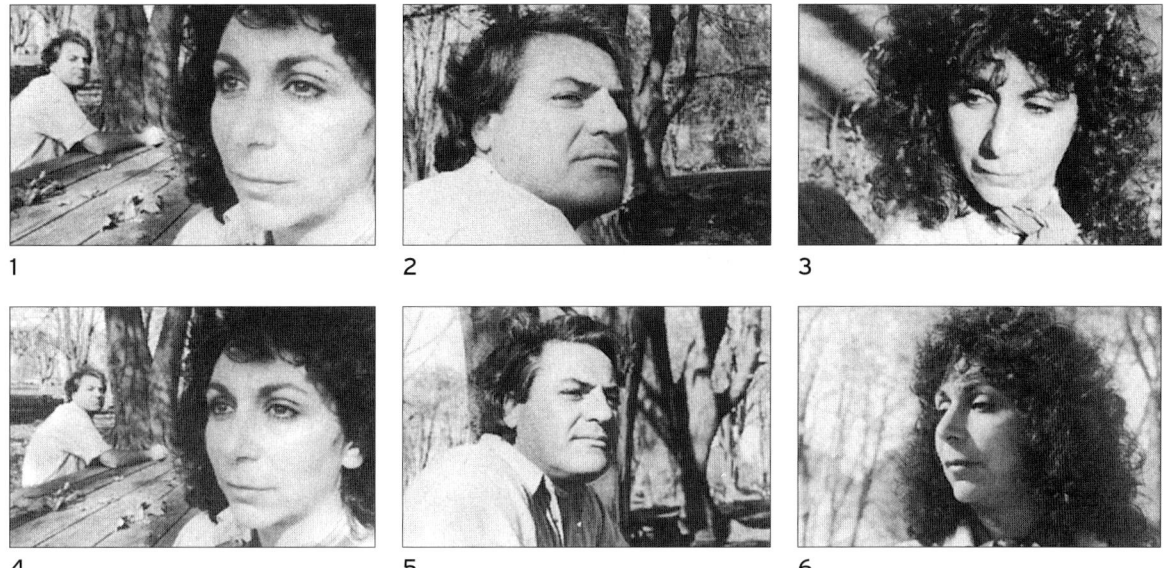

1 2 3

4 5 6

In dieser Fotoreihe hat sich die Frau von ihrem Partner abgewendet, was deutlich die Trennung der beiden betont. Eine solche Bildgestaltung bringt den Betrachter in eine privilegierte Position, denn er kann sehen, was der Mann nicht sieht: die Reaktionen der Frau auf seine Worte.

Dieses in die Tiefe gestaffelte Arrangement bringt uns in ein engeres Verhältnis mit einem der Akteure. Es legt die Perspektive eindeutig fest, was hauptsächlich mit der Frontalität der Szene zusammenhängt. Ein Gegenschuß würde in diesem Arrangement die Sichtweise drastisch ändern. Falls eine neutrale Beziehung zu den Akteuren erwünscht ist, gibt es dafür andere und bessere Möglichkeiten der Inszenierung. Wie man sieht, habe ich in diesem Arrangement, das seiner Anlage nach frontal ist, keinen Gegenschuß verwendet.

In Bild 1 hat die Komposition der Zweiereinstellung durch die Verwendung einer 30-mm-Optik an Tiefe gewonnen. Daher ist die Frau im Vordergrund aber leicht verzeichnet, und der Akteur im Hintergrund scheint weit entfernt zu sein, obwohl die Beteiligten lediglich durch einen Picknicktisch voneinander getrennt sind.

Die Bilder 4, 5 und 6 zeigen eine leicht veränderte Alternative. Die Eröffnungs-Zweiereinstellung ist offener und gewährt dem Betrachter mehr Luft zum Atmen. Auch die Großaufnahme in Bild 5 ist in einer weiter gehaltenen Einstellung (fast einer Naheinstellung) aufgenommen, um dem Bild eine entspanntere Atmosphäre zu geben. Bild 6 zeigt eine untersichtige Großaufnahme. Vergleichen Sie die Atmosphäre dieses Bildes mit der Atmosphäre von Bild 3. Alle Veränderungen zusammengenommen bewirken, daß die Sequenz weniger eindringlich wirkt.

STELLUNG FÜNF

Auch dies ist ein Arrangement, in dem leicht der Eindruck von Trennung und Spannung entsteht. Zu dieser Interpretation der Szene trägt die Körpersprache der beiden Akteure bei: Die Frau verschränkt die Arme, und der Mann steckt die Hände in die Taschen oder stemmt sie in die Hüften. Mit dieser Bildgestaltung kann einer dramatischen Situation

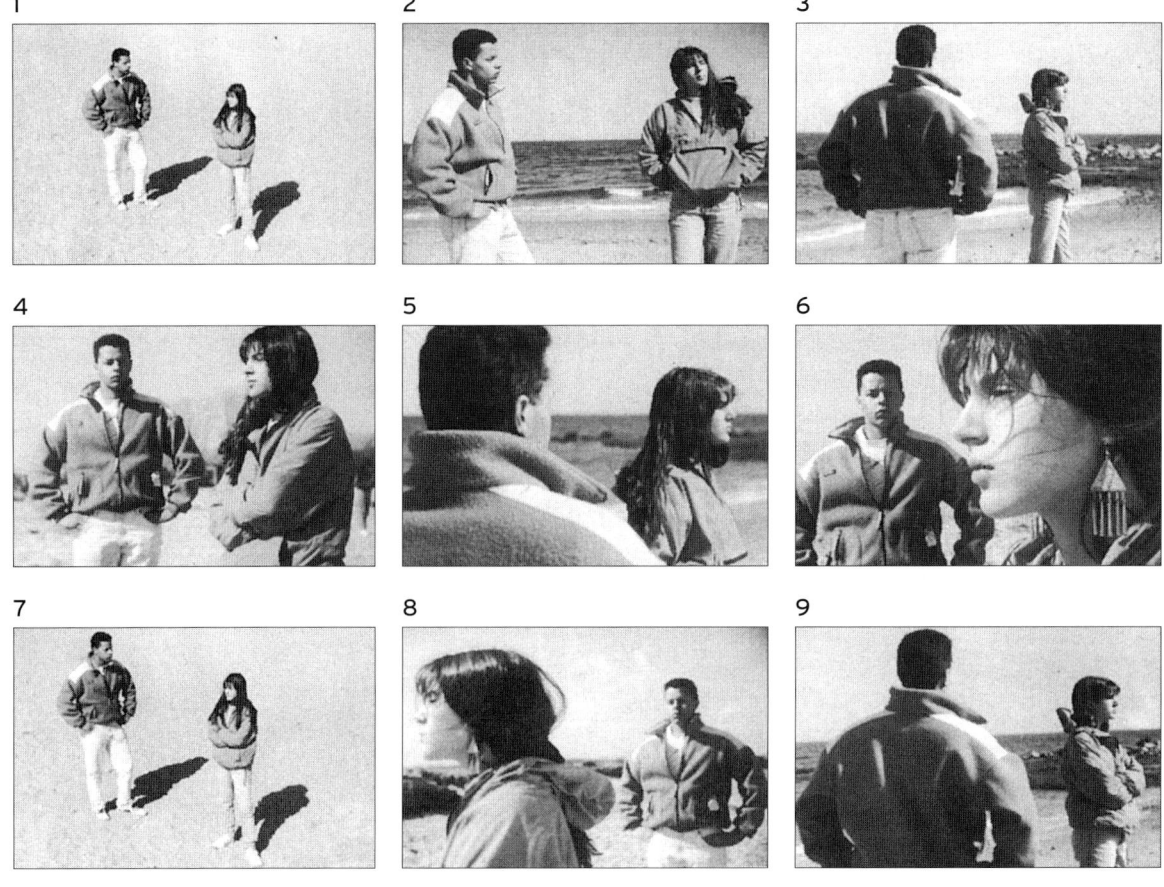

Nachdruck verliehen werden; sie verhält sich aber gegenüber der Frage neutral, welcher von den Akteuren den dominanten Part hat. In der hier gezeigten Version weigert sich die Frau, den Mann anzuschauen. Es geht selbstverständlich um eine Art von Macht, und wir können uns vorstellen, daß sich der Mann in einer schwachen Position befindet. Wir können die Szene aber auch leicht so interpretieren, daß der Mann der Frau Vorhaltungen macht, weil sie gelogen hat. In diesem Fall wäre der Mann in der dominierenden Rolle.

Wir beginnen in Bild 1 mit einer Aufsicht. Dieser Blickwinkel dient in der Regel dazu, Spannung und Isolation zu erzeugen. Der freie Raum, der die Personen umgibt, verstärkt dieses Gefühl. Der Schnitt auf die Zweiereinstellung in Bild 2 ist legitim, ich würde es aber vorziehen, die Beteiligten noch deutlicher voneinander abzugrenzen. In der nächsten Sequenz (Bilder 3 und 4) ist ein Gegenschußpaar zu sehen, das schräg von der Seite aufgenommen wurde.

In den Bildern 5 und 6 sehen wir zwei engere Gegenschußeinstellungen; Groß- und Halbnahaufnahme sind hier miteinander kombiniert. Der leicht zu erkennende Unterschied besteht darin, daß Bild 6 das Gesicht von beiden Schauspielern zeigt, während Bild 5 in Wirklichkeit ein Schuß über die Schulter ist.

Falls verborgen werden soll, was sich im Gesicht der Frau abspielt, können wir einen Bildausschnitt wählen, der die Szene von der anderen Seite der Handlung zeigt. In diesem Fall springen wir über die Achse.

Die Inszenierung würde mit einer Aufsicht in Bild 7 beginnen, die Achse in Bild 8 kreuzen und sie in Bild 9 nochmals überqueren. Diese Art der Inszenierung und Einstellungsfolge ist nach dem Kontinuitätsprinzip äußerst ungewöhnlich, aber das liegt weitgehend daran, daß die Starrheit der 180-Grad-Regel nicht hinterfragt wird. Man muß eine Einstellung nicht automatisch verwerfen, weil sie über die Achse springt. Wenn sie funktioniert, sollte man sie verwenden.

STELLUNG SECHS

Die Wirkung dieses dramatischen Arrangements ergibt sich weitgehend aus dem fehlenden Blickkontakt. Der Wert dieser Inszenierung liegt in ihrer Klarheit und ist darin in etwa der Zweiereinstellung vergleichbar,

1

2

3

4

5

6

die die Akteure Schulter an Schulter plazierte. Der Unterschied besteht in der Staffelung in die Tiefe, die uns dazu bringt, uns mit dem Schauspieler im Vordergrund zu identifizieren. Bei dieser Art der Auflösung zerstört es meiner Meinung nach die Einheit der Szene, wenn man zuviel schneidet.

In Bild 1 sehen wir eine weite Einstellung der Szene, aber Bild 2 ist sicher die beste Entfernung für eine Haupteinstellung; denn die Frau im Hintergrund hat darin Platz, sich zu bewegen, auf und ab zu schreiten, sich umzudrehen oder das Bild vorübergehend zu verlassen, während der Akteur im Vordergrund auf einen recht kleinen Bereich eingeschränkt ist, solange sich beide innerhalb des Bildes aufhalten. Die Bilder 3 und 4 zeigen, wie unsere Identifikation gelenkt werden kann, indem uns der Mann durch seine Position vertraut gemacht wird. Falls geschnitten werden soll, bleibt in dem Großaufnahmenpaar der Bilder 5 und 6 das Gefühl von Isolation erhalten.

STELLUNG SIEBEN

Noch ein Arrangement, in dem die Akteure keinen Blickkontakt zueinander haben. Die Aufmerksamkeit des Betrachters ist gleichmäßig auf den Schauspieler im Hintergrund und die Schauspielerin im Vordergrund verteilt, weil beide in unterschiedliche Richtungen aus dem Bild hinausschauen. Dadurch entsteht eine lockere und entspannte Situation. Achten Sie darauf, wie der Mann im Hintergrund an der Frau im Vordergrund vorbeischaut. Das lenkt die Aufmerksamkeit des Betrachters auf die Frau und hält die Einstellung zusammen.

Betrachten Sie die Fotoreihe als einen Vergleich von unterschiedlichen Großaufnahmen. Die mittlere Großaufnahme vom Mann ist ein gutes Beispiel dafür, wie die Größe der Einstellung zur räumlichen Einheit der Sequenz beiträgt. Lernen Sie, Ihre Augen über die Bilder zu bewegen, ohne sie prüfend anzusehen, denn das Lesen eines Storyboards ist Montage mit den Augen. Das läßt sich leichter bewerkstelligen, wenn Sie sich eine Handlung für die Szene vorstellen.

STELLUNG ACHT

Die folgende Version ist eine Abwandlung der vorherigen Inszenierung. Wie vorher stehen die Schauspieler im rechten Winkel zueinander, aber

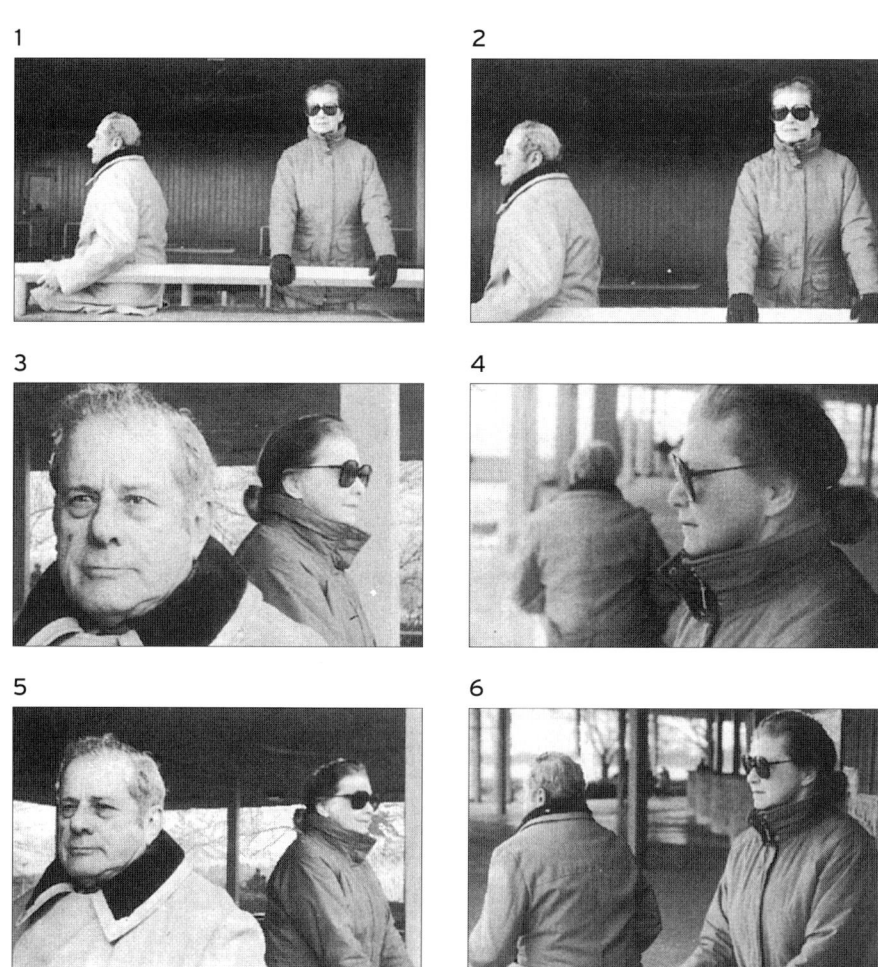

diesmal schaut der Mann im Hintergrund weg und wendet der Frau den Rücken zu. Die drei Fotopaarungen sind ein gutes Beispiel dafür, auf welch unterschiedliche Weise die Beziehung des Betrachters zu den Akteuren bestimmt wird. In den Bildern 1 und 2 wird die Frau, die uns ihr Gesicht zuwendet, leicht bevorzugt. Als allgemeine Regel gilt, daß Schauspieler, deren Augen am besten zu sehen sind, die Einstellung dominieren. Wieder begünstigt das in die Tiefe gestaffelte Arrangement unsere Identifikation mit dem Akteur im Vordergrund (Bild 3 und 4). In den schräg-seitlichen Einstellungen der Bilder 5 und 6 ist schließlich die Aufmerksamkeit gleichmäßig auf beide Figuren verteilt, da keiner der Schauspieler in Richtung Kamera schaut.

STELLUNG NEUN

In dieser Fotoserie sind die Schauspieler so inszeniert, daß sie vollkommen voneinander abgewandt sind; es sieht beinahe so aus, als ob die Bilder zu einer Komödie gehören würden. Das kann aber nur zutreffen, wenn wir annehmen, daß beide sich kennen und trotzig voneinander Abstand nehmen. Wir könnten unseren Eindruck leicht ändern, wenn wir uns die Szene auf einem Bahnsteig vorstellen und

1

2

3

4

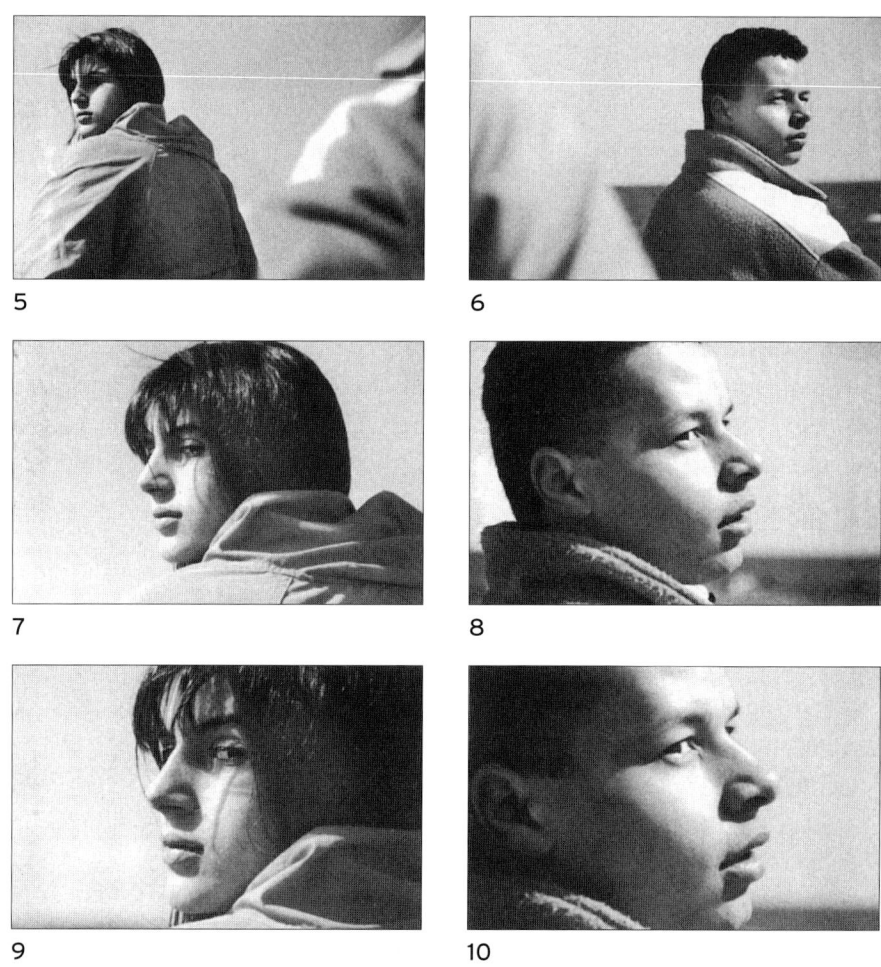

5

6

7

8

9

10

der Mann angeheuert wurde, um die Frau zu beschatten. Der Mann stellt sich in die Menschenmenge mit dem Rücken zur Frau. In diesem Fall würde die Inszenierung zu einem Thriller passen und nicht zu einer Komödie.

Wenn man die Arrangements in den Bildern 1 bis 4 miteinander vergleicht, sieht man: Die etwas stilisiert wirkende Anordnung in den Bildern 1 und 2 erscheint weit weniger künstlich, wenn wir in den Bildern 3 und 4 näher herangehen.

Für diese Stellung finde ich von der Wahl des Bildausschnittes her die Bilder 5 bis 10 am gelungensten. Alle sechs Bilder erhalten ihre Bedeutung, weil die Schauspieler den Kopf drehen und damit andeuten, daß sie etwas hören, was sich außerhalb des Bildfeldes befindet. In gewisser Weise ist dies die akustische Version vom Schnitt auf den Blick.

STELLUNG ZEHN

Die nächsten drei Sequenzen zeigen eine Inszenierung, in der die Schauspieler unterschiedlich hoch plaziert sind. Daher sind die engen Zweiereinstellungen normalerweise auf- oder untersichtig gestaltet; bei den weiter gehaltenen Einstellungen ist dies nicht erforderlich gewesen. In dieser Serie gibt es keinen Gegenschuß, obgleich er als Variante funktionieren könnte.

Schauen Sie sich die Einstellungsfolge in diesen Sequenzen etwas genauer an. Versuchen Sie, die Bilder auch von rechts nach links und diagonal zu lesen, um verschiedene Kombinationen auzuprobieren. Jede dieser Einstellungen paßt mit einer anderen zusammen, aber mit jeder Kombination verändert sich kaum merklich die Atmosphäre und der Raumeindruck der Szene. Wer die Fähigkeit entwickelt, im voraus einschätzen zu können, wie Einstellungen innerhalb einer Sequenz wirken, wird auch leichter einzelne Einstellungen komponieren können.

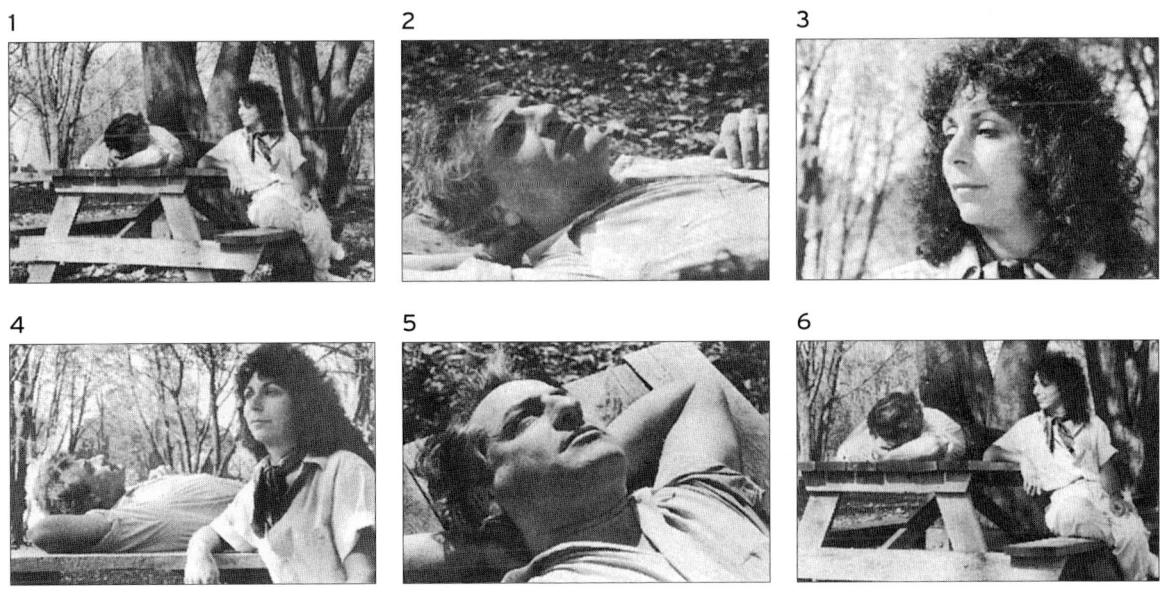

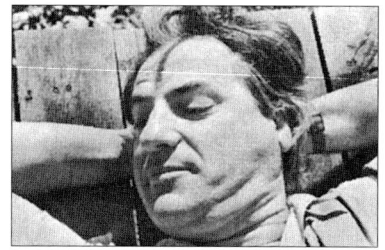

7   8   9

Es gibt für das Arrangieren von zwei Personen noch unzählige Varianten, die wir hier nicht erörtert haben. Aber nahezu alle denkbaren Möglichkeiten stimmen in ihren wesentlichen formalen und emotionalen Eigenschaften mit zumindest einer der Stellungen überein, die wir vorgestellt haben. Es geht nicht darum, jedes denkbare Arrangement auswendig zu lernen, das Schauspieler und Kamera bilden können, sondern darum, das Bewußtsein für die Elemente zu schärfen, aus denen sich die dramatischen Qualitäten einer Einstellung zusammensetzen.

10 Inszenieren von Dialog-szenen mit drei Personen

Nachdem wir uns mit den zehn Stellungen für die »I«-Form aus-einandergesetzt haben, nehmen wir nun einen dritten Akteur in unsere Arrangements auf. Damit werden die »A«- und »L«-For-men möglich. Zu Beginn wollen wir uns an die drei Annahmen erin-nern, auf denen unser System beruht:

- Die I-Form ist der einfachste Baustein. Er ist in der A- und L-Form enthalten.
- Die Grundmuster bestimmen nach den Regeln der Handlungs-achse, wo die Kamera steht.
- Die Stellung legt nach dem Inszenierungsgrundmuster fest, wo die Schauspieler im Bild stehen.

Der Unterschied zwischen A- und L-Formen

Es ist oft nicht leicht zu entscheiden, welche Form sich anwenden läßt, weil die Akteure nicht immer in einer präzisen A- oder L-Aufstellung

Abb. 10.1: Die Bilder 1 und 2 zeigen eine Person, die zwei anderen gegenüber-steht. Da die einzelne Figur in Schwarz von den beiden anderen flankiert wird, handelt es sich um eine A-Form. Die Bilder 3 und 4 zeigen die alternative Einrichtung für die Dreier-einstellung, in der die einzelne Person auf einer Seite isoliert steht. Dies ist eine L-Form. Die Bilder 5 und 6 illustrieren, wie sich die Personen gegenüber-stehen, wenn wir die Dreier-einstellung auflösen in eine Zweiereinstellung und eine Großaufnahme. In den Bildern 7 bis 9 lösen wir die Opposition in Groß-aufnahmen von allen drei Akteuren auf.

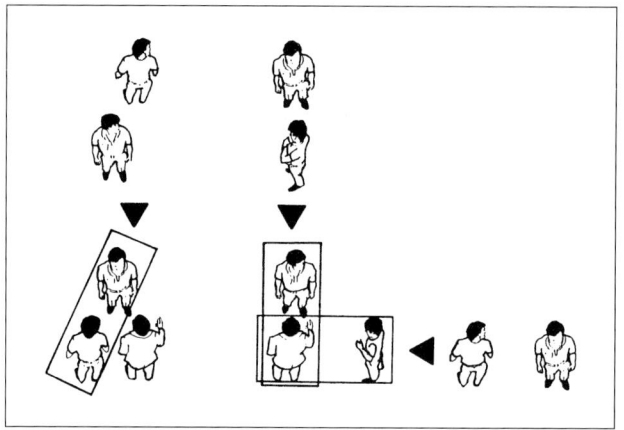

Abb. 10.2: Hier sehen wir, wie in der A- und L-Form die Teile im Kasten durch die zwei alternativen Stellungen aus der I-Form ersetzt werden, die darüber abgebildet sind. Der Kasten könnte genauso gut horizontal oder diagonal eingezeichnet sein, es müssen sich nur immer zwei Akteure darin befinden.

ausgerichtet sind. In solch einem Fall wird die Kameraposition zum bestimmenden Faktor.

Gruppiert man zum Beispiel Schauspieler für eine Dreiereinstellung, ist es häufig so, daß zwei der Beteiligten einem dritten gegenüberstehen oder -sitzen. Ist im Bild der dritte Akteur zwischen den beiden anderen plaziert, handelt es sich um eine Inszenierung gemäß der A-Form, befindet sich der dritte Schauspieler in einer Linie mit einem der beiden anderen, handelt es sich um die L-Form. Alle diese Inszenierungsformen nennt man Opposition. Welche unterschiedlichen Oppositionen sich ergeben können, zeigt Abb. 10.1.

Die Grundformen und -stellungen

In den Zwei-Personen-Arrangements des vorhergehenden Kapitels wurden die Fotoboardakteure im freien Raum angeordnet. Da wir alle Grundstellungen aus diesen Beispielen kennen, können wir uns nun mit Inszenierungen befassen, die weniger präzise ausgerichtet sind.

Indem wir den dritten Akteur hinzunehmen, haben wir die Zahl der Kombinationen enorm erhöht, die sich aus den Grundformen und den Stellungen ergeben. Wir müssen hier jedoch nicht alle abhandeln, weil wir wissen, daß jede beliebige Kombination auf eine der zehn Stellungen der I-Form zurückgeführt werden kann, die uns bereits bekannt sind. Wir können allerdings auch den Vorgang umkehren und aus den zehn Stellungen Dutzende von Arrangements mit drei Akteuren konstruieren. Diese Idee ist in Abb. 10.2 dargestellt.

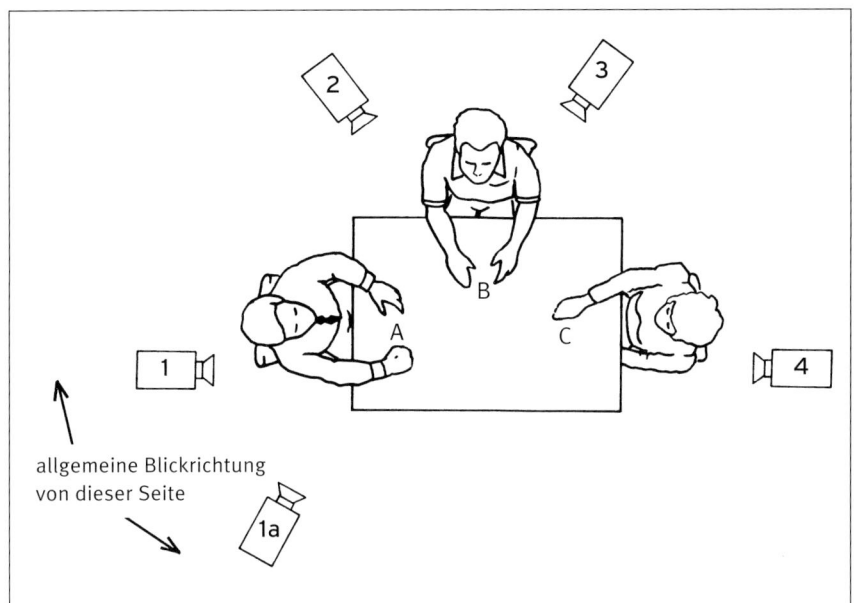

allgemeine Blickrichtung
von dieser Seite

Abb. 10.3: In dieser A-Form-Inszenierung habe ich zunächst den allgemeinen Blickwinkel festgelegt. Zwar kann sich die Kamera 360 Grad um die Akteure herum bewegen, aber die Szene sollte eine Grundorientierung haben. Die Umstände sind je nach Szene unterschiedlich; in diesem Fall fängt sie mit einer Einstellung aus Kameraposition 1 an. Der Dialog beginnt zwischen den Schauspielern A und C, wodurch die Achse zwischen ihnen etabliert ist. Die Kamerapositionen 1 und 2 für die OS-Einstellungen befinden sich *außerhalb* dieser Achse. Nun spricht Akteur B zu Akteur C, wodurch eine neue Handlungsachse etabliert wird. Auf welche Seite der Achse stellen wir die Kamera? Hier kommt der allgemeine Blickwinkel ins Spiel. Anstatt eine neue Kameraposition *außerhalb* der Achse zwischen den Akteuren A und B einzurichten, wie wir das für die Akteure A und C getan haben, bleiben wir auf derselben Seite von Akteur A. Wenn jetzt Akteur B mit Akteur C spricht, bleiben wir auf derselben Seite von Akteur B und verwenden Kameraposition 2. Was ist mit Kameraposition 3? Brauchen wir diese Einstellung überhaupt? Bei der Anzahl von Einstellungen, die wir bereits haben, könnte sie sich als überflüssig erweisen. Dieses Beispiel kann auch auf andere Weise behandelt werden, aber die Grundidee dabei ist auf jeden Fall, die Kamerapositionen wiederzuverwenden, wenn dies möglich ist. Es soll nicht immer wieder ein neuer Blickwinkel geschaffen werden, sobald eine neue Handlungsachse entsteht.

Bevor wir uns mit den Fotoboardbeispielen beschäftigen, wollen wir noch einmal die Handlungsachse besprechen, wie sie sich in der Drei-Personen-Szene darstellt. Abb. 10.3 zeigt eine typische Inszenierungssituation in der A-Form.

In den folgenden Beispielen werden wir uns mit ein paar gewöhnlichen und einigen eher ungewöhnlichen Inszenierungssituationen für drei Akteure beschäftigen.

A-Form (Version Eins)

Dies ist die gleiche Inszenierungssituation, wie sie in Abb. 10.3 zu sehen ist. Nur in Bild 1 ist die Kamera so eingerichtet und sind die Schauspieler so arrangiert, daß wir alle Personen deutlich erkennen können. Daher ist diese Einstellung als Master besonders geeignet.

In der ersten Bildserie 2 bis 5 (siehe Seite 268) werden nach der einführenden Haupteinstellung Aufnahmen verwendet (Halbnah und Groß), die nur einen Darsteller zeigen. Daraus ergibt sich zweierlei: Erstens wird dadurch der Raum in einzelne Stücke geteilt, und zweitens werden wir daran gehindert, in einer Einstellung zu sehen, wie ein Akteur spricht und ein anderer zuhört. Vergleichen Sie diese Inszenierung mit der nächsten Sequenz.

1

2

3

4

5

In der nächsten Reihe von sechs Bildern (6 bis 11) hat man Einstellungen über die Schulter verwendet, um die Einheit des Raumes zu wahren. Nach der Anfangseinstellung, die uns einen Überblick verschafft, kann eine komplette Unterhaltung bequem in Schüssen über die Schulter aufgelöst werden und in eine Dreier- oder Zweiereinstellung, um den Rhythmus zu variieren. Wie man sieht, sind die Schüsse über die Schulter in der gleichen Weise gestaltet, als wenn man nur zwei Akteure inszenieren würde. Alle in der I-Form möglichen Variationen von Einstellungen über die Schulter, die wir im letzten Kapitel vorgestellt haben, lassen sich auch auf die Inszenierung anwenden, die wir hier untersuchen.

6

7

8

9

10

11

A-Form (Version Zwei)

Diese »A«-Form-Inszenierung stellt die Figuren direkt gegenüber, wie man es bei einem Interview oder einer geschäftlichen Besprechung erwarten könnte, wenn beide Parteien formell miteinander verkehren. Auch dies ist eine gebräuchliche Anordnung, sowohl für stehende als auch für sitzende Personen. Beachten Sie, wie nah die Blicklinie des Mannes in Bild 1 an der Kamera liegt, wodurch eine direkte Beziehung zum Zuschauer entsteht. In Bild 2 sehen wir die Frauen im Profil; sie wirken, als ob sie sich dem Mann gegenüber respektvoll verhalten. Es sieht so aus, als seien die Frauen die Zuhörerinnen und der Mann eine

Autoritätsperson. Bild 3 unterstreicht diesen Eindruck, obwohl wir das Gesicht des Mannes nicht sehen können. Eine solche Aufnahme von oben ist nämlich nicht die Art von Einstellung, die wir erwarten würden, wenn eine der Frauen etwas Wichtiges zu sagen hätte.

Vergleichen Sie die Bilder 4 bis 6 mit der vorhergehenden Bildfolge. Bild 4 bringt den Mann in eine direkte Beziehung zum Zuschauer, wobei mir nicht gefällt, wie in den Bildern 4 und 5 mit dem Raum umgegangen wurde. Bild 5 wurde mit einem 40-mm-Objektiv aufgenommen, aber es erscheint mir zu weit. Was halten Sie von Bild 6? Schauen Sie sich beide Sequenzen an und vergleichen Sie die Erfahrungen, die Sie beim »Lesen« machen. Welche der beiden Sequenzen halten Sie für die bessere, was den Einstellungsfluß angeht? Wenn Sie Einstellungen aus der einen Sequenz mit Einstellungen aus der anderen austauschen könnten, welche würden Sie nehmen?

In den Bildern 7 und 8 kann man erkennen, wie die Präsenz des Mannes abnimmt, wenn er nicht frontal gezeigt wird. Gab er vorher den Ton an, so ist er nun in einer abwartenden Haltung. Wenn wir mit einem Bild beginnen würden, in dem eine der Frauen von vorne zu sehen ist, und ließen die Profileinstellung vom Mann in Bild 7 folgen, dann erschiene die Frau als Autoritätsperson.

Die beiden folgenden Bildreihen stellen gegenüber, wie man den Raum innerhalb des Bildes gestalten kann: überlappend oder ohne Zusammenhang. Bild 10 in der oberen Reihe ist eine Einstellung über die Schulter und zeigt noch etwas von dem Mann aus Bild 9. Das ist mit überlappendem Raum gemeint. Die Gegenschuß-Großaufnahme in Bild 12 zeigt keinen Raum aus der vorhergehenden Einstellung, sie ist daher ohne Zusammenhang. Überlappung hält den Szenenraum zusammen, während die Großaufnahmen der Bilder 12 und 14 eine Person

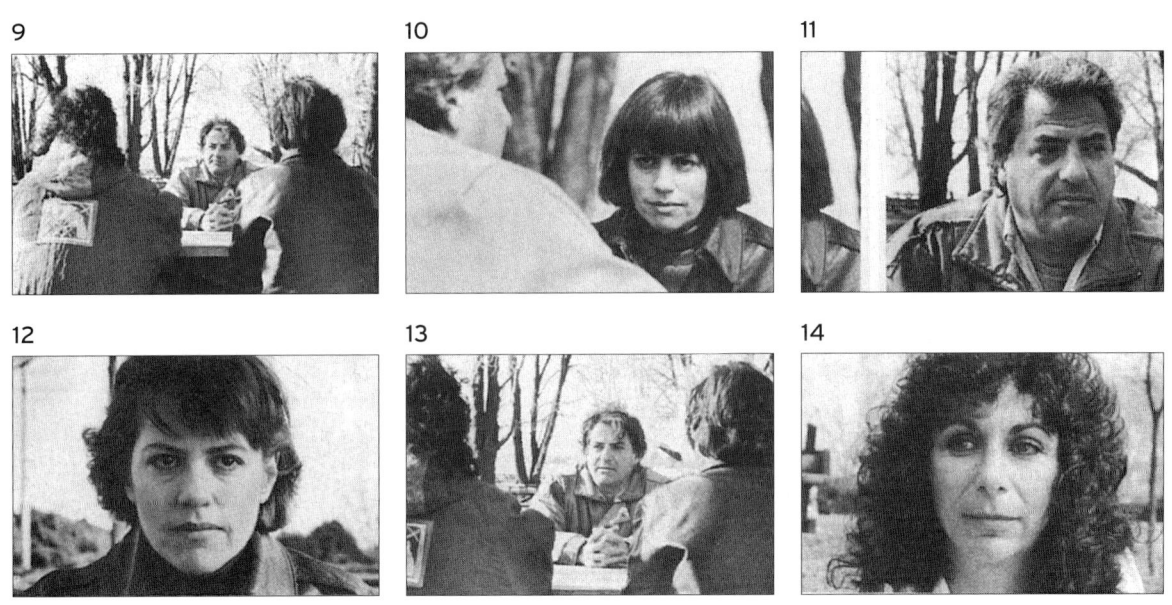

isolieren – was aus dramaturgischen Gründen gerechtfertigt sein kann. Beachten Sie, wie die Bilder 11 und 13 als Verbindungseinstellungen dienen, um unsere Aufmerksamkeit auf die anschließenden Großaufnahmen in Bild 12 oder Bild 14 zu lenken. Die Richtung ist entscheidend, in die der Mann schaut; der Schnitt in die Drehung des Kopfes ist in der Montage ein wirkungsvoller Kunstgriff.

Als letztes soll noch auf die Bedeutung eingegangen werden, die der Wahl der Optik zukommt. Diese Aufnahmen wurden alle mit Objektiven zwischen 50 und 90 mm Brennweite gemacht. Die Dreiereinstellungen in Bild 9 und Bild 13 sind mit einem 50 mm Objektiv aufgenommen worden und daher am weitesten geöffnet. Mit einer längeren Brennweite wäre es wahrscheinlich möglich gewesen, die Frauen im Vordergrund in eine engere Beziehung zu dem Mann zu bringen. Den Szenenraum mit der Optik zu manipulieren, ist eine wirkungsvolle Technik, sie kann aber widersprüchliche Eindrücke vom Raum auslösen, wenn sie unbedacht eingesetzt wird.

L-Form (Version Eins)

Hier sehen wir, wie die L-Form typischerweise verwendet wird. Nach einer schräg-seitlichen Einstellung in Bild 1 folgt ein untersichtiger Schuß über die Schulter in Bild 2. Wir sehen zwar nicht die Schulter des Mannes, aber einen Teil seines Arms. Das reicht aus, um die räumliche Einheit zu erhalten, wie wir sie aus der Eröffnungseinstellung kennen. Wir gehen anschließend mit Groß- und Nahaufnahmen näher heran. Beachten Sie, wie durch die vier Bilder ein Rhythmus entsteht, indem

1

2

3
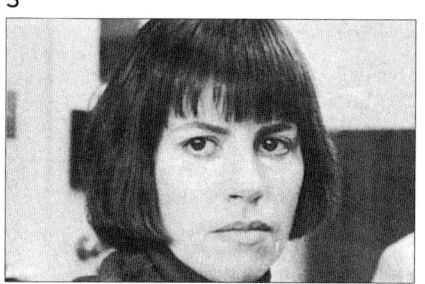
4

5

6

7

die Einstellungsgröße und der Blickwinkel der Kamera verändert wird. Der Bildausschnitt in den ersten drei Bildern wird ständig enger und weicht dann in Bild 4 in eine etwas weiter gehaltene Nahaufnahme zurück. Vergleichen Sie das mit der nächsten Bildfolge.

Die Bilder 5 bis 7 zeigen, wie die Sequenz aussieht, wenn wir nur Dreiereinstellungen über die Schulter verwenden. So kann man eine gesamte Unterhaltung auflösen, wobei Bild 6 vielleicht etwas enger sein könnte. Im großen und ganzen hat diese Sequenz eine viel entspanntere und ausgeglichenere Atmosphäre als die vorhergehende Version.

L-Form (Version Zwei)

Hier sehen wir eine andere Version der L-Form. Diesmal ist eine Zweier die Eröffnungseinstellung der Szene. Erst in Bild 3 können wir den Szenenraum überblicken. Das ist eine interessante Strategie, um eine Szene zu eröffnen – Informationen zum inhaltlichen Zusammenhang absichtlich zurückzuhalten. Wir sehen in Bild 1 auch, wie in der Regel eine Zweiereinstellung benutzt wird. Typisch ist diese Art, weil die L-Form üblicherweise zwei Akteure so gruppiert, daß sie sich am langen oberen

1

2

3

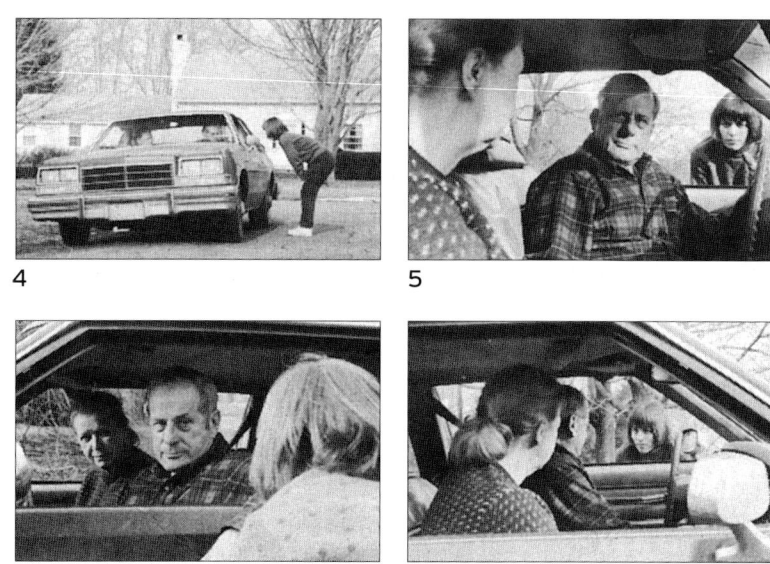

4 5

6 7

Strich des L befinden. Die L-Form in sitzenden oder stehenden Arrangements entsteht fast immer dann, wenn sich ein einzelner an zwei andere Akteure wendet.

Wir können den Gebrauch der Dreiereinstellung in der folgenden Fotoreihe mit der Zweiereinstellung in der vorhergehenden Sequenz vergleichen. Beide Dreiereinstellungen wurden über die Schulter aufgenommen. Eine andere Möglichkeit, die Dreiergruppe zu fotografieren, wird in Bild 7 gezeigt. Abschließend sei gesagt, daß die Bilder in allen Fotoreihen aus Gründen der Präsentation klein sein müssen, damit sie in dieses Buch hineinpassen. Im Kino würden uns die Personen in diesen Einstellungen beträchtlich näher erscheinen und damit auch vertrauter.

I-Form

Dies ist eine einfache Variante einer gängigen Inszenierungsform. Wieder können wir sehen, daß die Möglichkeiten für den Schnitt alle zum Schuß-Gegenschuß-Schema tendieren. Wenn nicht geschnitten wird, können wir zwar die Akteure so anordnen, daß sie sich kompliziert in die Tiefe staffeln, aber oft zeigen Schüsse über die Schulter, Zweiereinstellungen und Großaufnahmen ein Geschehen am besten. In dieser

1

2

3

4

5

6

Bildfolge finden wir diese Strategie wirkungsvoll umgesetzt. Würde man alles in einer Master drehen wollen, müßte man die Kamera mit einem Dolly bewegen und die Akteure immer in neue Positionen stellen, um viele der Blickwinkel zu erhalten, die wir haben, wenn wir die Szene in viele Einstellungen auflösen. Später werden wir uns Inszenierungstechniken anschauen, in denen eine einzelne Haupteinstellung eine gesamte Szene abdeckt.

A-Form (Tiefenstaffelung Eins)

Die nächste Bildfolge zeigt eine ungewöhnliche Inszenierung für Dialogsequenzen. Ich betrachte diese Sequenz als eine Studie darüber, wie

1

2

3

4

man Akteure in die Tiefe staffeln kann und welche Rolle die Optik dabei spielt.

Die Schauspieler sind in den Bildern 1 bis 4 einfach arrangiert; zwischen dem Mann und den beiden Frauen verläuft die Handlungsachse. Unter Berücksichtigung dieser Achse können wir uns den Frauen in einer untersichtigen Zweiereinstellung nähern (Bild 3) oder durch einen Schuß über die Schulter (Bild 4), wodurch eine neue Achse entsteht.

Möchten wir eingehender untersuchen, wie der Mann und die Frauen zueinander stehen, können wir dazu ein Gegenschußpaar benutzen. Die Achse würden wir zum Beispiel so überqueren: Wir eröffnen die Szene in Bild 5 mit einer Halbnaheinstellung vom Mann.

5

6

7

Danach könnte der Mann den Kopf drehen und zu den Frauen im Vordergrund von Bild 6 herüberschauen. Nach mehreren Sekunden wendet sich der Mann ab, und wir schneiden auf Bild 7. Danach können wir in die Zweiereinstellungen oder in die Einstellungen über die Schulter aus der vorhergehenden Bilderfolge umschneiden. Wir haben auch die Möglichkeit, nach Bild 7 auf Einstellungen über die Schulter zu schneiden, die von der anderen Seite der Achse aufgenommen sind.

A-Form (Tiefenstaffelung Zwei)

Dieses in die Tiefe gestaffelte Arrangement ist ein gutes Beispiel dafür, wie man das Prinzip der Frontalität nutzen kann. Es ist entwickelt worden, um ohne Gegenschüsse oder seitliche Einstellungen auszukommen. Der Kamera ist es möglich, bis in den Hintergrund zu fahren, um dort die Frau zu zeigen, die durch das Gartentor kommt. Nach der Eröffnungseinstellung würde die Szene, solchermaßen arrangiert, möglicherweise nur die Bilder 2 und 3 für ein ganzes Gespräch nehmen.

Die Bilder 4 bis 6 zeigen, wie man den Szenenraum auch anders etablieren kann. In dieser Version beginnt die Szene mit der Frau im Hintergrund. Durch ihren Blick sind wir neugierig geworden und schneiden auf das offenere Bild mit den beiden anderen Akteuren in

1

2

3

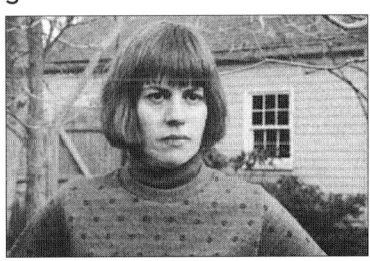

4

5

6

Bild 5. Dies ist ein Schnitt auf den Blick, jedoch keine Subjektive, da hierfür der entgegengesetzte Blickwinkel notwendig wäre. Schließlich gehen wir mit der Kamera zurück in eine Totale, die uns den Überblick über die Szene verschafft. Sie könnte als dramatische Pause in der Mitte der Szene oder auch als Schlußeinstellung dienen.

A-Form (Experimentieren mit der Handlungsachse)

Diese A-Form arrangiert die Beteiligten so, daß sie unterschiedlich hoch plaziert sind, um interessantere Einstellungen zu erhalten. Außerdem ist es ein Beispiel dafür, wie man unorthodox mit der Handlungsachse umgehen kann. Die Bilder 1 und 2 etablieren die Achse äußerst ungewöhnlich, da sie die Blicklinie der Akteure außer acht lassen. Bild 3 ist ein radikaler Wechsel in die Untersicht, aber die Geografie der Szene war in Bild 1 derart klar, daß wir uns erinnern, wo der Junge auf dem Geländer gesessen hat. Außerdem wurde der Gewehrkolben absichtlich in die Einstellung einbezogen, um einen räumlichen Fingerzeig anzubieten.

Bild 4 respektiert die neue Achse, die zwischen den beiden Jungen auf dem Geländer entstanden ist, aber in Bild 5 mißachten wir sie wieder, um den Jungen zu zeigen, der unten vor dem Geländer steht.

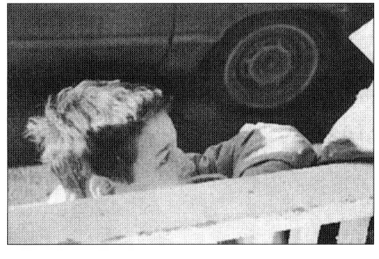

5

6

7

Bild 6 ist eine neue Übersichtseinstellung, und Bild 7 geht noch einmal über die Achse. In einer Filmsequenz würde man wahrscheinlich mit Kopfdrehungen und anderen räumlichen Hinweisen arbeiten, um die Schnittfolge zusammenhängender zu gestalten. Ob diese regelbrechende Art der Auflösung allerdings für Sie funktioniert, bleibt Ihnen überlassen.

L-Form (Version Drei)

Hier sehen wir eine andere Möglichkeit, wie man die vorherige Szene auflösen kann. In dieser Version werden viele Einstellungen durch den Schnitt auf den Blick vorbereitet. Wir beginnen mit der Dreiereinstellung in Bild 1 (der dritte Junge ist durch das Geländer verdeckt). Wir

1

2

3

4

  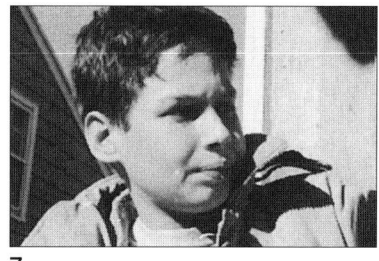

5   6   7

schneiden auf Bild 2 in den Gegenschuß, sobald der Junge Kopf und
Blick wendet. Es folgt noch ein Gegenschuß, und zwar eine Großaufnahme von dem Jungen hinter dem Geländer, der den Blick erwidert.
In Bild 4 wirft der Junge, der oben auf dem Geländer sitzt, ein Stein-
chen nach dem Jungen hinter dem Geländer, der in Bild 5 nach oben
schaut. Wir öffnen Bild 6 zu einer Totalen, da der Junge im Vordergrund
seinen beiden Freunden etwas zuruft. Das bringt den Jungen dazu, seinen Kopf zu drehen, wie in der Großaufnahme von Bild 7 zu sehen ist.
Alle Schnitte in dieser Sequenz sind entweder durch eine Aktion oder
durch einen Blick begründet.

11 Inszenieren von Dialogszenen mit vier und mehr Personen

Inszeniert man Dialogszenen mit vier oder mehr Personen, kann man die gleichen A-, I- und L-Formen verwenden, die wir benutzt haben, um Dialogszenen mit drei Personen zu arrangieren. Allerdings wächst mit der Anzahl der Personen auch die Zahl der Möglichkeiten für Einzel- und Gruppeneinstellungen. In einer Szene mit fünf Personen sind zum Beispiel insgesamt 27 verschiedene Einstellungen möglich: fünf Großaufnahmen, neun Zweier-, sechs Dreier-, sechs Viererstellungen und eine Haupteinstellung mit fünf Personen. Diese Zahl von Alternativen sollte für jede Szene mehr als ausreichend sein. Einige Einrichtungen sind allerdings von vornherein unbrauchbar, und ansonsten ist es nötig, zusammenzulegen oder zu vereinfachen, wenn man mehr als drei Personen pro Gruppe fotografieren will.

In nahezu allen Fällen erledigt die dramatische Struktur der Geschichte diese Arbeit für uns, indem der allgemeine Blick auf menschliche Situationen durch die Handlungen einzelner erst verständlich gemacht wird. Dieses Prinzip finden wir praktisch in jeder Mehrpersonenszene, wenn wir uns innerhalb eines eng begrenzten Zeitrahmens auf die Schlüsselerlebnisse der Hauptcharaktere konzentrieren. Das sind zwar dramaturgische Konventionen, aber sie gleichen der Erfahrung, wie wir im wirklichen Leben jede größere Ansammlung von Menschen erleben. Auf einer Abendgesellschaft zum Beispiel stellen sich die Leute von selbst in kleinen Gruppen zusammen, weil es einfach zu schwierig ist, sich mit mehr als fünf oder sechs Leuten gleichzeitig zu unterhalten. Und wenn eine einzelne Person die Aufmerksamkeit aller anderen Gäste auf sich zieht, so ist das im Grunde genommen ein Zwei-Personen-Arrangement: der Redner und sein Publikum. Wird eine größere Gruppe von Menschen gefilmt, in der mehrere Beteiligte sprechen,

Abb. 11.1

werden anstelle von Dreier- und Vierergruppeneinstellungen häufig Großaufnahmen benutzt, denn damit lassen sich die Akteure leichter auseinanderhalten.

Wenn wir uns die Abb. 11.1 ansehen, erkennen wir einen Mann, der von sieben anderen Personen umringt ist. Es wäre ungewöhnlich, wenn alle Beteiligten einen längeren Text hätten. Aber selbst, wenn dies der Fall wäre, würden sicher höchstens zwei von ihnen als zentrale

Abb. 11.2

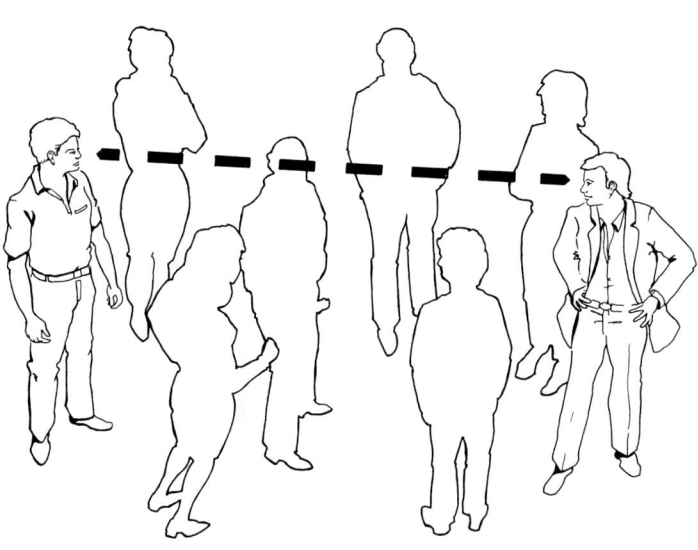

Figuren hervortreten. Um die Kameraposition zu bestimmen, muß man zuerst festlegen, welche Akteure in der Szene die zentralen Figuren sind.

Abb. 11.2 zeigt die Handlungsachse, die zwischen den zwei dominierenden Akteuren der Szene entstanden ist. Vielleicht werden von allen anderen Beteiligten Großaufnahmen gemacht, aber die Inszenierung behält grundsätzlich die Handlungsachse bei, wie sie von diesen beiden Figuren etabliert wurde.

Abb. 11.3 zeigt, was passiert, wenn der Text gleichmäßig zwischen drei Schauspielern verteilt ist. In diesem Fall findet die A-Form Anwendung, und entsprechend wird der Kamerastandpunkt gewählt. Wie wir im vorigen Kapitel gelernt haben, ist auch die A-Form letztlich auf die Zwei-Personen-Stellung der I-Form reduziert, wenn es darum geht, die Handlungsachse zu bestimmen. Die Schauspieler ohne Text sind zwar möglicherweise in der Einstellung ebenfalls zu sehen, aber die Kamerapositionen sind begrenzt auf den 180-Grad-Arbeitsbereich auf einer Seite der Handlungsachse.

Dieselbe Logik wird in Abb. 11.4 auf vier Hauptakteure angewendet. In dieser Situation haben wir mehrere Blicklinien und damit mehrere mögliche Handlungsachsen. Es ist natürlich denkbar, für jede Paarkombination eine Kameraposition auszutüfteln, aber es geht beim Inszenieren auch einfacher. Beschränken Sie sich auf einige wenige Ein-

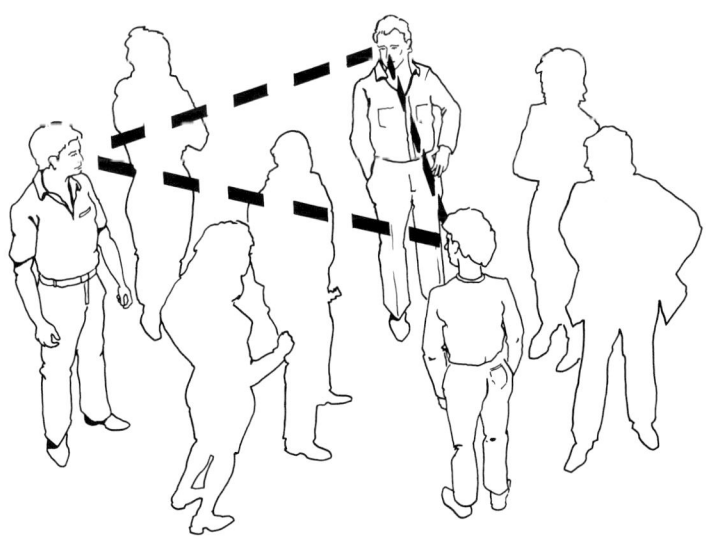

Abb. 11.3

Abb. 11.4

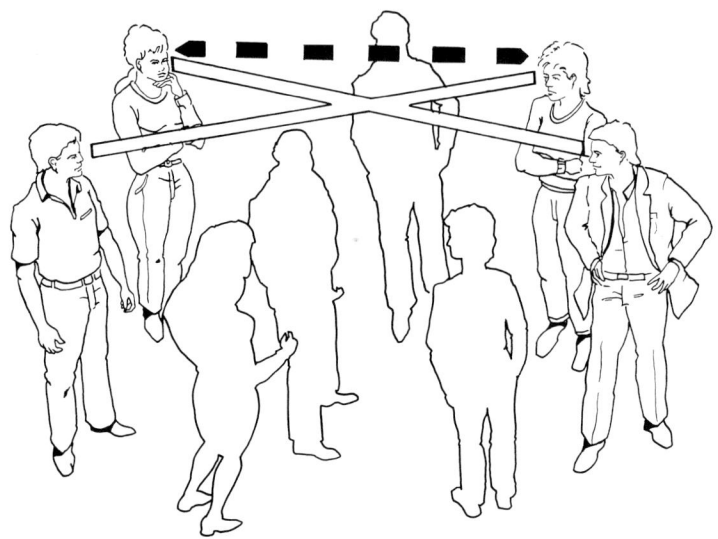

richtungen. Wenn Sie mehr als vier Blickachsen festlegen, um sich in einer großen Gruppe zu bewegen, schaffen Sie sich nur unnötig Probleme. Die gestrichelte Linie in Abb. 11.4 stellt eine grundlegende Handlungsachse dar, die Großaufnahmen, Einzel-, Zweier- und Gruppeneinstellungen ermöglicht. Damit haben wir für die Kamera eine allgemeine Blickrichtung bestimmt.

Es muß an dieser Stelle erwähnt werden, daß wir uns hier intensiv mit der Handlungsachse und den Kameraeinrichtungen beschäftigen, weil wir davon ausgehen, daß lebhaft hin und her geschnitten wird. Bei allen bisherigen Inszenierungsbeispielen für eine große Gruppe könnte man aber auch von einer einzigen Kameraeinrichtung ausgehen, und damit wären dann selbstverständlich sämtliche Anschlußprobleme gelöst.

Es ist leicht, sich die Problematik der Handlungsachse vor Augen zu führen, wenn man eine Illustration zur Hilfe nimmt, die alles aus übersichtlich erhöhter Perspektive darstellt; steht man aber mit einer großen Gruppe von Schauspielern auf dem Set, ist das Problem alles andere als einfach. Aber wie kompliziert die Inszenierung auch wird, die Geografie der Kamerastandpunkte läßt sich für jede beliebige Szene leicht bestimmen, wenn man die Handlungsachse im Kopf behält. Das gilt immer, ganz gleich, ob man nun nach ihren Regeln verfahren möchte oder nicht. Der japanische Regisseur Yasujiro Ozu, der durch seinen Inszenierungsstil geradezu gezwungen war, über die Achse zu gehen, lehnte die traditionellen Kontinuitätsprinzipien ebenso konsequent ab, wie sie von den Hollywoodregisseuren beachtet wurden. Das Beschreiben von Inszenierungsmodellen nach den Regeln der Handlungsachse dient einzig dem Zweck, einem Regisseur eine Hilfestellung zu geben, damit er mit klarem Verstand seine Wahl treffen kann. Die Handlungsachse sowie die Arrangements, die sich aus ihren Regeln ergeben, sollten nicht als ästhetisches Prinzip, sondern als Organisationssystem verstanden werden. Sollte Ihnen dieses System dabei helfen, eine völlig neue Arbeitsmethode zu entwickeln – um so besser.

A-Form (Version Eins)

Diesmal sitzen fünf Personen kreisförmig um einen Tisch. Dieses Arrangement kann als I-, A- oder L-Form interpretiert werden, je nachdem, welche Personen hervorgehoben werden sollen. Es bleibt Ihnen überlassen, die Handlungsachse, den allgemeinen Blickwinkel und die Inszenierungsform auszuwählen.

In unserem Beispiel verläuft die vorherrschende Blickrichtung der Kamera über die Schulter der Großmutter, die in Bild 3 zu sehen ist. Alle anderen Beteiligten können aus dieser Position betrachtet werden. Es ist nur ein einziger Gegenschuß erforderlich, nämlich der für die Großmutter.

Die Handlungsachse ist in diesem Arrangement extrem flexibel, denn sie ist durch die Blicklinien der Schauspieler bestimmt. Wie man sieht, gibt es in diesem kreisförmigen Arrangement so viele mögliche Blicklinien, daß wir leicht eine andere Achse irgendwo im Szenenraum etablieren könnten.

Die Bilder 2 und 4 zeigen eine Form der Bildauflösung, bei der die

1

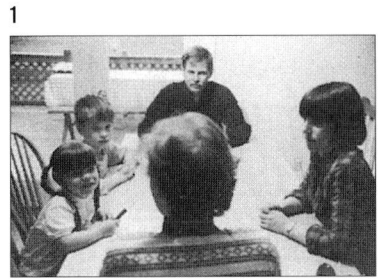

2

3

4

5

6

Personen an den Tischseiten in schräg-seitlichen Einstellungen zu sehen sind, und zwar aus der Sicht der Großmutter (Bild 3). Eine ungewöhnliche Alternative dazu sind die beiden Schüsse über die Schulter der Großmutter in den Bildern 5 und 6, in denen die Akteure Seite an Seite erscheinen.

L-Form

Dies ist ein gutes Beispiel dafür, wie eine Szene mit einer Gruppe von vier Akteuren in mehrere Nahaufnahmen, Zweier- und Dreiereinstellungen aufgelöst werden kann. Die beiden nebeneinandersitzenden Mädchen bilden in diesem Arrangement eindeutig eine Zweiereinstellung und bilden das Zentrum der Szene. Wir können sie für den

1

Bildaufbau so betrachten, als ob sie als einzelne Person dem Jungen gegenübersitzen; im Grunde genommen arbeiten wir also mit der I-Form.

In Bild 1 erfassen wir die gesamte Gruppe und nähern uns in Bild 2 einer weiten Dreiereinstellung, die

2

3

4   5

wir über die Schulter des Jungen aufgenommen haben (die vierte Person ist nur zum Teil erkennbar). Die Zweiereinstellung über die Schulter in Bild 3, die Zweiereinstellung in Bild 4 und die Halbnaheinstellung in Bild 5 ergeben zusammen eine vereinfachte Bildauflösung der Szene, vorausgesetzt, man wünscht zu unterschneiden.

Wie leicht es wäre, die Szene für eine einzige Haupteinstellung zu arrangieren, sehen wir in Bild 2. Würde die Kamera um etwa einen Meter nach rechts versetzt und würde sie nach oben schwenken, wären alle vier Personen erfaßt. In diesem Arrangement sähe man die sitzenden Personen im Profil und das stehende Mädchen von vorn.

A-Form (Version Zwei)

Die nächste Fotoreihe von neun Einzelbildern vergleicht I-, L- und A-Form und zeigt drei Möglichkeiten der Inszenierung. Im ersten Beispiel wird die I-Form klassisch in drei Einstellungen aus verschiedenen Blickwinkeln aufgenommen. Bild 1 wurde frontal aus der Mitte heraus fotografiert. Immer noch aus der zentralen Position zwischen den Personen, aber näher herangerückt, wendet sich die Kamera nach links und rechts, um die Einstellungen der Bilder 2 und 3 zu machen.

In der zweiten Sequenz eröffnen wir mit dem Mädchen, das so neben den sitzenden Kindern steht, daß sich daraus die L-Form ergibt. Für die weiteren Aufnahmen ist die Kamera in eine Position versetzt worden, die dicht an der Handlungsachse liegt, aber beinahe außerhalb des Szenenraums. In zwei schräg-seitlichen Aufnahmen sehen wir eine Einzel- und eine Dreiereinstellung.

In der letzten Sequenz ist die gleiche Szene in der A-Form interpretiert worden. Diesmal wird das Mädchen in den Bildern 7 und 8 von

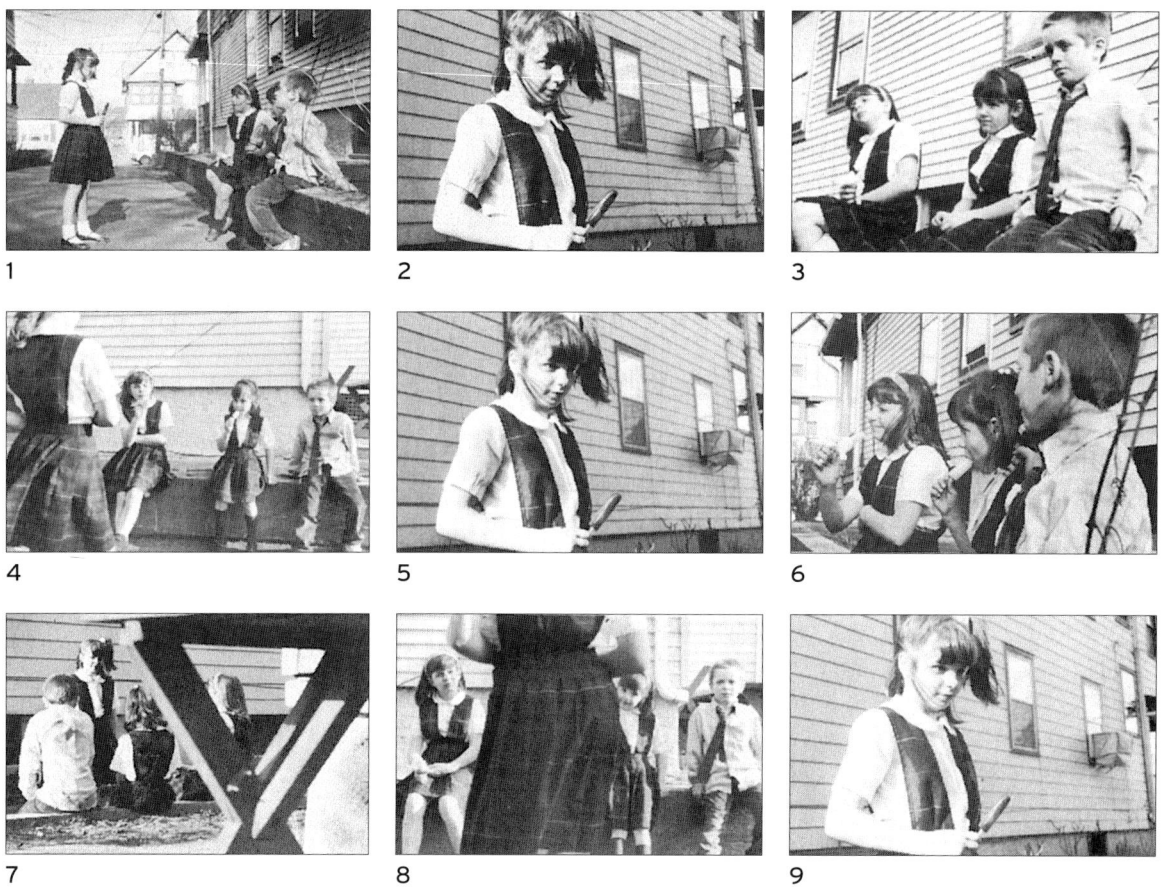

den anderen Mitspielern flankiert. In diesen beiden Einstellungen verläuft die Handlungsachse praktisch mitten durch die Kamera.

Die Inszenierungsformen können auch miteinander gemischt werden. Wenn man beispielsweise die Bilder 1, 4 und 7 vertikal liest, passen die Einstellungen aus der I-, L- und A-Form recht gut zusammen. Man muß grundsätzlich entscheiden, ob man einen symmetrischen oder einen asymmetrischen Bildaufbau möchte. Am deutlichsten zeigt sich das im Schuß-Gegenschuß-Verfahren.

Frontale Stellungen für einen Master Shot

Inzwischen sollten die verschiedenen Möglichkeiten bekannt sein, die man benötigt, um Dialogsequenzen mit zwei, drei, vier und mehr Per-

sonen zu inszenieren. Dies gilt insbesondere für die Montagemuster und die Art des Bildausschnitts. Bei Gruppen von mittlerer Größe, in der jede Person Gewicht in der Handlung hat, ist es häufig sinnvoll, die Gruppe für eine Master zu arrangieren. Die folgenden Beispiele zeigen, wie man Figuren asymmetrisch inszenieren und in die Tiefe staffeln kann.

Werden in einem Master Shot die Aktionen einer Gruppe von einem einzigen Blickpunkt aus arrangiert, erhält das Geschehen auf der Leinwand leicht etwas Bühnenhaftes. Es ist besser, die Schauspieler entlang der optischen Achse zu plazieren, wie dies mit den Jungen auf dem Flur (Bild 1 und 2) geschehen ist, als sie einfach quer im Bild anzuordnen. Die Akteure sind hier im Profil zu sehen. Die Darsteller im Vordergrund wenden sich möglicherweise von der Kamera ab, um auf Akteure im Hintergrund zu reagieren, aber sie können genauso gut angewiesen werden, mit den Schauspielern gegenüber zu sprechen oder ihnen zu antworten.

In die Tiefe gestaffelte, frontale Stellungen

In dieser Bildserie geht es um eine in die Tiefe gestaffelte Komposition mit einem Akteur, der sich im Vordergrund nah an der Kamera befindet. Die allzu bühnenhafte Anordnung in Bild 3 ist in Bild 4 so verändert, daß sich die Akteure im Hintergrund locker gruppieren.

Die Kompositionen der Bilder 1 bis 6 sind schrittweise entwickelt worden; sie entsprechen damit dem Vorgang der Inszenierung, wie er sich am Drehort zwischen Regisseur, Schauspielern und Kameramann abspielt. Alle Bilder sind Varianten der gleichen Szene, wobei Bild 5

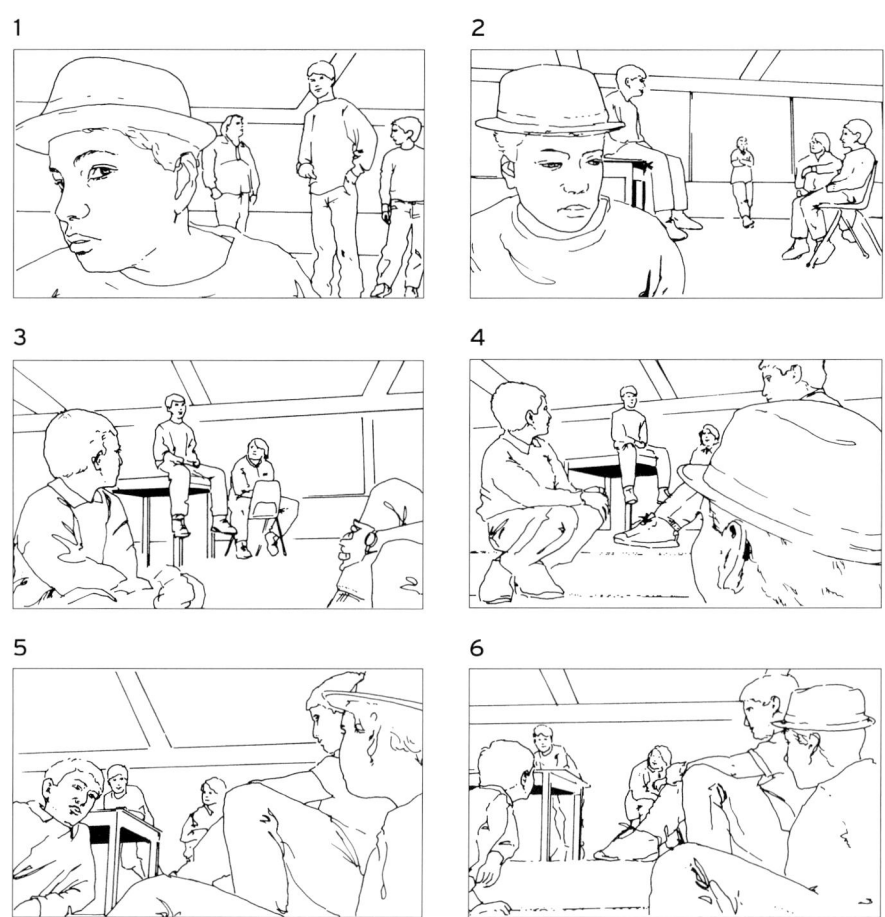

einer akzeptablen Lösung am nächsten kommt. Allerdings würde ich die rechts sitzende Person etwas weiter vorne plazieren.

Bei der Inszenierung von Gruppen befürchten Filmemacher manchmal, daß ihre Schauspieler nicht deutlich genug im Bild zu sehen sind. Es sieht allerdings nach Effekthascherei aus, wenn man Personen zu künstlich arrangiert; das einzige Mittel dagegen ist, sich über einen »geordneten« Bildaufbau hinwegzusetzen. In den folgenden Beispielen verdecken sich einige Personen gegenseitig oder sind nur teilweise im Bild. Wer sich diese Freiheit nimmt, dem stehen bei der Inszenierung viel mehr Möglichkeiten offen. Dieser Kompositionsstil wird angeschnittener, offener Bildaufbau genannt. Wir werden ihn in einem späteren Kapitel noch eingehender untersuchen.

Menschenmengen und große Gruppen

Zum Abschluß dieses Kapitels gehen wir darauf ein, wie der Schauspieler inmitten einer Menschenmenge oder einer größeren Ansammlung von Leuten dargestellt wird. Inszenieren wir eine Dialogszene in einer Menschenmenge, werden die Beteiligten im Gespräch so angeordnet, wie wir es bereits bei den Konzepten für zwei, drei und vier Personen kennengelernt haben. Allerdings gibt es zusätzliche Techniken der Kameraführung, um einige räumliche Probleme zu lösen, wenn es in der Szene von Menschen wimmelt.

In oder am Rand einer Menschenmenge werden Dialogszenen hauptsächlich nach zwei Verfahren gedreht: Entweder steht die Kamera in der Menge und schaut nach außen, oder sie steht außerhalb und schaut nach innen. In beiden Fällen ist das Vorgehen weitgehend von der Brennweite der benutzten Optik abhängig. Einstellungen aus dem Geschehen heraus werden in der Regel mit einer weiten oder normalen Optik aufgenommen, wohingegen Einstellungen, die ein Geschehen von außen fotografieren, mit einem Teleobjektiv gedreht werden.

Teleobjektive

Abgesehen von dem besonderen visuellen Reiz einer Teleaufnahme sind lange Brennweiten für das Drehen von großen Menschenmengen aus logistischen Gründen beliebt. Es ist zum Beispiel möglich, mit einer kleinen Anzahl von Komparsen den Anschein einer großen Menschenmasse zu erwecken – man muß nur für die Teleoptik die Komparsen geschickt in die Tiefe staffeln. Dank der geringen Tiefenschärfe, die eine lange Brennweite mit sich bringt, kann man nämlich mit Hilfe des Teleobjektivs die Hauptdarsteller aus den Bildelementen des Vorder- und Hintergrundes herauslösen, unabhängig davon, ob die Menschenmenge echt ist oder inszeniert.

Ein weiterer Pluspunkt des Teleobjektivs ist, daß die Kamera in einiger Entfernung von der Menge aufgestellt werden kann und dadurch die Arbeit des Kameramanns erleichtert wird. Die räumlichen Verhältnisse in und zwischen den Einstellungen bleiben wegen der geringen Tiefenschärfe unklar, und der genaue Schauplatz der Handlung ist nur schwer zu identifizieren. Das Teleobjektiv erlaubt dem Kameramann, diskret in einer großen Menschenmenge zu arbeiten und Akteure in nichtinszenierten Situationen zu fotografieren (wie in den Fotos geschehen, die zu diesem Abschnitt gehören).

Mit einem Teleobjektiv muß die Kamera außerhalb des Geschehens bleiben. Denn wenn sie mitten in der Menge steht, muß sie eine große Entfernung zu den Akteuren einhalten, um sie ins Bild zu bekommen. Dabei können zu viele Komparsen zwischen Kamera und Hauptpersonen gelangen, so daß schließlich die Menge die Schauspieler verdeckt. Einstellungen mit der Teleoptik, die innerhalb einer Menschenmenge gemacht werden, müssen daher sorgfältig inszeniert sein, damit sich zwischen Kamera und Schauspielern die richtige Anzahl von Leuten aufhält. Meistens stellt sich heraus, daß bereits zehn bis fünfzehn Komparsen genügen, um den Eindruck einer großen Menschenmenge hervorzurufen.

Weitwinkel- und Normalobjektive

Eine Aktion für eine weite Optik zu inszenieren, ist noch wesentlich schwieriger. Die Kamera steht immer im Geschehen, nahe der Hauptperson der Einstellung. Genau wie beim Teleobjektiv müssen die Komparsen zwischen Kamera und Hauptperson sorgfältig arrangiert werden, aber wegen der größeren Tiefenschärfe und Klarheit vergibt die normale Optik einen Fehler im Bildaufbau nicht so leicht. Es ist deshalb entscheidend, wo die Figuren stehen, da die gesamte Einstellung ruiniert werden kann, wenn sich nur ein Element leicht verändert. Bewegen sich Kamera und Personen gleichzeitig, ist viel mehr an Komparserie nötig. Die Kamera steht nämlich mitten im Geschehen, und bei einer Vierteldrehung kommen 90 Grad Szenenraum dazu. Dieser Raum muß möglicherweise mit Dutzenden oder gar Hunderten von Statisten aufgefüllt werden. Dabei müssen Kameramann und Crew auf engstem Raum zusammenarbeiten und darauf achten, daß ihnen der Rücken freigehalten wird, wenn sie sich mit Dolly und Licht bewegen.

Trotz allem hat die normale Optik eindeutig Vorteile; zum einen, weil sie klar und deutlich die Geografie einer Szene zeigt und zum anderen wegen ihrer besonderen grafischen Eigenschaften. Im allgemeinen muß man turbulente Aktionen für eine weitwinklige Optik inszenieren, während Dialogszenen mit dem Teleobjektiv fotografiert werden können. Wir schauen uns nun ein paar Beispielaufnahmen mit unterschiedlichen Brennweiten an.

Vergleich von Objektiven in Massenszenen

Der Pfeil deutet jeweils auf die Darsteller in unseren Einstellungen. Bild 1 wurde abseits des Geschehens mit einem leicht weitwinkligen Objektiv (35 mm) aufgenommen. Bild 2 ist durch die Parade hindurch fotografiert und betrachtet unsere beiden Darsteller inmitten des Geschehens mit einem 40-mm-Objektiv.

In Bild 3 befinden wir uns mit unseren Darstellern wieder auf derselben Straßenseite, sind aber diesmal mit einer längeren Optik ausgerüstet, um den Hintergrund näher heranzuziehen. Ein ungewöhnlicher Effekt ist dabei, daß wegen der geringen Tiefenschärfe unsere Darsteller im Vordergrund nicht scharf abgebildet sind. Einige Filmemacher haben etwas dagegen, ihre Akteure leicht in die Unschärfe geraten zu lassen, selbst wenn sie der Mittelpunkt der Szene bleiben. Meiner Meinung kann man die Darsteller gut erkennen, wenn man ihr Aussehen und ihre Kleidung in früheren Szenen etabliert hat. Bild 4 ist mit einem 500-mm-Objektiv von der anderen Straßenseite aus fotografiert worden, wobei zwei Zuschauer im Vordergrund benutzt wurden, um das Bild zu rahmen. Die Bilder 5 und 6 sind am Rande des Geschehens, aber nah am Menschengewimmel, mit einem 50-mm-Objektiv aufgenommen worden.

In der Bildfolge auf der nächsten Seite vergleichen wir Objektive mit unterschiedlichen Brennweiten. Das erste Bild wurde mit einem 40-mm-Objektiv fotografiert (die Darsteller sind im Mittelgrund), das zweite mit einem 50-mm-Objektiv (die Darsteller sind im Vordergrund) und das letzte mit einem 300-mm-Objektiv (die Darsteller sind im Hintergrund).

40-mm-Objektiv

50-mm-Objektiv

300-mm-Objektiv

12 Inszenieren von Bewegung

ls Fred Astaire den Broadway verließ, um für das RKO-Studio zu arbeiten, faßte er seine Ansicht über Film und Tanz so zusammen: »Entweder tanzt die Kamera oder ich.« Das ist ein ausgezeichneter Rat für einen Choreografen, und es beschreibt knapp und präzise die beiden Methoden, die es grundsätzlich gibt, um Bewegung zu inszenieren: Bewege die Kamera oder bewege, was im Bild zu sehen ist.

In den drei vorhergehenden Kapiteln haben wir untersucht, wie man Dialogszenen inszeniert. Dabei haben wir Sequenzen verwendet, die aus Einstellungen von verschiedenen Kamerastandorten gebaut waren, um die Aufmerksamkeit des Zuschauers zu lenken: Die Kamera wurde Einstellung für Einstellung versetzt, die Schauspieler blieben unverändert stehen. Zu dieser Art von Inszenierung gibt es eine Alter-

1

Schnitt auf:

2

3

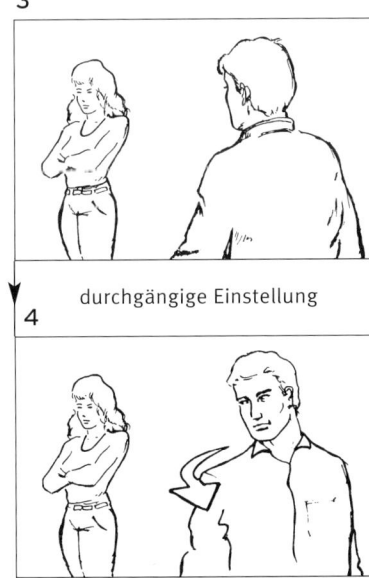

durchgängige Einstellung

4

Abb. 12.1: Die Bilder 1 und 2 zeigen die Schnittfolge Schuß-Gegenschuß. Die Bilder 3 und 4 stellen eine durchgängige Einstellung dar, in der sich der Mann zur Kamera hinwendet. Mit dieser Strategie des beweglichen Arrangements erzielt man das gleiche Resultat wie durch eine Schnittfolge.

native: Man lenkt die Aufmerksamkeit des Zuschauers von einer Person auf eine andere, indem man die Akteure innerhalb des Raums bewegt, den die Kamera erfaßt. In der Praxis werden beide Methoden häufig kombiniert, um eine flüssige und abwechslungsreiche Inszenierung einer Sequenz zu erreichen. Außerdem können wir die Kamera selbst in Bewegung setzen, indem wir mit dem Dolly fahren oder sie auf einen Kran setzen. Diese drei Methoden, ein Geschehen in seiner Abfolge zu fotografieren, decken die ganze Bandbreite an Inszenierungstechniken ab, die es für Kamera und Bildobjekt gibt.

In Abb. 12.1 zeigen die Bilder 1 und 2 eine einfache Schuß-Gegenschuß-Schnittfolge von Einstellungen über der Schulter. Es ist eine simple Auflösung für eine Dialogszene, in der die Darsteller sich nicht bewegen. Als Alternative dazu könnte man den Schauspielern erlauben, im Verlauf der Einstellung neue Positionen einzunehmen, wie in den Bildern 3 und 4 gezeigt wird. Weil sich der Mann in Bild 4 umgedreht hat, können wir ihn von vorne sehen, was zuvor nur in einer neuen Einstellung möglich gewesen wäre.

Eine Abwandlung derselben Idee ist in Abb. 12.2 dargestellt: durch die Bewegung des Schauspielers den Schnitt ersetzen. Diesmal kommt die Frau aus dem Hintergrund so weit nach vorne, bis sie in Großaufnahme zu sehen ist. Der Mann, ursprünglich mit dem Rücken zur

Abb. 12.2: Die Bilder 3 und 4 sind Teil einer einzigen Einstellung. Indem wir ein bewegliches Arrangement verwendet haben, werden die Schauspieler in verschiedenen Stellungen und Abbildungsgrößen gezeigt, so, als hätten wir Einstellungen aus verschiedenen Blickwinkeln aneinandergeschnitten.

1

Schnitt auf:

2

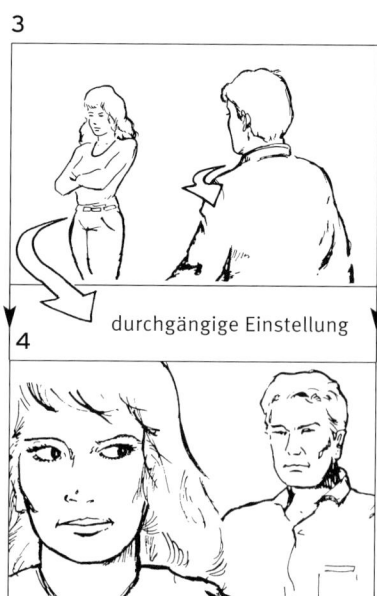

3

4

durchgängige Einstellung

Kamera, dreht sich mit ihr um, so daß beide ihr Gesicht der Kamera zuwenden. So haben wir die Gegenstücke zu einer Amerikanischen über der Schulter, einer Großaufnahme und einer Zweiereinstellung, ohne schneiden zu müssen.

Diese beiden Beispiele verdeutlichen, worum es bei der Inszenierung von Bewegung geht. Entscheidend für die Bewegung des Schauspielers ist einzig, ob sie motiviert ist oder nicht. Diese Art der Inszenierung fällt unter die Kategorie »Bühnenhandlung«. Damit kann alles mögliche gemeint sein: vom Anzünden einer Zigarette (die klassische Aktivität in den vierziger Jahren) bis zum Herumlaufen im Schlafzimmer während des morgendlichen Ankleidens. Man sollte sich allerdings eine Aktivität niemals aus den Fingern saugen müssen, nur um in eine Szene Bewegung hineinzubringen. Wenn Story, Schauspieler und Inszenierung gut zusammenwirken, ergeben sich daraus Ideen für Handlungen, in denen sich die genaue Beobachtung menschlichen Verhaltens spiegelt.

Bausteine

Rufen Sie sich die längste und komplizierteste Plansequenz ins Gedächtnis zurück, die Sie je in einem Film gesehen haben. Und jetzt stellen Sie sich vor, wie Sie diese Sequenz in einem Storyboard zeichnen würden. Da man die fortlaufende Bewegung nicht in einem einzelnen Bild darstellen kann, muß man Schlüsselmomente der Aktion auswählen und eine Folge von Einzelbildern zeichnen. Das erweist sich als recht einfach, denn die meisten dieser Aktionen setzen sich genau aus diesen wichtigen Momenten zusammen, die man braucht, um eine lange, ununterbrochene Einstellung flüssig zu inszenieren. Diesen Vorgang können wir auch umkehren und eine kontinuierliche Einstellung erfinden, die aus diesen einzelnen Schlüsselmomenten besteht.

Die Einzelbausteine für dieses Verfahren haben wir in den vorhergehenden Kapiteln bereits kennengelernt; es sind die Grundformen und Stellungen der Inszenierung. Es müssen lediglich unterschiedliche Grundformen und Stellungen verbunden werden, um mit den Schauspielern die Choreografie der Gänge und Bewegungen zu erarbeiten. Schließlich können so all die verschiedenen Blickwinkel, die bei einer Szene möglich sind, zu einer einzigen Einstellung verschmolzen werden.

Inszenieren von Bewegung: Beispiel Eins

Wir wollen versuchen, eine einfache Szene zu entwickeln, die aus zwei Positionen besteht und in der sich die Kamera und eine Darstellerin von der einen in eine neue Position bewegen (Abb. 12.3). Die Kamerafahrt und der Gang der Schauspielerin finden in einer einzigen, ununterbrochenen Einstellung statt. Die ergänzenden Schemazeichnungen zeigen in der Aufsicht die Choreografie der Bewegungen.

Stellen wir uns vor, die beiden Mädchen auf den Fotos hätten sich ein paar Augenblicke lang in der Einstellung unterhalten, die weitwink-

Abb. 12.3:

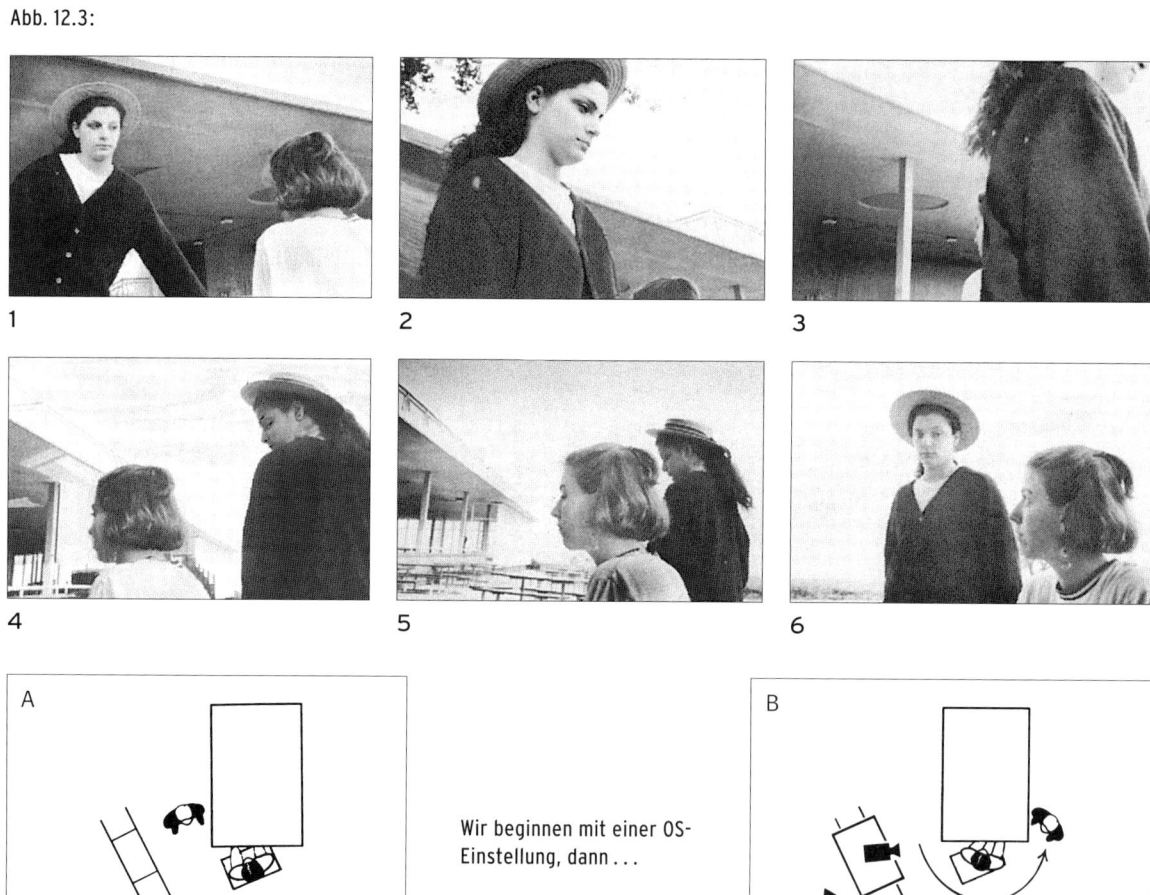

Wir beginnen mit einer OS-Einstellung, dann...

... fährt die Kamera nach vorn, während das stehende Mädchen auf die andere Seite des Tisches hinüber-geht.

lig über der Schulter aufgenommen wurde (Bild 1). Aber anstatt nun in eine neue Einstellung umzuschneiden, in der das sitzende Mädchen zu sprechen beginnt, fahren wir mit der Kamera ungefähr 1,20 Meter nach vorn, während das Mädchen mit dem Hut zur anderen Seite des Tisches geht. In dieser Version bewegen sich Kamera und Schauspielerin gleichzeitig; in dem abschließenden Bild 6 sind die beiden Mädchen so inszeniert, daß wir ihre Gesichter sehen können. Erkennen Sie vielleicht dieses Arrangement wieder? Es ist die Stellung Fünf aus Kapitel 9, in der zwei Akteure inszeniert wurden. Diesen besonderen Gang einer Person, der gegenläufig zur Fahrt der Kamera verläuft, nennt man Gegenbewegung. Das Gesicht des Mädchens ist in dieser Version für einen Moment nicht im Bild, als sie an der Kamera vorbeigeht, aber der ganze Vorgang ist kurz, zwischen Bild 1 und 6 vergehen nur wenige Sekunden. Natürlich gibt es viele Möglichkeiten, um die Stellung oder das Timing zu verändern, und jede Variante hat einen anderen Einfluß auf die dramatische Ausdruckskraft der Szene.

Nun sind wir bereit, uns an einer wesentlich anspruchsvolleren Plansequenz zu versuchen. Dazu verwenden wir die Inszenierungsformen und -stellungen, die wir in den vorangegangenen drei Kapiteln kennengelernt haben. Wir können mit der Zwei-Personen-Konstellation aus Stellung Vier (Kapitel 9) beginnen und sie mit anderen Positionen am Picknicktisch kombinieren. Auf den nächsten Seiten wird illustriert, wie sich mehrere einzelne Einstellungen zu einer Plansequenz zusammenfassen lassen, indem man Schauspieler und Kamera in Bewegung versetzt.

Beispiel Zwei

In Bild 1 (siehe nächste Seite) will das Mädchen ihrem Freund keine Beachtung schenken. Er rückt nach vorne und setzt sich an das Ende des Tisches – ihr gegenüber (Bild 2). Die Schemazeichnungen zeigen, wie sich die Kamera bewegt, um der neuen Anordnung zu folgen.

Frustriert erhebt sich der junge Mann und entfernt sich ein paar Schritte, redet aber noch immer auf das Mädchen ein (Bild 3). Dann kehrt er an den Tisch zurück (Bild 4) und versucht wütend, sie zu einer Reaktion zu provozieren. Die Kamera hat sich während dieser Aktionen nicht bewegt.

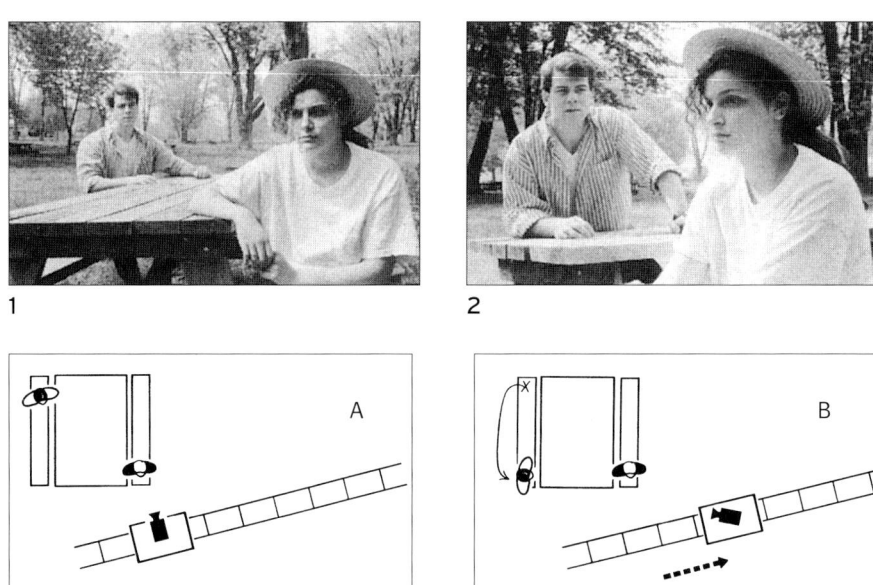

1   2

A   B

Nun geht der junge Mann auf die Kamera zu, die 1 Meter bis 1,50 Meter (rückwärts) vor ihm her fährt, bis er sich in Bild 5 zu dem Mädchen umdreht. Während er spricht, dreht sich die junge Frau zu ihm hin. Mit dieser Bewegung fährt die Kamera wieder auf sie zu und verliert dabei den Mann aus dem Bild. Sobald das Mädchen in einer Naheinstellung zu sehen ist, bleibt die Kamera für einen Moment stehen.

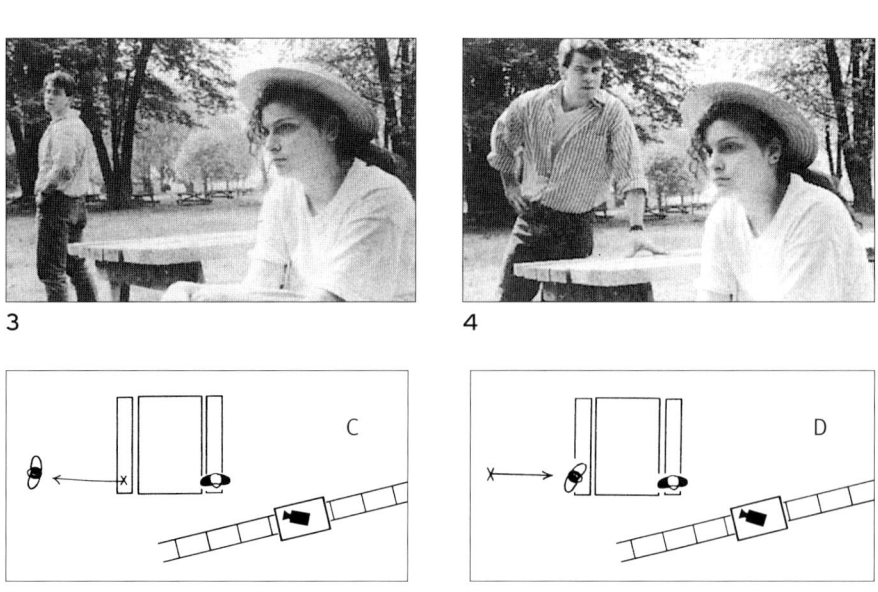

3   4

C   D

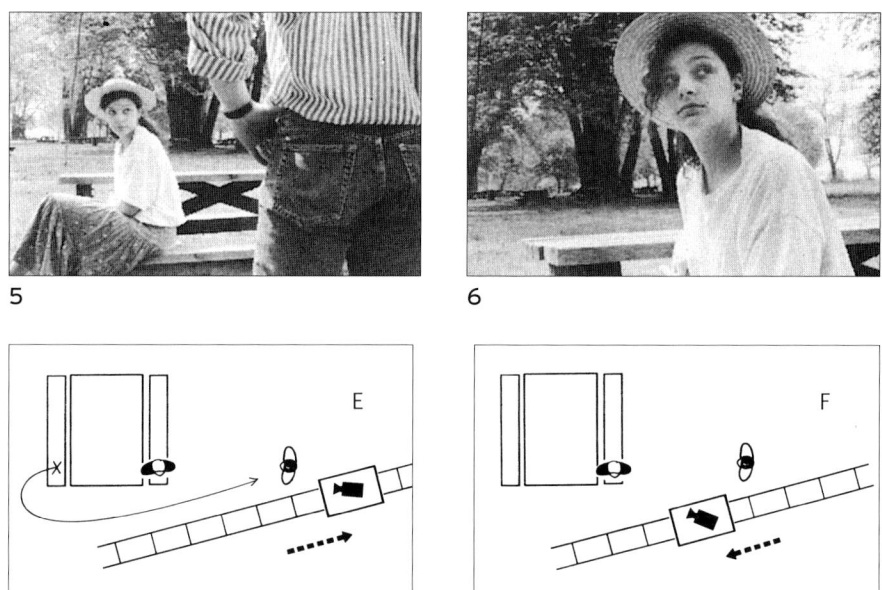

5   E   6   F

Die Kamera fährt langsam vor, bis sie die junge Frau von vorne zeigt (Bild 7); der Junge kehrt währenddessen in die Einstellung zurück und setzt sich in Bild 8 hinter sie. Hier bleibt die Kamera für ein paar Augenblicke stehen. Sobald sich der junge Mann nach links über den Tisch lehnt, fährt die Kamera vor, um ihn in einer engeren Einstellung zu sehen, während er das Mädchen in Bild 9 ein letztes Mal anfleht.

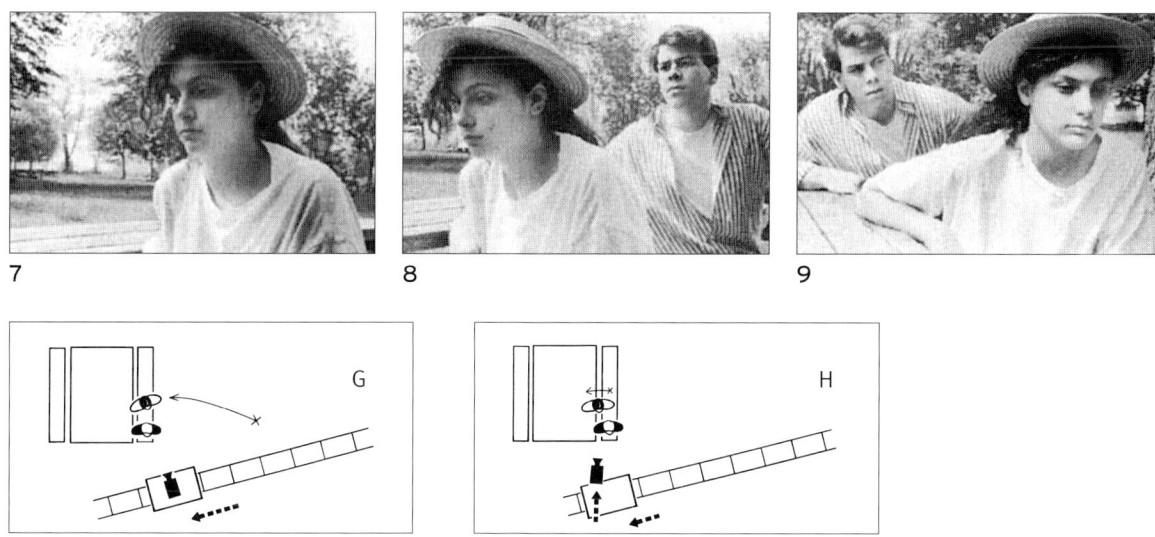

7   8   9

G   H

10   11

Schließlich gibt der junge Mann auf. In Bild 10 erhebt er sich und sagt noch etwas zum Abschied. Die Kamera fährt ein Stück zurück in eine

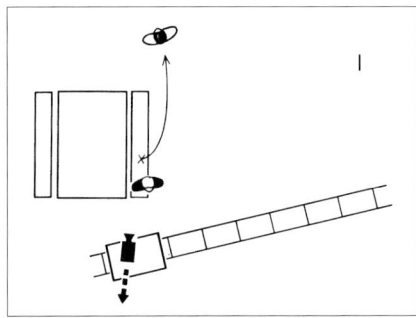

offenere Einstellung, während sich der junge Mann entfernt. Das Schlußbild der Einstellung ist in Bild 11 zu sehen.

In diesem Inszenierungsbeispiel für Bewegung in einer Plansequenz haben wir mehrere unterschiedliche Techniken angewandt, um das 4,50 Meter lange Schienenstück optimal zu nutzen. Dazu gehörten: in die Tiefe staffeln, um den Bildaufbau zu variieren; Schwenken von einer festen Kameraposition aus, um den Bildausschnitt dem Geschehen anzupassen; die Rückfahrt über einen bereits benutzten Szenenraum, während sich zugleich die Richtung des Kamerablicks umkehrt; den Bewegungen einer Person (des Mannes) folgen und anschließend die Bewegung einer anderen (der jungen Frau) aufnehmen und schließlich die Fahrt auf eine Person zu und wieder zurück.

Um eine Plansequenz zu drehen, müssen alle Beteiligten eng zusammenarbeiten: Regisseur, Schauspieler, Kameramann und alle Teammitglieder, die zu gegebener Zeit einen guten Vorschlag zu machen haben; selbst das Wetter und der Zufall müssen mitspielen. Besonders wichtig in diesem Zusammenspiel ist der Schwenker, denn er ist für die Geschwindigkeit und das Timing einer Kamerabewegung zuständig und somit dafür, wie die Aufmerksamkeit in der Einstellung von einem Schauspieler auf den anderen übergeht. Diese Feinheiten kann man nicht in einem Storyboard vorherbestimmen, sie lassen sich nur auf dem Set in den Proben erarbeiten. Die Verständigung zwischen Kameramann und Regisseur muß präzise sein, wenn der Regisseur das bekommen möchte, was er haben will.

Den Inszenierungsstil lockern

Während der Regisseur mit den Schauspielern probt und das Drehbuch interpretiert, versucht er einzuschätzen, welche Konsequenzen für Bild und Technik diese improvisierten Inszenierungen haben könnten. Die Schauspieler fühlen sich meist eingeengt durch die Beschränkungen, die ihnen die Kamera auferlegt, und eine komplizierte Inszenierung macht das Problem noch größer. Einerseits möchte der Regisseur dem Schauspieler die Arbeit erleichtern, andererseits hat er bestimmte Vorstellungen davon, wie die jeweilige Szene aussehen soll, und möchte seine Ideen auch umsetzen. Eine Patentlösung gibt es nicht, um diese widersprüchlichen Ziele miteinander in Einklang zu bringen. Nur wer als Regisseur alle gestalterischen Möglichkeiten kennt, kann sich aus der Zwickmühle befreien. Die folgenden Vorschläge sind dazu gedacht, einige Regeln in Frage zu stellen, die es für die Inszenierung einer Szene gibt und die Regisseure davon abhalten, andere Möglichkeiten auszuprobieren.

Aktion und Reaktion

In einem Gespräch gibt es nur zwei Arten von Einstellungen: die eine zeigt denjenigen, der spricht; die andere den, der zuhört. Filmemacher konzentrieren sich allzu häufig auf die Person, die redet. Aber in Wirklichkeit erfahren wir aus der Reaktion des Hörers genauso viel wie aus der Aktion des Sprechers. Wer das weiß, kann seinen Inszenierungsstil auflockern; denn die sprechende Person muß nicht unbedingt im Zentrum der Aufmerksamkeit stehen. Eine dieser Inszenierungsversionen ist gegenüber zu sehen.

In Abb. 12.4 umkreist der Mann im Hintergrund die Figur im Vordergrund. Der größte Teil der Bewegung ist nicht im Bild zu sehen, wie man dem Rahmen entnehmen kann, der den Bildausschnitt zeigt. Die Kamera fährt vor in eine Großaufnahme der Figur, die im Vordergrund steht. So sehen wir seine Reaktion auf die lange Rede des Hintergrund-

Abb. 12.4: Der Pfeil deutet den Weg an, den der Schauspieler aus dem Hintergrund zurücklegt. Er geht einmal an der Kamera vorbei und kommt dann von rechts wieder ins Bild hinein. Unser einziger Anhaltspunkt daür, wo sich der Hintergrund-Schauspieler aufhält, ist die Kopfbewegung oder der Blick des Schauspielers im Vordergrund, der dem anderen Akteur mit den Augen folgt.

Schauspielers, wenn dieser aus dem Bild verschwindet.

Seine Reaktion muß nicht unbedingt durch eine Großaufnahme vom Gesicht eingefangen werden. Man könnte auch in Großaufnahme seine Hände zeigen, die nervös mit den Autoschlüsseln spielen, seinen ungeduldig wippenden Fuß oder sonst einen gestischen Hinweis, aus dem sich die Gefühle der Person herauslesen lassen. Schaut die Person in ein Kaminfeuer, könnten wir für längere Zeit die Flammen zeigen oder eine Einstellung von der Asche. Unser Verständnis für eine Reaktion kann nämlich dadurch geweckt werden, daß wir den Standpunkt einer Figur einnehmen.

Die Hauptperson bewegen

Die Kamera kann der Hauptperson folgen und dabei an anderen Akteuren vorbeifahren, so daß wir deren Reaktionen vorgeführt bekommen. Das kann innerhalb einer Einstellung geschehen. Dabei muß die Hauptperson der Szene dem Zuschauer nicht einmal am Herzen liegen, es reicht beispielsweise, wenn sie etwas weiß, das für die anderen Akteure von besonderem Interesse ist. Aus praktischer Sicht liegt der Vorteil einer solchen Inszenierung darin, daß sich nur ein Schauspieler bewegt, während alle anderen stehenbleiben können.

Ein hervorragendes Beispiel für die Strategie, die Bewegung der Hauptperson zu inszenieren, ist der Gang eines Sergeants, der die neuen Rekruten des Marinekorps ausbilden soll – eine Szene, die wir schon in vielen Filmen gesehen haben. Die Kamera folgt dem Sergeanten ununterbrochen in einem langen Schwenk, während er die Reihe der Männer abschreitet, so daß wir im Hintergrund die Gesichter der Rekruten sehen können, während der Sergeant im Vordergrund zu sehen ist. Sorgfältig ausgearbeitet, bietet diese Auflösungstechnik viele Möglichkeiten, Aktion und Reaktion in den unterschiedlichsten Bildkompositionen zusammenzufassen.

Indirektes Erzählen

Nicht jedes Ereignis der Geschichte und nicht jeder Satz eines Dialogs muß hervorgehoben werden. Film ist als Medium in seiner Wirkung so direkt, daß man ab und zu seine Ausdruckskraft etwas zurücknehmen sollte, damit dadurch alle anderen Momente mehr Gewicht erhalten. Für die Inszenierung der Schauspieler und die Art der Szenenauflösung kann das bedeuten, eine Aktion selbst dann in den Hintergrund zu verbannen, wenn sie für die erzählte Geschichte von zentraler Bedeutung ist.

Ähnlich verhält es sich mit der Annahme, ein wichtiger Dialogsatz erfordere eine Großaufnahme. Diese Ansicht ist schlichtweg falsch! Die Leute schenken auch einer leise sprechenden Person Aufmerksamkeit. Deshalb sollte sich der Filmemacher von dem Zwang befreit fühlen, jede dramaturgisch wichtige Stelle mit Nachdruck ins Bild zu rücken. Manchmal spricht schon eine kleine Geste Bände.

13 Tiefe im Bild

Bislang haben wir unser Augenmerk darauf gerichtet, wo ein Bildobjekt vor der Kamera steht. Dazu haben wir uns zunächst ein
System aus Grundformen und -stellungen angesehen, die die
Inszenierung strukturieren; danach haben wir uns damit beschäftigt,
wie man Schauspieler so bewegen kann, daß man mehrere Inszenierungsformen und -stellungen in einer Einstellung zusammenfassen
kann. Dieser Ansatz berücksichtigt eher einzelne Positionen im Raum
als den Raum selbst. So können wir zwar die Komposition eines Bildes
gut kontrollieren, haben damit aber nicht alle Möglichkeiten der Inszenierung ausgeschöpft, da wir noch nicht den szenischen Raum untersucht haben, in dem sich die Schauspieler bewegen.

Man hört heute des öfteren, etablierte Hollywoodregisseure würden
eine Dialogszene mit einem Schauspieler auf fünf oder sechs verschiedene Arten auflösen. Das ist ein deutliches Zeichen von Unentschlos-
senheit und zeugt von dem Unvermögen, einen klaren Standpunkt bei
der Inszenierung zu beziehen. Wenn man Einstellungen allein nach
ihrer ästhetischen Qualität beurteilen würde, gäbe es Dutzende, wenn
nicht Hunderte von interessanten Kompositionen, die sich ein Regisseur und ein Kameramann einfallen lassen könnten. Um das Problem
einzugrenzen, wollen wir die unterschiedlichen Möglichkeiten in ein
System bringen, das sich an ein paar grundlegenden Raumvorstellun-
gen orientiert.

Der dramatische Handlungsraum

Was die Kamera auch filmen mag, der Raum vor ihr ist begrenzt, und
die Aktionen in der Szene sind auf ihn beschränkt. Als eine der Möglichkeiten, den Szenenraum zu organisieren, wollen wir den Aktions-

bereich in drei Abschnitte unterteilen und diese so bezeichnen, wie es in der Grafik üblich ist: Der Vordergrund ist der Bereich, der sich unmittelbar vor dem Objektiv befindet; der Hintergrund steht für den äußersten Rand des Schauplatzes, und der Mittelgrund liegt dazwischen. Bei der Inszenierung eines Geschehens für die Filmkamera haben diese Begriffe eine besondere Bedeutung. Allgemein ausgedrückt: Der dramatische Handlungsraum einer Szene ist so groß und so beschaffen, wie der Raum, den das Geschehen beansprucht.

Innerhalb/außerhalb der Aktion

In einem Fußballstadion ist der Raum klar definiert: Die Spieler sind auf dem Spielfeld, und die Fans sind auf der Tribüne. Wenn wir davon ausgehen, daß das Fußballspiel im Zentrum der Aufmerksamkeit liegt, gibt es nur zwei Möglichkeiten, das Geschehen zu betrachten: entweder von außen als Zuschauer oder aus einer Position, wie sie ein Spieler auf dem Feld innehat.

Das sind die beiden Wege, die man gehen kann, um Aktion und Raum aufzunehmen. Die Variable dabei ist die »Form« der Aktion. Eine Parade zum Beispiel kann als eine lange Schlange erscheinen, die auf die Kamera zukommt; sie kann sich über Vorder-, Mittel- und Hintergrund erstrecken, aber kreuzt sie unseren Weg horizontal, nehmen die marschierenden Gestalten nur einen kleinen Bereich des Mittelgrundes ein – wie ein Vorhang, der quer durch unser Sichtfeld gezogen ist. Weitaus ungeordneter als eine Parade oder ein Fußballspiel sind die Aktionen von Kindern, wenn sie beispielsweise auf dem Schulhof einer Grundschule Fangen spielen; die Kinder laufen überall herum und verschwinden hinter den Ecken des Schulgebäudes oder hinter unserem Rücken. In dieser Situation besteht die Aufgabe des Filmemachers darin, festzulegen, welchen Teil des Geschehens er zeigen und welchen Standpunkt er dabei einnehmen möchte. Meistens besitzt die Handlung einer Szene dramatische Höhepunkte, etwas, das bedeutsamer ist als anderes. Der Filmemacher bestimmt, aus welcher Sicht der Zuschauer dem Geschehen folgen wird, wie stark er sich mit der Situation identifiziert und mit welchen Gefühlen er sie betrachtet. Er entscheidet als Regisseur, wo und wie die wichtigen Aktionen für die Kamera inszeniert werden.

Inszenieren in die Raumtiefe

Für unser erstes Beispiel, das den Aktionskreis illustrieren soll, wollen wir uns auf die Position der Kamera konzentrieren und vernachlässigen, wie sich die Schauspieler bewegen. Hier die Szene: Ein Mann geht von einem öffentlichen Telefon zu seinem Wagen. Die Seitenansicht in Abb. 13.1 zeigt uns den Schauplatz.

Abb. 13.1: AUSSEN/ öffentlicher Fernsprecher in Vorstadtumgebung

Nehmen wir zunächst einmal an, wir könnten nicht mehrere Blickwinkel aneinanderschneiden und sollten die Aktion in einer einzigen Einstellung drehen. Die Aufsichtsskizze in Abb. 13.2 zeigt Kamerapositionen innerhalb und außerhalb des Aktionsfeldes. Die Form dieses Feldes wird von dem Raum bestimmt, den der Schauspieler auf seinem

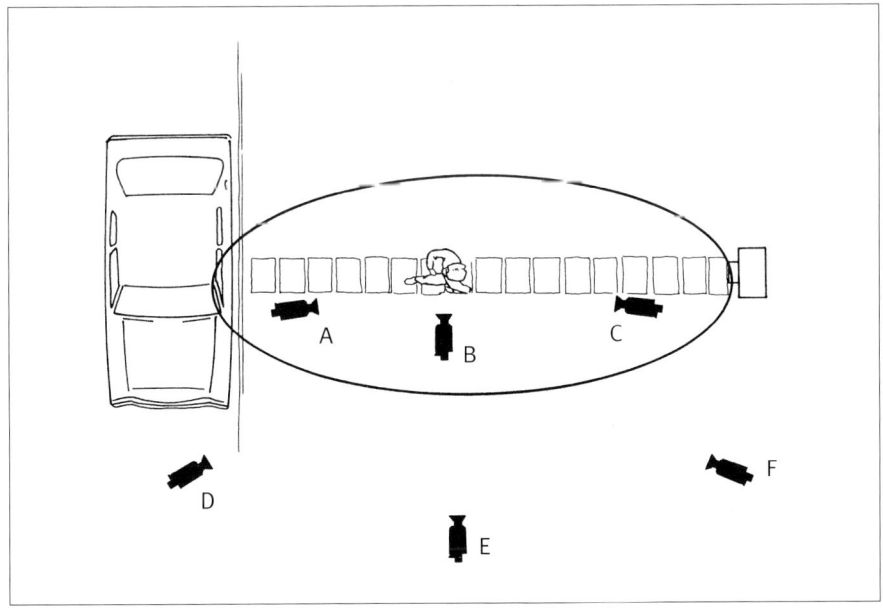

Abb. 13.2: Die Begrenzungslinie ist eng um den Raum gezogen, den der Schauspieler für seinen Gang benötigt.

Gang zum Auto zurücklegt. Wenn er aus irgendeinem Grund einen Abstecher von den Steinplatten machen sollte, würde sich das Aktionsfeld um diesen Bereich erweitern.

Die Kamerapositionen A, B und C liegen alle *innerhalb der Aktion*. Damit die Kamera den gesamten Gang des Schauspielers vom Telefon bis zum Wagen aufnehmen kann, müßte sie mitschwenken, ganz gleich in welcher Position sie steht, um bis an den Rand des Aktionskreises zu gelangen. Auch die Bildanteile des Mannes steigern oder verringern sich, je nachdem, ob er auf die Kamera zugeht oder sich von ihr entfernt. Die Aktion hat einen Anfang, eine Mitte und ein Ende wie eine eigenständige dramatische Handlung. Inmitten des Geschehens zu sein, beeinflußt auch den Standpunkt unserer Betrachtung: Die Positionen A, B und C verstärken unsere Identifikation mit dem Darsteller, die Positionen D, E und F ergeben dagegen Einstellungen, die eher auf eine distanzierte, neutrale Beobachtung hinauslaufen.

Von jeder *außerhalb der Aktion* liegenden Kameraposition kann der gesamte Gang des Schauspielers mit einem kleinen Schwenk oder sogar ohne Kamerabewegung aufgenommen werden – sofern ein entsprechend weitwinkliges Objektiv benutzt wird. Eine Kamera außerhalb des Geschehens muß nicht bewegt werden, um den gesamten Gang des Mannes fest im Blick zu behalten; eine Kamera innerhalb des Geschehens wird dagegen um fast 180 Grad schwenken, um die gleiche Aktion zu fotografieren. Außerdem bleibt der Schauspieler während der gesamten Einstellung gleich groß, wenn er von außerhalb des Geschehens gefilmt wird; wird er dagegen von einer Kamera aufgenommen, die innerhalb der Aktion steht, verändert sich seine Größe im Bild beträchtlich.

In einer Szene mit mehr als nur einem Schauspieler ist das Aktionsfeld von der Anordnung der Beteiligten bestimmt. Sollten die Schauspieler in der A-, I- oder L-Form verharren, ohne sich von der Stelle zu bewegen, ist der Aktionskreis eng um die jeweilige Grundform gezogen.

Sinn und Zweck des dramatischen Handlungsraumes

Der Aktionskreis ist ähnlich wie die A-, I- und L-Formen ebenfalls eine Möglichkeit, Inszenierungssituationen zu untersuchen, um vertraute Anordnungen von Kamera und Akteuren zu entdecken. Eine Aktion auf diese Weise zu analysieren, hat den unmittelbaren Vorteil, daß dem

Filmemacher dabei neue Varianten in den Sinn kommen, wie er eine Szene auflösen könnte. Als besonders hilfreich erweist sich der Aktionskreis, wenn die Inszenierungssituation kompliziert ist, über die sich der Regisseur einen Überblick verschaffen möchte.

Um sich mit dem Aktionskreis näher vertraut zu machen, sollten Sie Sequenzen in Fernsehfilmen und im Kino nicht als Abfolge unterschiedlicher Einstellungen ansehen, sondern lernen, sie unter dem Aspekt des Raumes zu betrachten. Dafür muß man sich die Geografie des Schauplatzes vorstellen und sich die Positionen der Kamera vor Augen führen. Eine gute Übung ist es, zu verfolgen, wo die Kamera in jeder Innenszene steht. Achten Sie besonders darauf, wie jede neue Szene eröffnet wird. Schon bald werden Sie erkennen, welche wesentlichen Methoden es gibt, um einen Raum in einer Szene zu etablieren; sie werden bemerken, wie jeder Ansatz die Art des Erzählens beeinflußt.

Der Kameramann Gordon Willis stellt die Kamera zum Beispiel häufig mitten in den Aktionskreis hinein und erlaubt den Schauspielern, sich rund um die Kamera herum zu bewegen – so, als sei sie eine intime Vertraute. Daraus ergeben sich Bilder und Kompositionen, in denen ein Schauspieler nah am Objektiv vorbeigeht und den Hintergrund des Bildes für einen Moment abdeckt. Der Regisseur Jim Jarmusch geht genau den entgegengesetzten Weg. Er behält lieber seine Distanz zum Geschehen und benutzt häufig einen bewegungslosen, grafischen Bildaufbau, der die Einstellungen wie Bilder aus einem Comic strip aussehen läßt. Jarmusch bleibt gern eine ganze Szene hindurch außerhalb des Aktionskreises. Wenn man sich die Filme von einigen willkürlich ausgewählten Regisseuren anschaut, etwa von Bernardo Bertolucci, Otto Preminger, David Lynch, Spike Lee und François Truffaut, erhält man unterschiedliche Beispiele dafür, wie sich Raum zeigen läßt.

Tiefe im Innenraum

Wenn man vergleicht, wie verschiedene Regisseure Innenraumszenen inszenieren, stellt man fest, daß es nur drei Positionen gibt, auf die man die Kamera stellen kann: auf die Vorder-, Mittel- oder Hintergrundposition. Abb. 13.3 zeigt in Aufsicht ein Zimmer; eine Kamera

Abb. 13.3

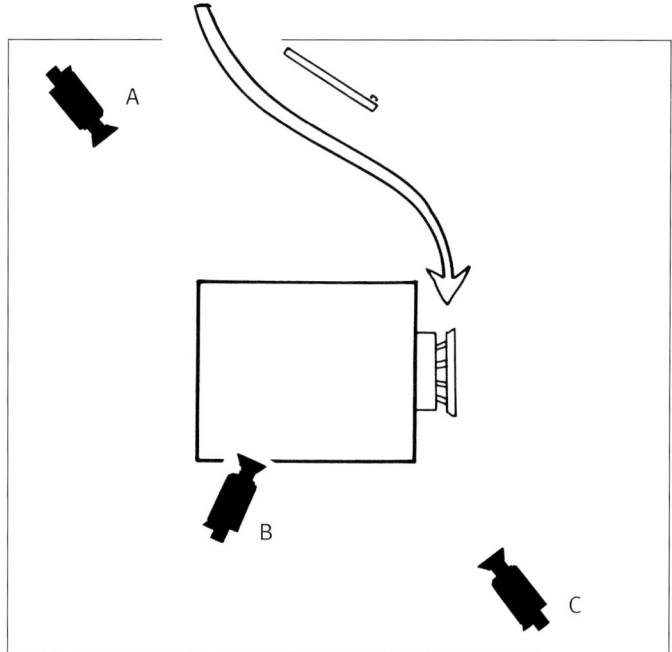

steht in der Mitte des Raumes, eine zweite nah an der Tür und eine dritte an der gegenüberliegenden Wand. Betritt ein Schauspieler das Zimmer und nimmt am Tisch Platz, entscheidet die Wahl der Kameraposition darüber, ob der Schauspieler auf die Kamera zugeht (B oder C) oder sich von der Kamera entfernt (A). Weil der Raum relativ klein ist, befinden sich alle drei Positionen innerhalb des Aktionskreises.

Nachdem wir den Schauplatz mit einer der drei Kameras eingeführt haben, müssen wir entscheiden, wie wir die Schauspieler inszenieren. Abb. 13.4 zeigt in drei Schaubildern Innenräume, in denen die drei wesentlichen Möglichkeiten präsentiert werden, wie man die Schauspieler innerhalb des Aktionsfeldes plazieren kann. Es spielt in diesem Zusammenhang keine Rolle, welche Inszenierungsform (A, I oder L) wir benutzen, uns interessiert, ob sich die Kamera innerhalb oder außerhalb des Geschehens befindet. Wir könnten zum Beispiel die Darsteller in einer engen A-Form gruppieren, in der sie dicht beieinander stehen, oder aber in einer A-Form, in der sie über den ganzen Raum verteilt sind. Bei jeder Grundform kann sich die Kamera entweder innerhalb oder außerhalb des Aktionskreises befinden.

A

B

C
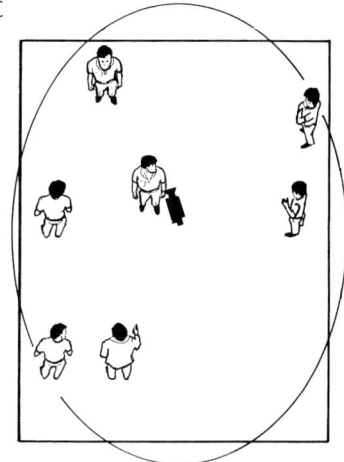

Abb. 13.4

A. Die Kamera außerhalb des Geschehens zu plazieren und die Schauspieler in einem bestimmten Innenraumbereich zu gruppieren, ist die gebräuchlichste Inszenierungstechnik. Normalerweise muß aus Gründen der Differenzierung geschnitten werden, denn alle Akteure sind ungefähr gleich weit von der Kamera entfernt und daher in derselben Abbildungsgröße zu sehen.

B. Tiefenstaffelung dieser Art ist typisch für Orson Welles und William Wyler. Sie erlaubt, mit nur einer Kameraeinrichtung auszukommen, so daß Schnitte – falls überhaupt geschnitten wird – auf ein Minimum reduziert sind.

C. Dies ist die übertriebene Version einer Inszenierungsform, bei der die Kamera im Zentrum des Aktionsfeldes steht. Das Arrangement ist praktisch die Antithese zur Frontalität. Die Kamera kann von diesem zentralen Ort aus jeden beliebigen Punkt erfassen, aber die Aufstellung der Schauspieler an den Rändern des Raumes zwingt zum Schneiden, denn keine einzige Bildkomposition kann mehr als zwei Schauspieler auf einmal ins Bild nehmen.

Inszenieren in die Raumtiefe

Es kann zwei Gründe geben, Darsteller so zu inszenieren, daß sie ausgeprägt in die Tiefe des Raumes hinein gestaffelt sind: Erstens kann man dadurch Schnitte vermeiden, weil der Filmemacher die Möglichkeit erhält, die Handlung und die Personen so zu inszenieren, daß er alles in einer Einstellung drehen kann, und zweitens ermöglicht sie dem Regisseur, dramatische Elemente gezielt hervorzuheben. In der Grafik wird der Eindruck einer Staffelung in die Tiefe durch unterschiedliche Abbildungsgrößen hervorgerufen. Die Tiefenstaffelung schafft innerhalb des Bildes Oppositionen, die eingesetzt werden können, um die Akteure differenziert darzustellen – normalerweise ist das Aufgabe des Schnitts. Wir haben das anhand mehrerer Grundformen und Stellungen gesehen, die wir in den letzten Kapiteln gezeigt haben. Es mag zwar als unumstößlicher Lehrsatz gelten, daß eine Figur, die nah am Objektiv steht, im Filmbild gewichtiger erscheint als eine weiter entfernte, aber es ist möglich, die Aufmerksamkeit des Zuschauers auf den entfernteren

Akteur zu lenken, und zwar durch die geschickte Verwendung von Licht, Schärfentiefe und erzählerischem Kontext. Eine Inszenierung, in der sich Kamera und/oder Schauspieler bewegen, weitet den Bereich, dem Aufmerksamkeit zukommt, so daß nahe und ferne Akteure ihre Positionen tauschen oder sich im Mittelgrund auf gleicher Ebene treffen können.

In der Frage, wie sie die Raumtiefe verwenden, unterscheiden sich beispielsweise die Inszenierungsstile von Jean Renoir und Orson Welles grundlegend. In *Die Spielregel* läßt Renoir seine Schauspieler in einer einzigen Einstellung vom Vorder- in den Hintergrund gehen; er benutzt sie dazu, die Aufmerksamkeit des Zuschauers von einem Ort zum nächsten zu lenken und so den nächsten Schauplatz der Geschichte einzuführen. Welles dagegen neigt dazu, seine Schauspieler räumlich in Vorder- und Hintergrund aufzuteilen. In *Citizen Kane* ist das häufig geschehen, um Kanes Distanz gegenüber den Menschen in seiner Umgebung zu zeigen. Gegen Ende des Films stehen Kane und Susan Alexander jeweils an den entgegengesetzten Enden eines großen Saales – ein Arrangement in die Tiefe, in dem jede Person von der Kamera in ihren Teilraum eingesperrt ist. Welles nutzt den Raum, um seine Charaktere zu trennen, Renoir benutzt ihn, um seine Figuren kreuzen zu lassen.

Ein weiteres, eher theoretisches Konzept von der Verwendung der Tiefe beinhaltet, Ideen mit Hilfe des Raumes zu verbinden. Zum Beispiel kann eine Uhr im unmittelbaren Vordergrund einer Einstellung uns daran erinnern, daß der alte Mann im Hintergrund nicht mehr lange zu leben hat. Es gibt aber keinen Grund, das Bild auf nur zwei Bedeutungsebenen zu beschränken. Die Tiefe des Bildes kann in viele verschiedene Bereiche unterteilt werden – der Filmemacher muß sie nur eindeutig definieren.

Schärfentiefe bei der Kameraarbeit

Die Tiefenstaffelung in der Inszenierung wird häufig mit dem filmischen Stilmittel der Schärfentiefe verwechselt. Zwar werden beide häufig zusammen verwendet, eine Verbindung ist aber nicht zwangsläufig. Die Staffelung in die Tiefe ermöglicht es nämlich ebensogut, Vorder- wie Hintergrund aus ästhetischen Gründen leicht unscharf zu lassen oder die Schärfe von einem entfernten auf ein nahes Objekt zu verlagern, um die Aufmerksamkeit anders zu lenken. Tiefenschärfe als Stilmittel wird vor allem mit Regisseuren wie Orson Welles und William Wyler oder dem Kameramann Gregg Tolland in Verbindung gebracht. Man benutzte damals weitwinklige Objektive und eine kleine Blendenöffnung, damit Vorder- und Hintergrund gleichermaßen scharf blieben. Als diese Methode in den vierziger Jahren als Inszenierungsstil aufkam, war Schärfentiefe in der Filmfotografie eine technische Meisterleistung. Heute hat hochempfindliches Filmmaterial (und die daraus resultierende kleinere Blendenöffnung) den Schärfenbereich vergrößert und die Arbeit mit diesem Stilmittel beträchtlich vereinfacht. In jedem Objektiv gibt es aber Grenzen für den Schärfenbereich, deswegen sind für diese Art der Fotografie spezielle Techniken entwickelt worden.

Tricks, um Tiefe zu erzielen

Es gibt mehrere Alternativen zum weitwinkligen Objektiv, um Tiefenschärfe zu erzielen. In *Citizen Kane* wurden mit Hilfe von Kameratricks Bildkompositionen geschaffen, die durch ihre Tiefenschärfe verblüfften – mit einem Weitwinkelobjektiv allein wäre dieser Effekt nicht möglich gewesen. Die Aufnahmequalität wurde dadurch gewonnen, daß man bei verschlossener Kamera den Film doppelt belichtete. Das Bildfeld wurde nämlich in zwei Hälften geteilt: Bei der ersten Belichtung wurde die eine Hälfte abgedeckt, während das unmaskierte Teilbild scharf auf ein Bildelement im Vordergrund eingestellt war, das nah an der Kamera stand; anschließend spulte man den Film bis zum Anfang zurück und deckte nun den soeben belichteten Teil des Bildfeldes ab, um ihn bei der zweiten Belichtung zu schützen. Beim zweiten Durchgang wurde die Schärfe des Objektivs auf ein Bildelement im Hintergrund gelegt und auf den Teil des Bildfeldes aufgenommen, der beim ersten Durchgang abgekascht worden war. Auf diese Weise kombinierte man auf einem Filmstreifen zwei Schärfenbereiche miteinander, was den Effekt einer ungeheuren Tiefenschärfe hervorrief.

Die Schlußeinstellung von Hitchcocks *Ich kämpfe um dich* sehen wir aus der Sicht eines Mannes, der eben im Begriff ist, Selbstmord zu begehen. Wir sehen seine Hand im unmittelbaren Vordergrund, wenn er die Pistole gegen die Kamera (auf sich) richtet und feuert. Diese Art der dynamischen Bildgestaltung war in den Abenteuer-Comics jener Zeit gang und gäbe. Hitchcock mußte feststellen, daß es nicht möglich war, Vorder- und Hintergrund zugleich in der Schärfe zu halten, wenn er die Pistole zeigen wollte. Seine Lösung war: Er ließ sich von der Requisitenabteilung eine übergroße Pistole mit Hand bauen. Dieses Requisit konnte er weiter entfernt vom Objektiv innerhalb des Schärfenbereichs plazieren, und trotzdem wirkte die Pistole so im Bild, als befände sie sich im unmittelbaren Vordergrund.

Linsen mit zwei Schärfenebenen

Eine der einfachsten Lösungen für das Problem, den Raum sowohl im unmittelbaren Vorder- wie auch im Hintergrund scharf abzubilden, bieten Vorsatzlinsen mit geteiltem Schärfenbereich. Vorsatzlinsen werden wie ein Filter vor das Objektiv gesetzt. Mit ihnen läßt sich unter anderem die Schärfenebene eines Objektivs näher heranholen. Man kann also mit der Kamera dichter an den Bildgegenstand herangehen, ohne die Schärfe zu verlieren. Eine Linse mit geteiltem Schärfenbereich hat den gleichen Effekt, aber nur für eine Hälfte des Objektivs. In der nicht geschliffenen Hälfte behält die Optik ihre normale Brennweite bei, während die geschliffene Hälfte eine Verkürzung der Brennweite bewirkt. Das heißt also, daß die Schärfe des Objektivs zur gleichen Zeit auf weit entfernten und auf nahen Objekten liegen kann. Der Effekt tritt allerdings nicht hundertprozentig ein. Die geschliffene Linse deckt nämlich nur einen Teil des Objektivs ab, so daß an der Trennlinie ein leichter Unschärfeschleier sichtbar bleibt. Diese Trennlinie muß durch eine geschickte Komposition aller Elemente überdeckt werden, die an der Einstellung beteiligt sind. Außerdem können Optiken mit zwei Schärfenebenen nur mit einer feststehenden Kamera benutzt werden, wobei die Elemente des Vordergrundes und des Hintergrundes immer in ihrer jeweiligen Bildhälfte bleiben müssen. Es dürfen also weder Personen noch Objekte die Trennlinie überschreiten.

Die Bilder 1 und 2 in Abb. 13.5 zeigen, wie sich der Effekt einer Optik mit geteiltem Schärfenbereich auf das konventionelle Bild einer Einstellung auswirkt, die über die Schulter aufgenommen wurde. In diesem Fall konnte in Bild 1 eine 40-mm-Optik bei Blende 8 nicht beide Personen scharf abbilden. Wie man sieht, ist der Mann in der Unschärfe.

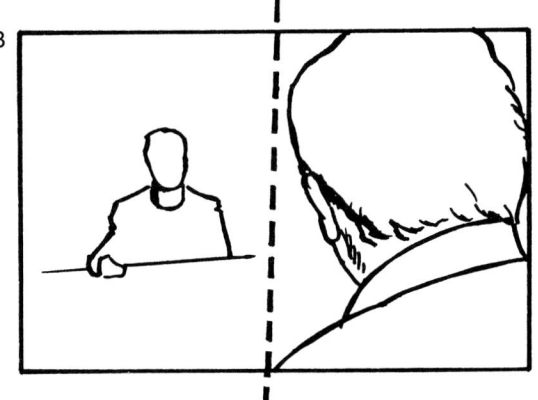

Abb. 13.5: In Bild 1 ist der Kopf des Mannes nicht scharf zu sehen. Durch Verwendung der geteilten Vorsatzlinse in Bild 2 sind sowohl Vorder- wie Hintergrund scharf abgebildet. Vorsatzlinsen lassen sich drehen und so positionieren, daß die Trennlinie (Bild 3) an die dafür günstigste Stelle der Einstellung gelegt werden kann.

Verwenden wir aber eine geteilte Vorsatzlinse, ist der Hinterkopf des Mannes scharf durchgezeichnet, obwohl er sich nur etwa 35–45 cm vor dem Objektiv befindet. Wo die Trennlinie verläuft, ist in Bild 3 dargestellt. Man kann auf dem Foto (Bild 2) entlang dieser Linie einen leichten Unschärfeschleier erkennen.

Komprimierte Tiefe

Wo Welles und Renoir in ihren Filmen die Tiefenschärfe als filmisches Stilmittel verwendeten, ließen sich Filmemacher wie Robert Altman und Akira Kurosawa von Dokumentarfilmen inspirieren und machten sich die Teleoptik zunutze. Kurosawas persönlicher und ausgereifter Filmstil hatte im wesentlichen die Techniken des klassischen Hollywoodfilms zum Vorbild. Für ihn war die geringe Tiefenschärfe, die ein Teleobjektiv charakteristischerweise erzeugt, nur eine Ergänzung seiner

Ausdrucksmittel. Altman entwickelte dagegen einen Stil, der von Objektiven mit langer Brennweite weitgehend abhängig ist. Mit ihnen schuf er eine leichte, träumerische *Mise-en-Scène*, in der sich seine Figuren in überlappenden Bildern und Tönen bewegen. Diese Wirkung erreichte Altman, indem er wie ein Dokumentarfilmer mit dem Teleobjektiv die Distanz überwinden konnte, aber auch dadurch, daß er etwas völlig Neues tat: Er drehte mit der langen Brennweite zudem seine Totalen wie auch seine Naheinstellungen im Breitwandformat, wodurch er seine Master Shots optisch verdichtete.

Inszenierungsformen und Teleobjektive

Teleobjektive betonen die Breite des Szenenraums, weil sie die Tiefe im Bild aufheben. Es wird daher schwieriger, sich die Möglichkeiten verschiedener Inszenierungsformen zu bewahren, es sei denn, die Schauspieler sind seitlich voneinander versetzt. Besonders schwierig ist es, wenn sich Personen im Bild überschneiden. Das Inszenieren von Bewegung ist mit Teleobjektiven ebenfalls problematisch, da sich die Schlüsselmomente einer Szene nur durch eine seitliche Bewegung der Darsteller hervorheben lassen. Personen, die sich in die Tiefe bewegen, kommen nicht in einem neuen Raum an, sondern scheinen am Fleck zu bleiben. Aus demselben Grund verändert eine Kamerabewegung vorwärts oder rückwärts das Bild nur unwesentlich.

Anders dagegen eine Kamerabewegung seitwärts, bei der eine Teleoptik die Ebenen in der Tiefe verstärkt. Beispielsweise wird eine seitliche Kamerafahrt eine kraftvolle grafische Spannung erzeugen, wenn zwei Personen nur ein paar Schritte voneinander entfernt stehen. Der Hintergrund, gestaucht durch die charakteristischen Eigenheiten des Objektivs, wird nämlich stark betont und bewegt sich wie ein großer Rundhorizont durch das Bild.

Der Trend, im erzählenden Film Objektive mit langen Brennweiten einzusetzen, hält weiter an. Ein Großteil des Reizes von Teleaufnahmen ist grafischer Natur, aber die lange Optik ist auch beliebt, weil sie viele Anschlußprobleme gar nicht erst aufkommen läßt, die ansonsten beim Inszenieren entstehen. Daher hat die technische Perfektion und die Variationsbreite, mit der die Kontinuität im Film hergestellt wird, im letzten Jahrzehnt allgemein abgenommen.

14 Kamerablickwinkel

Im Erzählkino gibt es viele Gründe, den Blickwinkel der Kamera zu ändern: um dem Bildobjekt zu folgen, um wichtige Informationen zu geben oder vorzuenthalten, um die Erzählperspektive zu wechseln, um grafisch abwechslungsreich zu sein, einen Schauplatz vorzustellen oder eine Stimmung hervorzurufen. Viele Filmemacher wollen in erster Linie dem Bildobjekt folgen. Dabei wird die Bedeutung des Raums, in dem sich das Geschehen abspielt, meist übersehen, obwohl das Bildobjekt oft erst im räumlichen Zusammenhang verständlich wird.

Es ist sozusagen ein Erbe aus den Tagen des Studiosystems der dreißiger und vierziger Jahre, Raum und Personen getrennt wahrzunehmen. Um die teuren Drehzeiten an Originalschauplätzen möglichst gering zu halten, wurden Dialogszenen in Studiodekorationen gedreht und später mit Aufnahmen vom Schauplatz kombiniert, um die Illusion einer räumlichen Einheit hervorzurufen. Die wenig überzeugenden Einstellungen, in denen Autos vor einer Rückprojektion als Hintergrund fuhren, haben nie jemanden täuschen können, aber damals hielt man die Story und die Stars für die einzig wichtigen Elemente des Films. Die Zuschauer bezahlten ihren Eintritt, um die Stars zu sehen, und wenn die Stars ihnen gefielen, sahen sie über die unglaubwürdigen Effekte stillschweigend hinweg. Die Studios konnten mit der Methode eine Menge Geld sparen; sie stellten eine Totale des jeweiligen Szenenraums an den Anfang und gingen anschließend zu den Naheinstellungen der Personen über und opferten dabei einen Teil der Ausdruckskraft, die darin liegt, einen Raum in seiner Gesamtheit präsentieren zu können.

Auch heute ist diese Trennung von Schauspieler (Bildsubjekt) und Umgebung noch nicht aufgehoben. Zwar hat das Drehen an Originalschauplätzen die Studioaufnahme inzwischen ersetzt, aber viele Regisseure betrachten das Fotografieren der Schauspieler noch immer als den wichtigsten Bestandteil ihrer Bildsprache. Sie setzen den Schauplatz mit einer Art Theaterdekoration gleich, die lediglich für die Eröffnungseinstellung von Bedeutung ist.

In Wahrheit lassen sich Bildsubjekt und Schauplatz nie voneinander trennen, weder im erzählerischen noch im bildsprachlichen Sinn. Häufig besteht der Bildgegenstand einer Einstellung aus Bildsubjekt *plus* Schauplatz, wobei beide in Wechselwirkung zueinander stehen und eine untrennbare Einheit bilden. Gemeinsam können sie zur Stimmung und Atmosphäre der Szene beitragen, psychologische und dramatische Elemente gestalten und in jeder erdenklichen Einstellung neue Bedeutungen erschaffen. Diese räumliche Beziehung zwischen Bildsubjekt und Umgebung wird weitgehend von dem Blickwinkel bestimmt, den die Kamera einnimmt.

Kamerablickwinkel an sich haben keine eigene Bedeutung. Es gilt beispielsweise nur für bestimmte Situationen, daß jemand als dominant erscheint, wenn er aus der Untersicht aufgenommen wird, oder als klein und unbedeutend, wenn ihn die Kamera aufsichtig fotografiert. Etwas anderes zu behaupten, ist als Analyse zu kurz gegriffen. In Wahrheit hängt die Aussage einer Kameraeinstellung vom Kontext der Erzählung ab.

In *Citizen Kane* werden zum Beispiel den gesamten Film hindurch Untersichten benutzt, aber ihre Aussage erschließt sich nur aus dem Zusammenhang, in dem sie stehen. Zu Beginn des Films wird uns Kane als junger Mann und kämpferischer Draufgänger präsentiert, und wir stehen seinem Verhältnis zur Macht vielleicht zwiespältig gegenüber; wir bewundern aber sicher, wie es ihm gelingt, die Kräfte des Status quo zu brüskieren, die von seinem spießigen Aufpasser Thatcher repräsentiert werden. In diesen Szenen sind die Wände meistens niedrig, und Welles scheint alles in seiner Umgebung zu dominieren, zumal er auch in Wirklichkeit von großer Statur war. Am Ende des Films wird Kane, nun ein alter Mann, der viel von seinem Einfluß verloren hat, immer noch untersichtig fotografiert, aber jetzt wird er von den gewaltigen Räumen und Hallen Xanadus dominiert, und er wirkt vergleichsweise klein. Dies zeigt, wie brüchig das herkömmliche Verständnis der Untersicht-Perspektive ist.

Zuschauerpositionierung

Der Zuschauer sieht mit dem Auge der Kamera. Wenn die Kamera ihren Standort wechselt, sei es in einer Fahrt oder durch einen Schnitt, hat auch der Zuschauer das Gefühl, sich zu bewegen, und die Bilder auf der Leinwand sind für ihn häufig wirklicher als der Kinosaal. Psychologen nennen dieses Phänomen Illusionstransfer oder Illusionsübertragung. Man spricht nicht häufig davon, aber einer der Gründe für den Wechsel des Blickwinkels liegt darin, daß dem Zuschauer auf diese Weise ein körperliches Erlebnis vermittelt werden soll – eine im Kino übliche Seherfahrung. Um den Zuschauer einzubinden und auf diese Weise zu manipulieren, muß man nicht unbedingt ausgefeilte Kamerabewegungen machen und weiträumige Ausblicke bieten. Durch die kluge Wahl

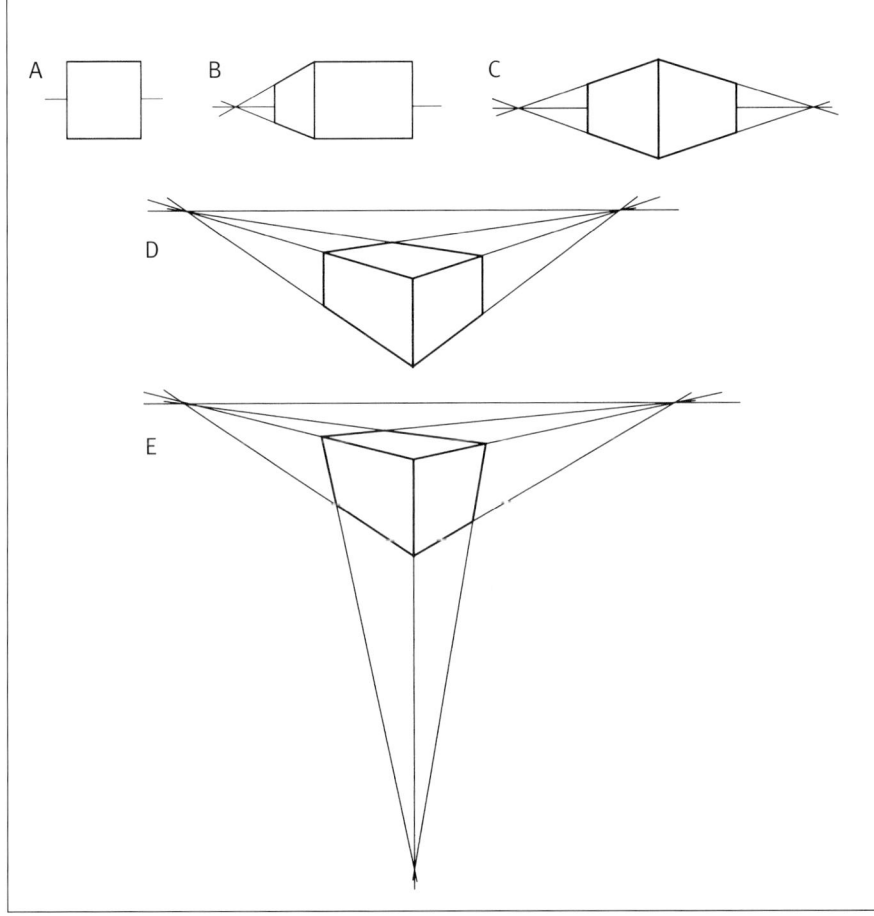

Abb. 14.1: Zentralperspektive. Von bestimmten Blickpunkten aus läßt sich ein stärkeres Gefühl von Tiefe und Ausdehnung erzeugen als von anderen, ob man in ein Zimmer, auf ein Gebäude oder in einen dichten Wald schaut.

Die fünf Würfel illustrieren, wie durch Perspektive die Illusion von Tiefe erzeugt wird. Würfel A sehen wir von oben. Diese Art der Darstellung wird orthogonaler Blick genannt und ist nicht perspektivisch. Würfel B ist leicht gedreht, so daß man eine weitere Fläche sehen kann. Diese Fläche ist verkürzt, und die obere und die untere Linie laufen im Horizont zusammen. Dies nennt man Perspektive mit einem Fluchtpunkt. Würfel C ist in einer Perspektive mit zwei Fluchtpunkten gezeigt. Würfel D ist so gedreht, daß sich nun zwei verkürzte Seitenflächen ergeben. Diese Tiefe nehmen wir ausgeprägter wahr. Würfel E ist in einer Perspektive mit drei Fluchtpunkten gezeichnet. Dieses Bild vermittelt das Gefühl von Tiefe am stärksten.

der Kameraeinstellung kann eine dichtgedrängte Abendgesellschaft eine genauso ausdrucksstarke Sequenz abgeben wie Naturaufnahmen in einem großen Wald. Da der Zuschauer infolge des Transfers in jede Kamerabewegung und jeden Wechsel des Blickwinkels einbezogen ist, nimmt er an der Choreografie der geschnittenen Sequenz teil. Komplizierte Sequenzen können ein rhythmisches und räumliches Erlebnis vermitteln, das einem Tanz an Einfallsreichtum in nichts nachsteht. Das hängt aber weitgehend von der Anordnung der Kameraeinstellungen und den Perspektiven ab.

Um zu erfahren, wie der Wechsel des Blickwinkels von Einstellung zu Einstellung funktioniert, wollen wir die Perspektive auf einfache Formen zurückführen. Sobald diese Grundformen richtig verstanden sind, erkennt man sie beim Entwickeln einer Sequenz leichter wieder.

Perspektive

Jeder Storyboardzeichner und jeder Production Designer kennt die Grundregeln des perspektivischen Zeichnens, denn er arbeitet häufig mit ihnen, wenn er Sets und Kameraeinstellungen visualisiert. Wenn er ein Storyboard entwickelt, geben ihm seine perspektivischen Kenntnisse die Freiheit, sich an einem real existierenden Schauplatz unterschiedliche Blickpunkte vorzustellen oder einen Schauplatz vollkommen aus der Fantasie zu erschaffen. Die Darstellungsart nennt man Zentralperspektive. Sie ist lediglich eines von vielen verschiedenen Darstellungssystemen und ist nicht mehr und nicht weniger bedeutend als andere. Sie kommt aber der Art recht nah, wie wir die Welt wahrnehmen. In der gegenständlichen Malerei ist die Zentralperspektive seit der Renaissance die vorherrschende Technik, um die Illusion eines dreidimensionalen Raums zu erzeugen.

Sobald aber ein Filmemacher zwei Einstellungen aneinanderfügt, entsteht durch die Wechselwirkung der Bilder eine völlig neue Art räumlicher Erfahrung, die man vielleicht mit dem Begriff »aufeinanderfolgende Perspektive« beschreiben könnte. Mit ihr erzeugt der Filmemacher eine filmische Choreografie, die den Zuschauer in den Raum auf der Leinwand hineinzieht – ein wichtiger Effekt bei der Planung des Bildflusses (Shot Flow).

Um die Wirkung besser zu verstehen, die sich aus einer Abfolge unterschiedlicher Kamerablickwinkel ergibt, betrachten wir das Thema mit Hilfe geläufiger Begriffe als Untersuchung der Perspektive. In den Würfelbildern der Abb. 14.1 sind die Grundformen dargestellt.

Wir wollen nun die unterschiedlichen Ansichten vom Würfel als Grundlage für einen Schauplatz nehmen, wie er in einem Storyboard gezeichnet würde. Aus dem Würfel bauen wir einen kleinen Laden, dazu kommt ein großes Schild auf einem hohen Pfosten, der neben dem Gebäude steht. Abb. 14.2 zeigt den Laden in Perspektiven mit einem, zwei und drei Fluchtpunkten.

Sehen wir uns nun vier Varianten aufeinanderfolgender Perspektive in Form von Storyboards an. Das Geschehen ist simpel: Auf der Suche nach einem Telefon parkt ein Mann seinen Wagen vor dem Laden. Er geht auf die Tür zu, bemerkt aber, daß unmittelbar neben dem Laden eine öffentliche Telefonzelle steht; er geht zu dieser Zelle und telefoniert.

Sinn der folgenden Beispiele ist es, die fließende Folge von Einstellungen als einen Rhythmus von verschiedenen Blickwinkeln zu veranschaulichen. Nach den Prinzipien der Kontinuität bedeutet das: Ein Raum wird in seinen Ausmaßen präsentiert, indem man sich in ihm bewegt. Wo Bewegung ist, da ist Beschleunigung, Schnelligkeit und Trägheit – eine Montage nach den Prinzipien der Kontinuität kann dabei seine eigenen Gesetze entwickeln. In den folgenden dynamischen Bildern ist diese »Ballistik« der Einstellungen besonders deutlich.

Abb. 14.2

Perspektive mit einem
Fluchtpunkt

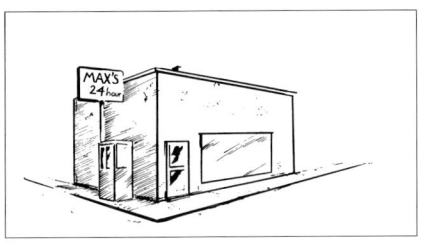 

links:
Perspektive mit zwei
Fluchtpunkten

rechts:
Perspektive mit drei
Fluchtpunkten

Ansicht aus Augenhöhe

In dieser ersten Version ist die Kamera auf Augenhöhe. Das Eröffnungsbild nutzt die flache Bauweise der Gebäude, um die Wirkung der Straße besser zur Geltung zu bringen, die sich bis zum Horizont erstreckt. Ansichten aus Augenhöhe haben etwas Standfestes und können dynamischen Kompositionen als Kontrast dienen. Vergleichen Sie diese Kamerablicke aus Augenhöhe mit den schrägen Blickwinkeln, die in den Kompositionen der nächsten Bildfolgen zu sehen sind.

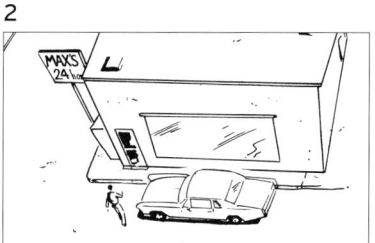

Aufsicht 1

Beachtenswert ist, wie flüssig diese drei Einstellungen zu lesen sind. Von Bild zu Bild gewinnen wir eine Perspektive hinzu: Bild 1 hat eine perspektivisch gezeichnete Fläche, Bild 2 hat zwei und Bild 3 zeigt drei fliehende Flächen, so daß die Tiefe der Einstellungen mit jedem Bild zunimmt. Überdies werden die Einstellungen immer enger, wenn wir uns der Telefonzelle nähern. So entsteht ein Gefühl, als ob wir uns vorwärts bewegen würden. Der Fluß der Einstellungen schreitet stetig voran.

Aufsicht 2

Diese Bildfolge ist nicht flüssig zu lesen, das heißt, der schräge Kamerablick im einen Bild steht in Widerspruch zum Blick im darauffolgenden
Bild. Der Grad und die Richtung des Konfliktes zwischen den Bildern ist
unterschiedlich, zwischen den beiden letzten Bildern ist er aber besonders deutlich zu erkennen.

Untersicht

Dies ist ein weiteres Beispiel für Bilder, die zueinander in Widerspruch
stehen. Der Kontrast ist zunächst schwach ausgeprägt, verstärkt sich
aber zwischen den letzten beiden Bildern. Vergleichen Sie diese Version
mit den Ansichten aus Augenhöhe, die ungefähr die gleiche Distanz zur
abgebildeten Person halten, aber wesentlich weniger dynamisch sind.

Umgebung versus Bildsubjekt

Man kann das Storyboard auch ohne Bildsubjekt zeichnen und sich
ganz auf den Hintergrund konzentrieren, um sich damit auseinanderzusetzen, wie die Blickwinkel der Kamera aussehen sollten, um den

Szenenraum zu präsentieren. So bin ich an die Storyboards herangegangen, die den Laden zeigen. Beim Visualisieren dieser Sequenz habe ich viele Skizzen gezeichnet und sie dann ausgeschnitten, um sie auf meinem Zeichentisch leicht arrangieren zu können. Bei jeder neuen Reihenfolge konnte ich mir eine andere Version der Szene vorstellen. Mit jeder Änderung des Blickpunktes änderte sich auch etwas an der Stimmung, am Tempo und selbst an den Ereignissen, die in der Geschichte passieren.

Daran sollte man beim Entwerfen von Sequenzen denken. Zur Grundlage der Bildgestaltung können wir den Schauplatz ebenso gut nehmen wie das Bildsubjekt, ähnlich wie wir das Raumkonzept des Aktionskreises gegen das Figurenkonzept der Inszenierungsformen austauschen können. Letztendlich wird zwar das Bildsubjekt entscheidend sein, aber bis dahin können sich viele neue Ideen entwickelt haben.

Neuere Trends bei der perspektivischen Gestaltung

Das Filmen in Innenräumen hat sich in den letzten fünfundzwanzig Jahren gewandelt. Das Drehen an Originalschauplätzen hat nämlich immer mehr die Arbeit in den Studios verdrängt. Dies geschah nicht nur aus wirtschaftlichen Gründen, sondern auch wegen einer starken Neigung zum Realismus, dem ein Studioset nur schwerlich genügen kann. An einem Originalschauplatz, ohne die entfernbaren Wände und Decken der Studiodekoration, ist es aber häufig unumgänglich, Weitwinkelobjektive einzusetzen, wenn man in den oft beengten Innenräumen Personen in voller Größe zeigen will. Oft lassen sich Filmemacher bei der Wahl der Optik von diesen praktischen Problemen leiten – bildgestalterische Überlegungen erhalten eine zweitrangige Bedeutung.

Ist die Perspektive einer Weitwinkeleinstellung von der geringen Größe des Raumes bestimmt und nicht von der gestalterischen Absicht, sollte man trotzdem versuchen, eine längere Optik zu benutzen. Man kann auch durch die Tür oder die Fenster fotografieren, um ein Objektiv mit einer längeren Brennweite zum Einsatz zu bringen, oder man verzichtet darauf, ein freies Bild zu haben, und fotografiert einfach zwischen den Personen hindurch, die im Vordergrund stehen. Weitwinklige

Einstellungen in Innenräumen sind beim Fernsehen Massenware. Sie werden aus Kostengründen bevorzugt und sind nicht Ausdruck einer künstlerischen Entscheidung. Ist man sich dessen bewußt, kann man sich diesem Klischee widersetzen und neue Ideen entwickeln.

Wir wenden uns nun einer Erzählsituation zu, die viele verschiedene Kombinationen von Blickwinkeln und Optiken zuläßt: der Actionszene.

Erzählerische Frage zwei:
Kameraeinstellungen für Action

Die folgende Actionszene zeigt ein Baseballspiel, das auf einem Studiogelände gedreht werden soll. Die Behandlung des Themas ist humoristisch und ein wenig stilisiert, was unseren Zwecken entgegenkommt, da es zu kraftvoll-dynamischen Kameraeinstellungen einlädt.

Das Storyboard beginnt an einem windigen Spätnachmittag. Wolken und heller Sonnenschein wechseln sich ab. Der Schlagmann steht an seinem Platz. Die Punktzahl liegt bei drei Bällen und zwei Schlägen. Die Sonne blendet den Schlagmann, so daß er kaum etwas sieht. Zu seinem Glück wird die Sonne für einen Moment von vorbeiziehenden Wolkenfetzen verdeckt, er kann sich erholen; aber der Werfer verzögert seinen Wurf – er schnürt sich seine Turnschuhe neu, bis die Sonne wieder hinter den Wolken auftaucht.

1. Der Stand liegt bei drei Bällen und zwei Schlägen.

2. Die Sonne blendet den
Schlagmann, der zu
erkennen versucht, wo die
Außenfeldspieler stehen.

3. Subjektive des Schlag-
manns von der grellen Sonne

4. Der Werfer nimmt Maß ...

5. Der Werfer will gerade ausholen, als sich das Spielfeld verdunkelt.

6. Wolken verdecken die Sonne.

7. Um dem Schlagmann keinen Vorteil zu geben, verzögert der Werfer, indem er seinen Turnschuhe neu schnürt.

Werfer geht in die Knie, in die Einstellung hinein

8. Der Werfer steht auf, als die Sonne wieder auftaucht. Buhrufe von den Spielern der Schlagpartei, als der Werfer ausholt ...

9. Wir gehen für den Wurf in die Zeitlupe.

10. Wir bleiben in der Zeit-lupe, während der Ball die Hand verläßt.

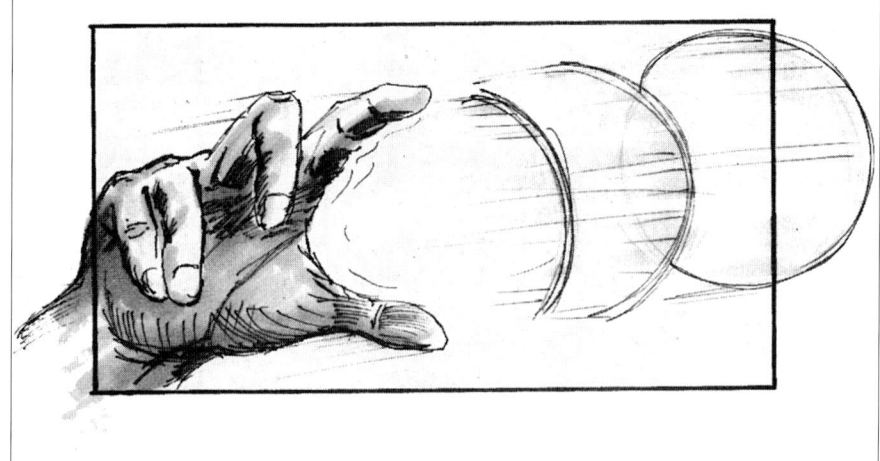

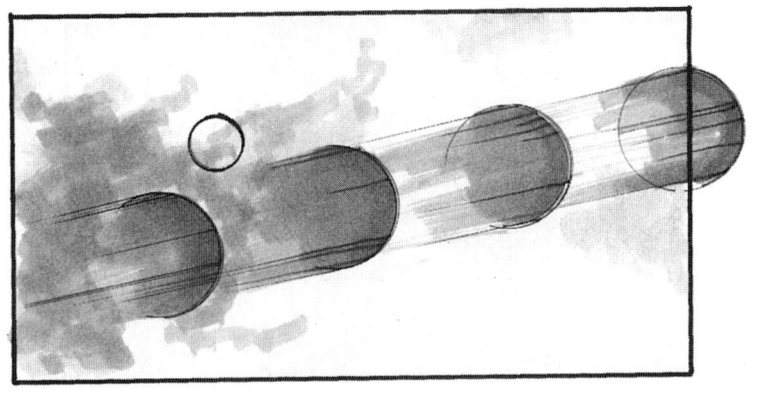

11. Die Kamera ist steil nach oben gerichtet, während der Ball in Zeitlupe an der Sonne vorbeifliegt und dunkle Wolken sich erneut vor die Sonne schieben.

12. Die Schatten lösen sich in Zeitlupe auf.

13. Der Schlagmann freut sich über diese gute Chance. Er holt zum Schlag aus.

14. WOCK! Wir kehren in dem Moment zur Normalgeschwindigkeit zurück, wenn der Schlagmann den Ball trifft.

15. Ein perfekter Schlag

16. Ein Junge, der auf einem Hügel sitzt, springt auf und schaut dem Ball nach, der steil in den Himmel schießt. »Verdammt!«

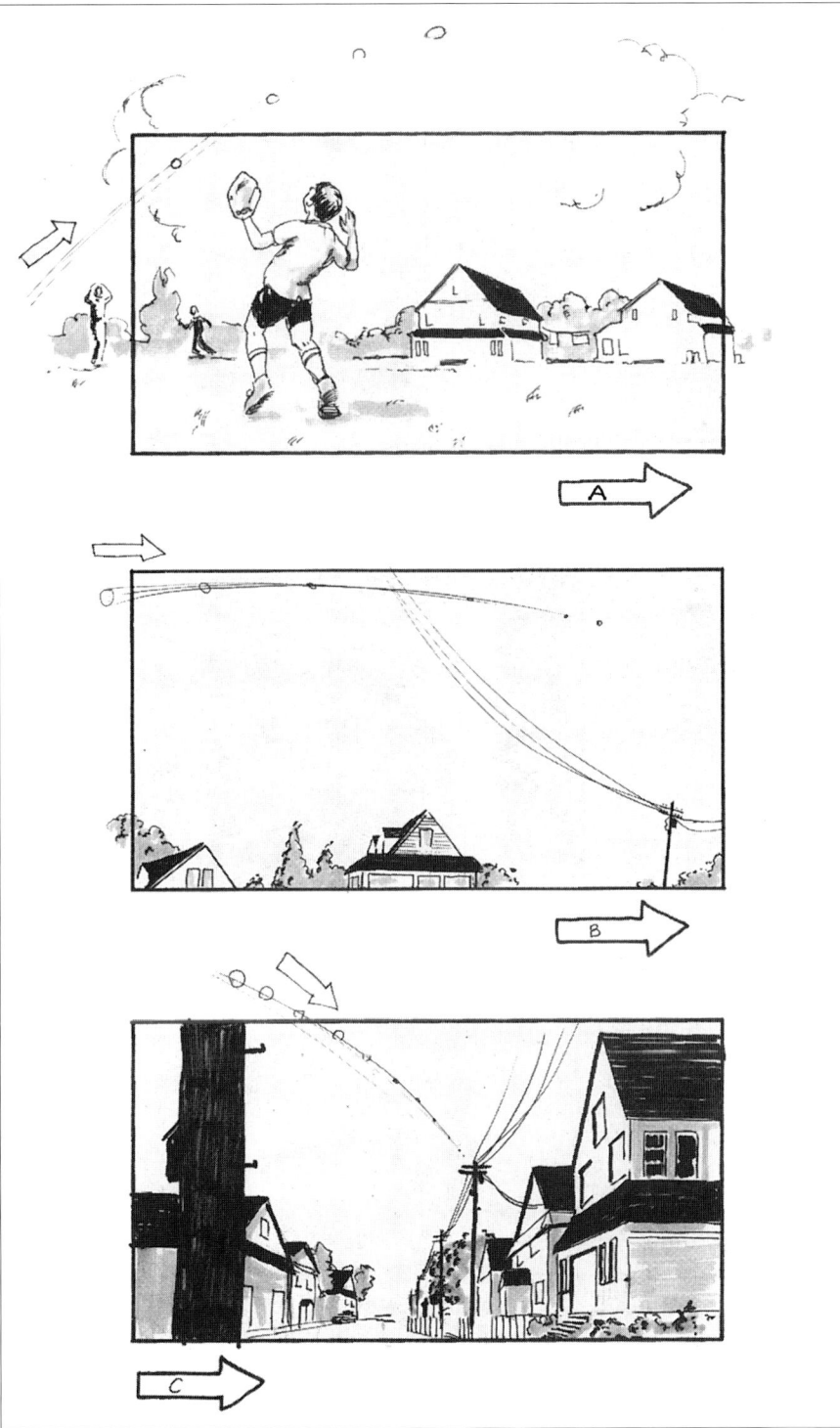

17. Die Kamera schwenkt über A, B und C.

18. Der Schwenk folgt weiter dem Ball.

19. Der Schwenk endet, wenn der Ball auf einen Telefonmast zufliegt.

20. Der Ball springt vom Mast ab ...

21. ... und genau in die Fensterscheibe eines benachbarten Hauses.

22. Die Frau im Haus springt auf, als der Ball die Fensterscheibe zertrümmert. Ein Feldspieler kommt angelaufen, um den Ball zu suchen.

INNEN / Haus / Die Frau springt auf, als die Scheibe klirrt. / Feldspieler kommt ins Bild gelaufen.

BALL BOUNCES
DOWN ROOF.

BALL GOES INTO
DOWN SPOUT.

23. Der Ball springt über das Dach hinunter, rollt die Dachrinne entlang ins Regenrohr.

24. Der Feldspieler springt über den Vorgartenzaun.

25. Der Feldspieler bleibt mit einem Fuß am Zaun hängen.

26. Der Feldspieler stürzt
und klatscht auf den Boden.

27. Der Ball kommt aus dem
Regenrohr geschossen ...

28. ... und rollt direkt am
Feldspieler vorbei.

29. Auf dem Spielfeld ist der Schlagmann auf dem Weg zur dritten Base. Im Hintergrund taucht der Feldspieler mit dem Ball auf und wirft ihn ins Feld.

30. Der Spieler an der zweiten Base und der Spieler auf der zentralen Position schaffen es nicht, den Ball zu fangen.

31. Der Schlagmann kurvt um die dritte Base.

32. Der Werfer auf seiner Innenposition schreit »Ihr Idioten!«

33. Der Schlagmann rennt zur Homebase.

34. Der Spieler zwischen der zweiten und dritten Base angelt sich den Ball und wirft ihn Richtung Homebase, während der Schlagmann im Vordergrund vorbeirennt.

35. Extreme Aufsicht. Zeitlupe. Die Kamera schwenkt
mit dem Schatten des
laufenden Schlagmanns mit.
Der Ball kommt langsam
in die Einstellung hinein.
Es ist ein Wettlauf der
Schatten.

36. Weiterhin Zeitlupe. Die
Kamera verfolgt den Ball die
Grundlinie entlang, wie er
der Homebase entgegen-
schießt. Der Fänger macht
sich bereit.

37. Die Kamera ist groß auf
dem Home-Mal und zieht
in Zeitlupe auf. Der Fuß des
Schlagmanns und die Hand
des Fängers kommen beide
langsam auf das Mal zu.
Staub verdunkelt das Bild.

Zusammenfassung

Wie man anhand dieser kurzen Geschichte sehen kann, hängt die Wahl des Kamerablickwinkels stark von der Erzählstrategie ab, aber auch von den grafischen und inszenatorischen Ideen. In diesem Beispiel haben Zeitlupe und Schatten bestimmte Blickwinkel der Kamera notwendig gemacht, aber auch die »grafische Inszenierung« hat manche Einstellung motiviert, etwa wenn der Ball hoch über dem Spielfeld fliegt und sich die Schatten auf dem Boden bewegen, als seien sie Schauspieler in einer Szene. Daß die Kamera Aktionen verfolgen muß, die weit oben und unten stattfinden, hat natürlich einen großen Einfluß darauf, aus welchen Blickwinkeln die Kamera das Geschehen aufnimmt. Selbstverständlich sind die nur leicht veränderten Kamerablickwinkel genauso wichtig wie die extremen; sie geben den Bewegungen erst Rhythmus.

Erwähnen sollte ich noch, daß es sich bei diesem Storyboard um einen ersten Entwurf handelt, der auf der Grundlage von Rohskizzen angefertigt wurde, die die Grundidee der Sequenz festgehalten haben. Die ersten zwanzig Skizzen entstanden in kaum mehr als einer Stunde. Über die Hälfte der Bilder habe ich nach diesem ersten Entwurf nicht mehr wesentlich verändert, die anderen wurden umgearbeitet. In der Praxis kann es zwei oder zwanzig Entwürfe lang dauern, bis die Ideen für ein Storyboard zufriedenstellend ausgearbeitet sind. Beispielsweise war es die Eingangsidee für unsere Sequenz, daß der Werfer auf seine Position geht und sein Gegenspieler einen Homerun schlägt. Die Sache mit der Sonne und den Wolken und auch die Zeitlupen haben sich aus den Rohskizzen heraus entwickelt. Als ich dann die Federzeichnungen anlegte, entschloß ich mich dazu, den ausgefallenen Gag mit dem Regenrohr einzubauen – wahrscheinlich hätte dieser den nächsten Entwurf nicht überlebt.

15 Angeschnittene und nicht angeschnittene Kadrierung
(offene und geschlossene Bildkomposition)

D ie Begriffe angeschnittene und nicht angeschnittene Kadrierung fallen oft, wenn es darum geht, Gestaltungstechniken und -methoden zu beschreiben, mit denen der Betrachter in den Bildraum einbezogen oder aus ihm ausgeschlossen wird. Als angeschnitten oder offen werden Bildkompositionen bezeichnet, wie man sie normalerweise in Dokumentarfilmen findet, bei denen sich viele Bildelemente der Kontrolle des Filmemachers entziehen. In solchen Arrangements kann es passieren, daß der Bildrand Personen anschneidet oder Vordergrundelemente eine Figur teilweise verdecken. Von nicht angeschnittener Kadrierung oder geschlossener Bildgestaltung spricht man bei Kompositionen, in denen die abgebildeten Personen und Objekte sorgfältig inszeniert werden, damit alles klar erkennbar und grafisch ausgewogen ist. Zu solchen Bildkompositionen kommt es am ehesten, wenn die Kamera außerhalb des Aktionskreises aufgestellt wird. Offene Formen erscheinen wirklichkeitsgetreuer, geschlossene Formen wirken eher inszeniert.

Diese Unterscheidung ist allerdings nicht eindeutig, denn in Wahrheit sind natürlich alle Kompositionen bis zu einem gewissen Grad vom Fotografen arrangiert, ob das nun für den Betrachter erkennbar ist oder nicht. So haben Fernsehwerbespots die Bildersprache des Dokumentarfilms aufgegriffen, doch ihre Kompositionen sind sorgfältig inszeniert, damit sie so aussehen, als seien sie nicht arrangiert. Diese gewollte Lässigkeit spekuliert darauf, daß der Zuschauer Bilder im Dokumentarstil immer mit objektiver Berichterstattung assoziiert. Auf der anderen Seite arbeiten viele Dokumentarfilmer mit hochstilisierten Kompositionen und warten oft für eine ausdrucksstarke Aufnahme wochen- und monatelang auf das richtige Wetter. In unserer von Bildern überschwemmten Kultur wird es zunehmend schwieriger, zwischen offener und geschlossener Form zu unterscheiden. Die Bildermacher aller Sparten sind sich nämlich der allgemeinen Bedeutung dieser Formen bewußt und setzen sie häufig zur Täuschung des Betrachters ein.

Wahrscheinlich ist es am besten, die Begriffe angeschnittene und nicht angeschnittene Bildkomposition als allgemeine Beschreibungen anzusehen und daran zu denken, daß Techniken ihre Bedeutung erst aus dem Zusammenhang erhalten, in dem sie stehen. Für den Filmemacher, der eine Geschichte erzählen will, ist der interessanteste Aspekt an der offenen und geschlossenen Bildgestaltung, wie jede der beiden Formen auf ihre Weise dazu benutzt werden kann, den Grad der Intensität zu verändern, mit dem der Zuschauer in das Geschehen verwickelt wird. Wie der Filmemacher das schafft, ist eine Frage der ästhetischen Distanz.

Ästhetische Distanz

Mit dem Ausdruck »ästhetische Distanz« soll die Intensität beschrieben werden, mit der ein Kunstwerk seinen Betrachter beeindruckt. Kommunikation ist in gewisser Weise immer manipulativ, aber einige Werke lassen es eher als andere zu, daß man über sie nachdenkt oder an ihnen teilnimmt, während man sie betrachtet. Bezogen auf den Film ist der Begriff »ästhetische Distanz« besonders passend. Ein Filmemacher erzeugt nämlich, anders als ein Romancier oder ein Dichter, die fast handgreifliche Illusion von räumlicher Tiefe und Distanz im Bild. Die Größe einer Einstellung, ob Detailaufnahme oder Totale, bringt den Zuschauer in eine körperliche Beziehung zum Bildgegenstand und hat so psychologische und letztendlich auch moralische Auswirkungen.

Grade der Nähe

Im folgenden Abschnitt sehen wir uns Beispiele dafür an, wie die Bildgestaltung und die Wahl des Kamerablickwinkels und der Optik Einfluß darauf nehmen, in welchem Ausmaß sich der Zuschauer in den

Szenenraum hineingezogen fühlt und wie sehr er Anteil nimmt an den einzelnen Personen in der Szene.

Unsere Geschichte erzählt von einem Mann und einer Frau, die nebeneinander im Bett liegen. Der Mann hat die Nacht mit der Frau verbracht, die er erst am Abend zuvor kennengelernt hat. Er weiß, daß sie es bereut, ihn in die Wohnung eingeladen zu haben. Nun wird es Morgen, und beide zögern, sich den Erwartungen des anderen zu stellen. Der Filmemacher würde den Zuschauer gern in das Handlungsfeld einbeziehen, damit er die Nähe dieser Beziehung spüren kann. Die Szene ist aus der Sicht des Mannes geschrieben, und der Filmemacher meint, diese Sichtweise in der Komposition der Einstellungen erhalten zu müssen.

Angeschnittene Kadrierung (offene Bildkomposition) Version Eins

Der Filmemacher entscheidet sich dafür, die Szene mit einer weiten Einstellung vom Schlafzimmer zu beginnen. Er macht die Bilder 1, 2 und 3 zur Probe und legt sie nebeneinander. Weil die Szene aus der Sicht des Mannes geschrieben ist, wählt er eine Aufnahme, die auf dessen Seite des Bettes entstanden ist. Er stellt die Kamera tiefer, damit der Mann besser zu sehen ist als die Frau. Auf diese Weise will er unsere Identifikation mit dem Mann unterstützen. Der Filmemacher überdenkt seine Möglichkeiten und kommt zu dem Schluß, daß die Bilder 2 und 3 etwas zu nah an den Akteuren sind. Da er vorhat, später in der Sequenz Großaufnahmen zu verwenden, hätte er zwischen der Eröffnungseinstellung und den geplanten Großaufnahmen gern eine deutliche Änderung in der Einstellungsgröße. Aus diesem Grund entscheidet er sich, die Szene mit Bild 1 beginnen zu lassen.

1
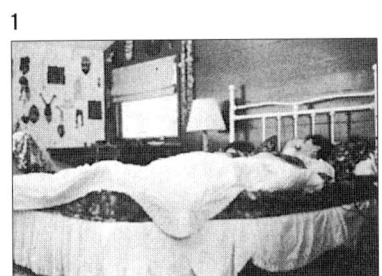

2
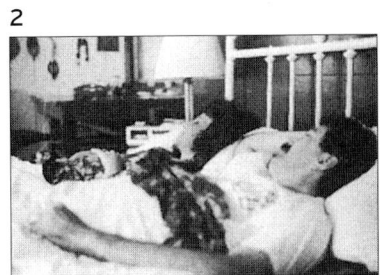

3
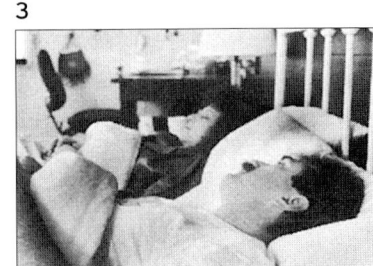

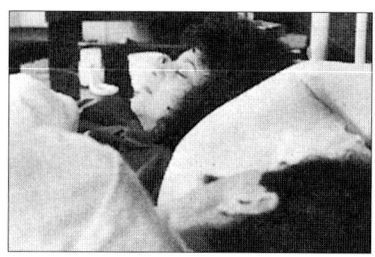

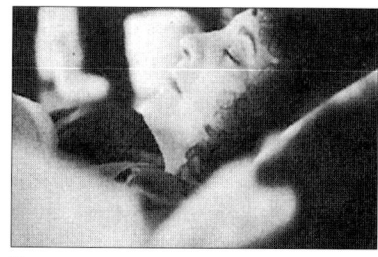

1   2   3

Angeschnittene Kadrierung
Version Zwei

Der Filmemacher beschließt, mit der Kamera näher heranzugehen, und fotografiert drei OS-Einstellungen zur Auswahl. In jeder Einstellung schaut der Mann deutlich sichtbar zur Frau hinüber. Es fällt auf, daß in den Bildern 2 und 3 die Schärfentiefe dazu verwandt wurde, eine der beiden Personen hervorzuheben. Obwohl man im allgemeinen den Schauspieler, der scharf abgebildet ist, für den wichtigeren in der Szene hält, ist dem nicht immer so. Selbst der Schauspieler in der Unschärfe kann zur Hauptfigur werden, indem wir den richtigen Bildausschnitt und die geeignete Handlung wählen. Der Filmemacher wählt Bild 1 aus, weil er sich in der Szene langsam herantasten möchte und die Bilder 2 und 3 in dieser Phase des Geschehens seiner Meinung nach zu intim wirken.

Angeschnittene Kadrierung
Version Drei

Der Filmemacher vergleicht zwei weitere Einstellungen, die als Gegenschuß der vorherigen Einstellung folgen sollen. Da er in der letzten Einstellung die emotionale Distanz gewahrt hat, beschließt er, diesmal

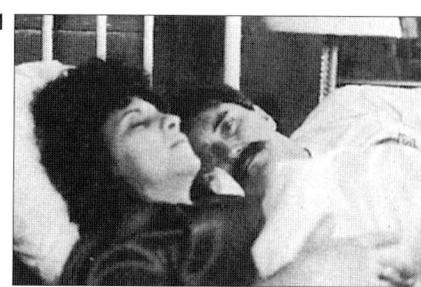
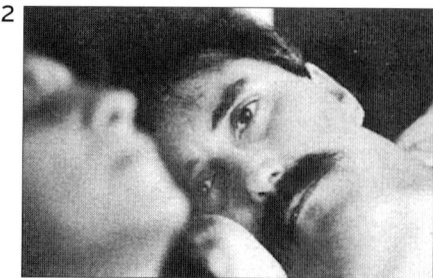

1   2

etwas dichter heranzugehen. Er wählt Bild 2, weil er den Zuschauer möglichst nah heranführen möchte und weil er sich einen starken grafischen Kontrast wünscht, der sich aus dem Wechsel der Einstellungsgröße ergibt.

Angeschnittene Kadrierung
Version Vier

Der Filmemacher überprüft die Sequenz und bemerkt, daß ihn das zuletzt ausgewählte Bild stört. Ihm gefällt zwar, wie nah der Gegenschuß die beiden zeigt, aber er findet es zu gewagt, wie deutlich der Mann in der Gegenschuß-Großaufnahme zu sehen ist. Außerdem sagt ihm sein Gefühl, von der Frau müßte mehr zu sehen sein. Ihm fällt auf, daß Bild 2 zu sehr ein Plädoyer für die Haltung des Mannes ist – zu egozentrisch. Er probiert zwei neue Bildkompositionen aus: die Bilder 3 und 4.

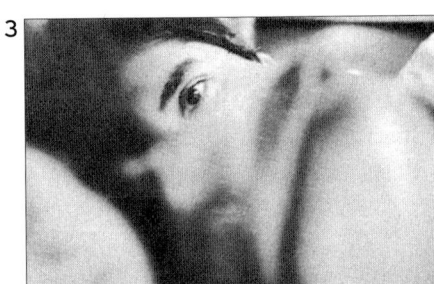 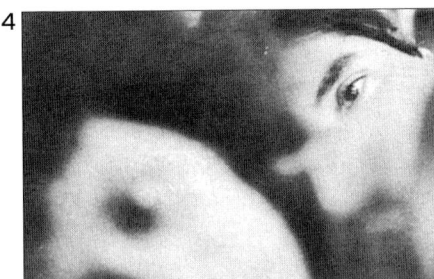

Diese beiden Bilder sind extrem angeschnitten. In beiden ist die Frau so plaziert worden, daß sie sich nun vom Mann abwendet. Die Einstellungen sind nahezu identisch, nur sehen wir in Bild 4 mehr vom Gesicht der Frau, auch wenn es nur unscharf zu erkennen ist. Wichtiger ist: Ihre Augen sind offen – sie ist wach. Jede Einstellung beeinflußt auf ihre besondere Weise den dramatischen Akzent, den die Szene setzt. Aus Bild 3 spricht die Unfähigkeit des Mannes, die Frau zu verstehen. Da sie ihn fast verdeckt und selber auch weitgehend unserem Blick entzogen bleibt, nehmen wir gewissermaßen dieselbe Position ein wie der Mann. Geradezu peinlich offenbarend ist Bild 4. Wir sehen jetzt, daß die Frau wach ist und sich bewußt vom Mann abwendet. Wir spüren, wie weit entfernt die beiden voneinander sind. Dies ist die Einstellung, für die sich der Filmemacher entscheidet.

Die angeschnittene Kadrierung schafft einen Kontext, in dem wir dazu gebracht werden, die Sicht des Mannes zu teilen. Dies geschieht durch die geschickte Auswahl des Bildausschnitts und einzelner Handlungselemente. Hätte der Filmemacher gewollt, daß der Zuschauer die Szene aus einer neutralen Perspektive betrachtet, hätte er die nicht angeschnittene Kadrierung gewählt, wenngleich die Distanz, die mit ihrer Hilfe ausgedrückt werden kann, nicht als absolut anzusehen ist; sie kann wie die Strategie des angeschnittenen Bildes graduell abgestuft werden. Nur selten trifft man auf einen Film mit ausschließlich angeschnittener oder nicht angeschnittener Bildkomposition. Der Filmemacher entscheidet sich dafür, die Schlafzimmerszene neu zu planen und dabei einen geschlossenen Bildaufbau zu benutzen, der dem Zuschauer ermöglichen soll, die Szene zu betrachten, ohne emotional stark eingebunden zu sein.

Nicht angeschnittene Kadrierung (geschlossene Bildkomposition) Version Eins

Der Filmemacher probiert für die Eröffnungseinstellung drei verschiedene Blickwinkel aus: die Bilder 1, 2 und 3. Bild 1 ist symmetrisch gebaut und besitzt wenig dynamische Spannung, die zur nächsten Einstellung hindrängt. Das erlaubt dem Zuschauer, in Ruhe Zugang zu dem Bild zu gewinnen, ohne vom Fluß der Einstellungen vorangetrieben zu werden. Das Geschehen ist allerdings so weit entfernt, daß eine nähere, größere Einstellung erforderlich wird, wenn mehr Einzelheiten zu sehen sein sollen. Der Filmemacher könnte sich aber auch

1

2

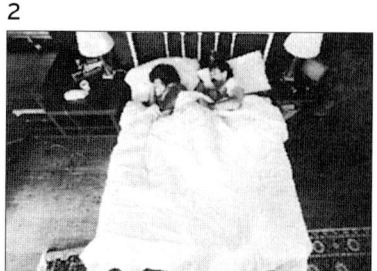

3

dazu entschließen, die gesamte Szene in dieser Einstellung spielen zu lassen. Statt den Blickpunkt durch Schneiden zu wechseln, könnte das Paar aus dem Bett steigen und das Geschehen zur Kamera bringen. Bild 2 erlaubt einen besseren Blick auf das Paar und begrenzt die vom Zuschauer empfundene Intimität der Situation durch einen Kamerastandpunkt, den ein Beobachter normalerweise nicht einnehmen kann. In diesem Fall befinden wir uns nicht nur außerhalb des Aktionskreises, wir sind hoch über ihm. In Bild 3 sehen wir schließlich die Einstellung, die am wenigsten geschlossen ist, wenngleich sie immer noch eine gewisse neutrale und distanzierte Haltung bewahrt. Achten Sie darauf, wie die schräg-seitliche Kameraposition die Einstellung tendenziell stärker angeschnitten und weniger geschlossen erscheinen läßt.

Dem Filmemacher gefällt Bild 1, und er erwägt, die Szene so zu inszenieren, daß die Schauspieler sich dafür im Bett aufsetzen müssen. Bevor er seine Entscheidung trifft, prüft er noch eine weitere Fotoreihe.

Nicht angeschnittene Kadrierung
Version Zwei

Die letzten drei Bilder stellen eine Sequenz dar und sind nicht die unterschiedlichen Versionen einer Haupteinstellung. Der Filmemacher meint, die emotionale Distanz wahren zu können, wenn er nicht Großaufnahmen oder Halbnaheinstellungen von dem Paar einsetzt. Er will in die entsprechende Seitenansicht vom Bett umschneiden, während im Off zu hören ist, was der Mann oder die Frau denkt. Diese Methode ist eine weitgehende Stilisierung und läßt eine psychologische Identifikation mit den Figuren nicht zu, wie sie für das Kontinuitäts-

1

2

3

prinzip fundamental wichtig ist. Weder die angeschnittene noch die nicht angeschnittene Bildkomposition sichert eine objektiv-ausgewogene Behandlung des Themas, wenn auch die Kunstgriffe der nicht angeschnittenen Kadrierung und andere distanzierende Verfahren von radikalen Filmemachern als weniger manipulativ gepriesen werden. Ganz gleich mit welcher Technik, letztendlich wird der Zuschauer immer manipuliert. Ein Film kann – ungeachtet aller Techniken – nicht mehr an Integrität besitzen, als es die Absichten und der Scharfblick des Filmemachers zulassen.

Der Kunstgriff der Rahmung

Wie wir gesehen haben, werden in der angeschnittenen Komposition Vordergrundelemente benutzt, um einen Bildgegenstand einzurahmen. Dies geschieht, weil man ihn besonders betonen möchte, ihn in einen neuen Zusammenhang stellen will oder aber weil man den Zuschauer in den Szenenraum hineinziehen möchte. Rahmungen werden auch aus rein kompositorischen Gründen verwendet, um den Eindruck von Tiefe im Bild zu verstärken. Ein paar Rahmungstricks sind in den folgenden Beispielen zu sehen.

Abb. 15.1

In Abb. 15.1 werden Türen zum Rahmen im Rahmen und distanzieren uns vom Geschehen. Wir geraten in die Rolle eines ungebetenen Lauschers.

Unterschiedliche Ebenen können gegeneinander abgegrenzt sein, wie in der nächsten Einstellung zu sehen ist (Abb. 15.2). Hier hat man sich die Architektur des Gebäudes zunutze gemacht, um das Bild zusätzlich zu rahmen.

Abb. 15.2

In Abb. 15.3 drängt ein Teleobjektiv viele Vordergrundelemente vor der Kamera zusammen, die in Wirklichkeit weit vom Geschehen entfernt sind, weil die Linse charakteristischerweise das Geschehen in der Tiefe zusammenstaucht. So kann man mit dieser Art der Rahmung Informationen vorenthalten, da das primäre Bildobjekt, nämlich die Personengruppe, nur teilweise zu sehen ist. Gegenstück dazu ist eine

Abb. 15.3

Rahmung mittels Fenster oder Tür: Unsere Aufmerksamkeit wird mit Nachdruck auf den Bildgegenstand innerhalb des Rechtecks gelenkt.

Spiegel haben die Filmemacher zu allen Zeiten fasziniert. Sie können das »Schuß-Gegenschuß-Muster« der Montage in einer einzigen Einstellung kombinieren. Eine ähnliche Einstellung ist in Abb. 15.4 zu sehen.

Wir können uns nun der Erzählperspektive oder der Sichtweise zuwenden, wie sie durch den Standpunkt der Kamera ausgedrückt wird. Das ist Thema des nächsten Kapitels und eng verbunden mit den Kunstgriffen der Rahmung.

Abb. 15.4

16 Erzählperspektive

Im vorigen Kapitel über die angeschnittene und nicht angeschnittene Kadrierung haben wir uns angesehen, wie grafische Anordnung und Montagetechnik *den Grad der Anteilnahme* bestimmen, mit dem sich der Zuschauer auf die Personen auf der Leinwand einläßt. Die Sichtweise oder Erzählperspektive (Point of View) bestimmt dagegen, *mit wem* sich der Zuschauer identifiziert. Beide Konzepte hängen eng zusammen und arbeiten in jeder Sequenz fast immer Hand in Hand.

Jede Einstellung in einem Film drückt eine bestimmte Sichtweise aus. In fiktionalen Filmen wechselt die Erzählperspektive häufig, manchmal mit jeder neuen Einstellung. Die Gesamtwirkung dieses beständigen Wechselspiels beeinflußt die Art und Weise, wie der Zuschauer eine Szene interpretiert, wenn auch die jeweilige Sichtweise – oder Erzählhaltung – vom Publikum meistens nicht bewußt wahrgenommen wird. Sieht man einmal von der bekannten Technik der Point-of-View-Kamerablicke ab, wie sie etwa Alfred Hitchcock benutzte, bleibt der Beitrag weitgehend unbeachtet, den Kamerastandpunkt, Schnitt und Bildkomposition für die Erzählhaltung leisten. Wahrscheinlich wird deswegen in so vielen Filmen äußerst gleichgültig mit der Erzählperspektive umgegangen. Dabei kann sie den wichtigsten Aspekt der Regieleistung ausmachen. Häufig ist die Erzählperspektive das zufällige Resultat technischer oder bildgestalterischer Überlegungen oder rücksichtsloser Manipulation.

Um besser zu verstehen, wie ein Filmemacher mit der Kamera die Sichtweise bestimmen kann, wollen wir uns zunächst die drei Erzählformen anschauen, die im Film gebräuchlich sind. Wir borgen uns dafür die Terminologie aus, mit der die Literaturwissenschaft die unterschiedlichen Sichtweisen benennt.

Ich-Perspektive

Das Erzählen in der ersten Person läßt sich beispielhaft bei Hitchcock finden, der subjektive Techniken einsetzte, um die Geschichte durch die Augen einer Person zu erzählen – dem »Ich« der Geschichte. Ein extensiver Einsatz der subjektiven Kamera wirkt allerdings im fiktionalen Film unbeholfen, weil wir nur den Standpunkt einer Person kennenlernen und nicht ihre Reaktionen, Mimik oder Gestik sehen können.

Personale Erzählperspektive

Die auf eine dritte Person beschränkte Sichtweise, die das Geschehen so darstellt, als betrachte es ein unbeteiligter idealer Beobachter, ist der in Hollywood gebräuchlichste Erzählstil, wird aber selten ausschließlich verwendet. Meistens wird diese Erzählform mit Passagen aus der Ich- oder der auktorialen Perspektive kombiniert.

Auktoriale Perspektive des »allwissenden« Erzählers

Um im Film die allwissende Sichtweise zu zeigen, muß man erkennen lassen, was die Personen denken. Das erfordert eine entsprechende Darstellungsweise, etwa einen Kommentar aus dem Off oder Untertitel. Weil Zuschauer direktes Erzählen oft als unfilmisch empfinden, wird es selten benutzt. Die Möglichkeiten dieser Erzählform sind allerdings erst oberflächlich ausgelotet worden. Keiner der erfolgreichen Regisseure des Erzählkinos hat bisher einen Stil entwickelt, in dem sich Worte und Bilder auf wirklich einfallsreiche Weise miteinander verbinden. Neue Ideen auf diesem Gebiet wären zu begrüßen.

Der Grad der Identifikation

In Romanen oder Kurzgeschichten steht fest, aus wessen Sicht die Geschichte erzählt wird. Im Film ist diese Zuordnung oft weniger eindeutig. In manchen Fällen kann eine Kameraeinstellung eine Erzählhaltung vermitteln, die irgendwo zwischen der Beobachtung durch eine dritte Person und einem vollkommen subjektiven Standpunkt liegt.

Bei der Montage ist der stärkste Anlaß für einen Umschnitt die Blicklinie eines Akteurs in Großaufnahme. Abb. 16.1 illustriert die typische Einrichtung für eine subjektive Einstellung: den Schnitt auf den Blick.

Unter der ersten Einstellung sind drei mögliche Gegenschuß-Großaufnahmen zu sehen.

In Bild 1 schaut ein Mann zu einer Frau hinüber, die neben ihm im Auto sitzt. In Bild 2 schneiden wir in seine subjektive Sichtweise: eine Großaufnahme von der Frau, die seinen Blick erwidert. Da es sich um eine subjektive Kameraeinstellung handelt, schaut sie direkt ins Objektiv. So verwendet, ist die Großaufnahme eindeutig aus der Sicht des Mannes aufgenommen. Wir vergleichen diese Einstellung mit der Großaufnahme in Bild 3, aufgenommen aus etwa 45 Grad zur Blicklinie der Frau. Hier handelt es sich eindeutig um den Blick einer dritten Person. Die Einstellung unterstützt keine Identifikation, weder mit ihm noch mit ihr. Aber was geschieht, wenn wir die Kamera nur ein paar Grad von der Blicklinie der Frau entfernen, wie in Bild 4? In diesem Fall haben wir ein engeres Verhältnis zum Mann, vorausgesetzt, der erzählerische Kontext läßt die Großaufnahme als den Blick des Mannes erscheinen. Die Einstellung ist gewissermaßen eine modifizierte Subjektive.

Eine nützliche Arbeitshypothese: *Für jede Einstellung gibt es unterschiedliche Grade der Subjektivität oder, präziser formuliert, unterschiedliche Grade der Identifikation.* Deswegen können auch Einstellungen über die Schulter und Zweiereinstellungen die Perspektive eines der Beteiligten

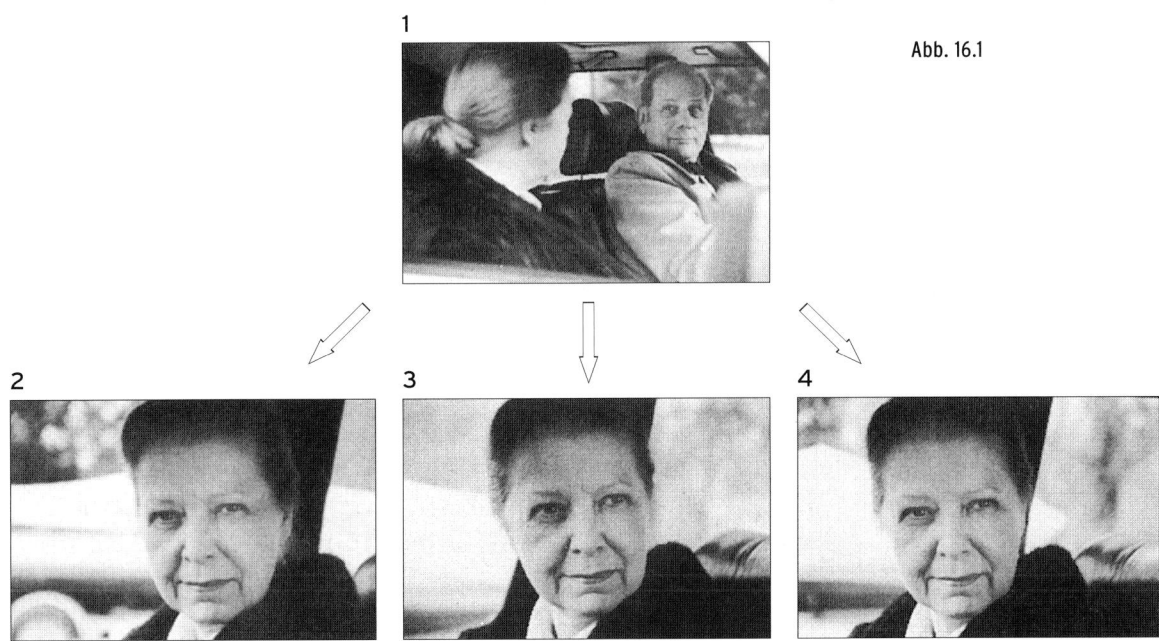

Abb. 16.1

bevorzugen, je nach Blicklinie der Schauspieler und erzählerischem Kontext. *Der Grad der Zuschaueridentifikation ist um so größer, je näher die Blicklinie des Schauspielers in einer Großaufnahme an der Kamera ist, das heißt, je mehr sich Blicklinie und Kameraachse annähern.*

Zuschauerbeteiligung und Identifikation

Die Anteilnahme des Zuschauers läßt sich auf zwei Weisen beeinflussen: durch grafische und durch erzählerische Mittel. Die Bildkomposition und die Form der Inszenierung sind grafische Mittel, die unsere Identifikation mit einem Akteur bewirken. Die modifizierte Subjektive von der vorhergehenden Seite in Abb. 16.1 ist dafür ein Beispiel, wie die Identifikation mit dem Schauspieler davon bestimmt werden kann, welchen Platz er in der Bildkomposition einnimmt.

Erzählerische Mittel lenken unsere Identifikation mit unterschiedlichen Methoden, die jedoch alle weitgehend mit der Montage zusammenhängen. In einer Detektivgeschichte folgt der Plot in der Regel dem Privatdetektiv. Szenen beginnen mit seiner Ankunft am Schauplatz und enden, wenn er ihn wieder verläßt. So wird aus dem erzählerischen Kontext klar, daß wir die Ereignisse aus der Sicht des Detektivs erfahren, selbst wenn die Geschichte so aufgelöst wird, daß wir alles aus der personalen Perspektive einer dritten Person wahrnehmen und der Film die nicht angeschnittene, geschlossene Bildkomposition verwendet.

Gestalten der Erzählperspektive

Es gibt keine unumstößlichen Regeln dafür, wie man mit Hilfe grafischer oder narrativer Mittel die Erzählperspektive bestimmt. Beide Faktoren hängen in ihrer Wirkung voneinander ab. Eine der wichtigsten Fähigkeiten, die ein Filmemacher nach und nach entwickelt, ist ein größeres Bewußtsein oder intuitives Gespür dafür, welche Sichtweise in jeder Einstellung und in jeder Sequenz vorherrschend ist.

Für die folgenden Beispiele begleiten wir wieder den Filmemacher aus dem vorigen Kapitel und kehren zu der Bettszene zurück. In der ersten Bilderreihe wird eine Sequenz aus subjektiver Sicht gezeigt, die in ihrer Auflösung durch den Schnitt auf den Blick bestimmt ist. Die dargestellten Grundprinzipien gelten aber auch für Szenen, die sich nicht der subjektiven Perspektive bedienen.

Point of View: Version Eins

Der Filmemacher beginnt in Bild 1 mit einer Aufblende aus dem Schwarzen, was in der Subjektiven dem Augenöffnen des Mannes entsprechen soll, wenn er am Morgen erwacht. Bild 1a zeigt eine Großaufnahme von der Frau aus der Sicht des Mannes, sobald die Aufblende abgeschlossen ist. Bild 2 ist eine Gegenschuß-Großaufnahme vom Mann, der teilweise durch die Bettdecke verdeckt wird. Das übliche Montagemuster für die Subjektive auf den Blick ist in dieser Version umgekehrt worden, denn zunächst kommt die subjektive Einstellung und erst anschließend die blickende Person.

Der Filmemacher entschließt sich, die Sequenz zu überarbeiten und mit einer neuen Einstellung von der Frau in Bild 3 zu eröffnen. Diesmal sehen wir nur ihren Hinterkopf und ihre Finger im Haar. Sie dreht sich in Bild 3 zur Kamera hin und schließt diese Bewegung in Bild 3a ab. Bild 4 dient als Schnitt auf den Blick, wenn wir auch die Augen des Mannes in dieser engen OS-Einstellung nicht sehen. Vergleichen wir dieses Bild mit Bild 2 aus der vorherigen Reihe, erkennen wir, daß beide Einstellungen einen bestimmten Zweck haben: Sie sollen kenntlich machen, daß die Frau aus der Sicht des Mannes gesehen wird.

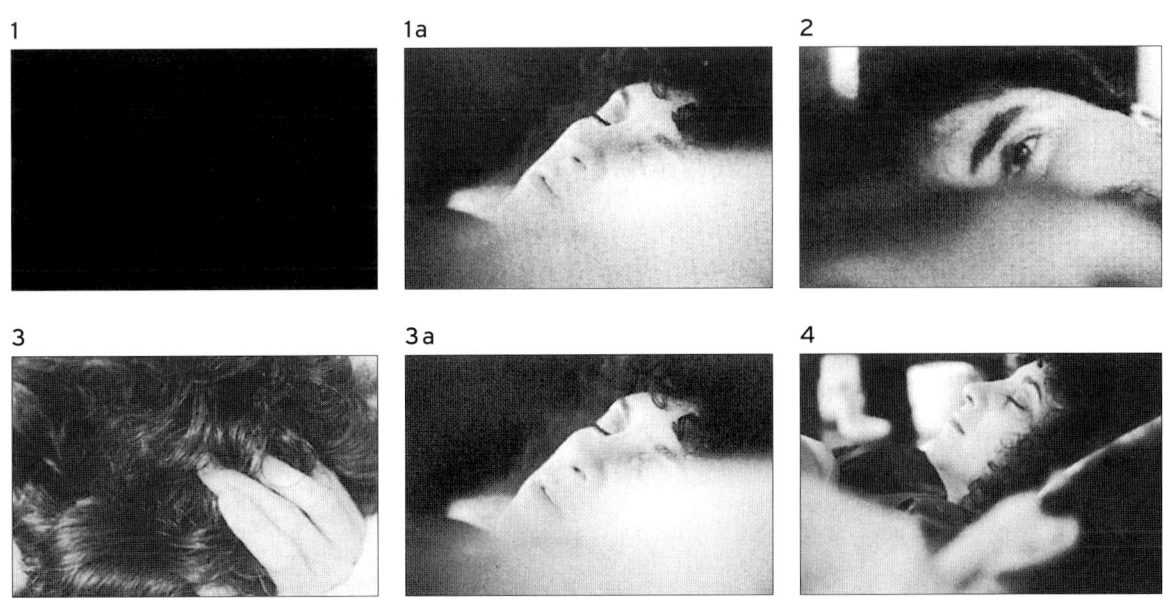

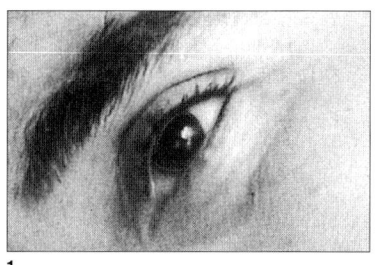

1

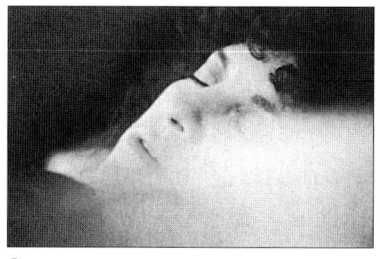

2

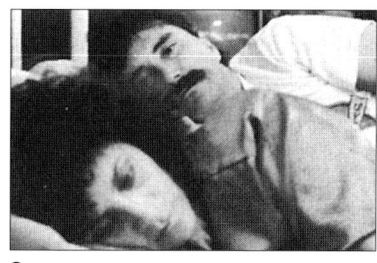

3

Point of View: Version Zwei

Der Filmemacher beschließt, die Szene mit einer Schnittfolge zu beginnen, die klassisch ist für die subjektive Sichtweise, und fängt mit einer Detailaufnahme vom Auge an. Darauf folgt der obligatorische Gegenschuß und eine OS-Zweiereinstellung.

Schauen wir uns nochmals die vorherige Version zum Vergleich an. So könnten die Alternativen aussehen, die Ihnen ein Cutter im Rohschnitt anbietet, wenn nur diese wenigen Einstellungen zur Verfügung stünden. Die Reihenfolge der Einstellungen läßt sich problemlos verändern, vorausgesetzt, das Material wurde mit feststehender Kamera gedreht. Sind in den Einstellungen Zoom- oder Kamerabewegungen enthalten, verringern sich die Alternativen, sofern man sich den traditionellen Verfahren der Kontinuität verpflichtet fühlt.

Point of View: Version Drei

Diesmal möchte der Filmemacher eine Sequenz erfinden, die aus subjektiver Sicht Bild und Ton kombiniert. Der Zuschauer wird aus der Perspektive des Mannes sehen und *hören*. Diese erweiterte Sequenz wird auf Seite 359f. fortgesetzt. Bild 1 beginnt im Dunkeln. Leises Atmen ist zu hören, dann wird langsam aufgeblendet in die Bilder 2–4: Langsam hebt und senkt sich die Bettdecke (Großaufnahmen) mit den regelmäßigen Atemzügen der Frau. In Bild 5 sehen wir eine Großaufnahme des Mannes, auf der fast nur sein Ohr zu sehen ist. Was nun folgt, ist das akustische Gegenstück zum Schnitt auf den Blick, der mit einer Einstellung von den Augen beginnen würde. Wir schneiden auf Bild 6, eine Großaufnahme vom Gesicht der Frau, während wir gleichzeitig im Ton ihr Atmen hervorheben. In Bild 7 kehren wir zum Mann zurück, der wach ist und die Frau beobachtet. Bild 8 zeigt aus der Sicht des Mannes die Schulter der Frau, wie sie sich von ihm abwendet. In Bild 9 sehen wir wieder eine Detailaufnahme vom Auge des Mannes, wie er die Frau anschaut. In Bild 10 wechselt der Filmemacher abrupt *zur Sichtweise der Frau*. Wir sehen diese Einstellung mehrere Sekunden lang, bis die Frau sich aus dem Bild hinausbewegt, indem sie sich aufsetzt.

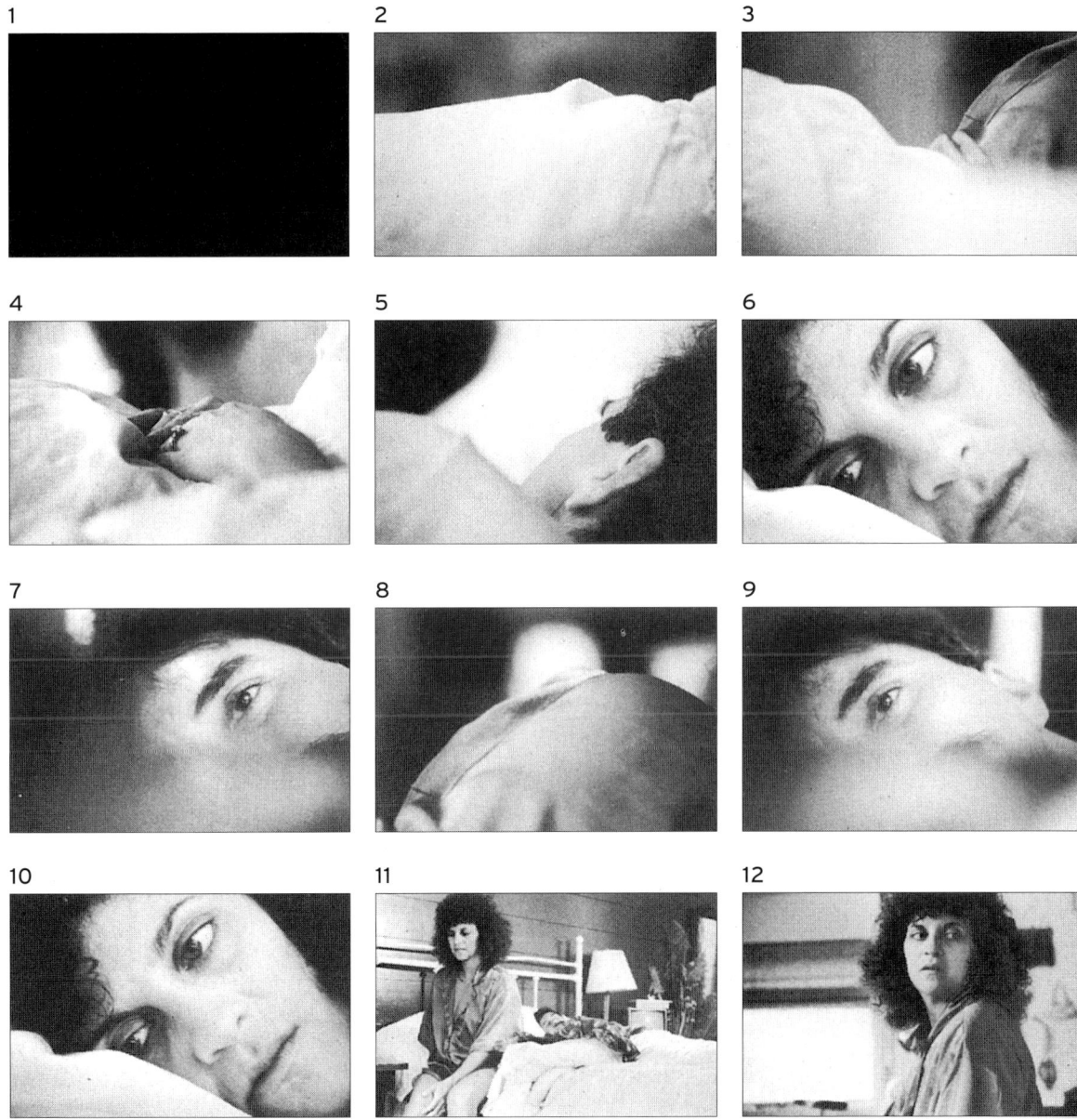

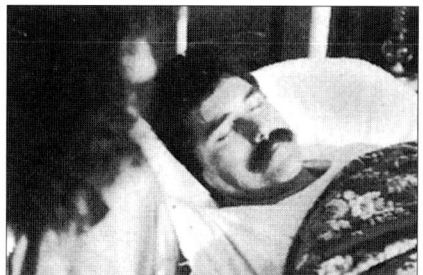 

In Bild 11 sitzt die Frau auf dem Bettrand, und in Bild 12 dreht sie sich zu dem Mann um. Der Filmemacher schneidet auf den Blick in eine Einstellung über ihre Schulter. Wir teilen nun die Perspektive der Frau, weil Bild 13 eng über die Schulter der Frau aufgenommen ist und die Blickrichtung der Kamera mit ihrer übereinstimmt. Weiter treibt der Filmemacher die Szene nicht, macht aber ein letztes Mal eine kleine Veränderung, um die Anzahl der Einstellungen zu begrenzen. Er ersetzt die Einstellungen 12 und 13 durch die Gegenschuß-Zweiereinstellung von Bild 14, die den Blick der Frau und das Objekt ihres Blickes in einer einzigen Einstellung zusammenfaßt.

Interessanterweise bringt uns diese Inszenierung dazu, uns mit dem Standpunkt der Frau zu identifizieren, obwohl die Aktion aus der Position einer dritten Person beobachtet wird. Auf dem Bild ist zwar lediglich zu sehen, daß die Frau den Mann anschaut, aber damit soll unser Interesse an ihr geweckt werden. Wir wollen jetzt gerne wissen, wie sie darauf reagiert, was sie sieht. Das ist das zweite Thema der Einstellung: Wir möchten erfahren, was sie denkt, da ihre Reaktion weder im Dialog noch im Verhalten zum Ausdruck kommt. Diese Art der Auflösung teilt somit viele Eigenschaften einer Point-of-View-Einstellung, indem wir dazu aufgefordert werden, uns mit den Gefühlen der Frau auseinanderzusetzen.

Narrative Lenkung der Erzählperspektive

In der folgenden Situation sucht eine Frau ihren Mann und findet ihn, wie er allein am Strand sitzt. Wir wollen in dieser Szene herausfinden, welche Möglichkeiten es gibt, die Identifikation des Zuschauers mit einer der beiden Personen zu erreichen.

Narrative Lenkung: Version Eins

Diese erste Sequenz verwendet den klassischen Aufbau einer subjektiven Sichtweise: In Bild 1 schaut eine Frau auf etwas außerhalb des Bildes, in Bild 2 sehen wir den Gegenstand ihres Interesses, und in Bild 3 wird in einer Zweiereinstellung deutlich gemacht, welche Geografie die Szene hat. In dieser Sequenz identifizieren wir uns mit der Frau, und zwar aus zwei Gründen: Erstens ist sie die Person, die uns als Zuschauer in die Szene einführt, und zweitens bedient sich die Zweiereinstellung in Bild 3 ihrer Blicklinie. Die Identifikation wird dadurch ein wenig abgeschwächt, daß wir uns außerhalb des dramatischen Handlungsraumes befinden und der Blick eher der eines neutralen Beobachters ist.

Wir wollen diese Bilderreihe (1 bis 3) mit der nächsten (Bilder 4 bis 6) vergleichen, die mit einer neuen Einstellung endet. In dieser Einstellung bleiben wir in der Blicklinie der Frau, stehen aber auf der entgegengesetzten Seite. In diesen beiden grafischen Strategien wird unsere Identifikation mit der Frau unterschiedlich entwickelt. Auffälligerweise wird unsere Identifikation mit der Frau dadurch nicht verringert, daß wir in Bild 6 dem Mann näher sind als der Frau. Das liegt am erzählerischen Kontext der Sequenz; wir beginnen nämlich mit der Frau und geben damit vor, wie die nächsten Einstellungen zu lesen sind.

Narrative Lenkung: Version Zwei

In dieser nächsten Bilderfolge können wir sehen, was passiert, wenn wir dieselbe Sequenz mit dem Mann beginnen lassen. Es stellt sich die Frage, ob wir uns nun mit seinem Standpunkt identifizieren oder mit dem der Frau. Meiner Meinung nach ist die Erzählperspektive der Frau und des Mannes gleichmäßig berücksichtigt; wessen Sichtweise dominiert, hängt von der Montage ab. Um das zu überprüfen, schauen Sie sich diese Sequenz an, als wäre sie ein fertig geschnittener Film. Geben Sie den Einstellungen während des Lesens einen bestimmten Rhythmus: Die Einstellungen, die den Mann zeigen, sollen länger sein als die der Frau. Und nun lassen Sie die Einstellungen von der Frau (Bild 2 und 3) länger stehen. Normalerweise wird man sich mit der Person identifizieren, die am längsten im Film zu sehen ist. Außerdem schaut die Frau eindeutig auf den Mann, während wir als Zuschauer nicht sehen können, wohin der Mann seine Aufmerksamkeit wendet.

1

2

3

4

Zur Strategie dieser Auflösung gehört die Profilaufnahme des Mannes, die in starkem Kontrast zur Blicklinie der Frau steht. Das führt ein neues Element ein, da es bestimmt, welche Sichtweise wir in der Szene im Hinblick auf die Blicklinie haben. Jeder Aspekt einer Einstellung, der uns dazu bringt, über die Bedeutung einer Person nachzudenken, schafft vorteilhafte Bedingungen für eine Identifikation. Einstellungen von den Augen, wie Großaufnahmen allgemein, gehören in diese Kategorie. Die Einstellung über die Hüfte der Frau (Bild 3) verstärkt daher nicht Bild 2, das den Blick der Frau zeigt. Wenn wir den Kopf der Frau in einer Einstellung über der Schulter gesehen hätten, wäre unsere Identifikation mit ihr vermutlich stärker ausgefallen.

Narrative Lenkung: Version Drei

In dieser letzten Bilderreihe kombinieren wir die Methoden der Versionen Eins und Zwei, um zu zeigen, wie subtil Identifikation gesteuert werden kann. In Bild 1 beginnen wir mit dem Mann und schneiden anschließend direkt auf die Frau, die zu ihm hinübersieht. Würde die Sequenz hier enden, würden wir uns mit dem Standpunkt der Frau identifizieren; der Schnitt auf die Sichtweise der Frau konzentriert unsere Identifikation auf sie, wie es auch auf dem letzten Bild der Fall ist, das entlang ihrer Blicklinie aufgenommen wurde. Werfen Sie noch einmal einen Blick auf die Einstellungen: Es ist der Mann, der vom grafischen Standpunkt aus die ausdrucksstärkere Großaufnahme hat, und er ist auf drei Bildern zu sehen, während die Frau nur in zwei Einstellungen erscheint.

1

2

3 4

Wichtiger als die Anzahl der Einstellungen, in der eine bestimmte Person vorkommt, ist selbstverständlich, welcher Art die Einstellung ist und wie die Aufnahmen zusammengenommen wirken, um eine durchgängige Sichtweise zu entwickeln. Eine große Rolle spielt auch, daß die Aufnahmen von einer Person in einem gewissen Einklang stehen. In der letzten Bilderfolge lösen die beiden Einstellungen von der Frau, die aus demselben Blickwinkel aufgenommen wurden, eine stärkere Identifikation aus als die drei Einstellungen, die den Mann aus verschiedenen Blickwinkeln zeigen.

TEIL IV
DIE BEWEGTE KAMERA

17 Schwenk

In den vier folgenden Kapiteln wollen wir uns mit den Techniken beschäftigen, die beim Benutzen der bewegten Kamera zur Anwendung kommen. Eine Einstellung, in der sich die Kamera bewegt, ist wesentlich schwieriger und zeitaufwendiger zu drehen als eine Einstellung mit feststehender Kamera; sie bietet dafür aber die einzigartigen grafischen und dramaturgischen Möglichkeiten, die nur der Film bieten kann. Eine Kamerabewegung ersetzt eine Montage von Einstellungen, die man benötigt, um etwa einer Person zu folgen; sie verbindet Ideen, sie sorgt für grafische und rhythmische Abwechslung im Bild oder simuliert die Bewegung einer Person in einer Sequenz, die aus der subjektiven Perspektive dieser Person erzählt wird.

Es gibt drei Kamerabewegungen: Schwenk, Fahrt und Kranaufnahme. Nur der Schwenk kann eine abgeschlossene Bewegung machen, ohne daß die Kamera die Position verändern muß. Bewegt sich die Kamera auf einem Kran oder einem Dolly durch den Raum, sagt man, sie fährt.

Die verschiedenen Arten von Kamerabewegungen werden häufig in einer einzigen Einstellung zusammengefaßt. Auch bei Kran- oder Dollyfahrten sind kleinere Schwenks erforderlich, um ein Objekt im Bild zu halten. In einer Fahraufnahme kann eine Kranbewegung mit einer seitlichen Fahrt kombiniert werden, während zusätzlich geschwenkt und gezoomt werden muß, um alle Aktionen optimal ins Bild zu bekommen.

Der Schwenk ist die einfachste Bewegungsform der Kamera, vergleichsweise leicht und ohne aufwendige Ausrüstung auszuführen. Wie alle bewegten Einstellungen bietet er mehrere unterschiedliche Ansichten innerhalb einer einzigen Einstellung und kann den Schnitt ersetzen.

Horizontaler und vertikaler Schwenk

Schwenks sind äußerst vielseitig einsetzbar und leicht zu handhaben, denn es ist weder eine besondere Vorbereitung nötig noch schweres Gerät, wie es für eine Fahrt oder eine Kranaufnahme erforderlich ist. Beim horizontalen Panoramaschwenk dreht sich die Kamera um bis zu 360 Grad um ihre vertikale Achse und schließt dabei den gesamten sichtbaren Horizont in die Aufnahme ein. In einem vertikalen Schwenk wird sie nach oben oder unten geneigt. Anders als bei den anderen Kamerabewegungen, dreht sich die Kamera beim Schwenk in einer festen Position um eine Achse und ändert ihren Standort nicht. Daher fehlt dem Schwenk der dramatische Perspektivenwechsel einer Dolly- und Kranfahrt oder einer Handkamera-Aufnahme. In dieser Hinsicht ähnelt er eher einer festen Einstellung. Andererseits kann der Schwenk den Raum schneller überbrücken als eine Dolly- oder Kranfahrt, da die Kamera in der Regel durch einen Techniker und dessen Assistenten mit Körperkraft über eine bestimmte Strecke bewegt werden muß. Mit einem Schwenk läßt sich die Entfernung von Tor zu Tor auf einem Fußballfeld leicht in einer Sekunde zurücklegen. Selbst eine schnelle Kamerafahrt würde für die gleiche Strecke mindestens fünfzehn Sekunden benötigen.

Ein Schwenk kann:
- mehr Raum einfangen, als es mit einer feststehenden Einstellung möglich wäre;
- einer sich bewegenden Aktion folgen;
- zwei oder mehr Interessenschwerpunkte grafisch miteinander verbinden;
- zwei oder mehr Bildobjekte miteinander verbinden oder deren logische Verbindung andeuten.

Panoramaschwenk

Am bekanntesten ist der langsame Schwenk über eine Landschaft – massenhaft eingesetzt in Amateurvideos und in Naturfilmen, wo weite, offene Räume zu zeigen sind. Der Schwenk über die Szenerie wird normalerweise als Eröffnungseinstellung verwendet. Typisch ist der vertikale Schwenk an einem Wolkenkratzer hinauf oder hinunter, der ein Gefühl für die Höhe vermitteln soll, oder ein horizontaler Schwenk über die unermeßliche Weite eines Schauplatzes, etwa einer Wüste oder eines Ozeans, der weit über die Grenzen einer festen Einstellung hinausgeht.

Ein 180-Grad-Schwenk wurde in einer berühmten Einstellung von Howard Hawks in dem Western *Red River* verwendet. Am frühen Morgen des ersten Tages, an dem der große Viehtrieb beginnen soll – das zentrale Thema des Films – will Hawks die ungeheure Größe des Unternehmens vor Augen führen und die gewaltige Rinderherde zeigen. Er stellte die Kamera in die Mitte der Herde, in die Nähe mehrerer Hauptfiguren, die auf ihren Pferden sitzen. Ein langsamer Schwenk beginnt, in dem die nervöse Vorfreude der Cowboys eingefangen ist und dazu die tausend und abertausend Rinder einer Herde, die sich in alle Richtungen erstreckt, soweit das Auge reicht. Die Kamera dreht sich in einem Halbkreis, bis sie dreißig Sekunden später bei John Wayne ankommt, der die dominante Figur des Films ist. Als Anführer der Männer, die für den Erfolg dieses Viehtrecks ihre Farmen aufs Spiel gesetzt haben, hat Wayne die Verantwortung für ihre Familien und ihre Zukunft. Mit dem Schwenk nehmen wir an dem Moment Teil, als ihm das ganze Ausmaß seines Vorhabens bewußt wird. Die Einstellung sagt uns, daß der Mensch klein und die Aufgabe groß ist. In der Sprache des Western wird damit der Wagemut der Männer ausgedrückt.

Schwenken, um eine Bewegung auszugleichen

Am unauffälligsten ist ein Schwenk, wenn er einer Aktion innerhalb des Bildbereichs folgt oder einer Bewegung, die weit über das hinausgeht, was ein feststehendes Bild erfassen könnte. Im ersten Fall sorgt der Schwenk dafür, daß ein Objekt weiterhin im gewünschten Bildausschnitt zu sehen ist. Dieses Ausgleichen kann zum Beispiel dazu benutzt werden, einem Kriminalbeamten zu folgen, der beim Verhör im Rücken des Verdächtigen hin und her geht. Es kann sein, daß der Kommissar den Bildbereich nie verlassen würde, aber die hin und her schwenkende Kamera bildet das menschliche Bedürfnis nach, Kopf und Augen in Bewegung zu halten, damit wichtige Dinge immer in der Mitte des Blickfeldes bleiben. Die leichte Bewegung, mit der die

Kamera dem Kommissar folgt, ist weniger verwirrend als das Bild einer festgesetzten Kamera, in dem die Gänge des Kommissars ständig ein Ungleichgewicht im Bildaufbau schaffen. Ob man einer Bewegung folgt oder die Kamera in einer Stellung festsetzt, hängt davon ab, was man mit der Szene ausdrücken will.

Schwenken, um Aktionen zu verfolgen

Bei einem weiten Blickfeld muß die Kamera eine erhebliche Strecke zurücklegen, um den Aktionen zu folgen. Ein Schwenk hingegen kann weite Räume schneller erfassen als jede andere Kamerabewegung.

Bei dieser Art des Schwenks ist wie bei jeder Inszenierungsüberlegung entscheidend, wo sich die Kamera befindet, ob sie innerhalb oder außerhalb des Handlungsfeldes steht. Die Kamera wird gewöhnlich mitten im Geschehen plaziert, wenn man das Gefühl von Bewegung und Raum verstärken will. Bei einer Verfolgung des Bildobjekts ist die Kamera nämlich zu einer größeren Schwenkbewegung gezwungen als beim Blick aus größerer Entfernung.

Der Schwenk und Optiken

Das Gefühl für die Bewegung und den Raum hängt nicht allein davon ab, wie weit ein Schwenk geht. Die Wahrnehmung von Bewegung und Raum kann auch durch die Wahl der Optik beeinflußt werden. Eine längere Brennweite erhöht beispielsweise in der Wahrnehmung die Geschwindigkeit von Objekten, die sich durch das Blickfeld bewegen. Weil die längere Optik im Vergleich zum weitwinkligen Objektiv nur einen kleinen Teil aus dem Hintergrund ausschneidet, sieht ein seitlicher Schwenk viel länger aus, als wenn wir ihn über die gleiche Distanz mit einer weiten Optik machen.

Eine längere Optik kann in einem Schwenk auch ein stärkeres Gefühl von Bewegung erzeugen. Der Regisseur Akira Kurosawa setzt den Schwenk mit dem Teleobjektiv häufig ein, wenn er Actionszenen dreht, und er nutzt dabei Vorder-, Mittel- und Hintergrundelemente, um verschiedene Ebenen von Bewegung und Bildtiefe zu schaffen. Die geringe Tiefenschärfe eines Teleobjektivs dient ihm dazu, das Bildobjekt zu isolieren und gleichzeitig das Gefühl von Bewegung im Schwenk zu

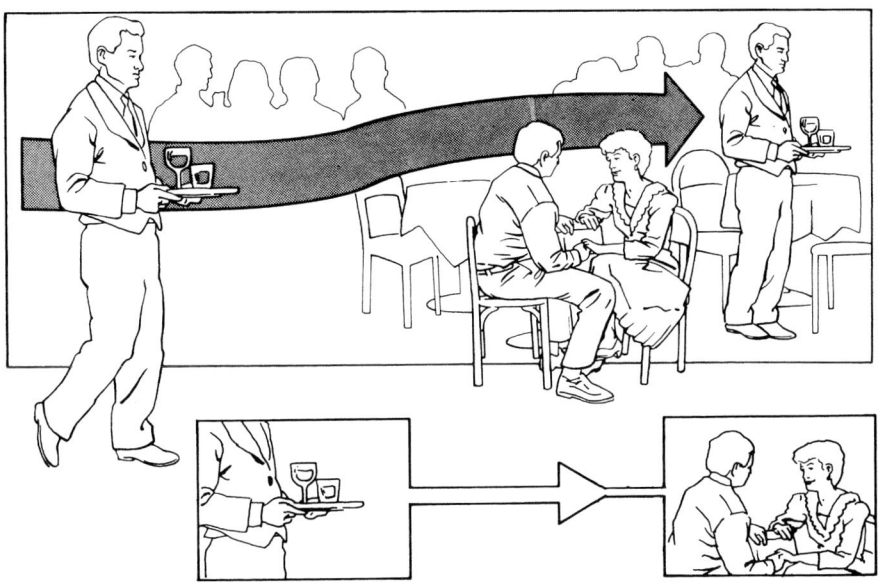

Abb. 17.1

verstärken. In seinen Samurai-Filmen folgt Kurosawa häufig schnell laufenden Menschen oder galoppierenden Pferden durch einen Wald. Dabei wird der Hintergrund zu einem verschwommenen Spiel heller und dunkler Schatten, während Vordergrundelemente wie etwa Bäume das Bild rhythmisch unterbrechen und einen stroboskopartigen Effekt erzeugen.

Die Verwendung des Teleobjektivs für solche Einstellungen erfordert eine gekonnte Kameraführung. Hochgeschwindigkeits-Schwenks sind meistens sehr schwierig auszuführen, besonders, wenn die Lichtverhältnisse nicht optimal sind. Aber dennoch lassen sich äußerst eindrucksvoll selbst Objektive mit extrem langer Brennweite einsetzen, wenn die Situation es erfordert.

Für die Aufnahmen von der rasanten Wildwasserfahrt in John Boormans Film *Beim Sterben ist jeder der Erste* folgte der Kameramann Vilmos Zsigmond dem unberechenbaren Zickzackkurs des Floßes auf dem Fluß mit einem 1000-mm-Objektiv – für Filmkameras wohl die längste Optik, die es überhaupt gibt. Sie erfordert extrem präzise Bildführung und Schärfenregulierung. Man hatte Zsigmond vorher gewarnt, er werde vermutlich Schwierigkeiten haben, der Aktion mit diesem Objektiv zu folgen, aber anschließend berichtete er, daß die Sequenz relativ leicht zu filmen gewesen sei.

Schwenken, um grafische Effekte
oder Bewegungseffekte zu erzielen

Der Schwenk ist äußerst manipulativ, er leitet das Auge mühelos von einem Punkt zu einem anderen. Ein vorbeifahrendes Auto oder Herbstlaub, das der Wind vor sich her treibt, können Anlaß für einen Schwenk zu einem Bereich sein, der für die Erzählung wichtig ist. Auto oder Laub müssen selbst keine Bedeutung für die Handlung haben; ein Schwenk ist derart mitreißend, daß wir ihn normalerweise nicht hinterfragen, sondern als visuellen Kunstgriff akzeptieren. Ein solcher Kunstgriff, mit dem die Aufmerksamkeit gelenkt wird, ist in Abb. 17.1 auf Seite 371 zu sehen.

Eine etwas kompliziertere Variante dieser Technik ist der Kreuzschwenk, in dem uns das Bildobjekt, das sich bewegt, zu einem anderen bewegten Bildobjekt hinüberführt. Dazu müssen sich die Wege der beiden Akteure oder bewegten Objekte kreuzen. Kreuzschwenks dienen der Choreografie: Die Aufmerksamkeit springt, von Bewegungsenergie getrieben, von einem Bildobjekt auf das andere. Die Bewegung ist dabei nicht auf eine Richtung beschränkt (wie in den Beispielen mit dem Auto und dem Laub), sondern vollkommen frei, sich zu wenden, wohin sie möchte. Sie kann zunächst einer Richtung folgen und dann,

Abb. 17.2   Die Kamera schwenkt mit dem Paar ...

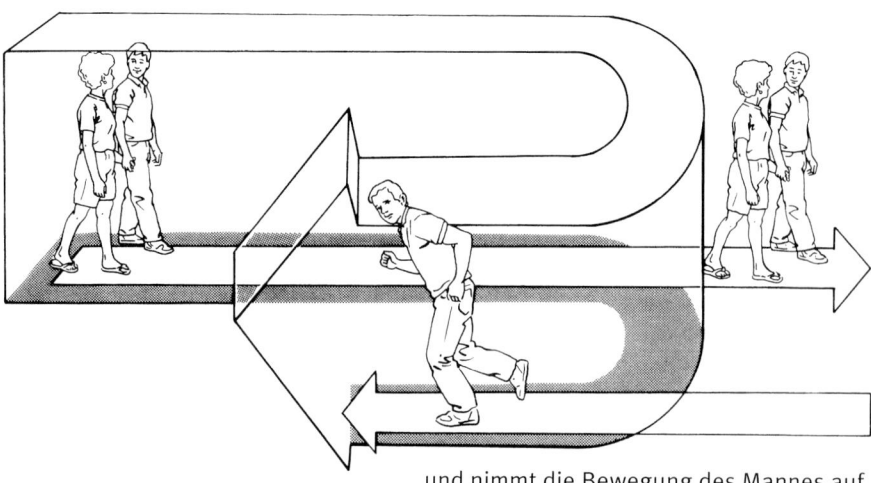

... und nimmt die Bewegung des Mannes auf, der in die entgegengesetzte Richtung läuft.

ohne Unterbrechung, eine völlig andere einschlagen. Wenn die Aktion sich fortsetzt, wie zum Beispiel beim Tanz in einem Ballsaal, kann der Kreuzschwenk zu einer beständig weiterführenden Bewegung werden, die sich endlos von Paar zu Paar fortpflanzt. Abb. 17.2 illustriert das Grundprinzip des Kreuzschwenks.

Schwenken, um die Bildtiefe zu betonen

Zwar lenkt der Schwenk unsere Aufmerksamkeit im allgemeinen horizontal oder vertikal durch das Bild, er kann aber auch dazu verwendet werden, unser Augenmerk auf nahe und ferne Elemente zu richten, die in die Tiefe gestaffelt sind. Abb. 17.3 illustriert einen solchen Schwenk: Ein Junge läuft im Hintergrund eine Straße entlang auf die Kamera zu. Sobald er um die Ecke biegt, schwenkt die Kamera von links nach rechts, bis er hinter einer Autofahrerin im unmittelbaren Vordergrund verschwindet.

Abb. 17.3: Wechsel in der Bildtiefe vom Hinter- zum Vordergrund

Schwenken, um logische Bezüge herzustellen

Der Schwenk kann nicht nur einer Aktion folgen, er kann auch Bildelemente miteinander verbinden und dadurch deren inhaltliche Beziehung betonen. Wenn der Schwenk von einem Gegenstand zum anderen wandert, wirft er die Frage auf: »Was haben die beiden Bildobjekte miteinander zu tun?« Je nachdem, welche erzählerische Strategie verfolgt wird, kann diese Verbindung sofort klar sein, oder der

Filmemacher hält die Antwort zurück und macht so den Zuschauer neugierig auf den Fortgang der Erzählung. Auf jeden Fall verbindet der Schwenk Bildteile so, daß uns deren Bedeutung bewußt gemacht wird.

Zusammenfassung

Der Schwenk ist ein äußerst vielseitiges Gestaltungsmittel, das aber offenbar aus der Mode gekommen ist. Viele zeitgenössische Filmemacher ziehen den Schnitt als eine Möglichkeit vor, Raum und Story miteinander zu verknüpfen, um sich der größeren Freiheiten der Montage zu bedienen. Sie nutzen den Szenenraum nur zu einem Teil, deshalb sieht er oft so zusammenhanglos aus.

Es gibt immer Orte, an denen eine Menge los ist: im Supermarkt, auf dem Parkplatz eines Einkaufszentrums oder an der Schlange vor der Kinokasse. Wenn Sie das nächste Mal an einem solchen Ort sind, stellen Sie sich eine Szene vor, in der möglichst viele von den Bildern wieder auftauchen, die um Sie herumschwirren. Und dann stellen Sie sich vor, Sie verbinden alle diese Bilder durch einen einzigen großen Schwenk! Vermutlich werden Sie erstaunt sein, wie sich die Aktionen um Sie herum überlappen und überschneiden. Einige Bilder werden folgerichtig miteinander verknüpft sein, aber in einigen Fällen werden Sie den Schwenk auch nur verwenden, weil die Bilder gut zueinander passen; erst später werden Sie feststellen, daß sie eine innere Logik haben, an die Sie zunächst überhaupt nicht gedacht haben.

Erzählbeispiele

Wir kehren nun zu einer erzählerischen Frage zurück, die wir in Kapitel 8 verlassen haben. Ich meine die Sequenz, in der der Junge in seinem Zimmer aufwacht, während seine Schwester sich für die Schule fertigmacht, seine Mutter das Frühstück vorbereitet und sein Vater das Haus verläßt, um zur Arbeit zu gehen. In der Storyboardversion am Ende von Kapitel 8 wurden nur statische Kameraeinstellungen verwendet. In dieser neuen Version hat sich der Filmemacher dazu durchgerungen, einen anderen Erzählstil zu versuchen und ausgedehnte Schwenks zu benutzen.

Version Eins

Der Filmemacher verwendet zwei piktogrammartige Erzählmittel wie Stenogramme, die er ineinanderschneiden will. Der Film beginnt mit einer Großaufnahme auf dem Kühlschrank und den vielen Zetteln, Briefen und Karten, die mit Magneten daran befestigt sind. Die Kamera soll über diese Notizen schwenken und dabei teilweise Mitteilungen und Bilder einfangen, wie in Abb. 17.4 dargestellt ist. Dieser Schwenk wird unterschnitten mit Bildern aus einem ähnlichen Schwenk, der einzelne Gegenstände zeigt, die sich im Zimmer des Jungen auf dem Fußboden und an der Wand befinden.

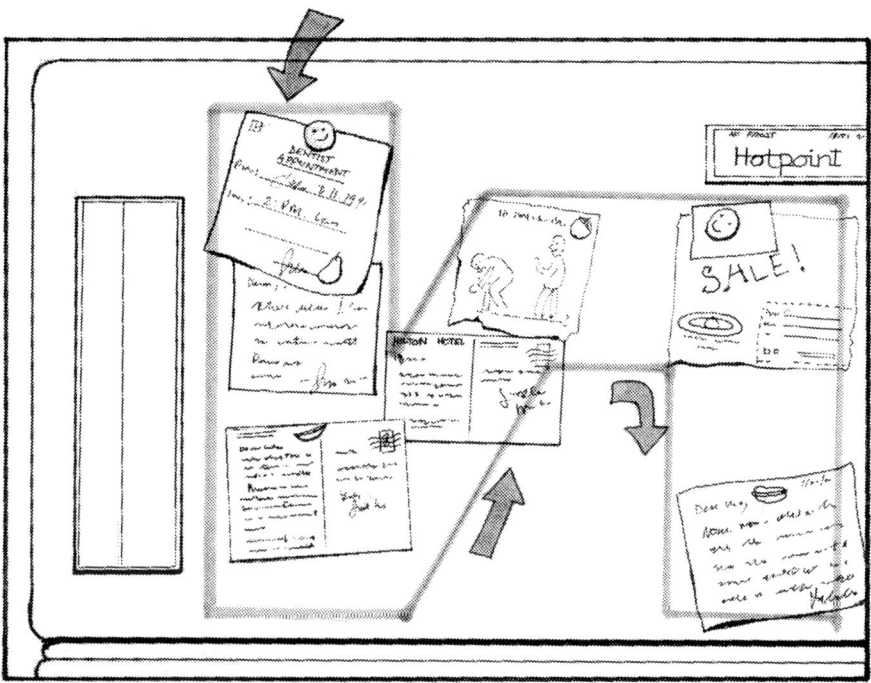

Abb. 17.4: Die Kamera beginnt mit einer Detailaufnahme von einem Magnet auf der Kühlschranktür, einem »Smiley«. Die Kamera fährt zurück, bis der Bildausschnitt etwa Postkartengröße erreicht hat; anschließend beginnt sie, alle Zettel und Karten abzuschwenken, die an der Kühlschranktür befestigt sind. Derweil hören wir Küchengeräusche und die Stimmen von Mrs. Dreyfuss und ihrer halbwüchsigen Tochter.

Das Storyboard zeigt in Bild 1 im Überblick die Kühlschranktür; die Halbtonlinien zeigen den Weg, den die Kamera nimmt. Tatsächlich würde die Kamera beim Schwenken nur einen Teil der Zettel ins Bild nehmen:

1. Einen Terminzettel für den Zahnarzt.
2. Eine Nachricht der Schule an die Eltern des Jungen: »Sehr geehrter Mr. Dreyfuss, sehr geehrte Mrs. Dreyfuss, Mark ist im letzten Monat

sechsmal zu spät zur Schule gekommen. Er hat mehrere Haus-arbeiten nicht abgegeben und ist in Mathematik bereits weit zurück. Er erklärte seine Verspätungen mit einer nervösen Magenverstim-mung. Ich habe ihn gebeten, ein ärztliches Attest vorzulegen...«

3. Eine Postkarte von Mr. Dreyfuss aus einem Hotel in Chicago.
4. Noch eine Postkarte von Mr. Dreyfuss, ebenfalls von einer Dienst-reise.
5. Eine weitere Postkarte von Mr. Dreyfuss. Wir erfahren, daß er viel unterwegs ist.
6. Einen Cartoon, ausgerissen aus einer Haushaltszeitschrift.
7. Eine zweite Benachrichtigung der Schule, in der nach der ersten gefragt wird und in der man um ein Treffen mit Mr. und Mrs. Drey-fuss bittet.

Während der Kühlschrank-Einstellung hören wir, wie Mrs. Dreyfuss in der Küche ihre Tochter fragt, ob Mark schon aufgestanden sei. Wir erfahren aus diesem einfachen Schwenk, daß Mark in der Schule Probleme hat und daß sein Vater viel auf Reisen und daher oft nicht zu Hause ist.

Version Zwei

Der Filmemacher glaubt, daß diese Eröffnung visuell reizvoll ist, aber zu viel an Exposition enthält und daher stilisiert wirkt, es sei denn diese Bilder wären Teil des Titelvorspanns.

Eine neue Idee taucht auf: Ein langer Schwenk soll Gegenstände zeigen, die für sich sprechen. Bei dieser Auflösung steht die Kamera im Schlafzimmer des Jungen, damit sie einen Radius von nahezu 180 Grad erfassen kann.

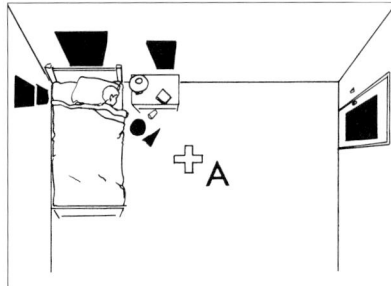

Die grafische Darstellung zeigt die Position der Dinge, die im Storyboard zu sehen sind. Die Kamera ist auf Position A. Sie zeigt zuerst einen dreieckigen Papierflieger auf dem Fußboden, schwenkt dann am Arm des Jungen hoch zu den Postern, die hinter ihm an der Wand hängen, schwenkt von links nach rechts über die Wand bis zur Tür und anschließend zurück auf den Jungen im Bett. Die einzelnen Schritte sind in den folgenden Storyboardbildern beschrieben.

Der Film beginnt Groß auf dem roten Schriftzug F 57. Die Kamera fährt zurück und
enthüllt: Der Schriftzug befindet sich auf
der Tragfläche eines Papierfliegers; er wirkt
wie die Kennummer eines Kampfflugzeugs.

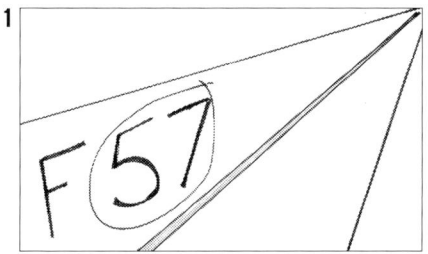

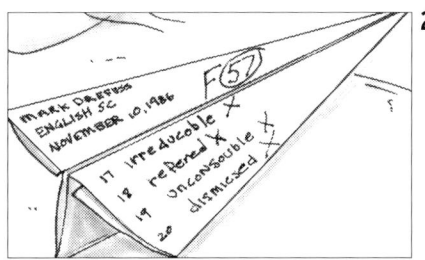

Wenn das Bild sich weiter öffnet, erkennen
wir, daß der Papierflieger aus einem
Rechtschreibtest gefaltet wurde und daß
die F 57 nicht der Vorstellung des Jungen von
einer militärischen Kennummer entspricht,
sondern die Fehlerzahl ist, die sein Lehrer
notiert hat. Wir sehen den Namen des Jungen.

Die Kamera schwenkt zu einem Teller mit an-
gebissenem Butterbrot, weiter über ein
umgekipptes Glas und die Hand des Jungen,
die aus dem Bett hängt.

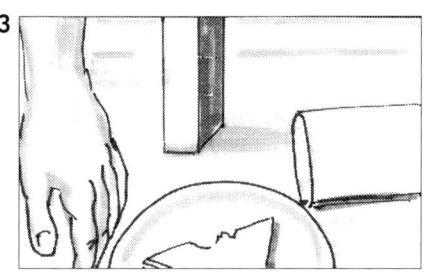

Die Kamera schwenkt am Arm entlang, zeigt
aber nicht das Gesicht des Jungen, schwenkt
weiter hoch über das Bett zu mehreren
Postern an der Wand. Auf allen Postern hat
der Junge ein Foto von sich über das Original-
foto geklebt. So ist er auf Postern von U2 und
Pink Floyd und auf der Titelseite der »Time«
zu sehen.

Die Kamera setzt ihren Schwenk nach rechts
fort, zeigt weitere Poster, darunter eines vom
ersten Menschen auf dem Mond, aber auch
das Gesicht von Neil Amstrong ist mit einem
Foto von Mark Dreyfuss überklebt.

6 Die Kamera schwenkt weiter zur Zimmertür, wo Mark sein Foto auf den Körper eines Bodybuilders montiert hat.

Die Tür öffnet sich, und Marks Schwester kommt mit einer Jeans über dem Arm herein. Sie schleudert die Hose ...

7

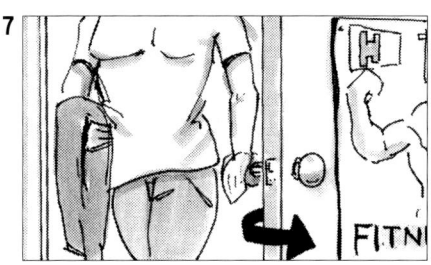

8 ... durch die Luft, und die Kamera behält sie im Blick ...

... bis sie bei Mark landet, der im Bett liegt. Jetzt sehen wir ihn zum ersten Mal, aber wir erkennen ihn von seinen Fotos.

9

18 Kranaufnahme

Bei einer Kranfahrt denkt man im allgemeinen zuerst an eine rein vertikale Bewegung, für die sie in dieser Form auch gedacht ist, obwohl sich der Kran in alle Richtungen bewegen kann. Schöpft man seine Möglichkeiten aus, erzeugt die Kranaufnahme sicher Bewegungen, die am wenigsten natürlich wirken. Ihre Wahrnehmungsweise läßt sich mit den normalen menschlichen Erfahrungen nicht vergleichen, denn wir sehen die Welt normalerweise nie aus der privilegierten Perspektive einer aufsteigenden Kranbewegung.

Kranaufnahmen haben etwas Majestätisches. Unabhängig vom Bildgegenstand wecken sie unser Interesse, allein des sinnlichen Vergnügens wegen, das diese Bewegung auslöst: Der exotische Blickwinkel und der verführerische Wechsel in der Perspektive faszinieren uns. Am Beginn einer Sequenz verstärkt die Kranaufnahme die Illusion, quasi dabei zu sein und etabliert zugleich die Geografie einer Umgebung. Die Kranbewegung, mit der die Kamera einen Schauplatz einführt, ist eine »Es war einmal…«-Einstellung, die unsere Aufmerksamkeit vom Allgemeinen zum Besonderen lenkt. Führt uns der Schwenk einen weit ausgedehnten Raum vor Augen, um die Welt der Geschichte zu erkunden, so ermöglicht es uns die Kranaufnahme, die Dimensionen dieser Welt zu »empfinden«, indem sie den Raum durchdringt und gleichzeitig dessen Wirklichkeit durch die Illusion von Tiefe unterstreicht.

Eine Kranaufnahme ist nicht nur nützlich, um einer Einführungseinstellung epische Erhabenheit zu verleihen. In *Berüchtigt* läßt Alfred Hitchcock während einer Party die Kamera auf einem Kran herabschweben. Die Fahrt beginnt an der Decke einer riesigen Halle und geht zwei Stockwerke abwärts, bis sie in einer Großaufnahme endet, die einen Schlüssel in Ingrid Bergmans Hand zeigt. Hier wird das Ziel verfolgt, die psychologische Spannung hervorzuheben, die in der Geschichte mit diesem Schlüssel verbunden ist.

Eine ähnliche Fahrt zur Dramatisierung der inneren Qual einer Figur verwendet Bernardo Bertolucci in der Eröffnungseinstellung von *Der letzte Tango in Paris*. Marlon Brando geht nach dem Selbstmord seiner Frau auf einem Bürgersteig unter einer Hochbahn entlang. Als er zum Himmel aufschreit, fährt die Kamera in einer plötzlichen und sehr schnellen Bewegung hinunter in eine Großaufnahme von seinem aufwärtsgewandten Gesicht und enthüllt so seinen Schmerz.

Der Kran bewegt die Kamera nicht nur während der Aufnahme durch den Raum, er kann ihr auch als mobiles Stativ dienen. Er kann sie schnell in Positionen für statische Aufnahmen bringen, für die normalerweise ein Gerüst oder ein Stativ erforderlich wäre. Die Hollywoodsets boten in der Ära der großen Studioproduktionen ideale Bedingungen für den Kran, weil Wände und Decken beweglich waren und leicht verändert werden konnten, um Licht zu setzen. Selbst in kleinen Innenräumen konnte der Bildbereich für die Kamera ohne große Mühe freigemacht werden. Außerdem ließen sich die unhandlichen Mitchell-Kameras mit Hilfe des Krans zügig umbauen, und der Regisseur hatte die Möglichkeit, die Position der Kamera relativ schnell an veränderte Verhältnisse anzupassen. Heute erhält man die Bewegungsfreiheit, die ein großer Kran bietet, nur noch bei Außenaufnahmen, da die meisten Filme an Originalschauplätzen gedreht werden. Ein versierter Filmemacher, der mit den unterschiedlichen Einsatzmöglichkeiten des Krans vertraut ist, wird ihn gewiß für mehr verwenden als nur für ein paar eindrucksvolle Fahrten.

Der Bewegungsspielraum

Der Bewegungsspielraum eines Krans hängt von seiner Bauart ab, aber im allgemeinen kann er die Kamera in einer Kreisbahn rund um die Basis aufwärts und abwärts bewegen. Zur Familie des Krans zählen auch der Ausleger (Jib-Arm) und der Kranarm, die es als Zubehör für viele Dollies gibt. Da ein Dolly sich während der Einstellung fast nur horizontal bewegen kann, wird der Spielraum der Kamera durch die vertikalen Bewegungsmöglichkeiten eines Auslegers wesentlich erweitert. Abb. 18.1 zeigt den vollen Bewegungsumfang eines fern-

Abb. 18.1: Bewegungsspielraum eines ferngesteuerten Krans

gesteuerten Krans von einem festen Standpunkt aus. Sofern es die Örtlichkeiten zulassen, kann ein Kran auch unter das Niveau seines Standortes abtauchen und damit seinen vertikalen Bereich nahezu verdoppeln.

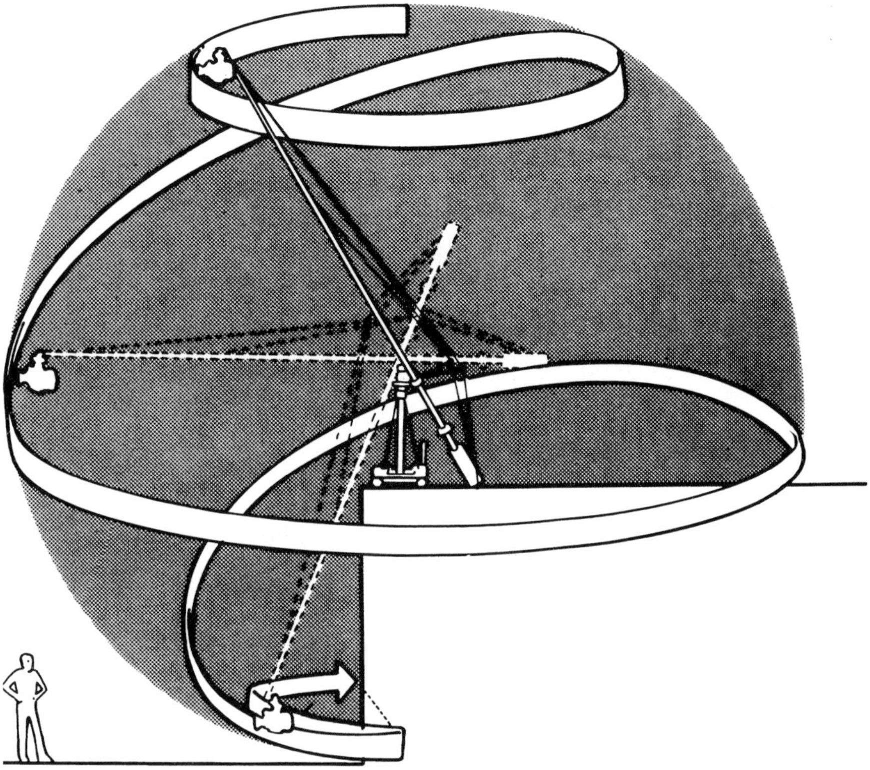

Auch wenn sich die Basis des Krans horizontal bewegt, kann er seine senkrechte Bewegung fortsetzen und damit den Aufnahmebereich erheblich vergrößern. Ein Kran oder ein Ausleger kann auch auf ein Auto montiert werden oder auf jede andere bewegliche Plattform, die stabil genug ist. Damit werden vertikale Kamerabewegungen neben einem Bildobjekt möglich, das sich schnell bewegt. Abb. 18.2 zeigt einen ferngesteuerten Kran, der auf Schienen fährt, während er sich gleichzeitig aufwärts und abwärts bewegt. Die modernen Kamera-Fahrausrüstungen sind zwar äußerst mobil, es ist aber nicht immer ratsam, jeder Bewegung eines Bildobjekts auch tatsächlich zu folgen. Bis vor kurzem zwangen die schweren Kameras und die entsprechend schweren Kräne den Filmemacher dazu, diese technischen Beschrän-

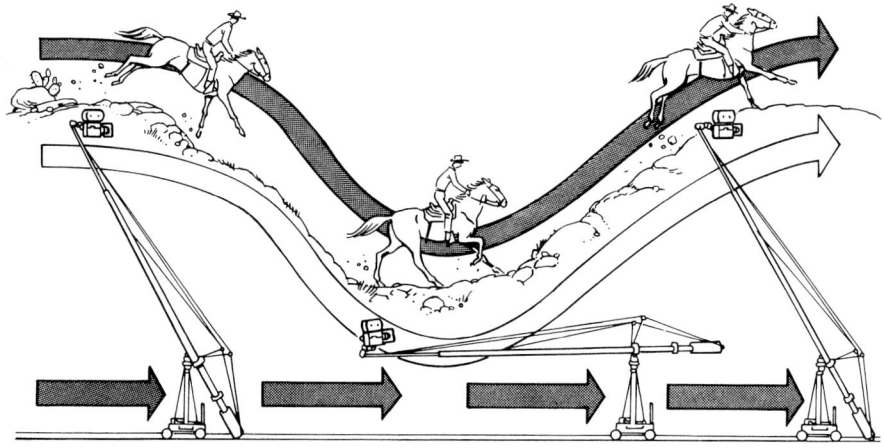

kungen mit Hilfe der Inszenierung so auszugleichen, daß Bildobjekt und
Kamera miteinander im Einklang stehen konnten. Mit dem Wegfall dieser Beschränkungen ist die Tendenz entstanden, dem Bildobjekt mit der
Kamera sklavisch zu folgen. Die Kamera folgt über die gesamte Länge
einer Aktion einem komplizierten Bewegungsablauf, nur, um das Objekt immer in einer halbnahen oder totalen Kameraeinstellung zu halten. Solche Einstellungen mögen zwar technischen Erfindungsreichtum
demonstrieren, ihnen fehlt aber die Variationsbreite der Perspektiven
und Bildkompositionen, die einfachere Kamerabewegungen bieten, bei

Abb. 18.3: neugieriger
Beobachter

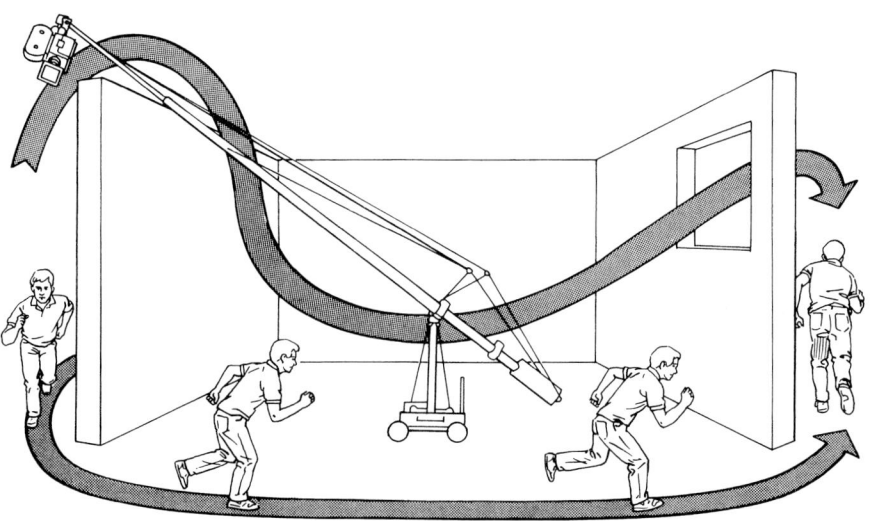

denen sich die Einstellungsgröße verändert, wenn der Schauspieler auf die Kamera zukommt oder von ihr weggeht.

Eine Krankamera kann auch zur neugierigen Beobachterin werden. Sie kann sich nicht nur in die Höhe schwingen, um einen Überblick zu gewinnen; sie kann auch von diesem Überblick herabfahren, um Einzelheiten der Szenerie abzubilden und anschließend wieder zur Totalen zurückzukehren. Ein Kran kann ein Hindernis überwinden, etwa einen Zaun oder eine Wand. Abb. 18.3 zeigt einen dieser akrobatischen Bewegungsabläufe, die sich mit einem modernen ferngesteuerten Kran ausführen lassen.

Erzählperspektive

Eine Kranbewegung, die den Weg einer Person mitverfolgt, kann den Eindruck der Subjektivität einer Einstellung verstärken. In Abb. 18.4 ist die Kamera einer Person dicht auf den Fersen, als sie einen Berg hinaufsteigt, um über den Kamm zu schauen, so daß wir alles zeitgleich aus der Sicht der Figur sehen.

Abb. 18.4: subjektive Sichtweise

Wenn die Kamera der Blicklinie einer Person folgen soll, bedeutet das nicht unbedingt, daß sie weite Wege zurücklegen muß. Mit einem Ausleger am Dolly – einem kleinen Kran   kann die Kamera tief herunter-

gehen, um den Blickwinkel einer Person nachzuahmen, die in die Hocke gegangen ist. Abb. 18.5 zeigt eine einfache Kranfahrt, die den Zuschauer dazu bringen soll, den Kamerablick für die Perspektive des Mannes zu halten, wie er unter dem Garagentor hindurch schaut. Die Kamera würde den knienden Mann als Rahmung benutzen oder an ihm vorbeifahren, um sich auf das Objekt des Interesses zuzubewegen.

Wie alle längeren Fahraufnahmen kann auch eine Kranaufnahme als Plansequenz inszeniert werden, indem sie sich von einem Interessenschwerpunkt zum anderen bewegt. Das kann dazu dienen, Vergleiche anzustellen.

Nehmen wir zum Beispiel an, daß Südafrika Drehort ist: Die Kamera beginnt auf dem Kran mit einer Großaufnahme von einem Kreuz auf dem Dach eines wunderschönen Kirchturms. Anschließend fährt sie langsam an diesem Symbol des Christentums entlang abwärts, bis sie am Fuß des Turms eine weiße Burengemeinde erfaßt, die dabei ist, ein schwarzes Paar von der Kirchentür zu verjagen. So etwas wäre zwar plumper Symbolismus, demonstriert aber gut, wie im Film Bildsprache und Technik eine enge Beziehung eingehen können. Natürlich könnte der Vergleich subtiler ausfallen und dem Zuschauer mehr Freiraum lassen, um die Szene zu interpretieren; wesentlich aber ist, daß die Kranaufnahme mehr ist als nur ein Hilfsmittel zum Erfinden besonderer Bilder.

Ausrüstung

In den letzten Jahren haben Fernbedienungen und Kameras mit Video-Ausspiegelung (externe Monitorkontrolle des Kamerabildes über ein Videosignal aus dem Kameraobjektiv) zu Neuentwicklungen bei den traditionellen Auslegern und Krangeräten geführt. Diese moderne Ausrüstung ermöglicht dem Kameramann, per Fernbedienung den Bildausschnitt zu wählen, die Blende und die Schärfe einzustellen; er kann es sich also sparen, auf dem Kran oben mitzufahren. Dadurch sind die Kameras noch beweglicher geworden. Allseits bekannt sind der Louma-Kran und das Skycam-System, beides Anlagen zur Kamerafernsteuerung. Beim Louma-Kran handelt es sich um einen Ausleger, den man auf einen Dolly montieren kann. Er ähnelt einem herkömmlichen Dolly mit Jib-Arm, ist aber leichter und hat daher einen enormen Bewegungsspielraum. Kamera und spezielle Bedienungselemente wiegen nämlich beträchtlich weniger als eine von Hand bediente Kameraausrüstung samt Kameramann. Die Kamera ist unter dem Ausleger aufgehängt und kann in Räume vordringen, in die man mit keinem anderen Gerät gelangen könnte. Dadurch werden komplizierte Bewegungen in schwer zugänglichen Räumen möglich, etwa in einer Menschenmenge oder im Straßenverkehr.

Die Fernbedienungseinrichtung von Skycam beruht auf einem Drahtseilsystem. Vier Drahtseile hängen an vier Pfosten oder sind im Karree von einer Decke gespannt. An ihnen hängt zwischen den vier Ecken eine spezielle Tragevorrichtung für die Kamera. Jedes der vier Drahtseile ist auf einer computergesteuerten Trommel aufgewickelt. Je nachdem, wieviel Drahtseil von jeder Trommel ausgegeben oder eingerollt wird, läßt sich die Kamera in jede beliebige Position zwischen den vier Eckpunkten bringen.

Folgerichtig sind auch Bewegungssteuerungssysteme (Motion-Control Systems) für Spezialeffektarbeiten entwickelt worden, zum Beispiel »denkende Dollies« (smart dollies), die nach Computervorgaben komplizierte Bewegungen exakt ausführen. Wie die Fernsteuerungen bedienen auch diese Bewegungssteuerungen alle Kamerafunktionen, die normalerweise per Hand reguliert werden: Schärfe, Blendenöffnung, vertikale und horizontale Positionsverlagerungen, horizontale und vertikale Ausgleichsbewegungen, Schwenks, Kippen und Rollen. Alle

Befehle lassen sich im Computer abspeichern. Selbst der komplizierteste Bewegungsablauf kann für Mehrmalsbelichtungen, die bei Spezialeffekten oft erforderlich sind, unbegrenzt wiederholt werden, sobald er im elektronischen Gedächtnis festgehalten ist.

Visualisieren von Kranfahrten

Daran kommt man allerdings nicht vorbei: Eine Kranfahrt kostet am Drehort viel Zeit. Und darum ist sorgfältige Planung und Vorbereitung äußerst wichtig. Weil ein Kran sich in allen drei Dimensionen durch den Raum bewegt, sind für die Koordination der unterschiedlichen Abteilungen, die an der Produktion beteiligt sind, Modelle eine ausgezeichnete Planungshilfe. Ganz im Gegensatz zur gängigen Meinung müssen Modelle nicht unbedingt teuer sein. Für den Hintergrund können zum Beispiel Fotos vom Schauplatz mit dem Fotokopierer billig vergrößert werden. Fotos von Gebäuden werden ausgeschnitten, auf Schaumstoff geklebt und maßstabgerecht vor dem Hintergrund aufgestellt. Modelle sind nicht nur nützlich, um die Handlung zu choreografieren, sondern auch, um die Bewegung der Kamera zu planen. Dies gilt insbesondere, wenn viele Leute in der Einstellung mitspielen.

Die aufregendsten neuen Errungenschaften zur Vorbereitung von Kranfahrten und Plansequenzen sind die verschiedenen CAD-Programme (CAD = computer-aided design), die sich zur Visualisierung einsetzen lassen. Diese moderne Software, die es auch für den PC gibt, bietet dem Filmemacher für jede Kamerabewegung und für jede Objektivbrennweite eine durchgängig animierte Vorschau. Komplizierte Schauplätze können mittels Computer innerhalb weniger Stunden entworfen werden. Sobald der Plan für das Gebäude oder für den Drehort erstellt ist, läßt sich jede Kamerabewegung in wenigen Minuten berechnen und ausführen, so daß man mehrere Versionen miteinander vergleichen kann. Man kann die Bewegungen auch abspeichern und zu einem späteren Zeitpunkt darauf zurückkommen. In den Abb. 18.6 und 18.7 sehen wir Momentaufnahmen aus zwei Kranfahrten, die am Computer erzeugt worden sind. Anders als die hier gedruckten Bilder kann der Computer die Bewegung auf dem Bildschirm auch zurückfahren. Diese Beispiele wurden in *Virtus WalkThrough* erstellt, einem Programm, das in Realzeit arbeitet und es dem Filmemacher ermöglicht, sich auf dem Bildschirm durch den dreidimensionalen Raum zu bewegen, als befände er sich tatsächlich am Drehort. Jede Kamerabewegung kann in diesem Programm aufgezeichnet, gespeichert und mit jeder beliebigen anderen Kamerabewegung verglichen werden. Geschwindigkeit, Timing, Brennweite des Objektivs und die Richtung der Bewegung – alles läßt sich einfach verändern, und das Ergebnis selbst geringfügiger Korrekturen kann sofort besichtigt werden.

Üben der Kamerabewegungen

CAD-Programme sind bei der Planung diffiziler Einstellungen von offensichtlichem Vorteil. Darüber hinaus ist diese Art der Visualisierung auch eine wertvolle Studienhilfe, um mit den Feinheiten der einzelnen Kamerabewegungen vertraut zu werden. Da bei der Choreografie der Kamera Wahrnehmung und Bewegung zusammenwirken, kann nur stetiges Üben die Fähigkeiten vervollkommnen, ähnlich wie dies beim Tanzen oder Turnen der Fall ist. Leider hat ein Filmemacher kaum eine Chance, sein Gespür für die Ästhetik der Kranbewegungen während der Dreharbeiten zu verfeinern, es sei denn, er kann mit Kran oder Dolly regelmäßig arbeiten.

Die modernen CAD-Programme bringen uns der Lösung dieses Problems ein gutes Stück näher, denn sie stellen für alle Formen von Kamerabewegungen einen realistisch wirkenden Ersatz zur Verfügung. *Virtus WalkThrough* ist zur Zeit das beste Lernprogramm, da man in Realzeit am Drehort herumspazieren oder auch darüber hinwegfliegen kann, sobald der Set am Computer erzeugt wurde. Das Programm gibt dem Filmemacher die Möglichkeit, eine Kamerabewegung solange zu wiederholen, bis die Bilder in Ablauf und Gestaltung präzise seinen Erwartungen und Vorstellungen entsprechen.

Jede Form von Bewegung löst ein eigenes, einzigartiges Gefühl aus. Eine Kraneinstellung mit einer steilen Aufwärtsfahrt gibt einer Szene einen ganz anderen Rahmen als eine seitliche Kranfahrt, die langsam nach oben geht. Ein Filmemacher, der sich mit Hilfe eines CAD-Programms aus- und weiterbildet, kann sich Kenntnisse aneignen, für deren Erwerb er früher mehrere Jahre an praktischer Erfahrung benötigt hätte.

Abb. 18.6: CAD-Modell, Beispiel Eins

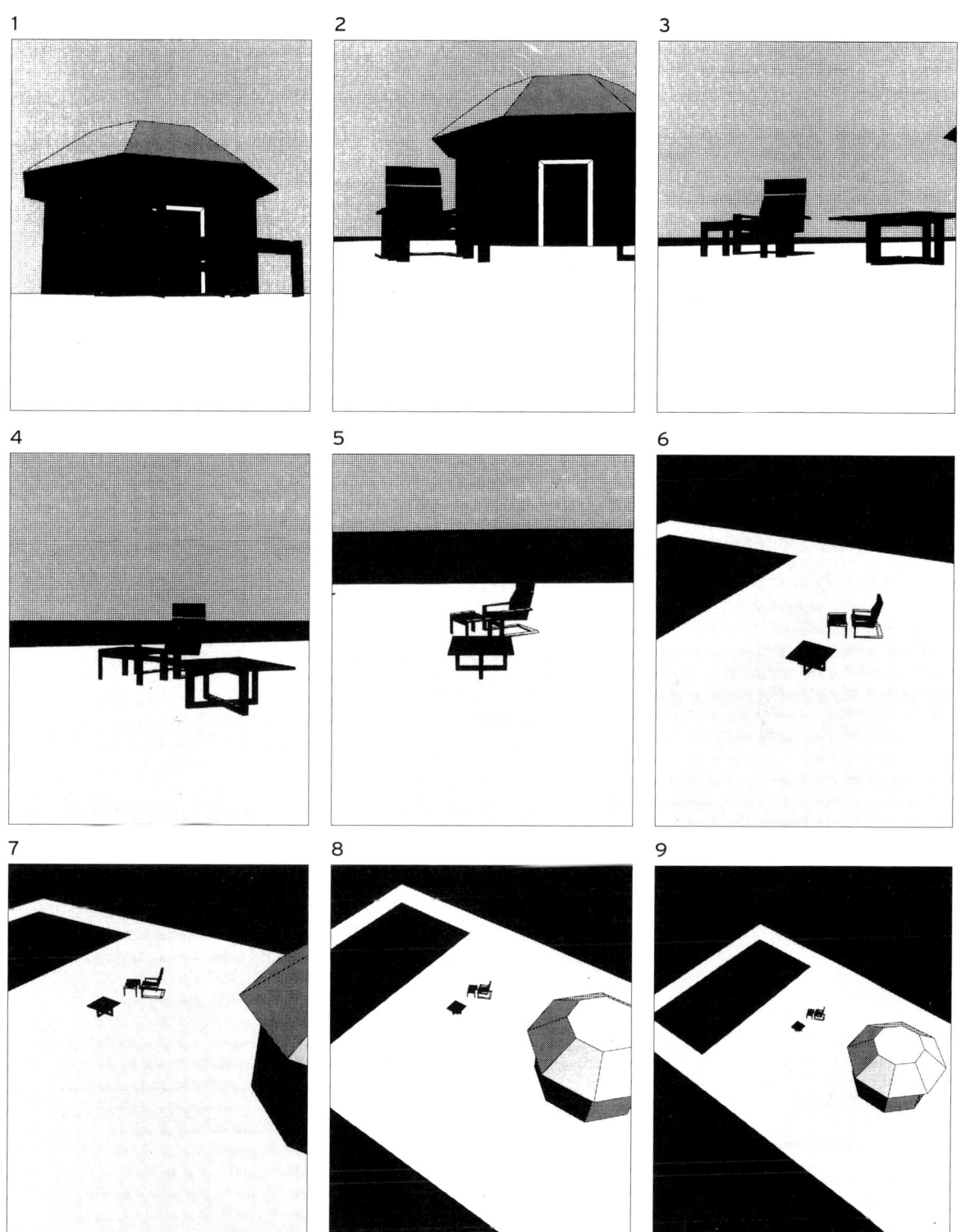

Abb. 18.7: CAD-Modell, Beispiel Zwei

19 Kamerafahrt

Die Kamerafahrt wird verwendet, um einem Bildobjekt zu folgen oder den Raum zu erkunden. Dabei kann es sich um eine einfache Aufnahme von einer einzelnen Person handeln oder um eine komplizierte Plansequenz, in der verschiedene Story-Elemente miteinander verbunden werden und sich Inszenierung und Bildkomposition in einer einzigen flüssigen Bewegung stetig wandeln. Aber selbst die verzwicktesten Kamerafahrten lassen sich leicht verstehen, wenn man sich ansieht, aus welchen erzählerischen und bildgestalterischen Bausteinen sie sich zusammensetzen.

Der Handlungskreis und die bewegte Kamera

Der dramatische Handlungsraum, mit dem wir uns in Kapitel 13 beschäftigt haben, ist für die bewegte Kamera nahezu der gleiche wie für die feststehende Kamera. Gibt es zum Beispiel einen Ball in einem großen Saal, und die Kamera steht inmitten der Tänzer auf der Tanzfläche, dann ist sie *innerhalb der Aktion*. Fährt die Kamera dagegen auf einer Galerie entlang, um die Paare aufzunehmen, die in einiger Entfernung von ihr tanzen, dann befindet sie sich *außerhalb der Aktion*. So verhielte es sich auch, wenn die Kamera auf einer Position stehen bliebe. Im Gegensatz zur feststehenden Kamera kann sich aber die fahrende Kamera innerhalb einer Einstellung in das Geschehen hinein- oder aus ihm herausbewegen. Auf der Ebene der Erzählung ist das Gegenstück zu dieser Kamerabewegung der Wechsel von einer allgemeinen zu einer besonderen Sicht der Dinge oder umgekehrt. Dieses Wechselspiel zwischen Innen und Außen in bezug auf den Handlungskreis ist einer der größten Vorteile der bewegten Kamera, es erlaubt dem Filmemacher, Story-Elemente visuell zu strukturieren.

Die Entfernung der Kamera zum Bildobjekt

Zusätzlich zum Betreten oder Verlassen des Handlungskreises kann die Kamera auf ein Bildobjekt zu oder von ihm weg fahren und damit beeinflussen, wie unsere Identifikation mit der Figur gesteuert wird. Außerdem entwickelt sich eine Fahrt in der Zeit, so daß der Grad der Gewichtung innerhalb einer Einstellung verändert werden kann.

Im Vergleich zur Großaufnahme von einer feststehenden Kamera, deren grafische Beschaffenheit über die gesamte Länge der Einstellung konstant bleibt, besitzt die Großaufnahme bei einer Fahrt eine ganze Skala unterschiedlicher Qualitäten, von der offenen Großaufnahme bis zur Detailaufnahme. Je nachdem, ob die Bewegung auf eine Person zu oder von ihr weg erfolgt, steigert oder vermindert sich innerhalb der Einstellung die Intimität der Szene.

Planung einer Kamerafahrt

Die verschiedenen Möglichkeiten, eine Kamerafahrt zu planen, lassen sich mit Hilfe zweier Grundprinzipien beschreiben: dem Verhältnis der fahrenden Kamera zum Handlungskreis und der Entfernung zwischen Kamera und Bildobjekt. Diese beiden Faktoren bestimmen die Art der räumlichen Beziehung, die zwischen Kamera und Bildobjekt entsteht. Unabhängig davon, ob sich die Kamera innerhalb oder außerhalb des Handlungskreises befindet, kann die Entfernung zwischen Bildobjekt und Kamera sich vergrößern, verkleinern oder gleich bleiben.

Wie wir in Kapitel 5 gesehen haben, läßt sich eine Drehbuchszene in Einzeleinstellungen auflösen, indem wir nach der Sichtweise innerhalb der Szene fragen und untersuchen, welche emotionale Distanz zwischen Zuschauer und Bildobjekt angemessen wäre. Selbstverständlich hat man schon vor der Analyse einer Szene die eine oder andere bewegte Einstellung vor Augen, während man das Drehbuch zum ersten Mal liest. Selbst wenn dies der Fall ist, kann es hilfreich sein, sich von den besonders hervorzuhebenden Einzelheiten eine Liste zu machen. Man skizziert die Kamerafahrt und notiert entlang des Kameraweges wichtige Sätze aus dem Dialog oder besondere Gänge und Bewegungen der Schauspieler. Anhand einer solchen Planung lassen sich einzelne Einstellungen gut organisieren. Es ist aber sinnvoll, den Aktionskreis einer Handlung zu bedenken, wenn man ein kompliziertes Geschehen aufnehmen möchte. Im weiteren Verlauf dieses Kapitels wollen wir uns mit einigen Prinzipien der Kamerafahrt beschäftigen, um einen Grundwortschatz an Bewegungstechniken zu entwickeln.

Kamerafahrt, die ein Bildobjekt oder einen Schauplatz einführt

In einer Fahrt kann die Kamera einen Schauplatz oder ein Bildobjekt in Augenschein nehmen und diese uns Schritt für Schritt vorstellen, indem sie den Blick auf einzelne Details lenkt. Das kann sie aus einer Position innerhalb oder außerhalb des Handlungskreises tun. So kann die Kamera zum einen mit einer Großaufnahme beginnen und anschließend zurück in eine weite Einstellung fahren, so daß wir uns vom Detail zum Überblick bewegen. Nehmen wir an, die Kamera fährt den Bürgersteig einer menschenleeren Geschäftsstraße entlang. Zunächst besteht ihr Blick aus Großaufnahmen: Wir sehen von einem Bäckerladen nur die abblätternde Farbe, die zerbrochene Schaufensterscheibe und andere Zeichen des Verfalls. Andere Details im Laden enthüllen das Scheitern eines kleinen Familienunternehmens. Die Kamera entfernt sich, fährt vorbei an verfallenen Ladenfronten und leeren Geschäften. In vielen Fenstern hängen Schilder mit der Aufschrift »Geschlossen« und »Außer Betrieb«. Ein Obdachloser schläft im Eingang eines verlassenen Ladens. Die Zeichen des wirtschaftlichen Niedergangs werden schrittweise offenbar, bis schließlich ein ganzer Straßenzug im Blick ist. Auf diese Art stellt die Kamerabewegung eine Verbindung zwischen der ökonomischen Krise einer Stadt und dem wirtschaftlichen Abstieg einer Familie her, indem die Kamera auf ihrer Fahrt zunächst den Bäckerladen zeigt.

Häufig gehen Kamerafahrten seitlich an Bildobjekten vorbei, die sich über einen großen Bereich erstrecken, etwa an einem Jahrmarkt oder an Autos im Straßenverkehr. Ein Beispiel dafür ist Godards ausgedehnte Kamerafahrt entlang einer Autoschlange in *Weekend*. Eine Kamerafahrt, die schnurgerade verläuft, kann passend und angemessen sein, sie muß es aber nicht. Die Kamera kann auch um Ecken herum fahren, sich vor- und rückwärts bewegen, zum Stehen kommen und

sich weiterbewegen, sie kann die Geschwindigkeit ändern, ihren eigenen Weg kreuzen, Objekte in der Großaufnahme oder in der Totalen
aufnehmen oder sich durch Fenster und Türen bewegen. Jeder Weg ist
möglich, den ein Filmemacher sich auszudenken vermag und ein Team
umsetzen kann.

Kamerafahrt mit der gleichen Geschwindigkeit wie das Bildsubjekt

Jedem ist wohl vertraut, wie die Kamera neben Personen herfährt,
die sich unterhalten. Wenn sich Bildobjekt und Kamera mit derselben
Geschwindigkeit bewegen und die Entfernung zwischen ihnen konstant
bleibt, ist eine solche Fahrt von der Komposition her das Gegenstück zu
einer statischen Einstellung. Dabei kann die Kamera unmittelbar vor
oder hinter den Personen fahren, sie kann parallel zu ihnen auf gleicher
Höhe sein oder parallel leicht nach vorne oder hinten versetzt. Diese
grundlegenden Blickwinkel einer Kamerafahrt sind in Abb. 19.1 dargestellt. Die Personen können auch total, halbnah oder in Großaufnahme
gezeigt werden, wobei die Kamera entweder in den Handlungskreis einbezogen ist oder außerhalb bleibt. Mit solchen Kamerafahrten werden
häufig Gespräche in Autos, zu Pferd, auf Booten oder in irgendwelchen
anderen Transportmitteln aufgenommen. Sie sind auch für schnelle
Actionsequenzen geeignet. Dabei wird die Kamera häufig auf ein Auto
montiert, das neben dem sich schnell bewegenden Bildobjekt herfährt.

Abb. 19.1

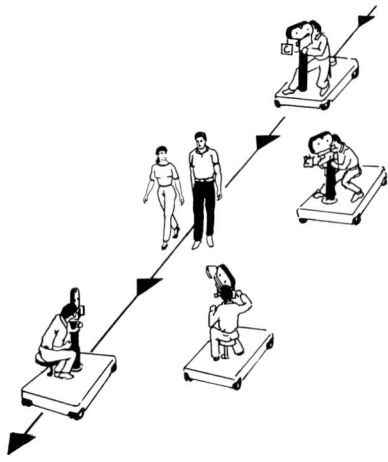

Kamerafahrt schneller oder langsamer als das Bildobjekt

Hierbei handelt es sich um eine Variante der Parallelfahrt. Im Gegensatz zu dieser fährt die Kamera mit einer anderen Geschwindigkeit als die sich bewegenden Personen oder Objekte. Ist das Bildobjekt schneller, kommt es auf die Kamera zu, ist es langsamer, fällt es zurück (Abb. 19.2). Damit kann der Filmemacher ein Subjekt aus dem Bild treten lassen oder mit der Kamera selbst den Aktionskreis verlassen, während sie fährt.

Abb. 19.2

Die Kamera bewegt sich langsamer als der Akteur.

Die Kamera bewegt sich schneller als der Akteur.

Wenn wir eine Fahrt benutzen, um zu zeigen, daß ein Läufer ein Wettrennen verliert, kann sich die Kamera etwas schneller bewegen als der Läufer und ihn innerhalb der Einstellung überholen. Wollen wir zeigen, daß der Läufer gewinnt, müssen wir selbstverständlich dafür sorgen, daß sich der Läufer schneller vorwärtsbewegt als die Kamera. Für eine Actionsequenz ist das dynamischer als eine herkömmliche Parallelfahrt, weil sich das Objekt durchs Bild bewegt und damit eine Entwicklung sichtbar wird. Es fesselt unser Interesse mehr als eine

Einstellung, in der Kamera und Objekt sich mit gleicher Geschwindigkeit bewegen. Außerdem ist die Perspektive durch drei unterschiedliche Bewegungsflächen hervorgehoben: durch die Bewegung des Hintergrundes, des Objekts und des Vordergrundes. Bei gleicher Geschwindigkeit haben wir nur zwei Bewegungsflächen. Die Verwendung von drei Bewegungsflächen verstärkt das Gefühl der Raumtiefe.

Bildobjekt und Kamera können sich nicht nur mit unterschiedlicher Geschwindigkeit bewegen, sie können ihre Geschwindigkeit auch innerhalb der Einstellung ändern. Bei Gesprächen kann die Kamera zunächst mit den Personen Schritt halten und dann langsamer werden, während die Personen vor der Kamera gehen und sich dabei immer weiter von ihr entfernen. Bei einer anderen Variante überholt das Bildobjekt die fahrende Kamera, anschließend bewegen sich beide mit gleicher Geschwindigkeit. Und in einer weiteren Version steht die Kamera zunächst, beginnt mit den Personen mitzufahren und begleitet sie während ihres Gesprächs mit gleicher Geschwindigkeit, um am Ende der Szene hinter ihnen zurückzubleiben. Alle diese Varianten verfolgen das gleiche Ziel: uns das Gefühl zu verschaffen, wir wären Zeugen eines Gesprächs, das fortgeführt wird, auch wenn die Kamera nicht mehr dabei ist.

Zu- und Rückfahrt

Bislang haben wir uns für die parallele Kamerafahrt interessiert. Die Kamera kann sich aber auch direkt auf eine Person oder ein Objekt zubewegen oder davon weg, wobei sie deren Bedeutung im Kontext der Geschichte vergrößert oder verringert. Die Grundbewegung ist in Abb. 19.3 dargestellt.

Abb. 19.3: Zufahrt und Rückfahrt

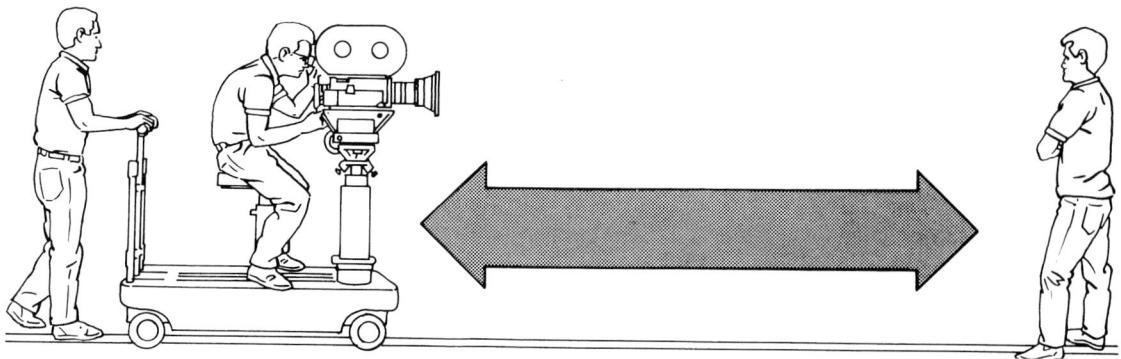

Fährt die Kamera auf dem Dolly auf eine Person zu, kann das dazu dienen, den Moment hervorzuheben, in dem der Figur plötzlich ein Licht aufgeht. Diese bekannte Auflösung bereitet häufig den Schnitt auf den Blick vor. Zum Beispiel kommt eine Frau in eine Bar und sieht, wie ihr Mann eine andere Frau umarmt. Dafür gibt es drei mögliche Kamerabewegungen: 1) Die Kamera fährt vor in eine Großaufnahme von der Frau, wie sie ihren Mann anstarrt; 2) die Kamera fährt auf den Mann zu; und 3) beide Fahrten werden als Sequenz hintereinandergeschnitten.

Fährt die Kamera auf dem Dolly rückwärts, kann sich dadurch die Bedeutung einer Person in einer Szene verringern. Außerdem hat die Rückfahrt die Tendenz, die gezeigte Person zu isolieren. Zum Beispiel steht eine Frau am Bahnsteig, als der Zug mit ihrer Tochter abfährt – ihrem einzigen Kind. Ist die Kamera im Zug und läßt die Frau am Bahnsteig zurück, so wird der Verlust deutlich, den sie bei der Abreise der Tochter empfindet.

Am häufigsten wird die Rückfahrt als Einführungseinstellung verwendet. Auf diese bekannte Weise wird am Anfang einer Szene zwischen Bildobjekt und Schauplatz eine Verbindung hergestellt. Typisch wäre es beispielsweise, wenn die Kamera einen abgetragenen, aber ehemals teuren Mantel zeigt und langsam zurückfährt, um zu enthüllen, daß er auf einem Stuhl in einem erbärmlichen Einzimmer-Appartement liegt. Diese ironische Einstellung sagt uns: Der Besitzer des Mantels, ehemals ein reicher Geschäftsmann, hat alles verloren außer diesem letzten Stück aus besseren Tagen.

Veränderung des Blickwinkels innerhalb der Einstellung

Abb. 19.4 illustriert eine typische Kamerafahrt für eine Dialogszene. In dieser parallelen Anordnung fährt die Kamera seitlich neben dem Paar her. Das Objektiv ist auf einer Höhe unterhalb der Augen, aber weil die Kamera relativ weit weg ist, ist der Blickwinkel von einer Einstellung in Augenhöhe nicht zu unterscheiden, wie Storyboardbild A zeigt. Wenn in der Szene der Wortwechsel zwischen den Schauspielern heftiger wird, möchte der Regisseur vielleicht in einen tieferen Blickwinkel wechseln, um eine dynamischere Bildkomposition zu erreichen. Im Normalfall würde man schneiden und in eine neue Einstellung

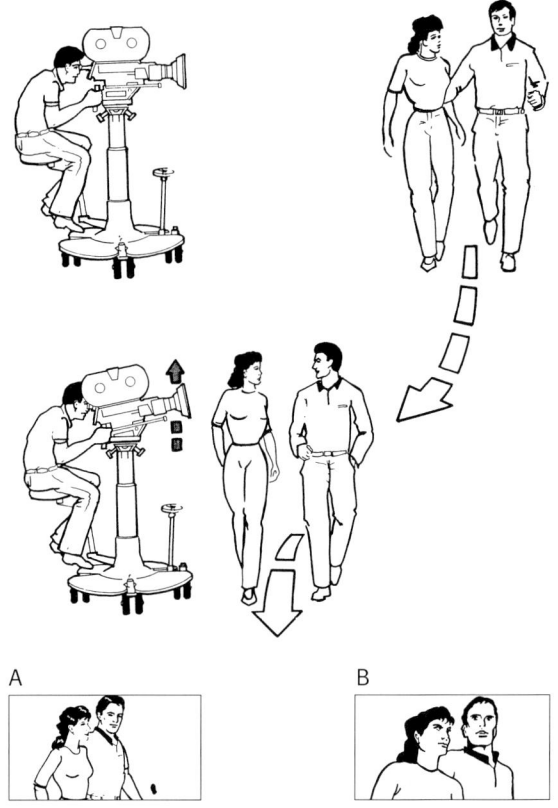

Abb. 19.4: Um einen hohen und einen tiefen Blickwinkel in einer Fahraufnahme zu kombinieren, verändert man die Entfernung zwischen Bildobjekt und Kamera. Wenn die Akteure sich dem Dolly nähern, muß die Kamera nach oben schwenken, um sie im Bild zu halten. Die Veränderung des Blickwinkels ist in den Storyboardbildern A und B dargestellt.

A

B

gehen. Eine Alternative wäre, die Schauspieler näher an den Dolly herangehen zu lassen. Um die Köpfe in der Naheinstellung zu halten, wäre die Kamera gezwungen, aufwärts zu schwenken. Storyboardbild B zeigt das Ergebnis, wenn das Paar sich dem Objektiv nähert. Derselbe Effekt tritt ein, wenn die Kamera sich dem Paar nähert.

Kreisfahrt um die Akteure oder ein Bildobjekt herum

Die Kamera kann den Aktionskreis umfahren, indem ihre Bewegung einen Vollkreis beschreibt und das Bildobjekt im Mittelpunkt beläßt. Zwei extreme, einander ähnliche Beispiele dafür sieht man in Woddy Allens *Hannah und ihre Schwestern* und in Brian DePalmas *Die Unbestechlichen*. In beiden Filmen umkreist die Kamera Leute, die um einen Tisch sitzen. Selbst wenn die Kamera sich nur langsam bewegt, zieht die kreisende Bewegung unsere Aufmerksamkeit von den Figuren als

Individuen ab, so daß wir die Situation als ganze beurteilen. In *Die Unbestechlichen* symbolisiert die Kreisfahrt, daß die vier Polizisten schließlich zu einem Team geworden sind, obwohl sie als Individuen einen völlig unterschiedlichen Hintergrund haben. Die Kamera umfährt sie und vereint sie dadurch im Raum.

Woddy Allens Verwendung einer ähnlichen Kreisfahrt hat dagegen einen beiläufigen Charakter. Hier umrundet die Kamera die Schwestern, die an einem Tisch sitzen, so schnell, daß dadurch deren Gespräch überspielt wird. Die Einstellung tut die Beobachtungen und Meinungen der Schwestern als unwesentlich ab und führt sie uns distanziert zur Überprüfung vor. Der Zuschauer wird insofern in eine privilegierte Position gebracht, als er weiß, daß die Schwestern durch das, was sie sagen, verraten, wie wenig sie voneinander wissen.

Eine ganz andere Kreisfahrt sieht man in Martin Scorseses *Die Farbe des Geldes* (1986), einer Neuverfilmung von Robert Rossens Studie eines Poolbillardspielers in *Haie der Großstadt* (1961). Diesmal wird die Kamera dazu benutzt, die Gemütsverfassung der Figur zu vermitteln. Sie umkreist Fast Eddie, gespielt von Paul Newman, in einer Großaufnahme, als er zum ersten Mal wieder an einem Weltklasse-Wettkampf teilnimmt, nachdem er sich 20 Jahre zuvor zur Ruhe gesetzt hatte. Eddie ist einen Moment lang von einer plötzlichen Erregung überwältigt, und dieses Gefühl transportiert die Kamerafahrt in ihrer ununterbrochen kreisenden Bewegung.

Abb. 19.5

Das Verbinden von Innen- und Außenräumen

Der Ortswechsel zwischen aneinandergrenzenden Innen- und Außen-schauplätzen findet normalerweise durch einen Schnitt zwischen den beiden Einstellungen statt. Das löst unter anderem das Problem, die unterschiedlichen Lichtverhältnisse angleichen zu müssen, die beträcht-lich voneinander abweichen können. Werden die beiden Schauplätze getrennt voneinander gedreht, müssen sie auch nicht in Wirklichkeit nebeneinander liegen, sondern ein Studioinnenraum kann mit einem Originalschauplatz kombiniert werden, der auf der anderen Seite der Erdkugel liegt. Das ist aus der Sicht des Produzenten entschieden von Vorteil, aber künstlerisch gesehen reduziert die Trennung von Außen-und Innenschauplatz das Gefühl von räumlicher Einheit.

Die Alternative besteht darin, die Kamera in einer fortwährenden Bewegung von innen nach außen fahren zu lassen – oder umgekehrt. Hier einige Anregungen dafür:

Betreten eines Innenraumes

Der Dolly ist so aufgebaut, daß die Kamera vor dem Akteur herfährt, wie in Abb. 19.6 gezeigt wird. Wenn die Person sich nähert, steht die Kamera still. Hat sie eine bestimmte Entfernung zur Kamera erreicht, fährt diese rückwärts in den Raum hinein, gefolgt vom Akteur.

Die Kamera kann der Person aus jedem Blickwinkel und aus jeder be-liebigen Richtung vorausfahren. Dazu werden gebogene Schienen ver-legt oder eine provisorische ebene Fläche aus Brettern oder Spanplatten

Abb. 19.6

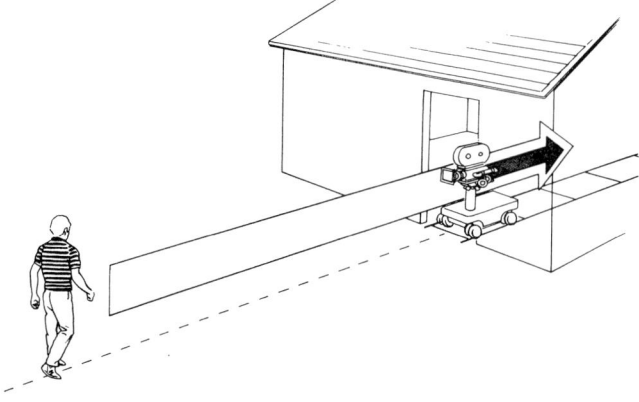

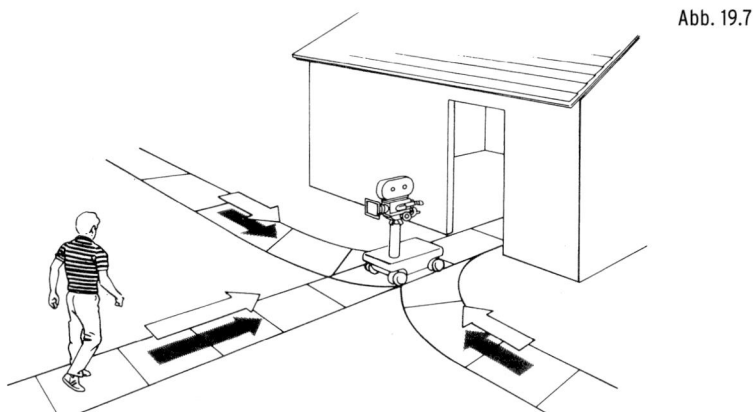

Abb. 19.7

gebaut. Typische Einrichtungen für das Betreten eines Innenraumes sind in Abb. 19.7 dargestellt.

Ist die Fahrt nicht lang, kann man als eine weitere Variante den Dolly mit einem Jib-Arm ausrüsten. Der Dolly bleibt so innerhalb des Hauses auf der Ebene des Innenraums, während der Jib-Arm mit der Kamera durch die Tür nach außen gestreckt wird. Nähert sich die Person der Tür, wird der Dolly rückwärts gefahren, bis der Jib-Arm in der Tür ist und die Kamera darauf wartet, daß die Person eintritt. Die Abb. 19.8 zeigt einen Vorteil dieser Kameraeinrichtung. Weil es zur Eingangstür ein paar Stufen hinaufgeht, müßte der Dolly auf einer leicht ansteigenden Rampe hochgefahren werden. Abgesehen von der Zeit, die es kostet, diese Rampe zu bauen, wäre es schwierig, diese Kamerafahrt gleichmäßig und ruckfrei auszuführen. Der Jib-Arm löst dieses Problem und bietet beträchtlich mehr Flexibilität, falls Änderungen in der Inszenierung erforderlich werden.

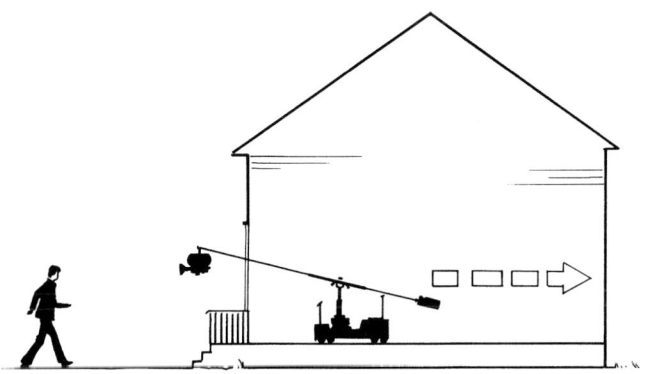

Abb. 19.8

Aber auch ohne Jib-Arm kann der Dolly mit der Kamera innen plaziert werden und dennoch Außen- und Innenraum durch eine Fahrt miteinander verbinden. Wenn die Kamera nah am Türrahmen steht, kann sie nach draußen sehen und die Einstellung wie eine Außenaufnahme aussehen lassen, da der Türrahmen nicht im Bild erscheint. Sobald die Person sich der Tür von außen nähert, zieht sich die Kamera tiefer in den Raum zurück, bis Türrahmen und Innenraum zu sehen sind. Eine weitere Alternative besteht darin, ein Zoomobjektiv zu benutzen und es immer weiter aufzuziehen, je näher die Person herankommt, so daß ihre Abbildungsgröße konstant bleibt. Zum Schluß der Einstellung sieht man einen Teil des Türrahmens und einen Teil des Innenraums.

Innenraumaufnahmen von einer Außenposition aus

Man kann auch von einem Außenraum in einen Innenraum übergehen, indem man die Person an der Kamera vorbeigehen läßt, wie in Abb. 19.9 zu sehen ist. Hierbei fährt und schwenkt die Kamera mit der Person mit, bleibt aber draußen stehen. Die Person betritt den Innenraum und die Kamera nimmt die Innenszene von außen auf. Mit der Wahl der richtigen Optik und dem richtigen Arrangement erscheint das Ergebnis so, als habe sich die Kamera auf den Schauplatz begeben.

Abb. 19.9: Drehen einer Innenraumszene von einem Standort außerhalb des Hauses aus. Die Kamera fährt und schwenkt mit dem Mann mit, bleibt aber außerhalb des Hauses, wenn sie den Innenraum fotografiert.

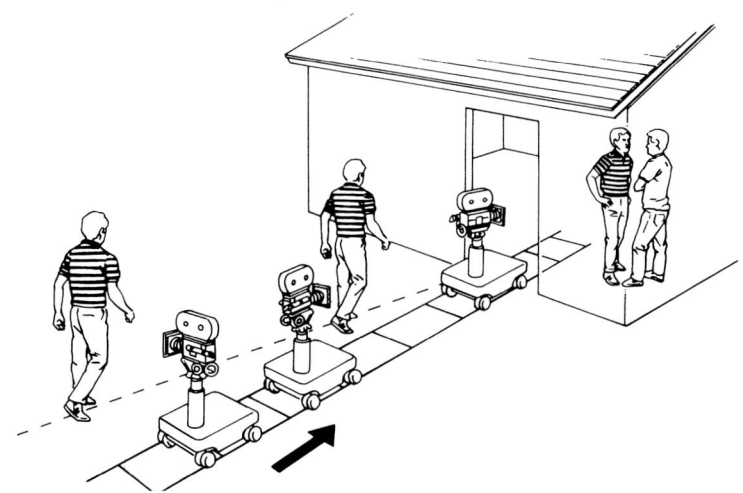

Die Benutzung von Fenstern zur Verbindung von Innen- und Außenräumen

In unserem letzten Beispiel für die Einrichtung einer Kamerafahrt ist die Kamera in einem Innenschauplatz aufgestellt. Sie nimmt durch ein Fenster auf, wie eine Person auf die Haustür zugeht (Abb. 19.10). Sie steht so dicht an der Fensterscheibe, daß der Fensterrahmen nicht zu sehen ist und der Zuschauer die Position der Kamera im Innenraum nicht bemerkt. Sobald sie bei ihrem Schwenk Wand und Türrahmen erreicht, geht sie schnell darüber hinweg und setzt den Schwenk innerhalb des Hauses fort. Jetzt bemerkt der Zuschauer, daß er die Person von innen gesehen hat. Bei diesem Arrangement können die Schienen innerhalb des Raumes gelegt werden, so daß sich die Fahrt im Innenraum fortsetzen läßt.

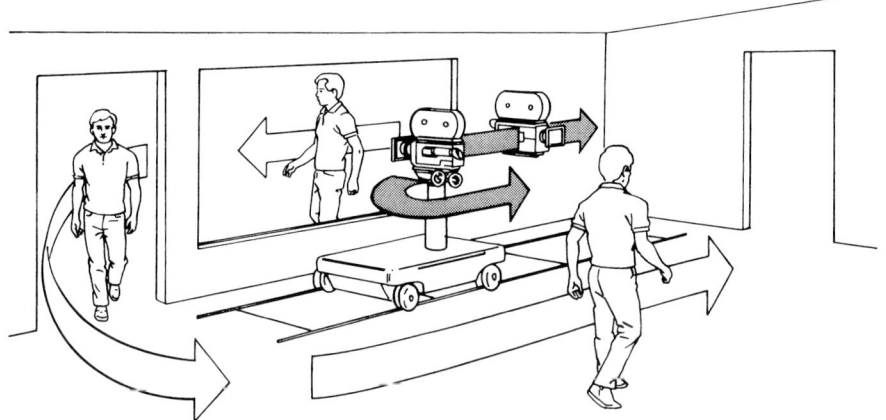

Abb. 19.10: Durch das Fenster fotografieren, um Innen- und Außenraum zu verbinden.

Es versteht sich von selbst, daß die Position der Kamera von den jeweiligen Raumverhältnissen und den Aktionen der Darsteller abhängig ist; das Prinzip der letzten drei Einstellungen ist aber gleich: Der eingeschränkte Blick der Kamera läßt die Aufnahmen so aussehen, als habe sich die Kamera von einem Innen- in einen Außenraum (oder umgekehrt) begeben, während sie einer Person folgt.

Wie man Kamerafahrten schneidet

Regisseure sind oft unsicher, wie man Kamerafahrten schneidet, und schrecken deswegen in vielen Fällen davor zurück, Fahrten zu benutzen. Ihre Sorge vor Problemen bei der Montage ist aber unbegründet. Abgesehen von der Handlungsachse, die man bei der Fahrt genauso beachten muß wie bei statischen Aufnahmen, ergeben sich keine besonderen Anschlußprobleme, sieht man einmal von der Schwierigkeit ab, einen Handlungsverlauf für einen längeren Zeitraum zu inszenieren. Wie bereits in dem Kapitel über die Montage erwähnt, kann das Einrichten einer Kamerafahrt eine zeitaufwendige Sache sein; der Regisseur gerät vielleicht in die Situation, das Gelingen einer ganzen Szene aufs Spiel zu setzen, wenn er alles in einer Einstellung drehen will. Zeitdruck kann ihn dazu zwingen, auf Sicherheit zu gehen und auf Coverage zu drehen, weshalb allgemein der Eindruck entstanden ist, Fahraufnahmen seien schwierig zu integrieren. Wenn eine bestimmte Aktion einer Szene nur in einer Fahraufnahme gedreht wurde, besteht im nachhinein natürlich keine Möglichkeit mehr, das Material noch zu verändern. Die einzige Alternative ist, die gesamte Einstellung rauszuwerfen – und damit die darin enthaltene Aktion.

Das bringt uns zu dem einzigen echten Montageproblem, das sich aus einer Kamerafahrt ergibt: Eine Fahraufnahme kann man nicht mit einer statischen Aufnahme derselben Aktion unterschneiden. Allein dieses Problem hat zu der übertriebenen Ansicht geführt, Fahraufnahmen und statische Einstellungen ließen sich nicht flüssig miteinander verbinden. Hartnäckig hält sich der Glaube, es gäbe eine allgemeingültige Regel ähnlich wie die Handlungsachse, nach der die Ge- und Verbote des Kontinuitätsprinzips für Kamerafahrten festgelegt sind. Eine solche Regel gibt es nicht.

Außer daß man in Kamerafahrten nicht einfach kurze statische Einstellungen von derselben Aktion insertieren kann, sind keine Montageregeln zu beachten, die nicht auch für statische Einstellungen gelten. Statische Einstellungen können problemlos weich mit Fahraufnahmen verbunden werden, genausogut wie man Fahraufnahmen hintereinander schneiden kann oder sogar eine fortlaufende Reihe von Kamerafahrten.

In bestimmten Situationen verbindet tatsächlich eine Serie von Kamerafahrten eine Bewegung viel harmonischer als eine ähnliche Reihe statischer Einstellungen. Zum Beispiel kann eine Folge von kurzen Kamerafahrten, die an Soldaten in Formation vorbeiführen, so aneinandergeschnitten werden, daß jede Einstellung zur nächsten weiterleitet. Eine ähnliche Aneinanderreihung statischer Einstellungen würde man als übertrieben geschnitten empfinden.

Mit einer Kamerafahrt kann man den Zuschauer besser auf die grafische Komplexität einer Sequenz oder auf den grafischen Wechsel in der darauffolgenden Einstellung vorbereiten. In vielen Situationen kann die bewegte Kamera dazu dienen, Übergänge zu glätten, ähnlich wie es eine Überblendung bei Zeitsprüngen vermag. Ein grafischer Bildsprung (ein Schnitt, in dem die Kamera um weniger als 20 Grad versetzt ist, in dem die Zeit aber kontinuierlich weiterläuft) ist zum Beispiel weniger schroff, wenn er zwischen zwei bewegten Einstellungen erfolgt.

Die fahrende Kamera kann eine Änderung des Blickwinkels oder der Bewegungsrichtung vorbereiten, die für die nächste Einstellung vorgesehen ist. Die Kontinuität der Einstellungen hängt aber von denselben Kompositions- und Montagestrategien ab, die auch für einen reibungslosen Fluß der Einstellungen bei statischen Aufnahmen sorgen.

Kamerafahrten und Blickwinkel

Die fahrende Kamera verstärkt die Wirkung aller perspektivischen Hinweise, mit deren Hilfe wir räumliche Distanzen einschätzen. Da wir Kamerablickwinkel daran erkennen, wie sie die Perspektive wiedergeben, ist klar, daß die fahrende Kamera unsere Raumwahrnehmung für jeden Blickwinkel verstärkt. In dem Kapitel über Kameraperspektiven haben wir erfahren: Von allen möglichen Blicken auf ein Objekt im Raum liefert die Perspektive mit drei Fluchtpunkten die meisten Informationen über die räumlichen Verhältnisse. Genauso kann die fahrende Kamera sich auf ein, zwei oder drei Ebenen bewegen. Um sich auf drei Ebenen gleichzeitig zu bewegen, muß sie vorwärts oder rückwärts fahren, während sie sich gleichzeitig horizontal und vertikal bewegt. Wenn sie in einer solchen kombinierten Fahrt ein Bildobjekt in einer Perspektive mit drei Fluchtpunkten aufnimmt, erzielt sie immer ein Maximum an Tiefeneindruck. Vordergrundelemente oder andere bildgestalterische Mittel, durch die der Zuschauer die räumlichen Verhältnisse besser erkennen kann, verstärken das Gefühl von Tiefe zusätzlich.

Zuschauerpositionierung und bewegte Kamera

Die in Kapitel 14 beschriebene Zuschauerpositionierung hat gezeigt, wie man Zuschauer innerhalb einer Szene mit Hilfe wechselnder Kcamerablickwinkel in unterschiedliche Blickpositionen bringen kann. Der Vergleich mit einer Choreografie lag nahe, weil der Zuschauer eine große Bandbreite von Bewegungseffekten und körperlichen Reizen erfährt, die sorgfältig arrangiert sind wie ein Tanz. Eine Choreografie der Einstellungen gibt es zwar in jeder Sequenz, aber ihre größte Wirkung entfaltet sie zweifellos bei einer Fahraufnahme.

Eine Fahraufnahme enthält entweder mehrere Blickwinkel oder zeigt in der gesamten Einstellung nur einen einzigen. Wenn die Kamera einem Bildobjekt in einer festen Distanz folgt, bleibt auch der Blickwinkel der Einstellung konstant. Sobald sich die Kamera einem Objekt nähert oder sich von ihm entfernt, kann sich der Blickwinkel ändern. Ein Regisseur, der daran interessiert ist, den »Sog« dieses Perspektivenwechsels zu nutzen, muß lernen, Aktionen so zu inszenieren, daß die Kamera gezwungen ist, sich um mehr als eine Achse zu drehen oder sich um Objekte herumzubewegen, damit sich eine Folge von unterschiedlichen Ansichten ergibt.

Wir können die Wechsel in der Perspektive während einer Kamerafahrt zeichnerisch durch einen »perspektivischen Tunnel« zeigen. Diese Art der Darstellung ist im Grunde eine Erweiterung des »Kastenraums« des Quattrocento, der Begriff, mit dem zu Beginn der Entwicklung der Zentralperspektive in der Frührenaissance die Vorstellung des Bildraums in einem Gemälde oder einer Zeichnung umschrieben wurde.

In Abb. 19.11 sind zwei berühmte Kamerafahrten illustriert. Oben ist der lange Abstieg der Kamera aus Alfred Hitchcocks *Berüchtigt* zu sehen. Die Kamera fährt zwei Stockwerke hinunter und endet in einer Großaufnahme von einem Schlüssel in Ingrid Bergmans Hand. Die lange Kranfahrt aus *Citizen Kane*, die in die El-Rancho-Bar führt, zeigt eine wesentlich kompliziertere Bewegung. Die Aufnahme im Film entstand, indem man ein Modell für die Außenaufnahme nahm und für den Innenraum einen normalgroßen Set, um die Fahrt fortzuführen. Der perspektivische Kasten oder Tunnel ist in beiden Fällen aber der gleiche.

Abb. 19.11a

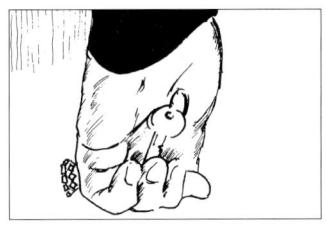

Die lange Kranfahrt
aus ›Berüchtigt‹

Abb. 19.11b

Kranfahrt aus ›Citizen Kane‹
durch das Oberlicht hindurch

20 Choreografie der Kamerafahrt

Nachdem wir die Grundformen für Einstellungen kennengelernt haben, die mit der bewegten Kamera möglich sind, wollen wir uns nun ansehen, wie man Schauspieler in die Bildtiefe arrangiert und wie man mit einer Fahrt vielfältige Interessenschwerpunkte verbindet. Durch eine simple Kamerafahrt sind zahlreiche Variationen möglich: Sie reichen von einer modischen Parallelfahrt neben zwei Schauspielern, die sich unterhalten, bis zur Plansequenz mit vielen Personen, in der sich mehrere Story-Elemente und Schauplätze miteinander verbinden lassen.

Bewegte Kamera und bewegliche Inszenierung

Es gibt zwei Inszenierungsvarianten für die bewegte Kamera: Erstens kann man, wie im vorhergehenden Kapitel gezeigt, die Kamera um ein statisches Bildobjekt herum bewegen, und zweitens kann sich das Bildobjekt gleichzeitig mit der Kamera bewegen.

So wie für statische Einstellungen bei der Dialoginszenierung Grundmuster existieren, gibt es auch bestimmte Grundformen der Kamerabewegung bei inszenierten Aktionen. Diese Grundformen sind von zwei praktischen Überlegungen bestimmt: Erstens vom Bewegungsspielraum der Kamera, während sie auf Schienen fährt oder auf anderem Gerät, und zweitens von der Tatsache, daß es einfacher ist, die Schauspieler zu bewegen als die Kamera.

Die Grundformen der Kamerafahrt, die in diesem Kapitel besprochen werden, bilden ein flexibles System und sollen ein Verständnis davon vermitteln, wie die Bewegungen von Kamera und Schauspielern in einer gemeinsamen Choreografie miteinander verwoben werden können. Dieses System soll vor allem zu einem abwechslungsreichen Umgang mit Räumen, Blickwinkeln und Bildkompositionen ermutigen und damit die Grenzen des Bildes erweitern.

Unser Inszenierungssystem für die fahrende Kamera enthält zwei Teilaspekte:

– Fahrt-Choreografie: Sie bezieht sich auf den Weg eines Akteurs oder eines beweglichen Bildobjektes im Verhältnis zum Weg der fahrenden Kamera.

– Grundformen und Stellungen: Dabei handelt es sich um dasselbe Inszenierungssystem, das wir in den Kapiteln 9, 10 und 11 bei statischen Einstellungen verwendet haben.

Die Grundidee in unserem Inszenierungssystem für die bewegte Kamera ist, daß *einzelne Kameraeinstellungen in beliebiger Anzahl miteinander zu einer einzigen ununterbrochenen Einstellung verbunden werden können.* Das heißt, eine bewegte Einstellung wird so analysiert, wie sie in einem Storyboard dargestellt wird. Jedes Bild in einem Storyboard betrachten wir als statische Inszenierungsform, die mit anderen Bildern zu einer einzigen Einstellung verbunden werden kann, und zwar mit Hilfe der bewegten Kamera und beweglichem Arrangement.

Wir beginnen mit einer einfachen geradlinigen Schienenfahrt.

Fahrt-Choreografie Eins

In Abb. 20.1 sehen wir nebeneinander drei verschiedene Versionen einer Fahrt. Unter jedem Dolly ist dargestellt, wie die Kamera die abgebildete Person sieht. Die Distanz zwischen Akteur und Kamera bleibt bei den drei Kamerafahrten gleich, so daß jede Kameraeinstellung eine Grundeinheit oder ein Baustein ist. Solche Inszenierungen werden für Dialogsequenzen ständig verwendet, fast immer als Halbnaheinstellung oder Totale. In ihrer schlichtesten Form beginnt die Einstellung, wenn Kamera und Bildobjekt sich bereits in Bewegung befinden, und endet, ohne daß sich an der Distanz zwischen Akteur und Kamera etwas verändert hat. Im wesentlichen wird das Bildobjekt wie bei einer statischen Einstellung gesehen, lediglich ein kleiner Teil der Hintergrundbewegung ist sichtbar.

Abb. 20.1

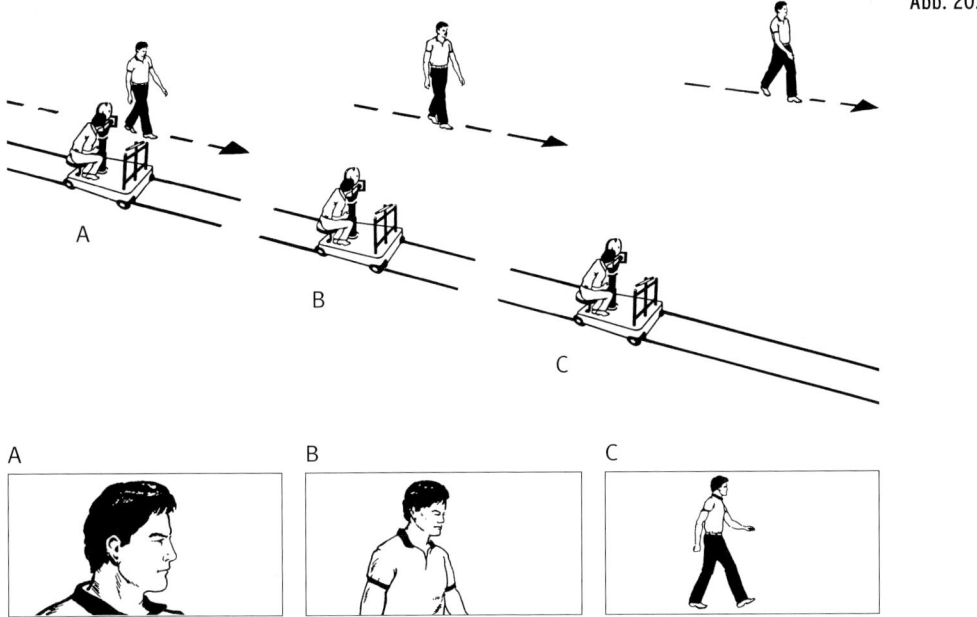

A B C

Jede dieser Fahraufnahmen läßt sich mit den beiden anderen zusammenschneiden, um die Einstellungsgröße zu verändern; aber es wirkt flüssiger und eleganter, wenn der Bildausschnitt sich dadurch verändert, daß die abgebildete Person im Verlauf der Einstellung näher an die Kamera herankommt oder sich weiter von ihr entfernt. In der Regel geschieht das am Anfang oder am Ende einer Einstellung. Abb. 20.2 zeigt eine Aufsicht der geradlinigen Fahrt. Die grauen Kreise an den Schienenenden geben an, wo sich ein Akteur oder ein Objekt

Annäherungsbereich   Entfernungsbereich   Abb. 20.2

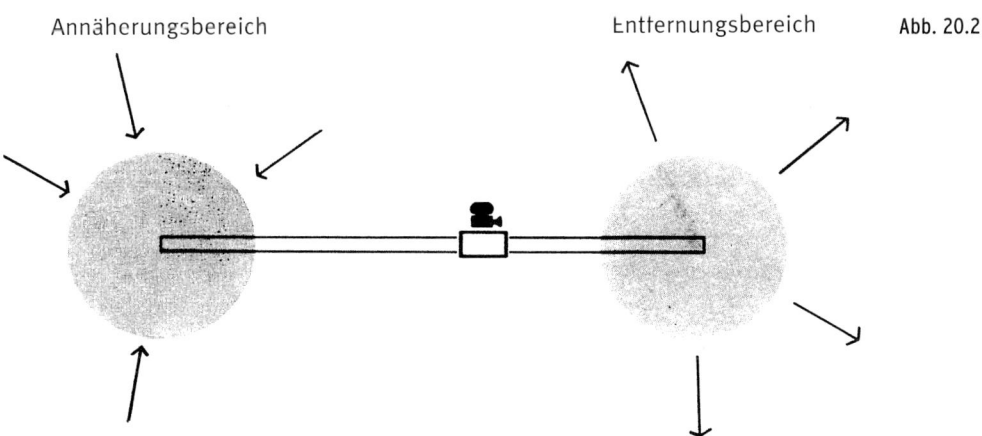

annähern oder entfernen kann, dessen Bewegung parallel zu den Schienen verläuft. Der Filmemacher sollte bedenken, welche vielfältigen Gestaltungsmöglichkeiten diese grauen Bezirke bieten, denn das Annähern und Entfernen kann dazu genutzt werden, jeden beliebigen, interessant erscheinenden Bereich eines Drehorts in die Einstellung hineinzunehmen. Je nach Winkel, in dem das Annähern oder Entfernen erfolgt, muß die Kamera mehr oder weniger schwenken, um dem Bildobjekt zu folgen. Das gibt ihr die Möglichkeit, einiges von dem zu zeigen, was um sie herum passiert, bevor sie sich in Bewegung setzt.

Während der langen Fahrt zwischen den Kreisen könnte der Darsteller in jeder der drei Einstellungsgrößen aufgenommen werden, die in Abb. 20.1 zu sehen sind – mit der Ausnahme, daß er sich am Anfang der Einstellung der Kamera aus der Distanz nähert und am Ende der Einstellung wieder entfernt.

Bei dieser Inszenierung steht die Kamera am Anfang der Einstellung, während sich die Person oder das Objekt nähert, und beginnt langsam zu fahren, wenn die gewünschte Einstellungsgröße erreicht ist. Dieser Bildausschnitt wird anschließend in der Einstellung beibehalten. Am Ende der Fahrt kehrt sich der Vorgang um: Die Kamera verlangsamt ihre Fahrt, bleibt eventuell stehen, und das Bildobjekt entfernt sich. Die Annäherung kann weit von der Kamera entfernt beginnen, so daß das Bildobjekt zunächst in einer weiten Totalen zu sehen ist. Der Rückzug kann entsprechend gestaltet sein.

Fahrt-Choreografie Zwei

Abb. 20.3 zeigt eine Variante, in der die Annäherung nicht die Einstellung einleitet, sondern bereits Teil der Haupthandlung ist. Die Schauspieler bewegen sich dabei direkt auf die Kamera zu. Bei einer Dialogszene würden die Darsteller bereits sprechen, noch bevor die Fahrt beginnt. Es ist inzwischen gängige Praxis, daß man ein Gespräch zwischen Personen deutlich hören und verstehen kann, auch wenn sie weit von der Kamera entfernt sind.

Wie man sieht, verbindet diese Art der Auflösung zwei Storyboard-Bausteine: eine frontale Amerikanische und eine profilige Halbnahaufnahme. Die Illustration zeigt, daß die Personen während der gesamten

Abb. 20.3

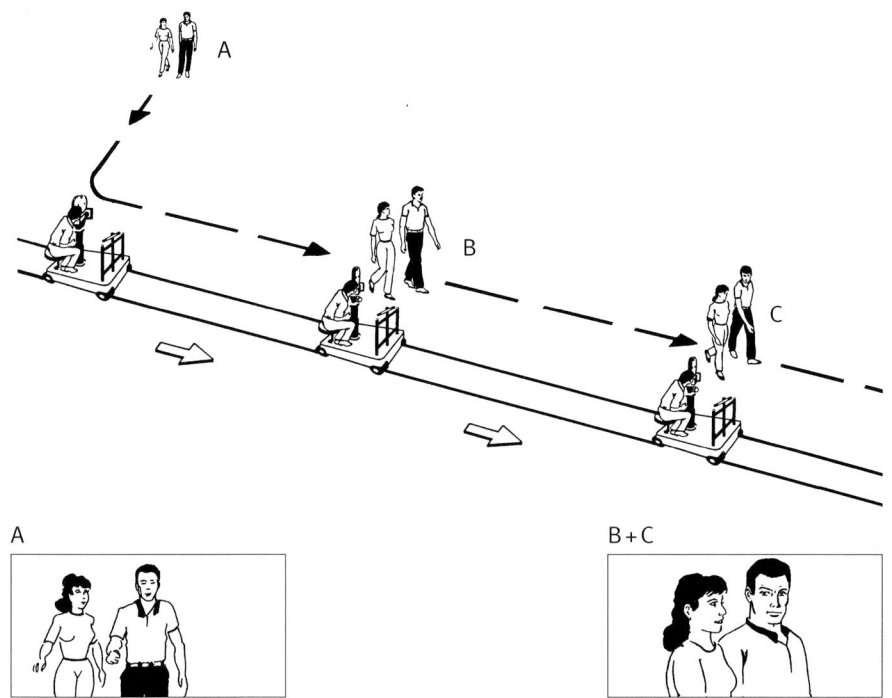

A

B + C

Fahrt nebeneinander her gehen; dem Regisseur ist es aber selbstverständlich freigestellt, seine Schauspieler in jede andere Inszenierungs-
grundform oder -stellung zu bringen, die in Kapitel 9 besprochen
wurde.

Fahrt-Choreografie Drei

Abb. 20.4 zeigt, wie drei Einstellungen miteinander kombiniert werden
können: eine profilige Totale, eine frontale Amerikanische und eine
profilige Halbnaheinstellung. Zu Beginn bewegt sich die Kamera mit der
gleichen Geschwindigkeit wie die Akteure und bleibt stehen, wenn die
beiden Darsteller die Richtung wechseln und auf die Kamera zugehen.
Sobald die Akteure ein zweites Mal die Richtung ändern und sich parallel zu den Schienen bewegen, setzt sich die Kamera wieder in Bewegung. Als Variante könnte die Aktion auf verschiedenen Höhenebenen
inszeniert sein. Zum Beispiel könnten die Schienen auf einem Pier
neben einem Kreuzfahrtschiff verlegt sein. Der erste Teil der Kamerafahrt würde einer Person folgen, die an Bord des Schiffes an der Reling

Abb. 20.4

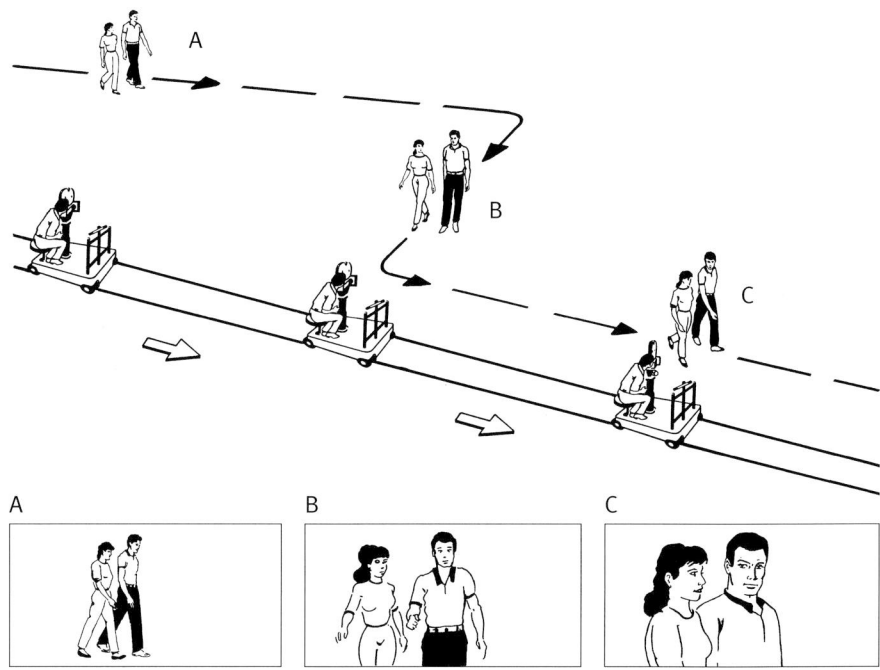

entlanggeht – drei Meter über der Kamera, die sich parallel dazu bewegt. Wie in Abb. 20.5 gezeigt, könnte der Akteur auf die Kamera zukommen, wenn er das Schiff über die Gangway verläßt. Im dritten Schenkel dieser Fahrt geht die Person anschließend auf dem Pier neben der Kamera her.

Abb. 20.5: Mit einer Fahraufnahme kann man einen Akteur aufnehmen, der sich auf verschiedenen Höhenebenen bewegt.

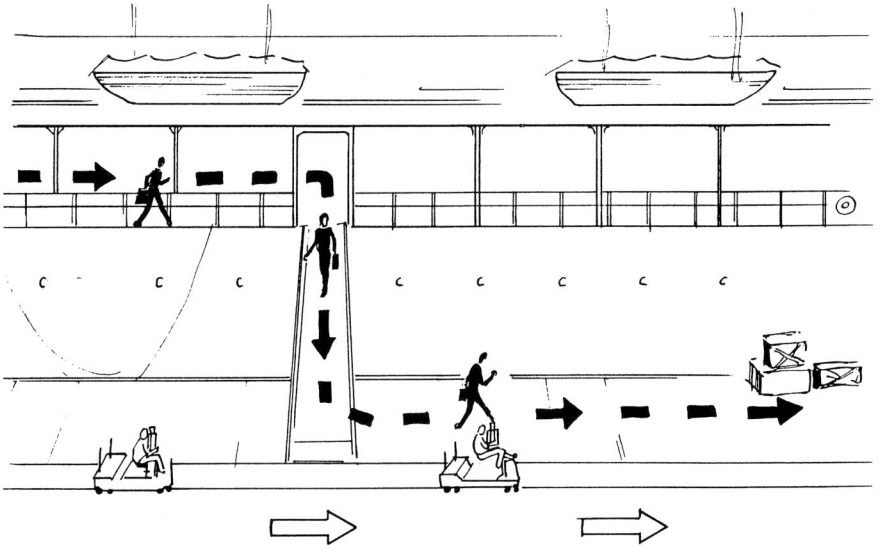

Fahrt-Choreografie Vier

In Abb. 20.6 ist fast die gleiche S-förmige Einrichtung zu sehen wie in den vorherigen Beispielen – mit einem wichtigen Unterschied: Die Schauspieler überqueren die Schienen. Wieder wird eine Totale oder Halbtotale mit einer frontalen Amerikanischen und einer Halbnaheinstellung kombiniert, aber diesmal gibt es einen Wechsel in der Bewegungsrichtung, wie auf Bild C des Storyboards zu sehen ist. Dieser Wechsel in der Bewegungsrichtung sieht im Bild auf den ersten Blick verwirrend aus, ist aber im Film völlig unproblematisch, da er allmählich verläuft. Der Drehpunkt für die Kamera kann auf der einen wie auf der anderen Seite des Weges liegen, je nachdem, wo die Akteure die Schienen überqueren. Solche Details sind abhängig vom Drehort und von den besonderen Erfordernissen der Szene.

Bei allen Fahrsituationen, die in diesem Abschnitt beschrieben sind, ist das Überqueren der Schienen möglich. Läßt man das Geschehen um die Kamera herum stattfinden, zwingt man sie, 180 Grad des Raumes aufzunehmen, und plaziert sie im Zentrum des Handlungskreises.

Abb. 20.6

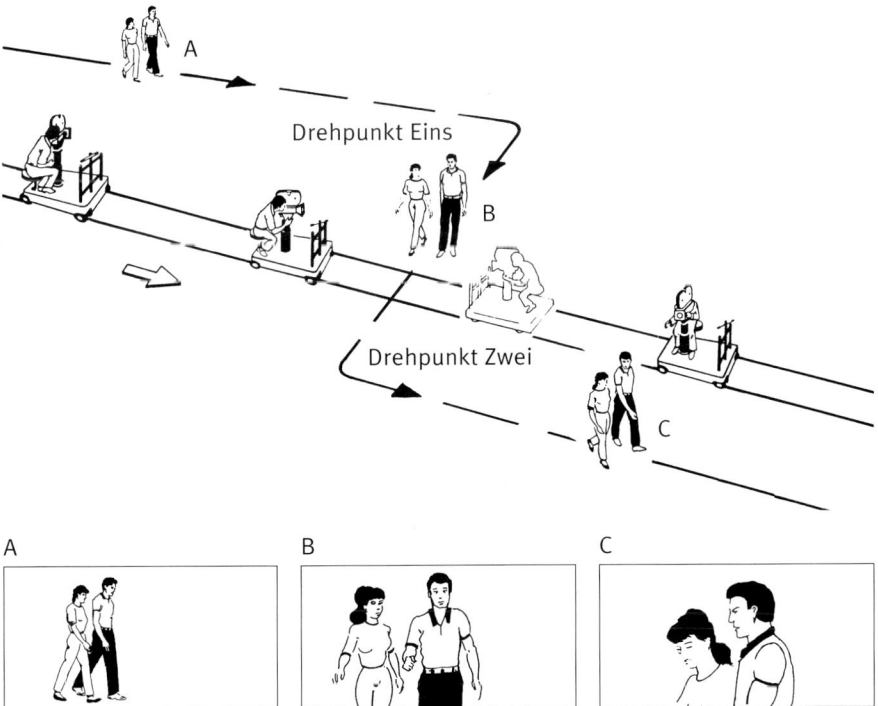

Fahrt-Choreografie Fünf

In Abb. 20.7 ist die Reihenfolge der Bildausschnitte, wie sie in den beiden vorherigen S-förmigen Einrichtungen zu sehen waren, umgekehrt worden: Die Akteure beginnen nah an der Kamera und entfernen sich anschließend. Wie zuvor auch sind drei Einstellungsgrößen miteinander kombiniert worden.

Wie man diese und andere Bewegungs-Choreografien auf ein reales Inszenierungsproblem überträgt, hängt selbstverständlich von den Gegebenheiten des Drehortes ab; grundsätzlich lassen sich die gezeigten Methoden auf jedes beliebige Bildobjekt anwenden, ob Auto oder Motorboot oder zwei Leute, die sich unterhalten.

Es müssen auch nicht unbedingt Schienen gelegt werden. Sie sind hier praktisch, weil sie den Weg der Kamera zeigen; ebensogut könnte die Kamera auf einem Kran montiert sein oder auf einem ferngesteuerten Ausleger, auf einem Kamerawagen oder an einer Steadicam-Tragevorrichtung. Und jedes dieser technischen Hilfsmittel würde durch seinen besonderen Bewegungsspielraum Einfluß darauf nehmen, wie die Einstellung fotografiert wird.

Abb. 20.7

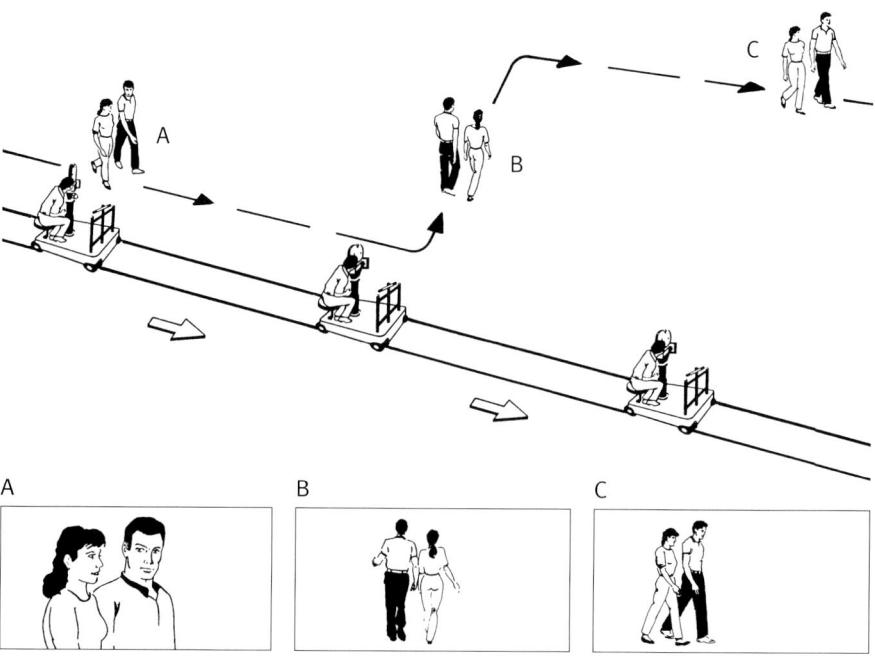

Fahrt-Choreografie Sechs (den Raum enthüllen)

In Abb. 20.8 beginnt die Einstellung mit einer Großaufnahme vom Darsteller. Dieser entfernt sich schräg seitlich, so daß mehr vom Hintergrund ins Bild kommt. In diesem Beispiel kann die Fahrt als Kombination eines häufig verwendeten Einstellungspaars angesehen werden: der Großaufnahme und dem Schnitt auf den Blick. Abb. 20.8 könnte zum Beispiel zeigen, wie sich am Beginn einer Szene ein Mann der Kamera nähert, bis er in Großaufnahme zu sehen ist. Wir bleiben auf seinem Blick und sehen seine Reaktion auf etwas außerhalb des Bildes. Das drängt uns, den Schauplatz kennenzulernen, und zwar mit den Augen der Person. Wenn sie sich von der Kamera entfernt, wird der Hintergrund langsam sichtbar, und wir erkennen, daß der Mann durch die rauchenden Trümmer einer abgebrannten Fabrik geht. Im Verlauf der Einstellung, die sich immer weiter öffnet, sehen wir die Brandopfer, die von Polizei und Sanitätern versorgt werden.

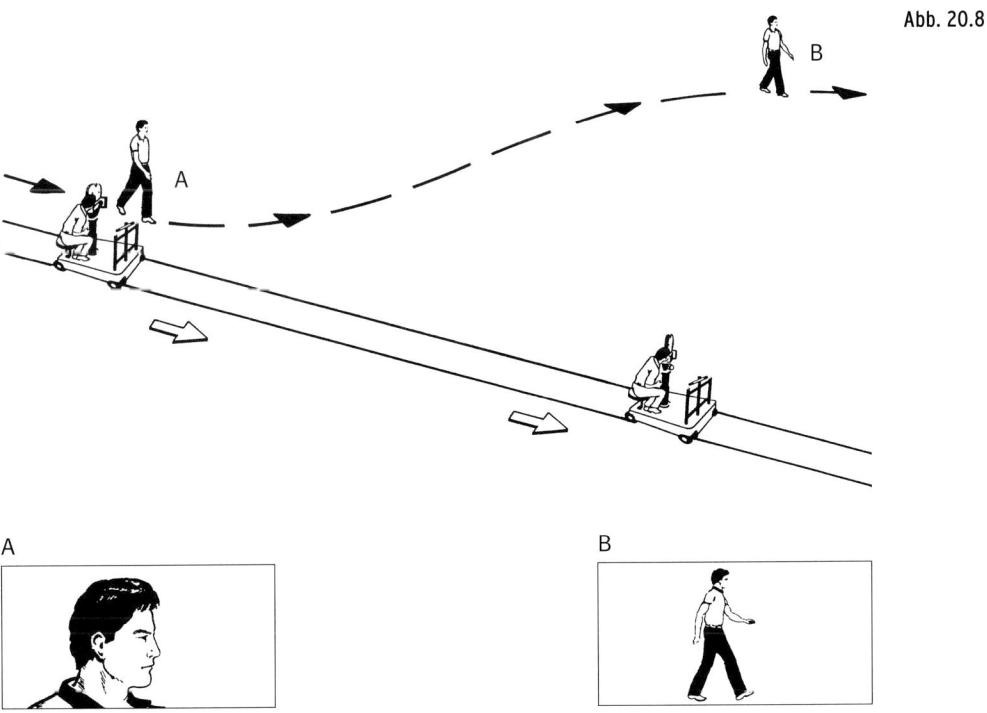

Abb. 20.8

A

B

Fahrt-Choreografie Sieben

In Abb. 20.9 ist die Umkehrung der Strategie von Fahrt-Choreografie Sechs illustriert. Diesmal beginnen wir mit einer weiten Kameraeinstellung, in der uns gezeigt wird, wie der Schauplatz aussieht – der Akteur kommt später hinzu. Wir werden also diesmal nicht dadurch in die Szene eingeführt, wie der Darsteller auf seine Umgebung reagiert, sondern durch den Schauplatz selbst. Wenn man diese Inszenierung auf das Fabrikszenario von Fahrt-Choreografie Sechs anwendet, fangen wir mit den Aufnahmen der rauchenden Trümmer an, damit wir uns unsere eigenen Ansichten über Ort und Geschehen bilden können. Ist am Ende der Einstellung der Schauspieler schließlich in Großaufnahme zu sehen, sind wir daran interessiert zu erfahren, ob er auf das Trümmerfeld genauso reagiert wie wir. Dies ist ein weiteres Beispiel dafür, wie man den Raum nutzen kann, um eine Frage-und-Antwort-Strategie zu entwerfen. Die Fahrt-Choreografien Sechs und Sieben sind Einstellungen, die dazu herausfordern, Bildobjekt und Schauplatz zu vergleichen.

Abb. 20.9

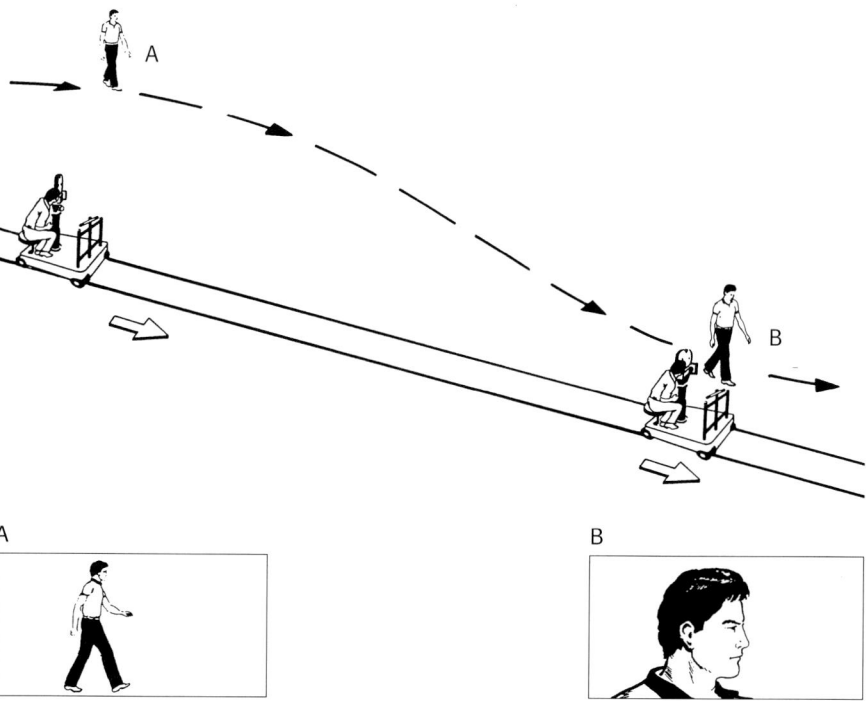

Erweiterte Choreografie

Nachdem wir uns einige Choreografien für Kamera und Bildobjekt angesehen haben, können wir nun zu komplexeren Arrangements übergehen und die sieben Grundformen der Kamerafahrt miteinander kombinieren. Wir können zum Beispiel die Grundformen Drei, Sieben und Fünf zu einer Kamerafahrt zusammensetzen, die uns durch einen Park führt (Abb. 20.10). Alle Einstellungen, die wir uns bislang angesehen haben, lassen sich miteinander verbinden und mit zusätzlichen Kamerabewegungen kombinieren. Abb. 20.10 zeigt den Aufbau für eine einfache Fahrt; man könnte aber ebensogut einen Kran einsetzen, um eine vertikale Bewegung hinzuzufügen.

Fahraufnahme Sieben

Fahraufnahme Drei

Fahraufnahme Fünf

Abb. 20.10: Drei Grundformen der Kamerafahrt sind hier miteinander kombiniert, um eine komplexe Choreografie zu schaffen.

Der Weg der Kamera wird dem des Akteurs angepaßt

Bislang haben wir nur Fahraufnahmen betrachtet, in denen sich die Choreografie des Bildobjekts nach dem geradlinigen Kameraweg richtet. Oftmals ist das aber gar nicht möglich – zum Beispiel, wenn die Aktion entlang einer Straße, einem Waldweg oder einer anderen festgelegten Route verläuft oder wenn das Gelände die Wege des Darstellers oder des bewegten Objekts einschränkt. In solchen Fällen wird die grafische Variation innerhalb der Einstellung – der Wechsel von Einstellungsgröße und Blickwinkel – vollständig davon bestimmt, wo die Kamera steht und welche Optik gewählt wurde. In den folgenden drei Beispielen wollen wir zu der erweiterten Choreografie zurückkehren, die wir in Abb. 20.10 gesehen haben. Diesmal ist der Weg, den

Abb. 20.11: Erweiterte Gegenbewegung. In dieser Einrichtung bewegen sich Kamera und Akteur in entgegengesetzter Richtung. Die Pfeile zeigen an, wie die Kamera schwenkt.

die Kamera nimmt, aber so ausgewählt, daß man sehen kann, welche Vorteile es bietet, wenn die Kamera hin- und herfährt und eine Gegenbewegung macht.

In Abb. 20.11 fährt die Kamera schräg und in entgegengesetzter Richtung zum Akteur durch die Szene. Diese Gegenbewegung beginnt, wenn sich die Person der Kamera zuwendet und endet bei der Mitte der Einstellung, wo sich der Akteur wieder von der Kamera abwendet. Wie bei jeder Bewegung, in der das Bildobjekt den Weg der Kamera kreuzt, kehrt sich die Bewegungsrichtung im Bild um. Da der Wechsel jedoch allmählich erfolgt, fällt das Überqueren der Handlungsachse kaum auf.

In Abb. 20.12 fährt die Kamera bis zur Mitte der Einstellung auf den Akteur zu, kehrt dann ihre Fahrtrichtung um und bewegt sich in dieselbe Richtung wie dieser. Die Umkehrung der Fahrtrichtung ist ein wenig elegantes Manöver, wenn die Kamera nicht vor dem Richtungs-

Abb. 20.12: Die Kamera fährt auf den Akteur zu (graue Pfeile) und bewegt sich dann in die Gegenrichtung, wobei sie vor dem Akteur her fährt (schwarze Pfeile).

wechsel anhält. Ihr Stop könnte sich damit begründen lassen, daß der Darsteller für einen Augenblick stehenbleibt, um sich zum Beispiel an einem heißen Tag das Jackett auszuziehen. So könnte die Einstellung aussehen: Kamera und Darsteller bewegen sich aufeinander zu und treffen etwa nach einem Drittel der gezeigten Strecke aufeinander. Kamera und Darsteller halten an dieser Stelle inne, der Mann zieht sein Jackett aus und wischt sich mit einem Taschentuch über die Stirn. Einen Augenblick später setzt der Mann seinen Weg fort, und die Kamera fährt den Weg zurück, den sie gekommen ist. Dem Zuschauer wird nicht auffallen, daß die Kamera durch bereits bekanntes Terrain wieder zurückfährt, denn sie zeigt den Darsteller in einer anderen Abbildungsgröße.

In Abb. 20.13 sehen wir eine Seitenansicht des Bewegungsschemas. Der Weg der Kamera liegt in drei Phasen parallel zum Weg des Darstellers, und die Fahrt verläuft in dieselbe Richtung. In den Phasen, in denen der Mann direkt auf die Kamera zukommt, steht sie still, bis er sich zum nächsten Parallelgang wendet. In diesem Fall ist das Stehenbleiben der Kamera notwendig, um die Person innerhalb des Bildes zu halten.

Der Pfeil in der Schemazeichnung rechts zeigt die Richtung der Schienen für die unten dargestellte Fahrt.

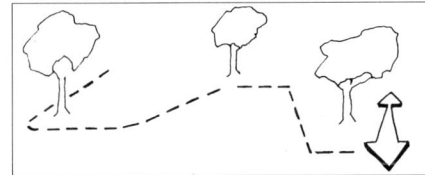

Abb. 20.13: Die Bewegungsrichtung der Kamera ist durch den ununterbrochenen Pfeil dargestellt. Die Kamera fährt parallel zur Figur, wenn sie seitlich geht und hält an, wenn sie auf die Kamera zukommt.

Fahrt um ein Hindernis herum

Wenn es darum geht, den Weg festzulegen, den die Kamera nehmen soll, gilt es eine Faustregel zu beherzigen: Es ist immer besser, sich dem Drehort anzupassen als gegen ihn zu arbeiten. Nur allzu oft verlassen sich Regisseure auf die technische Virtuosität (und Nachsicht) ihrer Crew, wenn die Kamera in schwierigem Gelände bewegt werden soll. Louma-Kran, SkyCam, Steadicam und andere Kameraträger, die dazu gedacht sind, den Bewegungsspielraum der Kamera zu erweitern, haben ihre Berechtigung, zuallererst aber sollte ein Regisseur ressourcenschonende Inszenierungsideen entwickeln, denn die sind sein besonderes Kapital. In Abb. 20.14 kann die Kamera der Figur nicht folgen und deshalb auch nicht den Hintergrund zeigen, den der Regisseur gerne haben möchte, weil der Swimmingpool im Weg ist. Mit einem Jib-Arm oder einem ferngesteuerten Kran wäre es möglich, die Kamera über das Wasser zu bringen, in die Mitte des Pools; aber es gibt eine ebenso gute Lösung, die sich einfacher verwirklichen läßt: Der Gang kann so inszeniert werden, daß die Kamera den Mann und den Poolbereich in einer weiten Einstellung aufnimmt und gleichzeitig mit dem Mann an der Mitte des Pools ankommt.

Abb. 20.14

Wir können diese Inszenierungsidee noch weiter ausbauen und die Kamera eine gegenläufige Bewegung zum Mann machen lassen. Auf diese Weise wird die Frau – wie in Abb. 20.15 dargestellt – auf der Liege umkreist.

Abb. 20.15

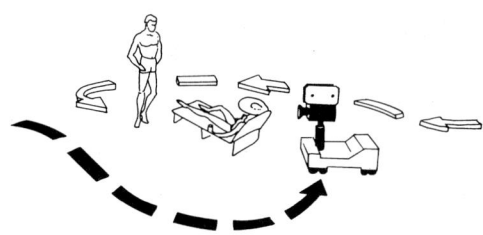

Es kann von Vorteil sein, wenn man Hindernisse zwischen Bildobjekt und Kamera bestehen läßt. Sie können nämlich der Rahmung dienen. In Abb. 20.16 geht ein Lastwagenfahrer an einer Reihe langsam fahrender Lkw entlang. Ursprünglich sollte sich die Kamera über eine längere Strecke parallel zum Fahrer bewegen, während er Richtung Büro geht. Die Lkw würden durch den Hintergrund rollen, und der Trucker wäre im Vordergrund. Um die Einstellung so zu drehen, müßten die Lkw auf dem Seitenstreifen fahren. Aber nehmen wir einmal an, das wäre am Drehtag nicht möglich, weil der Seitenstreifen durch heftigen Regen aufgeweicht und unbefahrbar ist. Der Regisseur kann nun eine andere Einstellung konstruieren, in der die ursprünglich geplante Inszenierung umgekehrt wird: Die Lkw fahren im Vordergrund und der Fahrer geht im Hintergrund. In der neuen Version ist der Mann die meiste Zeit von den vorbeifahrenden Lastwagen verdeckt. Sobald der Fahrer das Büro betritt, kommt ein zweites Hindernis (das Gebäude) ins Spiel. Die Kamera fährt zum Fenster und verdichtet langsam (zoomt vor), bis durch die Scheibe zu sehen ist, wie er mit seinem Boss spricht. Es ist also eine akzeptable und grafisch interessante Lösung, wenn Hindernisse eine Hauptperson zeitweilig verdecken.

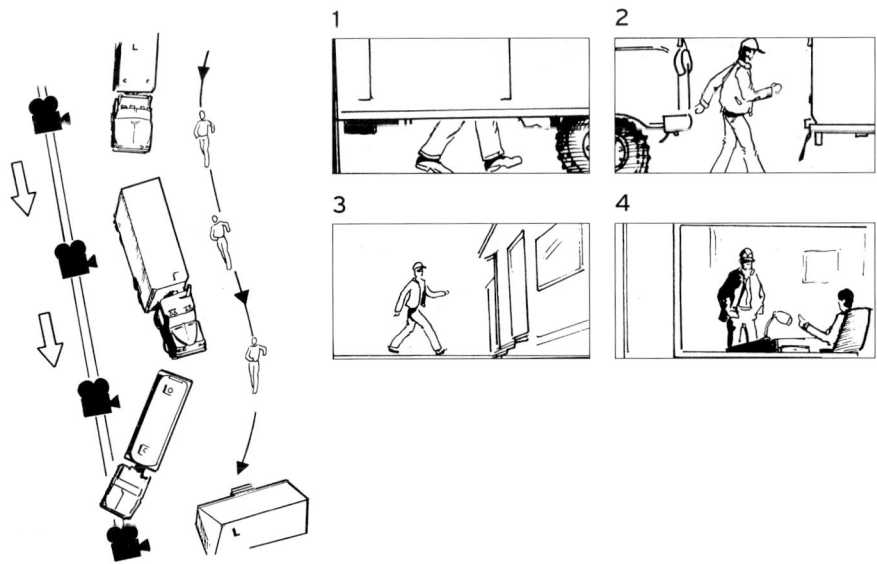

Abb. 20.16: Die Kamera fährt parallel mit dem Lkw-Fahrer, der zum Büro geht. Wie man im Storyboard sehen kann, werden die fahrenden Lkw benutzt, um den Fahrer einzurahmen. Wenn der Fahrer das Büro betritt, nimmt ihn die Kamera durch das Fenster auf (Bild 4).

Wechsel des Bildobjektes innerhalb einer Einstellung

Bislang bezogen sich unsere Beispiele für Kamerafahrten alle nur auf ein Bildobjekt. Einer der Vorteile von langen Fahrten besteht aber gerade darin, Story-Elemente miteinander verknüpfen zu können, die getrennt voneinander sind. Dies geschieht, indem die Kamera innerhalb der Einstellung von Bildobjekt zu Bildobjekt fährt. Abb. 20.17 zeigt das Beispiel einer Grundstrategie für den Übergang von einem Element zum nächsten. Technisch gesehen handelt es sich um einen Kreuzschwenk, der ausgeführt wird, während die Kamera fährt. Die Einstellung beginnt damit, daß ein Auto in das Bild hineinfährt (weißer Dolly) und die Kamera sich parallel dazu bewegt. Wenn das Auto sich von der Kamera zu entfernen beginnt, kommt ein Junge auf einem Fahrrad angeradelt; die Kamera nimmt ihn am Kreuzungspunkt ins Bild und schwenkt mit ihm mit, bis sie in die entgegengesetzte Richtung schaut, anschließend fährt sie den gleichen Weg zurück, den sie zuvor genommen hatte (schwarzer Dolly), parallel zu dem Jungen, bis er die Einstellung verläßt.

Abb. 20.17

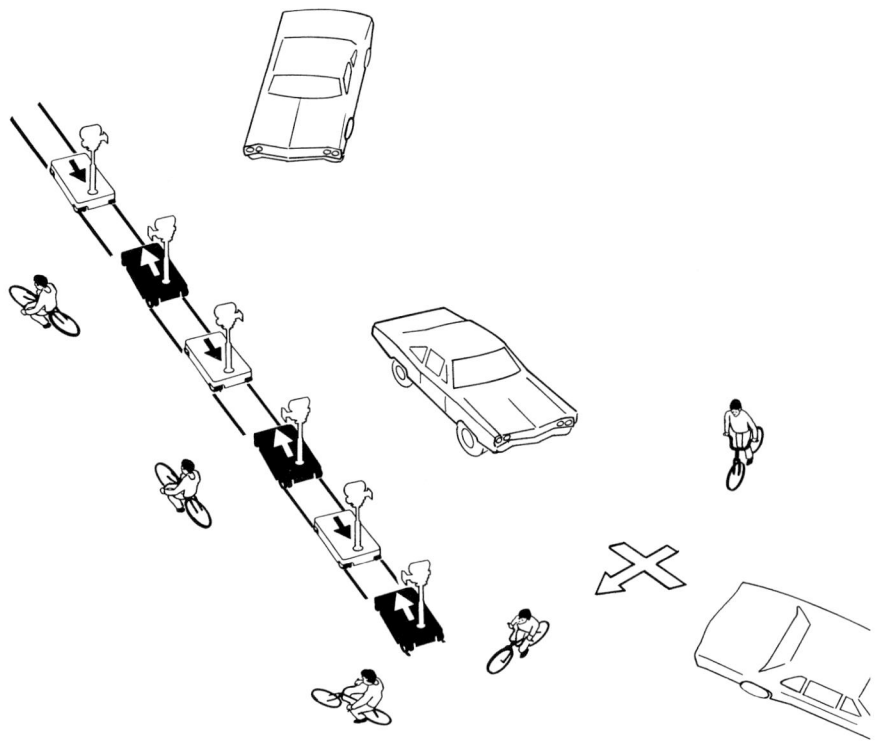

Wenn man dort, wo der Junge aus dem Bild fährt, ein neues Bildobjekt auftauchen läßt, kann der Vorgang umgekehrt werden, bis sich die Kamera wieder in der Ausgangsposition befindet.

Wie Kamerafahrt und Inszenierung zusammenwirken können, um mehrere Story-Elemente miteinander zu verbinden

Die letzte Idee spinnen wir noch weiter, indem wir seitliche Kamerafahrt, Kreuzschwenks, inszenierte Bewegungen der Schauspieler und Tiefenstaffelung miteinander verbinden. Die in den folgenden sechs Storyboardbildern beschriebene Handlung könnte ebensogut auch in Einzeleinstellungen aufgelöst werden.

In den Ablaufskizzen A-D sieht man, wie die einzelnen Ereignisse in einer einzigen, ununterbrochenen Einstellung miteinander kombiniert werden. Die voneinander getrennten Elemente sind in die Tiefe gestaffelt, ihre Bewegungen verlaufen in entgegengesetzte Richtungen und überschneiden sich vor der Kamera. Das erste Element ist ein Auto, das im *Vordergrund* in die Einstellung hineinfährt und sich anschließend in

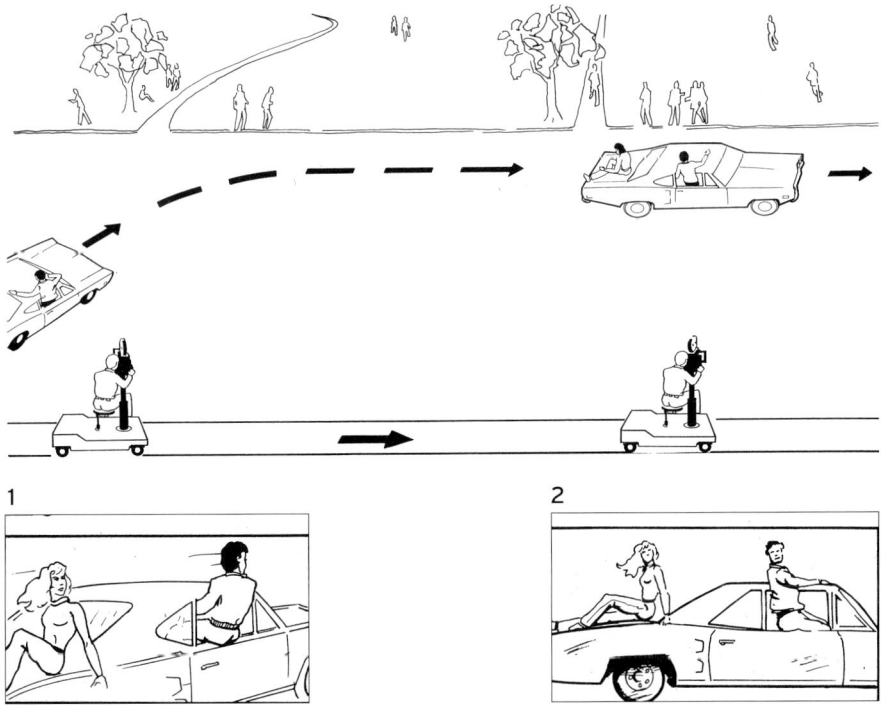

Ablaufschema A:
Die Sequenz beginnt, und die Kamera schwenkt mit dem Auto mit. Die Einstellungsgröße zeigt Bild 1. Das Auto fährt in den Hintergrund, und die Kamera fährt parallel neben ihm her über den Parkplatz und hält den Bildausschnitt, wie er in Bild 2 zu sehen ist.

Ablaufschema B: Das Auto fährt aus dem Bild, während im Mittelgrund in entgegengesetzter Richtung zwei Jungen hineinkommen (Bild 3). Nun fährt die Kamera mit den Jungen mit und hält sie in einer Amerikanischen, während sie sich unterhalten. Sie gehen bis zum anderen Ende des Parkplatzes.

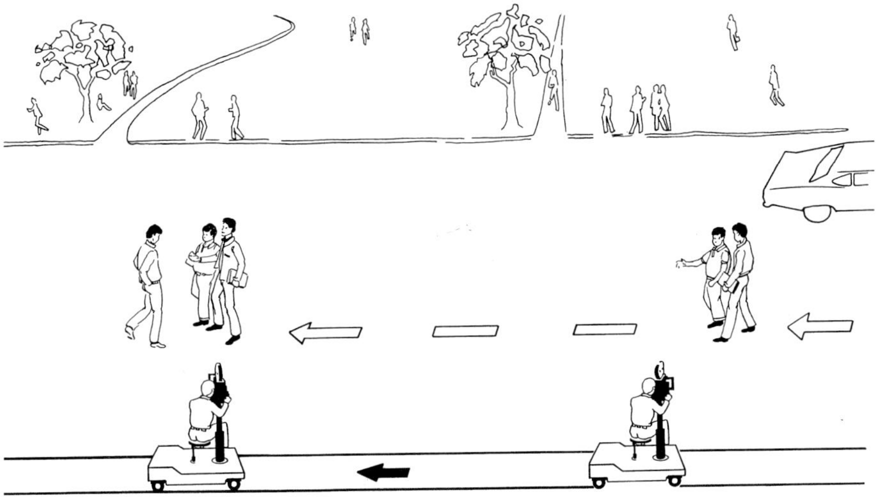

3

Ablaufschema C: Ein dritter Junge gesellt sich zu den zweien. Die Kamera hält an, als sie stehenbleiben, um sich miteinander zu unterhalten. Ein Mädchen auf einem Fahrrad kommt im Hintergrund ins Bild und rollt in den Vordergrund, wie in Bild 4 dargestellt. Jetzt verlagert die Kamera ihre Aufmerksamkeit auf das Mädchen. Einer der Jungen läuft hinter dem Mädchen her und spricht einen Moment mit ihr (Bild 5).

4

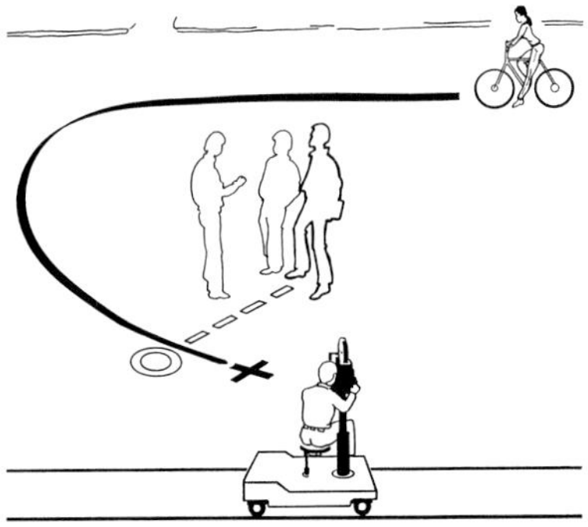

5

Ablaufschema D: Das Mädchen will losfahren, und der Junge kommt auf die Kamera zu; beide tauschen ihren Platz. Das Mädchen hält an, ruft ihm etwas zu. Der Junge steht direkt vor der Kamera, wenn er sich in die OS-Einstellung von Bild 6 umdreht. Sie verabschieden sich, und das Mädchen fährt davon. Ende der Sequenz.

6

den Hintergrund bewegt. Die Kamera folgt dem Auto in einer weiten Fahraufnahme von links nach rechts, bis das Auto aus dem Bild hinausfährt. Das zweite Element bilden drei Jungen, die im *Mittelgrund* in das Bild hineinkommen. Die Kamera kehrt ihre Fahrtrichtung um und fährt einen Teil des Weges zurück, den wir bereits kennen, während sie die Jungen begleitet, die in ein Gespräch vertieft sind. Das dritte Element ist eine junge Frau, die im *Hintergrund* auf dem Fahrrad an den Jungen vorbeifährt und auf die Kamera zukommt, die sie ins Bild nimmt und ihr bis in den *Vordergrund* folgt. Einer der Jungen läuft zu ihr hinüber, um mit ihr zu sprechen.

Subjektive und modifizierte subjektive Kamerafahrten

Bisher haben wir uns Kamerafahrten angesehen, in denen das Bildobjekt von einem neutralen Standpunkt aus betrachtet wird. Eine Fahraufnahme kann aber auch subjektiv motiviert sein, entweder als Einstellung aus Sicht des Darstellers (Point-of-View-Shot) oder als eine abgewandelte subjektive Aufnahme, in der die Person noch im Bild zu sehen ist, deren Sichtweise wir teilen. Ein Beispiel: Ein Mann geht auf eine grasbewachsene Düne und sieht von dort aus seine Frau und seine Schwester, die unten am Strand sitzen. In den folgenden Beispielen sollen die Einzelbilder eine fortwährende Fahrt darstellen.

Die erste Version ist aus subjektiver Sicht gedreht: Die Kamera fährt aus Sicht des Mannes auf die beiden Frauen zu. Einer solchen Fahrt geht in der Regel eine Einstellung voraus, die den Mann zeigt, wie er zu den Frauen hinüberschaut und sich in Bewegung setzt.

Die nächste Version ist eine Variante der subjektiven Fahraufnahme, in der die Kamera auf die Frauen zufuhr und der Mann sie beobachtete.

1

2

3

1

2

3

In dieser Situation ist der »Blick« des Mannes inbegriffen – obwohl wir seine Augen nicht sehen, ist klar, daß er zu den Frauen hinunterschaut. Während sich die Kamera dem Mann nähert, verändert sich die objektive Sichtweise in eine subjektive. Indem die Kamera den Arm des Mannes als Bildrahmen benutzt, bringt sie uns in seine unmittelbare Nähe und unterstützt unsere Identifikation mit ihm.

In der letzten Version finden wir eine interessante Situation vor: Der Mann betritt seine eigene subjektive Einstellung. Die Kamera fährt neben ihm her, während er auf die Frauen am Strand zugeht. Auch hier begünstigt die Nähe der Kamera zum Mann unsere Identifikation mit ihm. Wenn der Mann den Rand der Düne erreicht hat, bleibt die Kamera stehen. Nun klettert er den Abhang hinunter und geht auf die Frauen zu – die Kamera hat wieder eine objektive Sichtweise eingenommen.

1   2   3

4   5   6

21 Transitionen (Überleitungen)

Die Verbindungen zwischen den Einstellungen sind genauso wichtig wie die Einstellungen selbst. Sie deuten im erzählenden Film normalerweise einen Zeitsprung oder einen Schauplatzwechsel an. Heutzutage gibt es Übergänge in allen Variationen, besonders experimentierfreudig ist man in der Werbung und bei Video-Clips. Alles in allem gibt es aber nicht mehr als sieben verschiedene Überleitungen von einem Stück Film zum nächsten:

- Schnitt
- Überblendung
- Wisch-/Trickblende
- Abblende
- Aufblende
- Aufblende aus dem Weißen
- Abblende ins Weiße (oder jede andere Farbe)

Der Schnitt

Es hat sich zur Gewohnheit und stillschweigenden Übereinkunft entwickelt, mit einer Überblendung das Vergehen von Zeit zu verbinden, wohingegen der Schnitt als ein Übergang in der Gegenwart empfunden wird. Es gibt aber heute eine Reihe von Ausnahmen von dieser Regel, während diese Art der Verallgemeinerung für die meisten Filme der dreißiger und vierziger Jahre akzeptabel war. Besonders der Schnitt hat einen großen Bedeutungswandel erfahren und wird inzwischen unter anderem verwendet, um unterschiedliche Zeitabschnitte zusammenzufügen. Das Fernsehen hat Schnittechniken populär gemacht, mit denen sich die Geschwindigkeit der Handlungsabläufe erhöhen läßt. Der Schnitt ist allgemein der beliebteste Übergang; die hart geschnittene Montagesequenz hat sich im Fernsehen (und inzwischen auch im Spielfilm) zur bevorzugten Technik entwickelt. Sie komprimiert meistens einige Stunden, seltener Wochen oder gar Monate. Nehmen wir als Beispiel die Szene aus Steven Spielbergs *Der weiße Hai*, in der Brody, Captain Quint und Hooper an Bord der *Orca* den Haikäfig zusammenbauen. Die Szene besteht aus sechs Einstellungen von je drei Sekunden Länge, dauert also insgesamt achtzehn Sekunden und faßt ein Geschehen zusammen, das vielleicht eine halbe Stunde in Anspruch nimmt. Die Bilder wurden allesamt schräg aufgenommen und als Naheinstellungen und Großaufnahmen mit großen grafischen Kontrasten komponiert, um uns darauf aufmerksam zu machen, daß der normale Ablauf der Zeit durchbrochen wurde. Das Ergebnis ist eine rhythmisch bezwingende Sequenz, kraftvoll in ihrer Dynamik, aber trotzdem elegant.

Mit dieser Technik, wenn der Blickwinkel und die Bildkomposition der Einstellungen aber nicht verändert werden, läßt sich auch der Bau eines Hauses zeigen oder wie eine Familie immer größer wird. So werden Wochen und Jahre auf wenige Sekunden komprimiert. Bei solchen Szenen bleibt normalerweise der Bildausschnitt unverändert, wodurch eine simple Form des Stoptricks entsteht, der häufig für komische Effekte genutzt wird.

Die Überblendung

Die Überblendung, einst fast schon zum Klischee verkommen, wirkt wieder wie neu und unverbraucht, seitdem in den letzten Jahren der Schnitt die meisten der Aufgaben übernommen hat, die traditionell der Überblendung zukamen. Der Filmemacher sollte nicht auf Moden achten, sondern die Techniken einsetzen, die sich für die jeweilige Situation am besten eignen.

Die Überblendung wurde immer als eine Art Behelfspflaster für schlecht strukturierte Filme angesehen, weil sie als Brücke zwischen unterschiedlichen Zeiten und Orten dient, so schwach die logische Verbindung auch sein mag.

Während es zum Kontinuitätsprinzip gehört, den Schnitt unsichtbar zu machen, soll die Überblendung besonders gut sichtbar sein oder zumindest wahrgenommen werden. Überblendungen können jede beliebige Länge haben; sie dauern in der Regel etwa eine halbe Sekunde (10–12 Felder), lassen sich aber auch auf extrem ausdrucksstarke Längen von mehr als einer Minute dehnen. Die kürzeste Überblendung, heute kaum noch zu sehen, ist der sogenannte weiche Schnitt – eine Überblendung, die zwischen einem und zehn Bildfeldern lang ist. Der weiche Schnitt wurde dort eingesetzt, wo Übergänge geglättet werden mußten, etwa bei dokumentarischen Naturaufnahmen. Gibt es nur wenige Aufnahmen von einem Löwen, der ein Zebra jagt, ist der Cutter zum Beispiel gezwungen, verwackelte, sich schnell bewegende Einstellungen miteinander zu kombinieren, damit die Grundzüge des Geschehens zu erkennen sind. Normale Überblendungen würden zwar die Übergänge glätten, aber dem Tempo der Szene entgegenwirken und damit den Zuschauer verwirren. Harte Schnitte würden Bildsprünge hervorrufen. Hier kommt als Kompromiß die Einzelfeld-Überblendung zum Einsatz. Sie glättet den Schnitt, ohne die Aktion zu verlangsamen. In der Regel bleiben weiche Schnitte unsichtbar, selbst Filmemacher können oft nicht erklären, worin der Unterschied zum harten Schnitt besteht. Ihre Wirkung ist subtil.

Die Unschärfenblende

Bei einer Unschärfenblende verliert das Ende einer Einstellung solange an Schärfe, bis das Bild ganz und gar verschwommen ist; anschließend wird zur nächsten Einstellung überblendet, die wiederum mit einem verschwommenen Bild beginnt, das allmählich scharf wird. Technisch gesehen handelt es sich dabei um eine Überblendung, aber um eine, die sich hinter einem anderen Effekt versteckt. Eine gut ausgeführte Unschärfenblende ist unsichtbar, weil die unscharfen Einstellungen an einem Punkt miteinander verschmelzen, an dem die Bilder zu verschwommen sind, als daß man sie identifizieren könnte. Die Unschärfe entwickelt sich allmählich, und die Überblendung läßt die beiden Einstellungen so ineinander übergehen, daß sie wie eine einzige aussehen. Natürlich weiß der Zuschauer, daß hier ein bißchen Filmzauberei stattfindet. Der Effekt wird häufig als Subjektive verwendet, die zeigen soll, daß der Akteur das Bewußtsein verliert. Eine Version, die jeder wahrscheinlich schon viele Male gesehen hat, ist die Einstellung vom Patienten im OP. Wir sehen mit seinen Augen, wie er die Narkose bekommt und das Bild vom OP verschwimmt. Wenn das Bild langsam wieder scharf wird, befinden wir uns – Stunden später – in einem normalen Krankenzimmer.

Der Match-cut

Match-shots sind zwei aneinanderhängende Einstellungen, denen ein grafisches Element gemeinsam ist, das in beiden Einstellungen in der gleichen Weise aufgenommen wurde. Häufig verbindet eine Überblendung die Einstellungen, obwohl in vielen Drehbüchern vom Schnitt gesprochen wird – dem Match-cut. Mit Hilfe der Überblendung lassen sich Ungenauigkeiten in den Aufnahmen ausgleichen, die ansonsten den Zuschauer verstören würden. In *Außer Atem* verwendet Jean-Luc Godard allerdings einen harten Schnitt für einen Match-cut, als Jean Seberg im offenen Cabrio fährt. Während Auto und Fahrerin in derselben Position bleiben, ändert sich der Hintergrund plötzlich: Aus Tag wird Nacht – für die damalige Zeit ein radikaler Schnitt. Interessanterweise kombiniert er zwei unterschiedliche Qualitäten miteinander: den Bildsprung für den Zeitwechsel und den Match-cut für die grafische Eleganz.

Wisch- und Trickblenden

Traditionelle Wischblenden sieht man heutzutage selten, es sei denn, der Filmemacher möchte bewußt Erinnerungen an den Hollywoodstil der dreißiger und vierziger Jahre wecken. In ihrer bekanntesten Form bewegte sich die Wischblende über das gesamte Bildfeld, wobei die neue Einstellung über die alte gelegt wurde, so als werde ein Vorhang davorgezogen. George Lucas hat schräg verlaufende Wischblenden in *Krieg der Sterne* benutzt – als Hommage an die Serien, die in B-Studios wie Monogram und Republic hergestellt wurden und von denen der Film inspiriert war.

Wisch- oder Trickblenden können sich in jede beliebige Richtung über das Bild bewegen: vertikal, horizontal oder diagonal. Kreise, Vierecke und Spiralen, jede erdenkliche Form kann dazu benutzt werden, eine Einstellung verschwinden und eine neue hervortreten zu lassen. Trickblenden können so geformt sein, daß sie an die Gestalt eines bestimmten Objektes erinnern, etwa an eine Polizeimarke oder ein Schlüsselloch. Diese Form dehnt sich aus oder zieht sich zusammen, bis die alte Einstellung durch eine neue ersetzt ist. Der erste Film, in dem Fred Astair und Ginger Rogers als Tanzpartner auftraten, war *Wir fliegen nach Rio* (1933). In diesem Film gibt es gleich Dutzende von unterschiedlich geformten Trickblenden, die einzelne Szenen miteinander verbinden.

Beim Schiebetrick, einer weiteren Variante der Trickblende, »schiebt« die neue Einstellung die auslaufende aus dem Bild hinaus, so daß es scheint, als bewegten sich beide nebeneinander über die Leinwand. Bei der traditionellen Trickblende dagegen legt sich die neue Einstellung *über* die alte.

Eine Trickblende kann auch mit einem Element aus der Einstellung verbunden werden, das sich in der gleichen Richtung und mit der gleichen Geschwindigkeit durchs Bild bewegt, zum Beispiel mit einem Telegrafenmast oder einem Baum. Dabei wird die vordere Kante der Blende mit der Bewegung des Mastes oder des Baumstamms in Übereinstimmung gebracht. Autos, Jogger, Fahrstuhltüren, alles was sich durchs Bild bewegt, kann als Anlaß für eine solche Trickblende genommen werden. In Zeichentrickfilmen gehört zu solchen Blenden oft eine Figur, die die neue Einstellung an ihren Platz zieht oder schiebt. Ein kürzlich gelaufener Werbespot zeigte am Ende einer Einstellung, wie ein Auto in Schnipsel zerfällt, als sei es aus Papier. Darunter erschien dasselbe Auto in einer anderen Farbe, perfekt deckungsgleich.

Die Bewegungsblende

Irgendwo zwischen Trickblende und Match-cut ist die Bewegungsblende anzusiedeln, die in der Kamera erzeugt wird oder genauer gesagt im Schneideraum. Die Bewegungsblende verbindet zwei Einstellungen einer Szene und nicht zwei Szenen an unterschiedlichen Schauplätzen. Sie wird meistens eingesetzt, um von einer weiten Einstellung in eine Halbnaheinstellung oder Großaufnahme zu gelangen und diesen Übergang durch einen »unsichtbaren« Schnitt in der Bewegung elegant zu gestalten. Was diesen Schnitt von einem normalen Schnitt in der Bewegung unterscheidet, ist die Art der Aktion. Er geht nämlich nicht von der Aktion der Hauptperson aus, sondern von einem Gestaltungselement im Bild, das sich zwischen Kamera und Akteur schiebt und so für die Bewegung sorgt. Dieses Element kann irgendein Objekt sein, das sich nah genug an der Kamera befindet, um das Objektiv vollständig abzudecken, während es sich durch die Einstellung bewegt. Die Aktion wird immer zweimal gedreht, wobei die Bewegung in beiden Einstellungen die gleiche ist und nur die Einstellungsgröße sich ändert (Abb. 21.1). Später werden die beiden Einstellungen an dem Punkt aneinandergeschnitten, an dem der Akteur unserem Blick vollständig entzogen ist. In den letzten Jahren wurden mit Bewegungsblenden auch Einstellungen verbunden, die aus verschiedenen Blickwinkeln aufgenommen wurden, und sogar solche, die zu unterschiedlichen Zeiten spielen.

Die Verbindung zweier Einstellungen kann bei der Bewegungsblende ähnlich wie beim Match-cut sowohl durch einen Schnitt wie durch eine Überblendung erfolgen. Normalerweise wird für einen möglichst nahtlosen Übergang eine Überblendung vorgezogen.

Abb. 21.1: Bewegungsblende

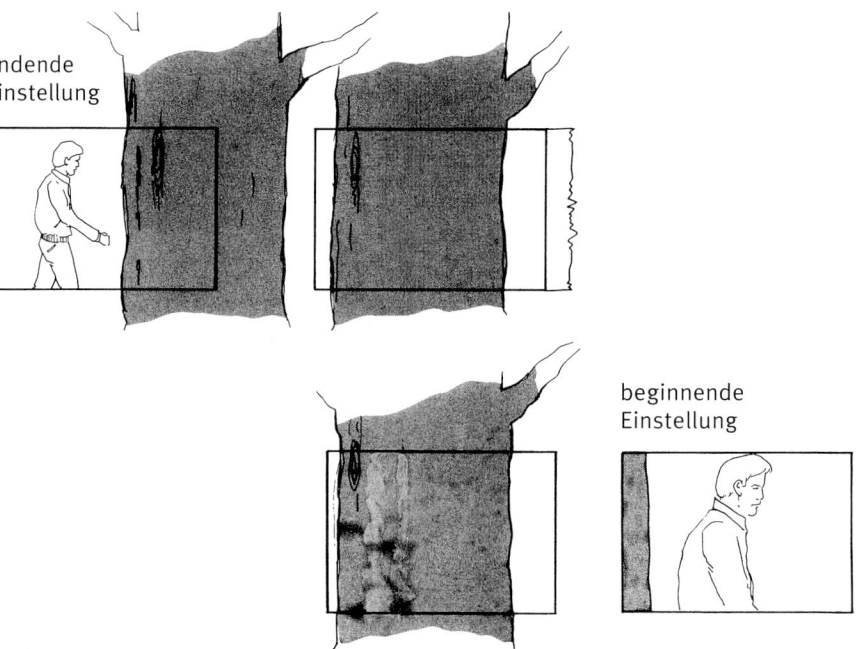

Umwandlungen (morphing)

In Einzelfällen kann man die Umwandlung eines Bildobjektes als Übergang ansehen. Aber genaugenommen ist sie eine vollständige Veränderung dieses Objekts und nicht ein Bindeglied zwischen zwei separaten Einstellungen, wie die Definition des Übergangs lautet. Abb. 21.2 zeigt eine Serie von Umwandlungen aus dem Jahr 1909, die Emile Cohl gezeichnet hat, der Wegbereiter des Zeichentrickfilms.

Bis vor kurzem war diese Art Effekt so selten und ungewöhnlich, daß man ihn nur als Kuriosum ansehen konnte. Mit der Computergrafik ist man jetzt aber in der Lage, weit kompliziertere Umwandlungen zwischen fotografischen Bildern relativ einfach vorzunehmen. Teile des Bildes oder auch das gesamte Bild können aufgelöst und zu einem neuen fotografischen Bild wieder zusammengesetzt werden. Die Veränderungen erfolgen fließend und können dem Bild eine völlig andere Struktur und Dynamik verleihen. Bislang sind diese Effekte, außer in einigen Science-fiction-Filmen, fast ausschließlich für die grafische Gestaltung von Titeln und in der Fernsehwerbung eingesetzt

Abb. 21.2

worden. Aber da die Computergrafik den Film immer mehr erobert, werden diese Übergänge zweifelsohne auch im Erzählkino üblich werden. Zur Zeit sind diese Effekte auf maximale Wirkung ausgelegt, um die Aufmerksamkeit des Zuschauers auf den Effekt an sich zu lenken. Das ist nahezu das Gegenteil dessen, worauf es nach dem Kontinuitätsprinzip bei einem Übergang ankommt. Aber die Computergrafik ermöglicht jede beliebige Bildanordnung, sofern man nur die erforderliche Zeit und Energie in die Umsetzung investiert. Wir dürfen zukünftig auf diesem Gebiet einiges erwarten.

Auf- und Abblenden

Die Abblende ins Schwarze und die Aufblende aus dem Schwarzen setzen Episoden voneinander ab – wie eine Kapitelüberschrift. So gesehen ist der Sinn einer Ab- und Aufblende ein grundsätzlich anderer als der einer Überblendung oder eines Schnitts. Das Ab- und Aufblenden trennt Szenen, während Überblendung und Schnitt Szenen verbinden. Ins Schwarze gehen und aus dem Schwarzen kommen unterbricht die Erzählung, selbst wenn es schnell geschieht und die Pause kurz ist.

Ein solcher Übergang kann sich Bildelemente aus der Szene zunutze machen. Typisch in diesem Sinne wäre es, eine Szene in einem Innenraum damit enden zu lassen, daß das Licht ausgeknipst wird. Noch im Schwarzen würden wir auf die nächste Szene schneiden, die mit einem Zug beginnt, der aus dem Dunkel eines Tunnels auftaucht.

Auf- und Abblenden mit weißer oder farbiger Trennung

Auf- und Abblenden können aus jeder und in jede Farbe erfolgen, auch aus dem Weißen und ins Weiße, wie in der Schlußeinstellung von John Hustons *Die Ehre der Prizzis*. Der Film endet auf einem hellen, sonnenüberfluteten Fenster, das langsam blendend weiß wird, bis das Bild zuletzt vollkommen verblichen ist. Da dies das Ende des Films ist, kehren wir nicht zurück in eine andere Szene, aber logischerweise wäre dazu lediglich ein heller Himmel oder eine Lampe nötig. Die Abblende ins Weiße hat etwas Ätherisches, allerdings gibt es keine Übereinkunft darüber, wie sie empfunden wird oder welche Stimmung sie hervorruft. Die Überblendung dagegen gilt als lyrisch und elegisch.

Freeze Frame (das Bild friert ein)

Dieser Effekt drückt eine Zeitspanne aus und stellt normalerweise nicht einen Übergang zwischen zwei Szenen dar. Darin unterscheidet er sich von den anderen Arten visueller Zeichensetzung, die wir bislang betrachtet haben. Die bekannteste Verwendung des Freeze Frame finden wir in der unvergeßlichen Schlußeinstellung von Truffauts *Sie küßten und sie schlugen ihn,* wenn Antoine Doinel allein am Strand zurückbleibt. Die elegische Qualität dieser Einstellung, das Gefühl der Endgültigkeit, der Unabwendbarkeit des Schicksals, wurde in den sechziger Jahren zu einem beliebten Stilmittel, das allerdings überstrapaziert wurde und fast gänzlich aus dem Kino verschwunden ist. In jüngster Zeit findet es als besondere Form der subjektiven Einstellung wieder Verwendung, um zum Beispiel die Perspektive eines Fotografen wiederzugeben, der ein Bild schießt. Üblicherweise deutet eine weiße Explosion ein Blitzlicht an und das Geräusch eines Kameraverschlusses signalisiert den Moment der Belichtung. Das Geschehen bleibt augenblicklich stehen und zeigt uns das Bild, das der Fotograf geschossen hat. Von Robert Altman wurde dieser Effekt in *M.A.S.H.* benutzt, als Hawkeye und Pierce bei einem Offizier einbrechen, um kompromittierende Fotos davon zu machen, wie er sich gerade intensiv mit einem japanischen Mädchen beschäftigt. Wir sehen diese Fotos als eine Serie von Freeze Frames, in denen der Offizier verzweifelt versucht, in seine Hosen zu schlüpfen.

Die Montage

Der Begriff »Montage« hat unterschiedliche Bedeutungen. Für viele Europäer ist alles Filmschneiden eine Montagearbeit; für die frühen sowjetischen Filmemacher Kuleschow, Pudowkin und Eisenstein war Montage hingegen vor allem eine besondere Form des assoziativen Schnitts. In den USA und in Großbritannien hat der Begriff eine eigene Bedeutung: Er bezeichnet eine kurze Folge von Einstellungen, eine Sequenz, die normalerweise durch Überblendungen verbunden sind, und die das Vergehen von Zeit ausdrücken oder mehrere Schauplätze vorstellen. Diese als Übergang verstandene Montage soll uns hier interessieren.

Eine solche Montage ist weniger ein Verbindungsglied zwischen zwei Einstellungen als vielmehr eine Art kondensierter Erzählung, ein visuelles Stenogramm, das in einer schnellen Folge von Übergängen (Überblendungen, Schnitten, Auf- und Abblenden) verschiedene Gedankenschritte miteinander verbindet. Dabei werden häufig Symbole verwendet, um Veränderungen darzustellen – zum Beispiel wird ein stetig wachsender Haufen an Münzen und Dollarnoten überblendet in Bilder von der Börse oder Industrieanlagen, um den finanziellen Aufstieg einer Figur zu zeigen. Der Montagespezialist Slavko Vorkapich, ein in die USA ausgewanderter Jugoslawe, erfand in der späten Stummfilmzeit und in den ersten Jahren des Tonfilms solche Sequenzen. Vorkapich war ein begnadeter Filmemacher, den besonders der Experimentalfilm und die europäische Kino-Avantgarde interessierte. Wie andere Filmemacher, die mit neuen Techniken experimentierten, fand er Arbeit in den Studios von Hollywood und kreierte dort neue Versionen von erzählerischen Standardsequenzen: Träume, Trunkenheit, Erfahrungen nach dem Tod und andere Situationen mit veränderter Wahrnehmung aus dem Reich der Fantasie.

Heute wird die Montage nur noch selten eingesetzt. Wenn eine lange Zeitspanne in einer kurzen Sequenz kondensiert werden soll, zieht man inzwischen harte Schnitte den Überblendungen vor. Noch seltener sind Montagen, in denen ein Gedanke oder eine Idee transportiert wird, wie etwa in dem Beispiel mit dem Geld. Hier ist viel Raum für Experimente, die mit einer alten Technik neue Wege beschreiten.

Die Bildteilung (Split-Screen Effects)

Die Aufteilung der Leinwand in mehrere Bilder ist genaugenommen kein Übergang. Das Verfahren wurde aber dazu benutzt, Bilder miteinander zu verbinden, die man sonst in getrennten Einstellungen hintereinander sehen würde. 1927 verwandelte der französische Regisseur Abel Gance für mehrere Sequenzen seiner epischen Biografie *Napoleon* die Leinwand in eine Art Tafelgemälde. Er nannte dieses frühe Breitwandverfahren Polyvision. Drei Projektoren waren notwendig, um die Breite zu erzielen, die für seine Panoramaeinstellungen erforderlich waren. Mit diesen Projektoren ließen sich aber auch andere Bildkombinationen zusammenstellen, zum Beispiel konnten drei verschiedene

Bilder auf die Leinwand projiziert werden, oder ein Bild im Zentrum wurde von zwei Bildern flankiert, die identisch waren. In der Stummfilmzeit hat man die Bildteilung gelegentlich dazu benutzt, gleichzeitig beide Teilnehmer eines Telefongesprächs zu zeigen. Eine verwandte Technik, die mit Mehrfachprismen-Vorsatzlinsen arbeitet und ein einzelnes Bild in eine sich drehende Kreisbahn vervielfacht, wurde zum Standardsymbol für Halluzinationen und Alpträume. Später hat Busby Berkeley diese Technik als rein grafisches Stilmittel eingesetzt.

Das geteilte Bild ist nie im großen Stil verwendet worden und verschwand in den vierziger Jahren vollständig von der Bildfläche. Erst in den sechziger Jahren belebte John Frankenheimer diese Technik wieder, indem er für seinen Film *Grand Prix* die Leinwand in wechselnde Aufteilungsmuster aufbrach. Jeder, der Dia-Shows mit Mehrfachprojektionen gesehen hat, kennt das Verfahren. Aber obwohl sich diese multimediale Technik beständig weiterentwickelt hat und bei Firmenpräsentationen und in der Werbung erfolgreich eingesetzt wird, ist ein Übertragungseffekt auf das Erzählkino ausgeblieben.

Der einzige Regisseur, der mit dem geteilten Bild weiter experimentiert hat, ist Brian DePalma, der mehrere ernstgemeinte Versuche unternahm, mit diesem Effekt eine neue Art des Geschichtenerzählens für sich zu entdecken. In der Regel wird der optische Trick einer Bildteilung nach dem Drehen im Kopierwerk ausgeführt, aber für die Gesamtkomposition ist es sinnvoll, bei der Gestaltung des einzelnen Bildaufbaus die beabsichtigte Bildteilung im Hinterkopf zu haben. Einfache Bildteilungen lassen sich mit jeder Kamera herstellen, die exakt zurückgespult werden kann. Sie liegen deshalb auch für einen unabhängigen Filmemacher durchaus im Bereich des Möglichen.

22 Format

Der Rahmen

Maler, Grafiker und Fotografen können in Größenmaßstäben arbeiten, die sich nach ihrem Bildobjekt richten, vom lebensgroßen Wandgemälde bis zum Miniaturporträt – aber ihr Blickpunkt bleibt unverändert. Ein Filmemacher befindet sich in einer völlig anderen Situation. Er kann zwar seinen Blickpunkt innerhalb des Films verändern, aber weder die Größe noch die Form des Rahmens, der seine Bilder umschließt. Eine Wahlmöglichkeit hat er allerdings: die des Formats.

Die Proportionen des Filmbildes werden Bildformat genannt und beschreiben das Verhältnis zwischen der horizontalen und der vertikalen Ausdehnung des Bildes. Das Bildformat bestimmt grundsätzlich, wie breit das Bild ist, was für die meisten Kinogänger das einzige bleibt, was ihnen an Formalem auffällt. Die Mehrzahl der Zuschauer assoziiert eine besondere Seherfahrung mit einem bestimmten Format, wie etwa die 70-mm-Projektion mit dem Monumentalfilm. Den meisten ist aber egal, ob sie den Film auf der größten Leinwand im Cineplex sehen oder ob das Kino nur eine einzige (zu kleine) Leinwand besitzt – Hauptsache, es ist der Kassenknüller. Es ist zwar traurig, aber das Publikum von heute akzeptiert ein unbefriedigendes Seherlebnis als völlig normal.

Das liegt an der wenig durchdachten Art, mit der die Filmstudios, die inzwischen Vertriebsorganisationen sind, ihren Kinoverleih betreiben. Es ist noch nicht so lange her, da war ein Film ein Ereignis, und Studios stellten in der Werbung die Formatgröße ihrer Produktionen besonders heraus; vor allem, um sich vom Fernsehen abzuheben. Auf dem heutigen Markt wäre eine solche Werbung kontraproduktiv, denn die Einnahmen aus Fernseh- und Videorechten sind in den Kalkulationen fest eingeplant. Mit ihrem Desinteresse am Format eines Films gehen die Studios über die großen Unterschiede der Bildformate einfach hinweg, die in den Filmtheatern gezeigt werden – und das Publikum, das sich den Film anschaut, interessiert sich auch nicht dafür. Filmformate sind aber alles andere als unwichtig und seit den Kindertagen des bewegten Bildes für den Filmemacher von besonderem Interesse.

Eine kurze Geschichte der Bildformate

George Eastman war 1890 der erste, der Film in Streifenform auf den Markt brachte – den Rollfilm. Seitdem sind mehr als einhundert verschiedene Systeme für das Fotografieren und Projizieren von bewegten Bildern auf den Markt gekommen. Die Stummfilmära kannte eine ungeheure Vielfalt an unterschiedlichen Formaten, meistens lag das Seitenverhältnis aber bei 1:1,33. In dieser Zeit hatten die Studios gerade erst damit begonnen, die Herstellung und den Vertrieb von Film zu monopolisieren. Die Grenzen dieses Rechtecks waren für Filmemacher wie Griffith zu starr, weshalb er für besondere Szenen hin und wieder einen Teil des Bildes in der Horizontalen oder in der Vertikalen abdeckte. Noch gebräuchlicher waren zeitlich begrenzte Kaschs. Ein Kasch in Irisform war ein kleiner runder oder ovaler Kreis mit unscharfem Rand, der in seiner Funktion einer Großaufnahme ähnelt, mit der unsere Aufmerksamkeit auf einen Punkt im Bild hingelenkt werden soll. Das imposanteste Formatexperiment der Stummfilmzeit war das Polyvisions-Verfahren von Abel Gance in seinem Film *Napoleon*. Das Verfahren wurde bereits im vorigen Kapitel im Zusammenhang mit dem geteilten Bild angesprochen. Diese neue Kompositionstechnik war aber nicht der eigentliche Grund für den Einsatz von drei Projektoren und die Verbreiterung des Leinwandbildes. Das Hauptinteresse von Gance galt der Schaffung eines monumentalen Seherlebnisses, das das Publikum überwältigen sollte. Und während der eine das Filmbild verbreitete, damit Napoleons Armeen darin Platz fanden, zog es ein anderer vor, für den kleinen lyrischen Streifen *Sunrise* (1927) die Bildbreite bis zur quadratischen Form zu verkleinern: der deutsche Regisseur F. W. Murnau. Trotz dieser und anderer Experimente blieb aber während der gesamten Stummfilmzeit das Verhältnis von 1:1,33 bei einer Filmbreite von 35 mm das Allzweckformat. 1932 erklärte die Academy of Motion Picture Arts and Sciences dieses Seitenverhältnis zum Standard, und weil nun auch der Ton mitbedacht werden mußte, nahm man von der verfügbaren Bildbreite etwas für die optische Tonspur weg. Um das Verhältnis von 1:1,33 beizubehalten, wurde das Bild auch in der Höhe reduziert. Das Ergebnis war die »Academy Aperture«, das Standard- oder Normalformat, mit einem tatsächlichen Seitenverhältnis von 1:1,37. Dieser Standard galt nahezu zwanzig Jahre lang.

Der ökonomischen Bedrohung durch das Fernsehen begegnete die Filmindustrie in den fünfziger Jahren mit einer ganzen Phalanx von Breitwandsystemen, mit denen die Leute aus ihren Wohnzimmern zurück ins Kino gelockt werden sollten. Damit wiederholte sich ein Trend aus den Anfängen der Tonfilmära der späten zwanziger und frühen dreißiger Jahre. Tatsächlich sind viele der Breitwandformate, die in den fünfziger Jahren eingeführt wurden, bereits zwei Jahrzehnte vorher entwickelt oder zumindest angeregt worden. Mehrere dieser Filmformate waren damals sogar für kurze Zeit im Einsatz, etwa das Paramount-Verfahren (56 mm), Spoor Natural Vision (63 mm) und Fox Grandeur (70 mm). Diese Verfahren und andere Innovationen, wie beispielsweise Stereoton, hätten in den dreißiger Jahren standardisiert werden können, denn eigentlich unterstützten die Studios solche neuen Entwicklungen. Es unterblieb, weil die wirtschaftliche Talfahrt zum Umdenken zwang. Wegen der eher zurückhaltend beurteilten finanziellen Erwartungen nahmen die Studios Abschied von der kostspieligen Idee, ihre bestehenden Ausrüstungen zu erneuern. So lagen zwanzig Jahre später, als das Fernsehen den Fehdehandschuh warf, die technischen Pläne für den Breitwandfilm zum Großteil bereits fertig ausgearbeitet in den Schubladen. Die technischen Probleme waren im übrigen nicht besonders groß, denn Filmkameras und Projektoren arbeiten bis heute nach den (im Prinzip mechanischen) technischen Standards des 19. Jahrhunderts. Zwar hat es einige Verbesserungen gegeben, aber ein grundlegend neues Konzept für Kamera und Projektor ist nicht entstanden – sieht man vom IMAX-Verfahren ab. Zu den Breitwandverfahren, die im Lauf der letzten fünf Jahrzehnte entwickelt wurden, gehören unter anderem: Todd A-O, CinemaScope, VistaVision, Techniscope, Super Panavision 70 und Ultra Panavision 70 sowie Cinerama, das ursprünglich ein Verfahren war, das drei Kameras und drei Projektoren benötigte, ähnlich wie die Polyvision von Abel Gance. Nur wenige dieser

Formate sind heute noch in Gebrauch. Außerdem sagt eine bloße Liste von Markennamen noch lange nichts darüber aus, wie schwierig es ist, geeignetes Filmmaterial und die passenden Kamerasysteme zu besorgen. Die Verfahren unterscheiden sich in der Größe des Negativs, im Format, in der Verfügbarkeit von Ausrüstung sowie in den Verleihmöglichkeiten für die Produktion. Filmemacher und Kameramänner müssen nach künstlerischen, ökonomischen und technischen Gesichtspunkten entscheiden, welches Verfahren für sie das richtige ist.

Drei Formate sind heute allgemein gebräuchlich: 1 : 1,85, 1 : 1,66 und 1 : 1,75. In den Vereinigten Staaten ist 1 : 1,85 das inoffizielle Standardformat, in Europa ist 1 : 1,66 gängiger. In den kleineren Formaten wird weitgehend 16 mm, Super 16 und Super 8 verwendet, deren Bildseitenverhältnisse alle bei 1 : 1,33 liegen. 16-mm-Film kann im Academy-Format und im Breitwandformat eingesetzt werden, was für die Einführung von Super 16 zu Anfang der siebziger Jahre ausschlaggebend war. Das Super-16-Format nutzt das Negativ besser aus, man erhält deswegen in der Projektion ein schärferes, weniger körniges Bild.

Die Superformate

Den modernsten Entwicklungsstand auf dem Gebiet der Film- und Vorführtechnik stellen die in den vergangenen Jahren eingeführten großformatigen Systeme dar. In den meisten Fällen sind ihre Präsentationsformen als besondere Attraktion gedacht und auf der ganzen Welt in Museen, Wissenschafts- und Kulturzentren sowie in Freizeit- und Erlebnisparks zu sehen. Ein Spielfilm wurde bislang noch in keinem dieser Verfahren gedreht. Aber da das hochauflösende Fernsehen (HDTV) in die Tat umgesetzt wird und sich die Bildqualität des Fernsehens bereits jetzt grundlegend verbessert hat, könnten es möglicherweise die Pioniere der Ausstellungstechnik sein, die den Weg zur Kinovorführung der Zukunft weisen. Dem normalen Kinogänger wird für seine über zehn Mark Eintritt bislang lediglich ein Minimum an Qualität geboten. Er sitzt knöcheltief im Popcorn und schaut sich über einen langen Zeitraum ein ziemlich unscharfes Filmbild an. Die Einnahmen der Filmindustrie mögen sich (teilweise durch den Verkauf von Videocassetten) erhöht haben, die Zahl der Kinobesucher hat sich seit den sechziger Jahren kaum vermehrt.

Die neuen Supersysteme sind ernstzunehmende Versuche, ein totales Seh- und Hörerlebnis zu schaffen. Sie basieren alle auf großen Negativformaten, verwenden Mehrspur-Stereoton mit einer 360-Grad-Rundum-Lautsprecheranordnung und werden in speziell dafür konzipierten Abspielräumen vorgeführt. In jüngster Vergangenheit ist dieses Konzept der totalen sinnlichen Beteiligung in eine neue Richtung weiterentwickelt worden. Freizeitparks präsentieren »Filmfahrten«, bei denen die Zuschauersitze synchron zu den Aktionen auf der Leinwand bewegt werden.

Im Augenblick ist der normale Spielfilm noch weit davon entfernt, sich Einlaß in diese neuen Filmsysteme zu verschaffen. Aber der Dienst am Kunden und das Bemühen, ihm für sein Geld einen angemessenen Gegenwert zu bieten, wird sich hoffentlich durchsetzen und auch die normalen Filmproduktionen beeinflussen. Der Markt für Spezialkinos, den die Vergnügungsparks darstellen, wird vermutlich bald neue Mitbewerber auf den Plan rufen; aber im Augenblick teilen ihn sich lediglich drei Superformat-Gesellschaften, die den kompletten kreativen und technischen Service anbieten, und zwar von der Filmherstellung bis zur Vorführung im eigens dafür konzipierten Kino: Showscan, IMAX und Iwerks.

Showscan. Douglas Trumbull, Regisseur und Designer von Spezialeffekten, war es leid, daß das Publikum seine sorgfältig komponierten Bilder wegen der unzulänglichen Vorführverfahren nur verunstaltet zu sehen bekam, und er beschloß, etwas dagegen zu unternehmen. 1975 entwickelte er das Showscan-Verfahren. Bei diesem System wird mit einer Geschwindigkeit von 60 Bildern pro Sekunde auf 65-mm-Filmmaterial fotografiert. Die Projektion erfolgt auf 70-mm-Film mit ebenfalls 60 Bildern pro Sekunde. Die höhere Bildfrequenz hat drei Vorteile: sie erzeugt eine höhere Leuchtdichte des Bildes auf der Leinwand, sie eliminiert das Flackern, das bei 24 Bildern pro Sekunde entsteht, und der Ton bekommt eine größere Dynamik, weil die Tonspur ebenfalls schneller läuft. Er wird in Sechskanal-Stereo aufgenommen und in speziellen Vorführräumen über ein Mehrfach-Lautsprechersystem wiedergegeben. Wie alle Spezialformate ist auch Showscan ein eingetragenes Markensystem, das für Produktion und Aufführung Lizenzen vergibt.

IMAX. Das IMAX-Verfahren ist eine kanadische Entwicklung und das einzige Format, das prinzipiell die Kamera- und Projektortechnik verändert hat. IMAX verwendet nämlich das patentierte Schleifenroll-Verfahren, eine vollkommen andere Art der zeitweilig aussetzenden Bewegung. Um die Lage des Films zu steuern, werden nicht die ruckweise nach unten ziehenden Greifer des traditionellen Filmtransportes verwendet, sondern eine Art rollende Schleife. Diese Film-»Welle« läuft um eine große Trommel herum, die sich horizontal dreht und läßt den Film ruckfrei an seinen Platz vor dem Bildfenster hinunterfallen. Ein Vakuumsystem zieht den Film in seine korrekte Lage. Das IMAX-Bild wird auf horizontal laufendem 65-mm-Material aufgenommen und auf einer Länge von 15 Perforationslöchern nach unten gezogen, was eine Bildgröße von etwa 7 x 5 cm ergibt. Derzeit ist das IMAX-Verfahren in begrenztem Umfang weltweit im Einsatz.

OMNIMAX ist eine in den achtziger Jahren eingeführte Version von IMAX, die eine planetariumsähnliche Kuppeleinwand benötigt. Bei diesem Verfahren ist der Zuschauer von einem 180-Grad-Bild umgeben, das vom Zentrum des Kinosaals aus projiziert wird.

Iwerks. Iwerks Entertainment wurde 1985 von Don Iwerks und Stan Kinsey gegründet. Die Firma bietet gleich mehrere innovative Kinosysteme an. Don Iwerks ist der Sohn von Ubbe Iwerks, dem ersten Geschäftspartner von Walt Disney und dem Erfinder von Mickey Mouse, der auch das 360-Grad-Kamera-Verfahren und das 360-Grad-Projektor-Verfahren entwickelte, das in Vergnügungsparks eingesetzt wird. In speziellen Vorführräumen bietet Iwerks unter anderem: Iwerks 870 (ein 70-mm-Verfahren mit 8 Perforationslöchern pro Bildfeld), Iwerksphere 870 (für Kuppelkinos), High Resolution 70mm and Iwerks 3-D. Weitere Verfahren sind in der Entwicklung. Iwerks-Filme können entweder mit 24 oder mit 30 Bildern pro Sekunde gezeigt werden. Das Bild läuft synchron mit einem Sechskanal-»Surround Stereo System« und wird in vollcomputerisierten Abspielstätten auf eine riesige Leinwand projiziert.

Fernsehen

Das Bildformat des Fernsehens ist theoretisch 1:1,33. Filmformate, die mit diesem Seitenverhältnis übereinstimmen, könnten problemlos im Fernsehen angesehen werden. Leider schneidet das Bearbeitungsverfahren, das für die Übertragung notwendig ist, die Ränder ab, so daß

Fernsehen
16-mm-Film
35-mm-Academy Aperture (Standardformat)

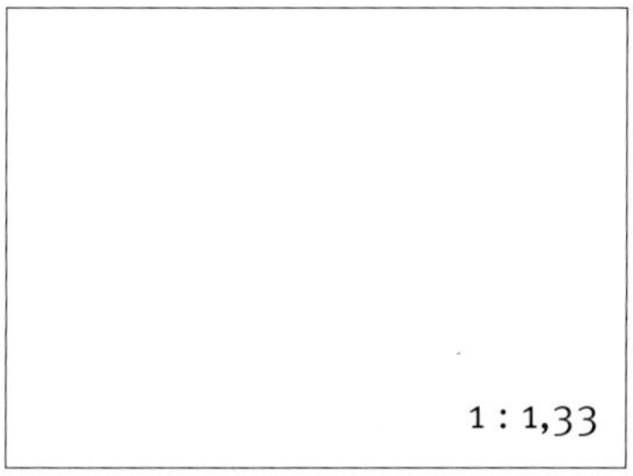

1 : 1,33

Breitwandfilm

1 : 1,66

Breitwandfilm

1 : 1,85

70-mm-Film

1 : 2,2

35-mm-Film
anamorphotische
Projektion

1 : 2,35

bis zu 40 Prozent des Filmbildes verloren gehen können. Dies geschieht in den Stadien der Reproduktion, von denen der Film mehrere durchläuft, bevor er auf unserem Bildschirm erscheint. Aber es kommt noch schlimmer: Der Fernsehempfänger ist vom Hersteller so eingestellt, daß er vom gesendeten Bild nur einen Ausschnitt wiedergibt – der Verlust ist also noch größer.

Breitwandfilme leiden darunter am meisten. Deshalb ist man dazu übergegangen, Kinofilme für das Fernsehen neu aufzunehmen. Das Verfahren ist als »pan and scan« (Abschwenken und Abtasten) bekannt und besteht darin, den Film so abzufotografieren, daß die wichtigsten Handlungselemente zu sehen sind. Man kann im Fernsehformat zum Beispiel nicht zwei Personen gleichzeitig sehen, die sich in einem Breitwandfilm am Rand des Bildes gegenüberstehen. Um das Problem zu lösen, wird bei der Überspielung auf Videoband von einem zum anderen geschwenkt oder umgeschnitten, wenn beide sich unterhalten. Für den aufmerksamen Zuschauer ist es nichts Neues, daß ein ursprünglich vom Filmemacher sorgfältig inszenierter Bildaufbau vollkommen ruiniert wird, wenn das Fernsehen einen Kinofilm zeigt. Zum Glück findet dieser Zustand bald ein Ende, wenn in naher Zukunft das HDTV mit seinem breiteren Format die schlimmsten Mißstände behebt.

Vergleich der Seitenverhältnisse und Negativgrößen

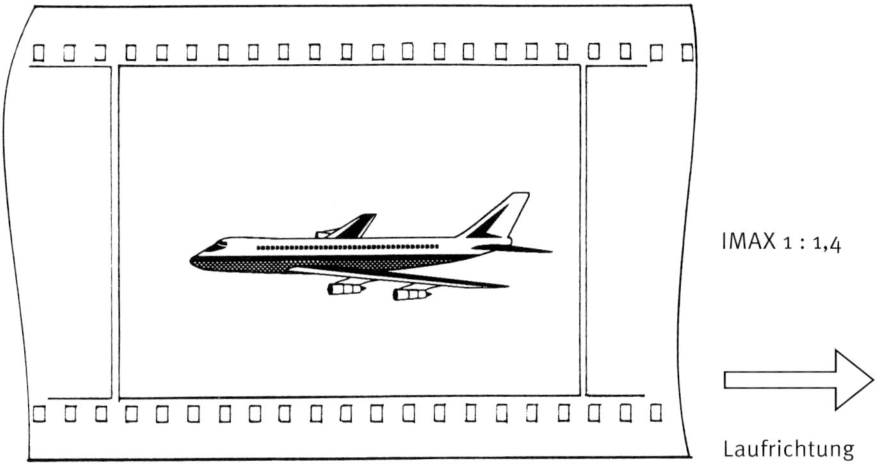

IMAX 1 : 1,4

Laufrichtung

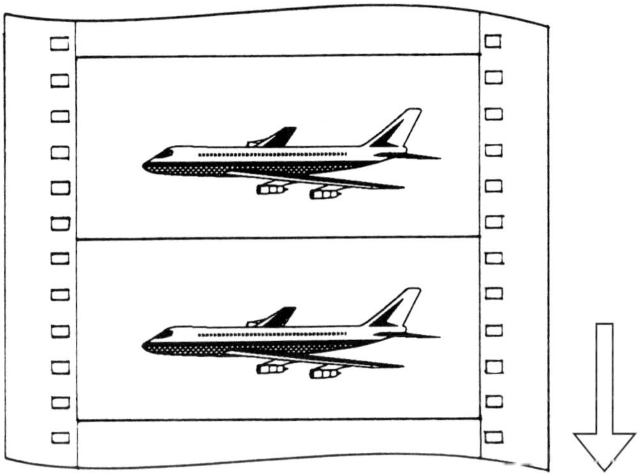

70-mm-Film 1 : 2,2

Laufrichtung

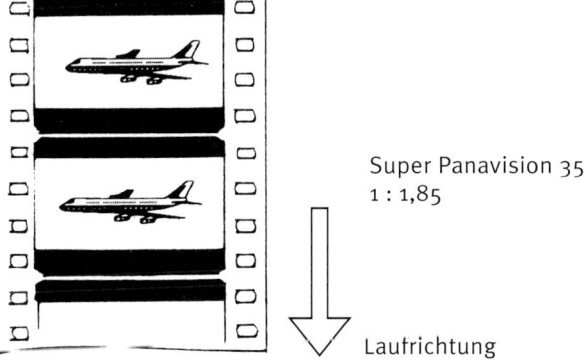

Super Panavision 35
1 : 1,85

Laufrichtung

23 Schlußbemerkungen

Die Filmindustrie steht in den kommenden Jahren vor großen Veränderungen. Grund dafür sind der Computer und neue elektronische Produktionsformen. Darin liegt die Zukunft der Massenmedien. Ich möchte dieses Buch damit beschließen, daß ich mir ein paar Gedanken darüber mache, wie in Zukunft die Techniken des Visualisierens und Filmemachens vom Computer beeinflußt werden. Dies wird vor allem für die nächste Generation von Filmemachern von vitalem Interesse sein.

Als Werkzeug und Arbeitssystem bietet der Computer dem Künstler einen völlig neuen Ansatz, kreativ zu sein. Wie man von einer Erfindung, die dem Gehirn nachempfunden ist, nicht anders erwarten konnte, simuliert die Software die Leistungen künstlerischer Fantasie. Natürlich ist der Computer nicht an sich fantasiebegabt, sondern auf die Informationen angewiesen, die ein Künstler in den Speicher lädt. Aber wenn das geschehen ist, können Töne und Bilder mit einer Schnelligkeit und Eleganz bearbeitet werden, die nur mit der menschlichen Fantasie vergleichbar ist.

Der Computer kann deswegen so schnell mit Bildern und Tönen umgehen, weil er sie in ein digitales System aus Nullen und Einsen umwandelt. In gewisser Weise wirkt dieses System wie ein universelles Lösungsmittel – die Nullen und Einsen sind die Basispartikel von Bild und Ton. Film und Gemälde sind letztlich aus Partikeln zusammengesetzt und sind als Pixel darstellbar. Sind genügend viele Nullen und Einsen vorhanden, kann die Wiedergabequalität von Ton und Bild so gut sein, daß wir nicht erkennen können, ob wir eine Nachbildung vor uns haben oder nicht.

Die digitale Speicherung ist eine nahezu perfekte Methode der Informationsaufzeichnung, die größte Tugend dieses Mediums liegt aber in seiner außerordentlichen Flexibilität. Der Computer kann zum Beispiel die Form eines Bildes in einer Weise verändern, wie das weder in der Fotografie möglich ist, noch in der Malerei oder in irgendeinem anderen Medium. Er kann mit seiner unvergleichlichen Technik jedes eingespeicherte Werk augenblicklich verändern und vorhergehende Versionen in spätere einbauen. Künstler werden feststellen, daß sich Töne und Bilder mit dem Computer auf eine völlig neuartige Weise erzeugen und bearbeiten lassen.

Mit Musik-Synthesizern und -Samplern ist das bereits in großem Umfang möglich. Einmal digitalisiert, kann die numerische Information eines Tones so verändert werden, daß sich jeder Aspekt umgestalten läßt. Das kann intuitiv geschehen, indem man den Synthesizer als Musikinstrument benutzt und mit Reglern den Ton moduliert, oder mit Hilfe eines Computers, der die Sinusschwingung oder eine andere der objektiven Darstellungsformen von Musik analysiert. Der Komponist kann anschließend diese Darstellung mittels grafischer oder musikalischer Notenschrift verändern und sich das Ergebnis sogleich vom Computer vorspielen lassen. Mit beiden Methoden zusammen lassen sich traditionelle Musikinstrumente genau nachahmen und über ihre normalen Klanggrenzen hinausbringen. Ein Klarinetten-Riff kann auf einer Synthesizer-Gitarre gespielt werden, oder man kombiniert beide Instrumente und schafft so ein bisher völlig unbekanntes musikalisches Klangerlebnis.

Dieselbe kreative Freiheit ist auch bei der Arbeit mit Bildern möglich. Die 3-D-Computeranimation ist im Prinzip die perfekte Umsetzung dieser Idee. Es gibt zwar noch Grenzen in der Speicherkapazität und der Verarbeitungsgeschwindigkeit, die überwunden werden müssen, aber diese Technik entwickelt sich mit einer fantastischen Geschwindigkeit weiter.

Zum Interessantesten, was die Computergrafik leisten kann, gehört die Interpretation von Bildern. Ist ein Computer darauf programmiert, die Schwerkraft und andere physikalische Gesetze zu berücksichtigen, zeigt die Animation eines fahrenden Autos die genauen Bewegungsabläufe, wie man sie auf der Straße vorfindet, mit allen Einflüssen wie Wind und Reibungswiderständen. Die Parameter lassen sich auch so verändern, daß eine Animation entsteht, die den physikalischen

Bedingungen und der Schwerkraft einer Fantasiewelt gehorcht. Das mag sich zwar nach übertriebener Formspielerei anhören, aber erstens gibt es keine Beschränkung für die Programmierung eines Computers, und zweitens wird es immer Künstler geben, die Computer und Handwerk miteinander verbinden. Auf jeden Fall wird sich mit der Vervollkommnung der 3-D-Animation die Kunst des Programmierens zu einem persönlichen Ausdrucksmittel entwickeln.

Die alleinige Kontrolle über die Bildsprache und das Ausmaß an künstlerischer Freiheit, die damit verbunden ist, eröffnet eine aufregende Zukunftsperspektive. Wirklich revolutionär an dieser Entwicklung ist aber, daß dieses unglaubliche schöpferische Potential von jedem genutzt werden kann, der einen Computer besitzt. Filmemacher werden erkennen müssen: Zum ersten Mal kann quasi jedermann entscheidende Phasen des Produktionprozesses in die eigenen Hände nehmen. Animationsfilme, für die man normalerweise Kopierwerk, Tonstudio, teure fotografische Geräte und viel Zeichenarbeit benötigt, kann man nun in einem digitalen Format zu Hause am Schreibtisch herstellen.

Der Vorteil einer Technik, die jeder nutzen kann, um Bilder herzustellen und zu vertreiben, könnte sein, daß die einzelnen Filme- und Medienmacher damit in die Lage versetzt werden, ihr Publikum zu erreichen, ohne sich an die Beschränkungen zu halten, die von einem Massenmarkt aufgezwungen werden. Sollte das eintreten, wäre die Popularisierung dieser Technik die wichtigste Langzeitentwicklung, die wir aus Silicon Valley zu erwarten haben.

Daß die neue Technik als Alternative zu den herkömmlichen Verteilungskanälen ernsthaft in Betracht kommt, die bisher nur eingeschränkt zugänglich sind, liegt noch in weiter Ferne. Aber es gibt Arbeitsmöglichkeiten, die sich bereits jetzt auftun, und die viel naheliegender sind. In Zukunft können Filmemacher im Zusammenhang mit dem computergestützten Production Design für sich neue Berufsbilder entdecken. Sie werden, frustriert vom Filmgeschäft, unter Umständen feststellen, daß die Bereiche Computervisualisierung, Computergrafik und elektronischer Schnitt gute berufliche Aufstiegsmöglichkeiten bieten. Darin kann die Chance liegen, aktiv im Geschäft zu bleiben (und wirtschaftlich zu überleben) und gleichzeitig seine persönliche Arbeit weiterzuverfolgen.

Elektronisches Production Design steht kurz vor dem großen Durchbruch. Bislang ist CAD in der Film- und Fernsehproduktion noch nicht überall in Gebrauch, obwohl die Technik für die Szenenbildgestaltung ausgereift und auch erschwinglich ist. Sobald Art Directors und Production Designer zu begreifen beginnen, was ihnen da entgeht, werden sie qualifizierte Assistenten benötigen, die mit dem Computer umgehen können. Ein verwandter Bereich, der ebenfalls einen Blick lohnt, ist das elektronische Erstellen von Storyboards mit Präsentationsprogrammen, die es längst auch für den Mac und den PC gibt. Auch diese Form der Dienstleistung wird im Moment nicht nachgefragt (obwohl das möglich wäre), und zwar einzig darum nicht, weil die Filmindustrie hinter der aktuellen technischen Entwicklung hinterherhinkt. Wenn der Umschwung allerdings kommt, könnte es schnell gehen. Als in den siebziger Jahren zum Beispiel der Videoschnitt den Filmschnitt zu verdrängen begann, stellte sich der größte Teil der Industrie innerhalb von nur zwei bis drei Jahren um.

Solche Vorhersagen beunruhigen so manchen Filmemacher, und das ist verständlich, denn neue Techniken waren noch nie eine Garantie für besseres Handwerk oder bessere Inhalte. Nur allzu oft war das Ziel technischer Verbesserungen lediglich die schnellere und billigere Produktion.

Ich bin ein Filmemacher, der eine große Liebe zu dem Bild aus Silberkörnchen hat und der ein sinnliches Vergnügen dabei empfindet, Filme zu drehen und Filmstreifen aneinanderzukleben. Daher fällt es mir nicht leicht, in eine Zeit vorauszuschauen, in der meine Fähigkeiten, die ich mit großer Mühe erworben habe, altmodisch und nicht mehr gefragt sein werden. Und dennoch: Der Computer bietet einige neue Freuden, die obendrein inzwischen so erschwinglich sind wie eine Videokamera, ein Scheinwerfer und ein Stativ. Wie mir neulich ein Freund, ein Computergrafiker, versicherte, kann er auf seinem Computer in ein paar Nachmittagen eine realistisch animierte Sequenz mit dazugehörigem Ton erstellen. Da er den Computer ohnehin besitzt, bestehen seine Produktionskosten lediglich in der einmaligen Anschaffung der Software. Ohne Computer könnte er eine ähnlich komplizierte Produktion niemals auf die Beine stellen.

Filmemacher, die sich nicht vorstellen können, nur drinnen zu hocken und Bilder am Monitor zu bearbeiten, müssen sich aber keine

Sorgen machen, daß der Computer eine ernstzunehmende Konkurrenz für die traditionelle Filmherstellung werden könnte. Trotz aller kreativen Freiheit – das Bildermachen auf dem Computer ist kein Ersatz für die Befriedigung, die man empfindet, wenn man die Wirklichkeit dokumentiert und sich mit ihr auseinandersetzt. Und außer einer Kamera braucht man dafür Neugier – die beste Inspiration fürs Filmemachen.

Anhang
Projektion der Kamera-
perspektive

D ie nachfolgend vorgestellte Methode zur Projektion der Kameraperspektive hat mir die Produktionszeichnerin Camille Abbott
gezeigt und erläutert; entwickelt hat sie der Art Director Harold
Michelson. Beherrscht man sie erst einmal, erweist sie sich beim
zeichnerischen Visualisieren von Werkplänen und Kamerabildern aus
Kamerapositionen als überaus praktisch.

Im wesentlichen besteht die Projektion der Kameraperspektive
darin, Informationen aus einem Grundriß und einer Ansicht zu entnehmen und damit eine perspektivische Zeichnung zu erstellen, die den
Regeln der Zentralperspektive entspricht. In der Zentralperspektive sind
*alle parallel verlaufenden Linien und Flächenkanten, die im selben Winkel
nach hinten verlaufen, auf der Bildebene so zu zeichnen, daß sie in einem
Fluchtpunkt zusammenlaufen.*

Der Winkel, in dem die parallelen Linien und Flächenkanten verlaufen, bestimmt den Grad der Konvergenz in einer perspektivischen
Zeichnung in genau der gleichen Weise, wie die Brennweite eines Objektivs den Grad der Konvergenz in einem Foto bestimmt. Abb. 1 zeigt,
wie ein Kasten durch ein Objektiv mit langer Brennweite (a) und durch
ein Weitwinkelobjektiv (b) erscheinen würde. Zu beachten ist, daß der

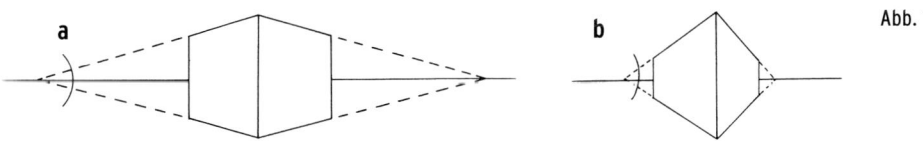

Abb. 1

am Fluchtpunkt gemessene Winkel zur Horizontlinie für das Objektiv mit langer Brennweite kleiner ist als für das weitwinklige Objektiv.

Schlägt man in Kamerahandbüchern nach, so findet man dort Tabellen, in denen die (horizontalen und vertikalen) Bildwinkel der wichtigsten Objektive für alle gebräuchlichen Brennweiten und Formate angegeben sind. Der Bildwinkel jedes beliebigen Objektivs kann dazu benutzt werden, den Grad der Konvergenz in einer perspektivischen Zeichnung zu bestimmen. Damit läßt sich eine perspektivische Zeichnung herstellen, die zeigt, was eine Kamera mit dem entsprechenden Objektiv sehen würde. Wenn wir die Abmessungen aus Grundriß und Ansicht mit den entsprechenden Angaben über den Bildwinkel für ein bestimmtes Objektiv und ein bestimmtes Bildformat (womit der Grad der Konvergenz festgelegt wird) bearbeiten, können wir eine Perspektivzeichnung anfertigen. Diese stellt die Projektion eines Kamerabildes dar.

Um eine perspektivische Zeichnung für ein beliebiges Objektiv und einen beliebigen Blickwinkel anzulegen, benötigen wir Grundriß und Ansicht von einem Szenenbild oder die Angaben der wichtigsten Abmessungen eines Motivs. In einer Projektion kann die Perspektive zwei oder auch drei Fluchtpunkte haben. Wird die Kamera nicht mehr als 25–30 Grad von der Grundebene vertikal nach oben oder unten geneigt, ist eine Perspektive mit zwei Fluchtpunkten für eine Projektion ausreichend genau. Einstellungen von einem relativ hohen oder relativ niedrigen Standpunkt aus müssen jedoch in einer Perspektive mit drei Fluchtpunkten konstruiert sein, was beträchtlich schwieriger ist. Für die meisten Anforderungen, die an eine Visualisierung gestellt werden, reicht die Perspektive mit zwei Fluchtpunkten völlig aus. Dieses Verfahren wollen wir hier zeigen.

Die Grundausstattung

Für das Zeichnen einer Projektion sind Zeichentechniken erforderlich, wie sie auch in einem Architekturbüro üblich sind. Deswegen benötigt man eine kleine Grundausstattung an Zeichengeräten: ein Zeichendreieck mit einem 90-Grad-Winkel, einen Winkelmesser, Pauspapier, Pinnadeln, ein Lineal (vorzugsweise ein Dreikantmaßstab, wie ihn Architekten benutzen), einen Bleistift und einen Zirkel zum Übertragen der Maße. Außerdem braucht man die Tabelle mit den Objektiv-Bild-winkeln vom Ende dieses Abschnitts.

Vorbereitung

Bevor wir mit dem Zeichnen einer Projektion beginnen können, müssen wir uns den Bildwinkel auf Pauspapier übertragen. Für jedes Objektiv gibt es zwei Bildwinkel, den vertikalen für die Höhe des Bildes und den horizontalen für die Breite, beide werden in Winkelgraden angegeben. Das Bildwinkelpaar, das wir verwenden wollen, wählen wir entsprechend der ungefähren Vorstellung, die wir von der Einstellungs-größe haben. Da der Schauplatz, den wir entwerfen wollen, ein kleiner Innenraum ist und wir gern einen Großteil des Raumes sehen möchten, ist ein Weitwinkelobjektiv am besten geeignet. Für unsere Zeichnung fällt die Wahl auf eine 25-mm-Optik. Wir wollen die Zeichnung – wie in Abb. 2 gezeigt – im Bildseitenverhältnis von 1:1,85 entwerfen. Weil

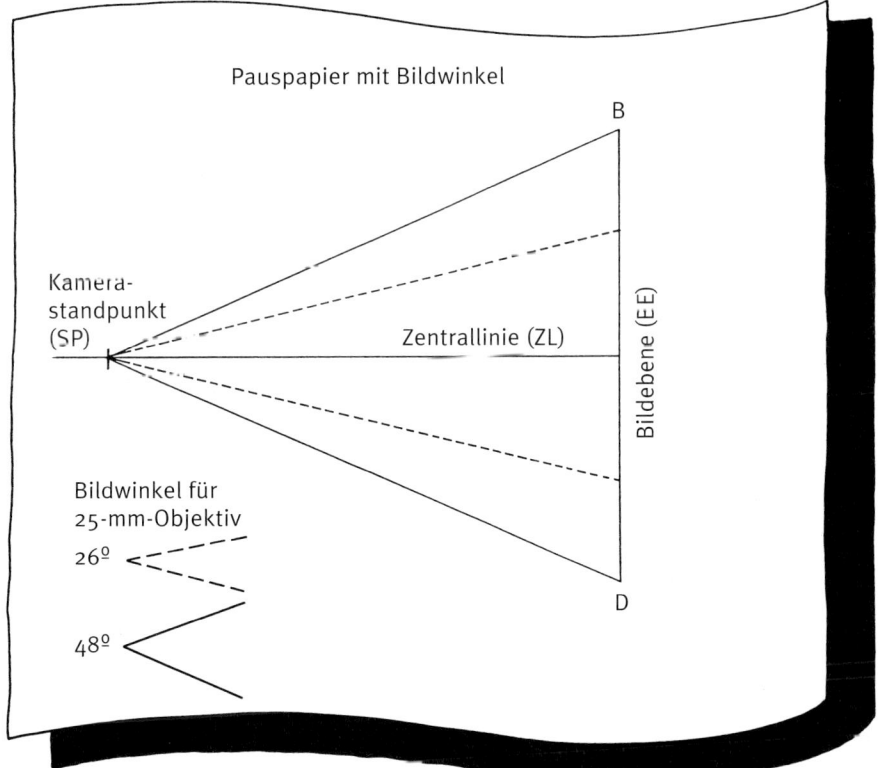

Abb. 2

Projektion der Kameraperspektive

459

Abb. 3

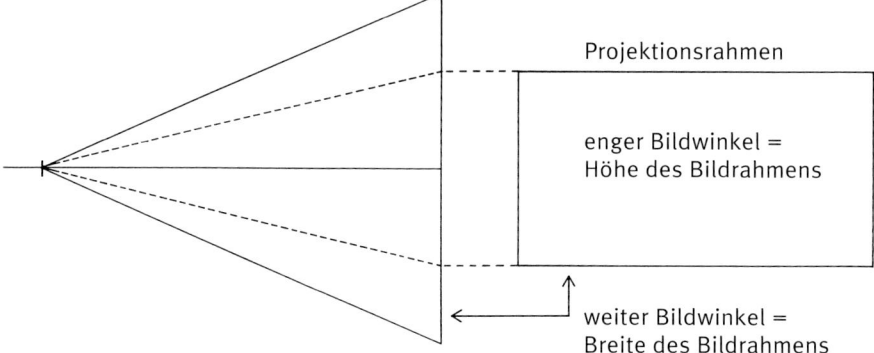

unsere Projektions-Bildwinkel anschließend über den Grundriß gelegt werden, sollte man sie so groß zeichnen, daß mit ihnen möglichst viel von der Grundrißzeichnung abgedeckt werden kann.

Die äußeren Schenkel geben die Breite des Raumes an, den die Kamera sieht (ein Winkel von 48°), die inneren gestrichelten Linien die Höhe (ein Winkel von 26°). Die Kamera steht an dem Punkt, an dem die vier Schenkel dieser beiden Winkel zusammenlaufen. Den Punkt nennen wir *Kamerastandpunkt* (SP). Eine zusätzliche Linie geht durch die Mitte der Winkel. Sie heißt *Zentrallinie* (ZL). Die Zentrallinie hat zwei Bedeutungen: Sie ist die Mittellinie in der Breite des Bildes und in dessen Höhe die Horizontlinie der Bildebene.

Die Linie BD steht rechtwinklig auf der Zentrallinie und wird *Bildebene* (BE) genannt. Die Bildebene stellt den Bildausschnitt dar, den wir zeichnen.

Größe und Bildformat sind voneinander abhängig, darum verändert sich der Bildwinkel mit dem Format. Abb. 3 zeigt, worin die Beziehung zwischen Bildwinkel und Format besteht. Die *Projektionsfläche* ist der Rahmen, in den wir unsere Perspektive hineinzeichnen.

Jetzt können wir, wie in Abb. 4 zu sehen, die Horizontlinie FG in den Bildrahmen der Projektion einzeichnen. Wie in jeder zentralperspektivischen Zeichnung zeigt unsere Horizontlinie die Augenhöhe des Betrachters an, in unserem Fall also die der Kamera oder die des Objektivs. Da das Objektiv sich 1,20 m über dem Boden befindet, definiert unsere Horizontlinie auch die 1,20 m-Linie in der Zeichnung. Mit anderen Worten, jedes Objekt in unserem Bild, das 1,20 m vom Boden entfernt ist, stößt an die Horizontlinie.

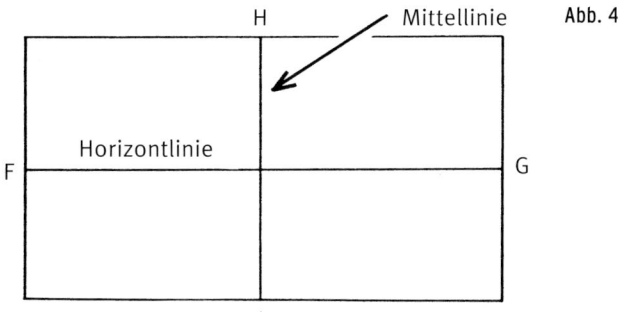

H — Mittellinie — Abb. 4

Horizontlinie

F — G

I

Wir fügen noch eine senkrechte Linie HI hinzu, die die Horizontlinie im Mittelpunkt des Bildes rechtwinklig schneidet. Die *senkrechte Linie HI gibt die Mittellinie der Bildbreite im Bildformat an. Die waagerechte Linie FG stellt die Horizontlinie dar.*

Als nächstes legen wir Grundriß und Ansicht (Abb. 5) auf ein Stück dicken Zeichenkarton, damit wir eine Pinnadel an die Stelle setzen können, an der die Kamera steht.

Nun sind wir bereit, unsere Einstellung einzurichten. Dazu benutzen wir die Bildwinkel des Objektivs, die wir auf Pauspapier gezeichnet haben. Wir legen die Bildwinkel, wie in Abb. 6 gezeigt, über den Grundriß und drehen sie so, daß der Teil des Szenenbildes, den wir in der fertigen Zeichnung sehen möchten, zwischen den äußeren Schenkeln

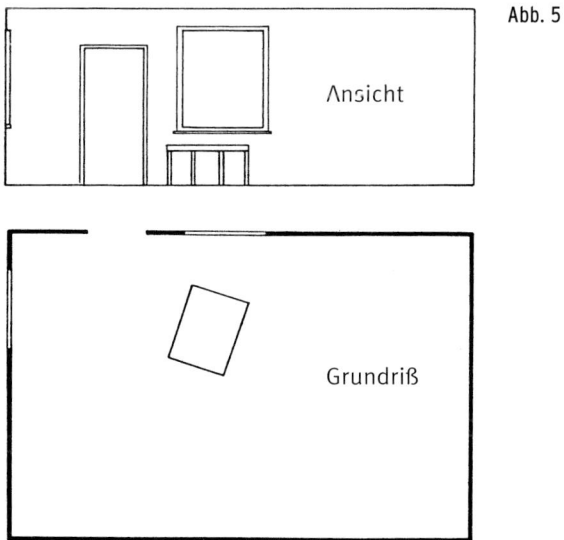

Abb. 5

Ansicht

Grundriß

Abb. 6

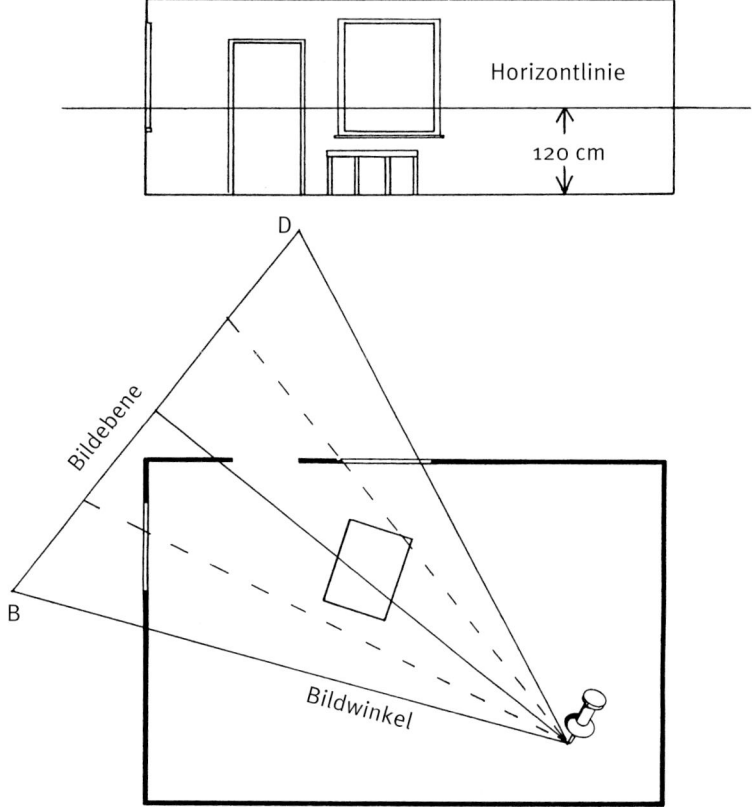

enthalten ist. Dazu verschieben wir die Kameraposition – den Kamera-standpunkt (SP) – und setzen am gewünschten Punkt die Pinnadel. Das wird sich in späteren Schritten, wenn wir ein Lineal an den Standpunkt anlegen, als nützlich erweisen.

Der äußere Bildwinkel dient auf dem Grundriß dazu, das Breiten-maß aller Objekte in der Einstellung zu bestimmen. Wir benötigen aber auch eine Methode, mit der wir die Höhe der Kamera und die Höhe der Objekte (Tisch, Tür und Fenster, usw.) in der Einstellung ermitteln. Dafür zeichnen wir, wie in Abb. 6 oben dargestellt, eine Horizontlinie in die Ansicht ein. Diese Horizontlinie muß genau in Objektiv-höhe liegen, die wir auf 1,20 m, also unterhalb der Augenhöhe, fest-gelegt haben. Die meisten Risse, die man in die Hand bekommt, sind im Maßstab 1:20 gezeichnet. Da wir unsere Darstellungen hier aus Platz-gründen kleiner machen müssen, sind sie in unterschiedlichen Maß-stäben angelegt.

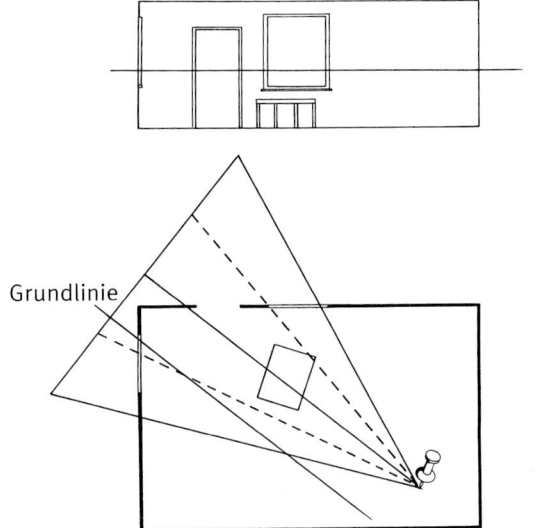

Abb. 7

Grundlinie

In Abb. 7 fügen wir eine Grundlinie hinzu, die parallel zur Zentrallinie verläuft. Mit ihr wird festgelegt, wo Objekte – eine Tür, ein Tisch, eine Person oder etwas anderes im Raum – den Boden (den Grund) berühren.

Die Grundlinie hat immer denselben Abstand von der Zentrallinie wie in der Ansicht der Boden von der Linie der Objektivhöhe.

Die Projektion

Nun sind wir bereit, Punkte aus dem Grundriß in den Projektionsrahmen zu übertragen. Wir beginnen damit, den Fußpunkt für eines der Elemente zu bestimmen, die im Grundriß enthalten sind. Dies ist ein Prozeß in zwei Schritten, der sich für jedes Objekt aus dem Grundriß und aus der Ansicht wiederholt.

SCHRITT EINS: Bestimmung der Breite. Wir beginnen damit, ein erstes Detail aus dem Grundriß auszuwählen, das in die Projektion übertragen werden soll. In der Praxis hat es sich als sinnvoll erwiesen, zunächst eine Wand aus dem Set zu übertragen, weil das für die Orientierung beim Plazieren aller anderen Objekte hilfreich ist.

Am meisten Sinn hat es, eine Ecke des Raumes zu bestimmen, denn durch die beiden Wände, die von ihr ausgehen, wird die Gestalt des Raumes in ihren Grundzügen festgelegt. Die Ecke, die wir bearbeiten wollen, hat auf dem Grundriß in Abb. 8 einen kleinen Kreis

Abb. 8

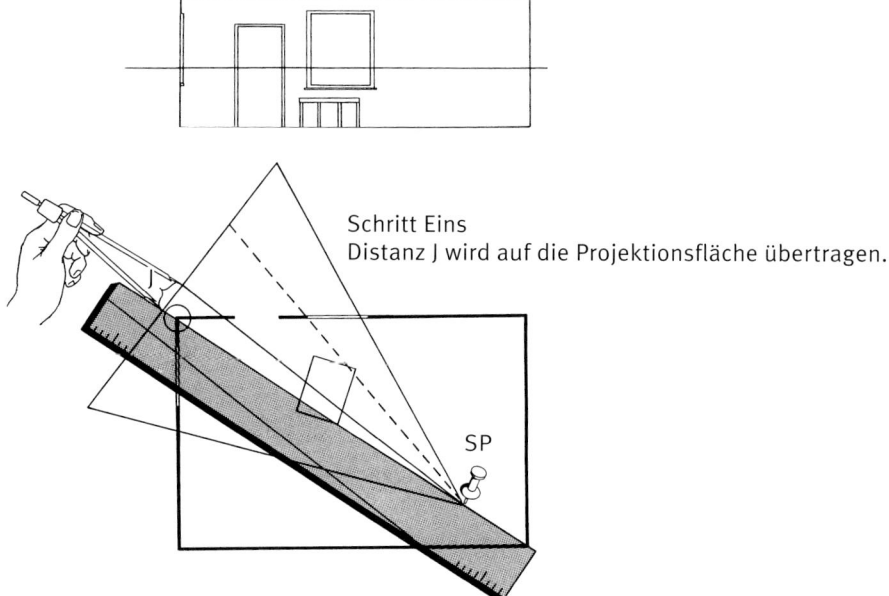

Schritt Eins
Distanz J wird auf die Projektionsfläche übertragen.

erhalten. Der erste Schritt besteht darin, herauszufinden, wo sich diese Ecke, von der die Wände nach rechts und nach links abgehen, in der Projektion befindet. Dafür nehmen wir ein Lineal (oder eine gerade Kante) und legen es so, daß es durch den Kamerastandpunkt (SP), durch die Raumecke und durch die Bildebene geht. (Dafür ist die Pinnadel nützlich, denn so muß man das Lineal nur dagegenlegen und drehen, bis es durch die eingekreiste Ecke verläuft, wie in Abb. 8 zu sehen ist.)

Interessiert sind wir an der Distanz, die auf der Bildebene gemessen wird, zwischen Zentrallinie und dem Punkt, an dem die Gerade die Bildebene schneidet – in Abb. 8 als Distanz J dargestellt. Mit einem Zirkel kann diese Distanz in die Projektion übertragen werden.

Wenden wir uns dem Projektionsrahmen in Abb. 9 zu und übertragen die Distanz J in die Zeichnung, indem wir sie von der Mittellinie nach links abtragen. Hier machen wir mit dem Bleistift einen kleinen Punkt. Wir können auch eine dünne senkrechte Linie durch diesen Punkt zeichnen, denn das ist die Linie, auf der sich die Ecke in diesem Raum befindet. Wir müssen aber den Boden- und den Deckenpunkt noch ermitteln.

Halten wir hier für einen Moment inne und überdenken den Vorgang. Da die Bildebene des Bildwinkels auf dem Grundriß identisch ist mit dem Projektionsrahmen (beide haben sich aus dem Bildwinkel

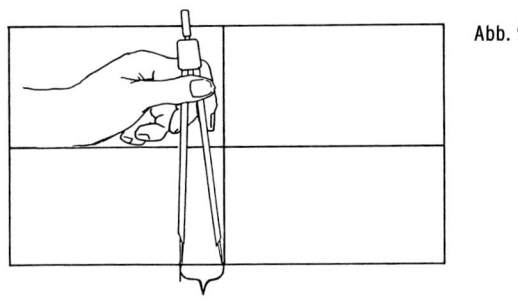

Abb. 9

Distanz J wird vom Grundriß übertragen.

ergeben), liegt jeder Punkt, der im Grundriß links oder rechts von der Zentrallinie liegt, in der Projektion an der gleichen Stelle links oder rechts von der Mittellinie.

SCHRITT ZWEI: Bestimmung der Höhe. In unserem nächsten Schritt wollen wir den Punkt finden, an dem die Ecke auf den Fußboden stößt. Dafür legen wir ein Zeichendreieck mit dem rechten Winkel so an die Zentrallinie, daß ein Schenkel durch den Eckpunkt des Raumes geht. Wir markieren den Punkt, an dem der Schenkel die Grundlinie schneidet. Dieser Punkt ist in Abb. 10 mit zwei Kreisen gekennzeichnet.

Wie in Abb. 11 zu sehen ist, nehmen wir nun wieder eine gerade Kante und legen sie so an, daß sie durch den Kamerastandpunkt (die

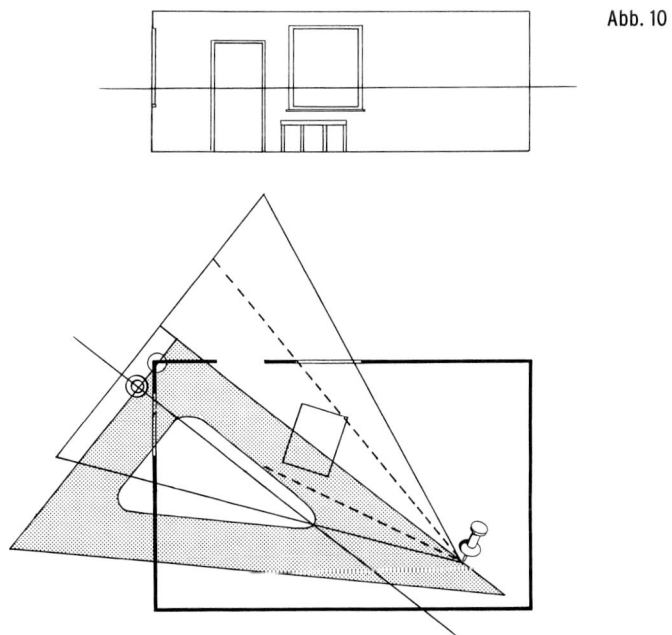

Abb. 10

Abb. 11

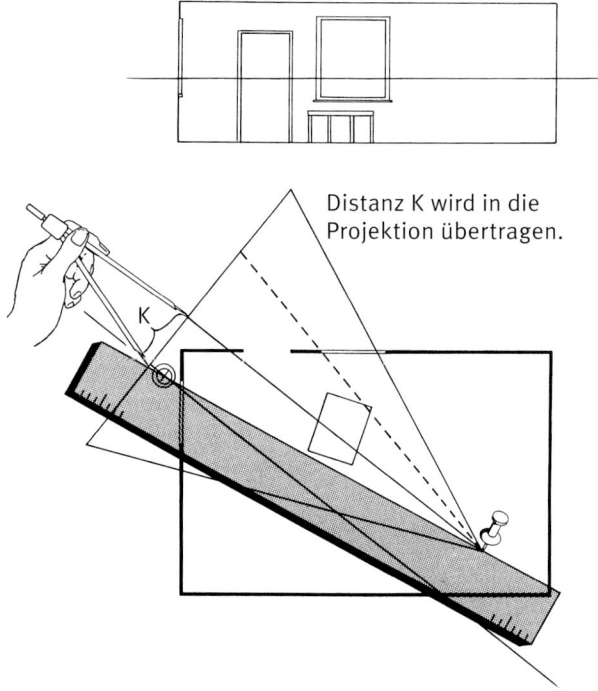

Distanz K wird in die
Projektion übertragen.

Pinnadel) und den soeben gefundenen Punkt auf der Grundlinie geht. Mit dem Bleistift markieren wir den Punkt, an dem die Kante die Bild-ebene schneidet, und messen die Distanz zwischen diesem Punkt und der Zentrallinie (Distanz K). Diese Distanz übertragen wir in die Projektion.

Dieses zuletzt erhaltene Maß (Distanz K) tragen wir, wie in Abb. 12 gezeigt, in der Projektion von der Horizontlinie nach unten hin ab. Da wir die Linie, auf der die beiden Wände von links und von rechts aufeinandertreffen, bereits in Schritt Eins gefunden haben, ist der Punkt, an dem die Distanz K diese Linie schneidet, der Punkt, an dem die beiden Wände auf dem Fußboden zusammenlaufen. Diese Stelle ist in Abb. 12 mit einem Kreis versehen.

Abb. 12

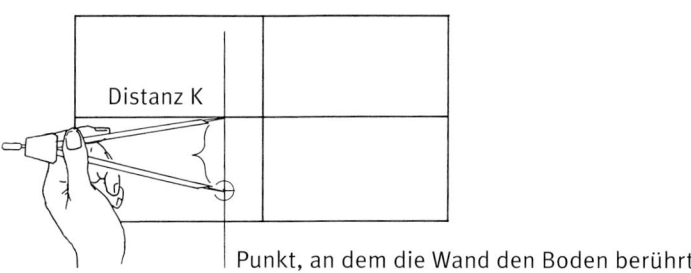

Distanz K

Punkt, an dem die Wand den Boden berührt.

Abb. 13

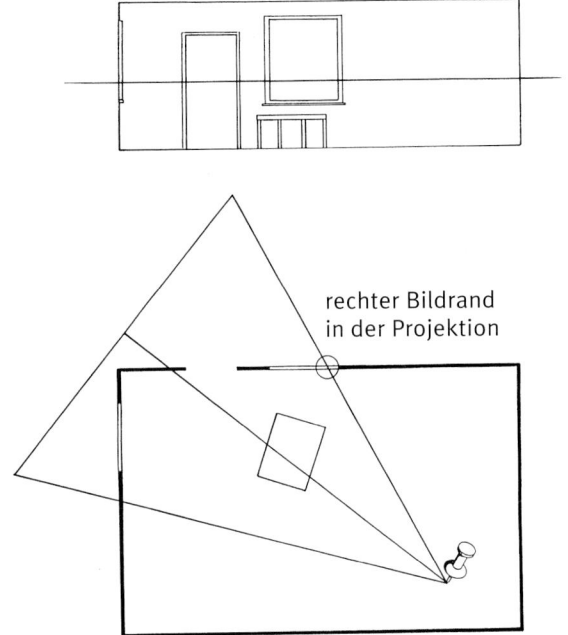

rechter Bildrand
in der Projektion

Als nächstes wollen wir einen weiteren Punkt finden, an dem die Wand auf den Fußboden trifft, denn damit können wir den Fluchtpunkt für die Wand bestimmen. Wir verwenden dazu Schritt Eins. Ein Punkt, der einfach zu ermitteln ist, ist der, an dem die Wand die Schenkel des Bildwinkels für die Bildbreite (die Kante der Einstellung) schneidet. Dieser Punkt ist in Abb. 13 mit einem Kreis versehen. Wie man sieht, liegt der Punkt auf dem Schenkel des Bildwinkels. Da diese Linie den Punkt direkt auf die Bildebene überträgt wie ein Lineal oder eine gerade Kante, ist damit die Arbeit von Schritt Eins bereits getan. Wir haben diesen Arbeitsschritt gespart. Jedesmal, wenn ein Punkt auf der Kante der Bildebene liegt, brauchen wir diese Distanz nicht abzutragen, denn jeder der beiden Schenkel des Bildwinkels stellt jeweils eine Kante des Projektionsrahmens dar. In diesem Fall können wir direkt zu Schritt Zwei übergehen.

Mit der Dreiecksmethode von Schritt Zwei finden wir den eingekreisten Punkt, an dem das Lineal, das wir, wie in Abb. 14 gezeigt, benutzen, die Grundlinie schneidet. Das Lineal ist notwendig, um von der Zentrallinie nach unten zur Grundlinie zu gelangen und den Punkt darauf (Doppelkreis) zu markieren.

Abb. 14

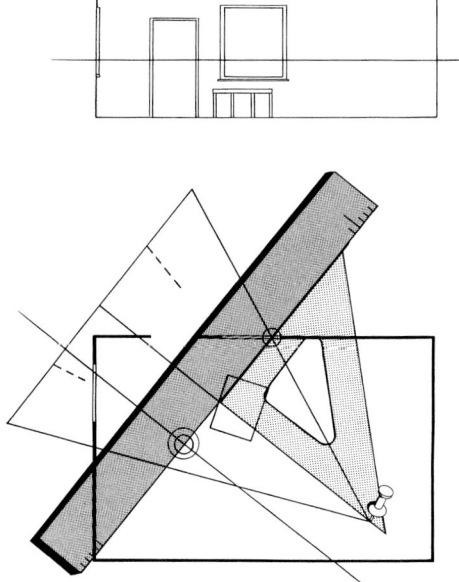

In Abb. 15 wird Schritt Zwei zu Ende geführt, indem wir die gerade Kante an den soeben gefundenen Punkt auf der Grundlinie anlegen und, wie bereits bekannt, die Höhendistanz (L) zur Zentrallinie mit einem Zirkel abnehmen.

Abb. 15

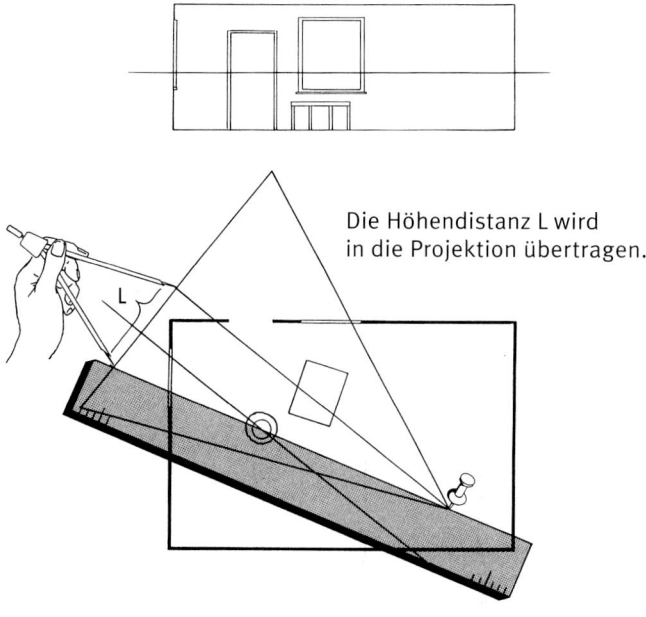

Die Höhendistanz L wird
in die Projektion übertragen.

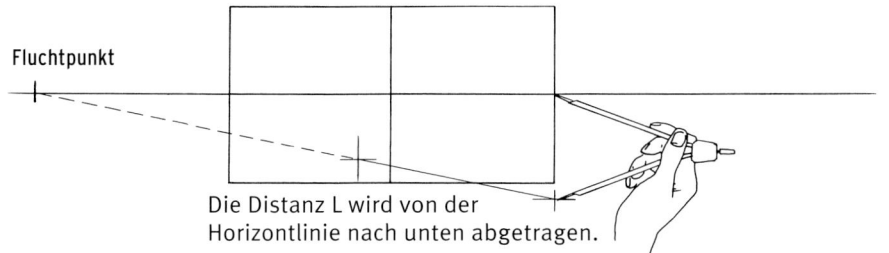

Abb. 16

Fluchtpunkt

Die Distanz L wird von der
Horizontlinie nach unten abgetragen.

Dann wird die Höhendistanz L, wie in Abb. 16 dargestellt, in die Projektion übertragen. Sie wird entlang der rechten Außenkante von der Horizontlinie nach unten abgetragen (wir haben ja Schritt Eins übergangen, da unser Punkt im Grundriß auf dem Schenkel des Bildwinkels für die Bildbreite lag).

Nun haben wir zwei Punkte bestimmt, an denen die rechte Wand den Boden berührt. Wenn wir die beiden Punkte verbinden und die Linie bis zur Horizontlinie weiterführen, erhalten wir den Fluchtpunkt für diese Wand.

Diesen gesamten Vorgang können wir nun für die linke Wand wiederholen. Zunächst ermitteln wir den Punkt, an dem sie auf den Bildwinkelschenkel für die Bildbreite trifft. Wie vorher ist dies die Bildkante in der Projektion (der Punkt mit dem Kreis in Abb. 17).

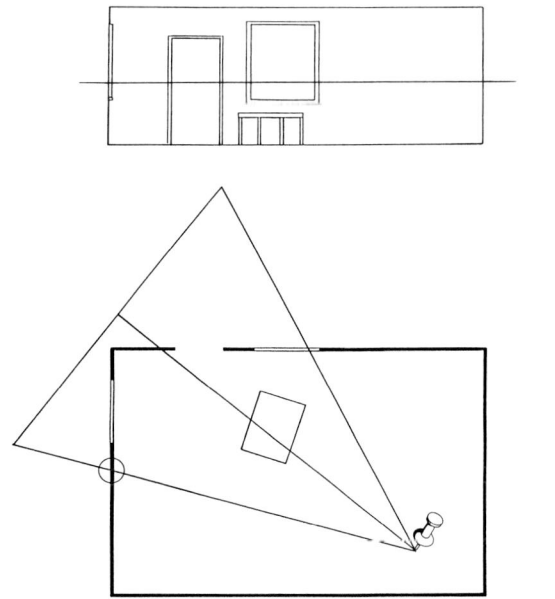

Abb. 17

Abb. 18

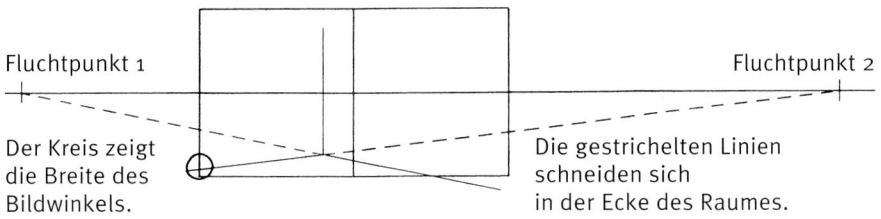

Fluchtpunkt 1   Fluchtpunkt 2

Der Kreis zeigt   Die gestrichelten Linien
die Breite des   schneiden sich
Bildwinkels.   in der Ecke des Raumes.

Wir wiederholen Schritt Zwei für den in Abb. 17 eingekreisten Punkt und übertragen ihn mit einem Zirkel in die Projektion. (Da wir diese ganze Prozedur gerade für einen Punkt auf der anderen Seite des Bildes gezeigt haben, ersparen wir uns hier die Erläuterung. Man muß für den neuen Punkt einfach die Schritte aus den Abb. 13, 14, 15 und 16 wiederholen.)

Der neue Punkt ist nun gefunden und in Abb. 18 auf der linken Seite der Projektion mit einem Kreis versehen. Durch Verbinden (und Weiterführen bis zur Horizontlinie) der beiden Fußpunkte finden wir den Fluchtpunkt für die linke Wand.

Bevor wir uns dem nächsten Schritt zuwenden, schauen wir uns eine Vereinfachung für das Bestimmen der Fluchtpunkte an, wie sie bei Wänden, Tischen oder anderen Objekten mit rechtwinkligen Konstruktionen gilt. So wird es gemacht: Man zieht vom Kamerastandpunkt aus parallel zu den Wandlinien des Raumes zwei Linien (Abb. 19). Dann sucht man die Schnittpunkte mit der Bildebene, indem man diese nach beiden Seiten hin verlängert. Die Punkte, an denen die gestrichelten

Abb. 19

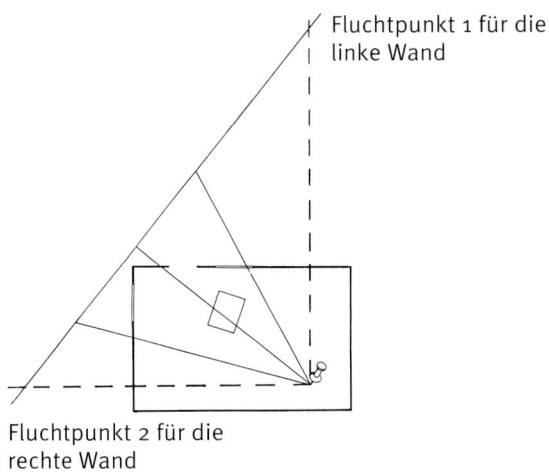

Fluchtpunkt 1 für die
linke Wand

Fluchtpunkt 2 für die
rechte Wand

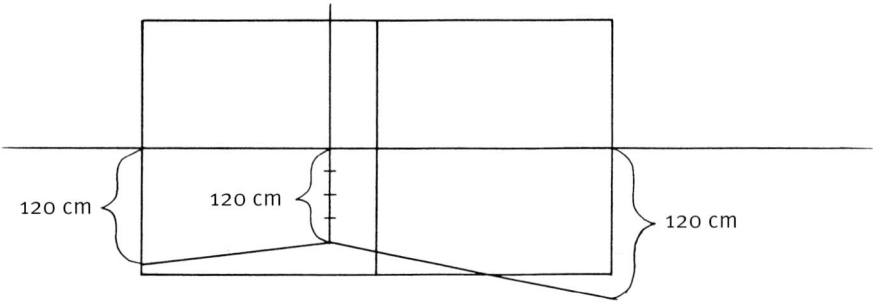

Abb. 20

120 cm

120 cm

120 cm

Linien die Bildebene schneiden, sind die Fluchtpunkte für die Wände des Raumes.

Als nächstes müssen wir die Höhe der beiden Wände festlegen. Dafür wollen wir eine neue Technik benutzen.

SCHRITT DREI: Um die Höhe der Wände zu zeichnen, kehren wir zu dem ersten auf der Ecklinie eingezeichneten Punkt zurück. Wir erinnern uns daran, daß wir die Horizontlinie auf 1,20 m über dem Boden festgelegt haben. Darum beträgt die Distanz von jedem Punkt des Bodens *zur Horizontlinie in der Projektion* 120 cm. Das ist in Abb. 20 dargestellt.

Wenn wir die Entfernung vom Fußpunkt der Ecke bis zum Horizont in vier gleiche Abschnitte unterteilen, ist jeder Abschnitt 30 cm lang. Das ist hier überaus praktisch, weil wir diese 30-cm-Stückchen dazu benutzen können, gerade nach oben oder nach unten jede beliebige Distanz über oder unter der Horizontlinie abzumessen, auch über den Rahmen der Projektionsfläche hinaus. Das gilt für jeden der Punkte, die wir ermittelt haben. In Abb. 20 ist die senkrechte Linie der Raumecke in 30-cm-Abschnitte unterteilt.

Um uns das zunutze zu machen, schauen wir in die Ansicht, aus der wir die Maße für die Höhe eines jeden Objektes im Raum herauslesen können, denn die Zeichnung ist maßstabgerecht (Abb. 21). Mit einem Dreikantmaßstab können wir sehr schnell sehen, daß der Tisch 60 cm, die Tür 2,40 m und die Wand vom Boden bis zur Decke 2,70 m hoch ist. Unter Verwendung dieser Maße können wir die genaue Höhe der Objekte in der Projektion bestimmen.

Wichtig ist, daran zu denken, daß in der perspektivischen Zeichnung die 30-cm-Abschnitte für jede Distanz entlang der Wand unterschiedlich groß sind. Für Objekte, die sich näher am Kamerastandpunkt befinden, sind die 30-cm-Teilstücke größer als für solche, die

Abb. 21

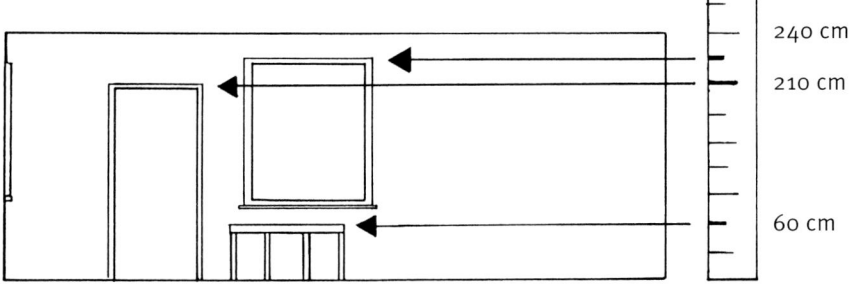

240 cm

210 cm

60 cm

weiter vom Kamerastandpunkt entfernt liegen. Für gewöhnlich wäre es zeitaufwendig, für jede Distanz die gleich großen Abschnitte zu ermitteln, aber es gibt einen Kniff, mit dem wir diese Arbeit vereinfachen können.

Wir nehmen den Dreikantmaßstab und suchen uns eine Skala aus, in der vier Maßeinheiten zusammen ein klein wenig größer sind als die Distanz von jedem Fußpunkt der Wand zur Horizontlinie. Nun wird der Maßstab, wie in Abb. 22 gezeigt, am jeweiligen Fußpunkt so schräg gelegt, daß dessen vier Teilstriche genau dieselbe Höhe haben, wie das Stück Wand, an dem wir messen. Man kann so viele Unterteilungen anbringen, wie nötig, sowohl nach oben, über die Horizontlinie hinaus, wie auch nach unten zum unteren Bildrand hin. Diese Methode läßt sich für jede Linie anwenden, die rechtwinklig zum Boden verläuft, also zum Beispiel für Wände oder für Tische und andere rechtwinklig gebaute Möbel. Wie man sieht, liegt der Deckenpunkt der Wand außerhalb des Projektionsrahmens beim neunten Teilstrich (2,70 m).

Den Deckenpunkt der angrenzenden Wand können wir mit derselben Methode bestimmen und diese beiden Punkte mit den Flucht-

Abb. 22

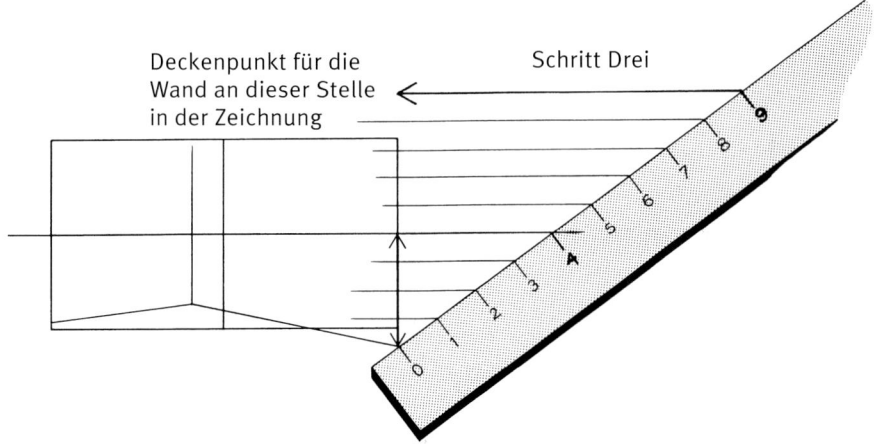

Deckenpunkt für die
Wand an dieser Stelle
in der Zeichnung

Schritt Drei

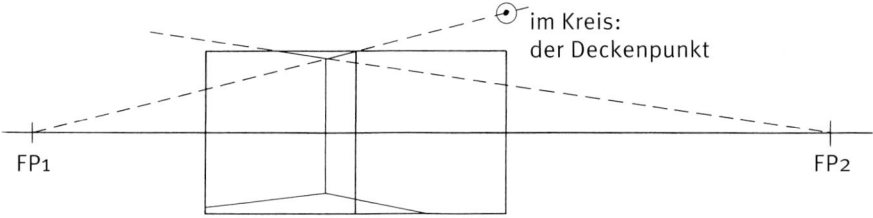

Abb. 23

im Kreis:
der Deckenpunkt

FP₁

FP₂

punkten auf der Horizontlinie verbinden, wie in Abb. 23 gezeigt wird. Der Punkt mit dem Kreis ist der Deckenpunkt, den wir soeben mit dem Dreikantmaßstab ermittelt haben.

Beim Verbinden der Fluchtpunkte mit dem jeweiligen Deckenpunkt der Wände (gestrichelte Linien) ergibt sich automatisch der Deckenpunkt der Ecke. Nun haben wir einen guten Eindruck davon, wie sich der Raum im Bild erstreckt, und können jetzt Tür und Fenster entwerfen. Das geht inzwischen schneller, weil wir die Fluchtpunkte bestimmt haben, die auch für Tür und Fenster gelten, denn sie liegen alle in denselben Flächen wie die Wände.

Wenn wir die Position der Tür und der Fenster festlegen, müssen wir, Schritt Eins folgend, weitere Punkte aus dem Grundriß übertragen, damit wir sie in der richtigen Breite und an der richtigen Stelle in die Wand einsetzen. Schritt Zwei benötigen wir aber nicht mehr, um herauszufinden, wo sie auf den Boden auftreffen, denn uns steht jetzt die Bodenlinie der Wand zur Verfügung. Es ist klar, daß die untere Kante der Tür (die in derselben Fläche liegt, wie die Wand) mit der Bodenlinie zusammenfällt. Die Bodenlinie der Wand hilft uns bei der Ortsbestimmung von Türen und Fenstern und von Bildern und Schränken, die an der Wand hängen oder stehen. Wie das funktioniert, wollen wir uns am Beispiel des Fensters in der rechten Wand anschauen.

Wie man mit der Methode von Schritt Eins Punkte aus dem Grundriß überträgt, sollte inzwischen klar sein. (Wer sich das in Erinnerung rufen will, soll zurückblättern und sich Abb. 8 und 9 anschauen). Wir übergehen daher diese vorbereitenden Übertragungsschritte und wenden uns direkt der Projektion zu, in die die linke und die rechte Kante des Fensters bereits eingezeichnet sind. Sie sind in Abb. 24 durch die gestrichelten senkrechten Linien dargestellt und zeigen die Breite des Fensters und seine Lage in der Wand. Wir bleiben noch in dieser Abbildung und müssen nun für die Unterkante des Fensters die Höhe über

Abb. 24

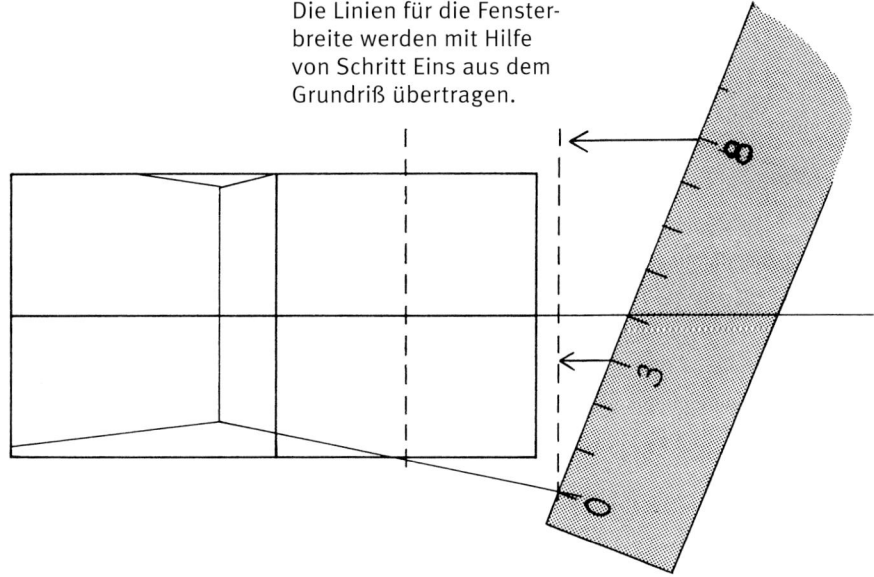

Die Linien für die Fenster-
breite werden mit Hilfe
von Schritt Eins aus dem
Grundriß übertragen.

dem Boden herausfinden. Dafür konsultieren wir die Ansicht und erfahren, daß sich die Unterkante 90 cm über dem Boden befindet und
die Oberkante bei 2,40 m liegt.

Wir kehren zur perspektivischen Zeichnung zurück und benutzen
Schritt Drei (Maßstabmethode), um für eine Seite des Fensters die
Punkte für Ober- und Unterkante zu ermitteln. Wir benötigen diese
Punkte nur für eine Seite des Fensters, denn wenn wir sie mit dem
Fluchtpunkt verbinden, erhalten wir automatisch die Punkte für die
andere Seite und damit beide Kantenlinien. Wie man sieht, ergeben sich

Abb. 25

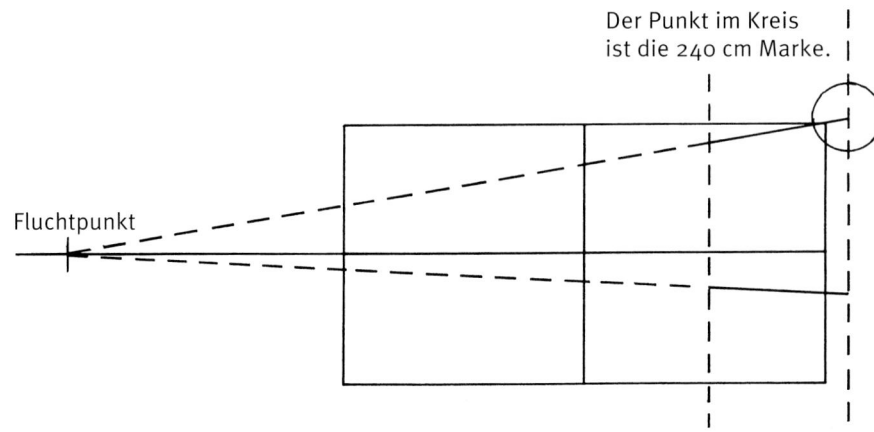

Der Punkt im Kreis
ist die 240 cm Marke.

Fluchtpunkt

weniger Konstruktionsschritte für das Zeichnen der restlichen Teile aus Grundriß und Ansicht, sobald Bodenlinien und Fluchtpunkte ermittelt sind.

Indem wir diese letzte Prozedur ein paarmal wiederholen, konstruieren wir das andere Fenster und die Tür. Das Ergebnis ist in Abb. 26 zu sehen.

Nun haben wir alle Techniken kennengelernt, die für die Projektion der Kameraperspektive nach der Michelson-Methode erforderlich sind. Zunächst mag das Verfahren etwas verwirrend erscheinen, aber sobald man mit den drei Schritten vertraut ist, läßt sich jede Perspektive mit zwei Fluchtpunkten problemlos zeichnen.

Wir sind allerdings noch nicht ganz fertig. Wir müssen nämlich den Tisch in die Mitte des Sets einzeichnen. Den habe ich bis zum Schluß aufbewahrt, um an ihm alle drei Schritte zu demonstrieren. Ich habe die Darstellungen vereinfacht und Grundriß und Projektion nebeneinandergestellt, so daß die Beziehung zwischen ihnen klar hervortritt. Wer einen der Schritte vergessen hat, sollte vorne noch einmal die vollständige Erläuterung nachschlagen (die entsprechenden Seitenzahlen sind im Text angegeben). Um Verwirrung zu vermeiden, wurden die Darstellungen dieser Wiederholung mit A bis E bezeichnet.

Wir beginnen damit, daß wir mit der Methode von Schritt Eins (die vollständige Erklärung findet sich auf Seite 463) für jedes Tischbein

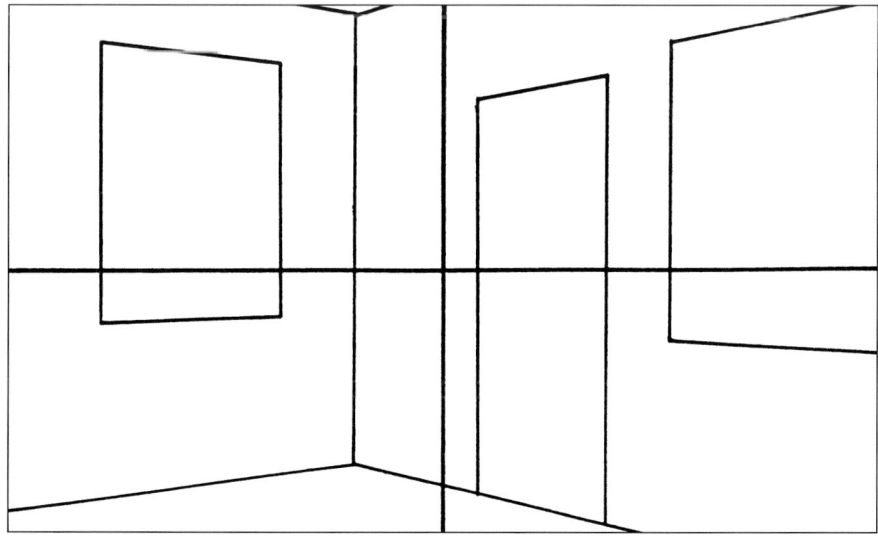

Abb. 26

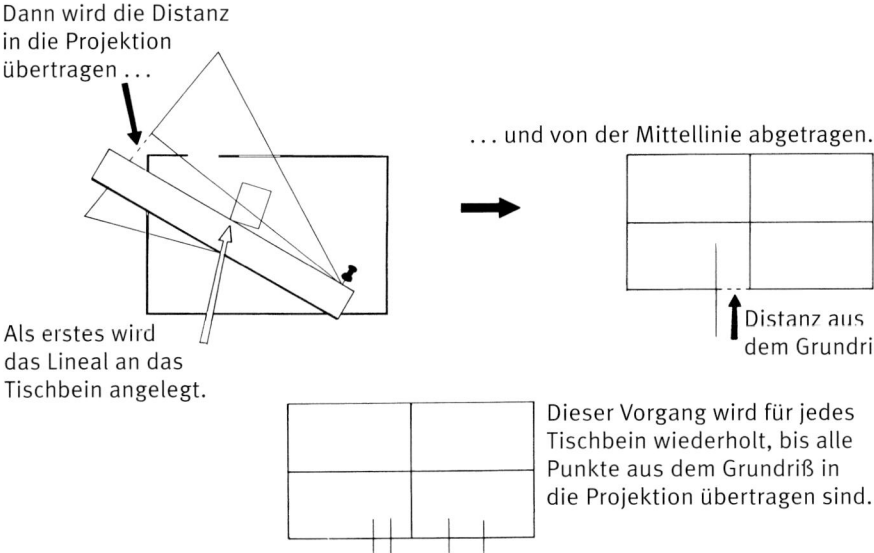

Dann wird die Distanz
in die Projektion
übertragen ...

... und von der Mittellinie abgetragen.

Als erstes wird
das Lineal an das
Tischbein angelegt.

Distanz aus
dem Grundriß

Dieser Vorgang wird für jedes
Tischbein wiederholt, bis alle
Punkte aus dem Grundriß in
die Projektion übertragen sind.

die genaue Distanz zur Zentrallinie ermitteln. Das ist in Darstellung A
(Abb. 27) zu sehen.

In Darstellung B (Abb. 28) benutzen wir die Methode von Schritt
Zwei, um die Distanz zwischen der Horizontlinie und den Punkten, an
denen die Tischfüße auf dem Boden stehen, zu ermitteln (Schritt Zwei
ist ausführlich auf Seite 465 erläutert).

Abb. 28: Wiederholungs-
darstellung B

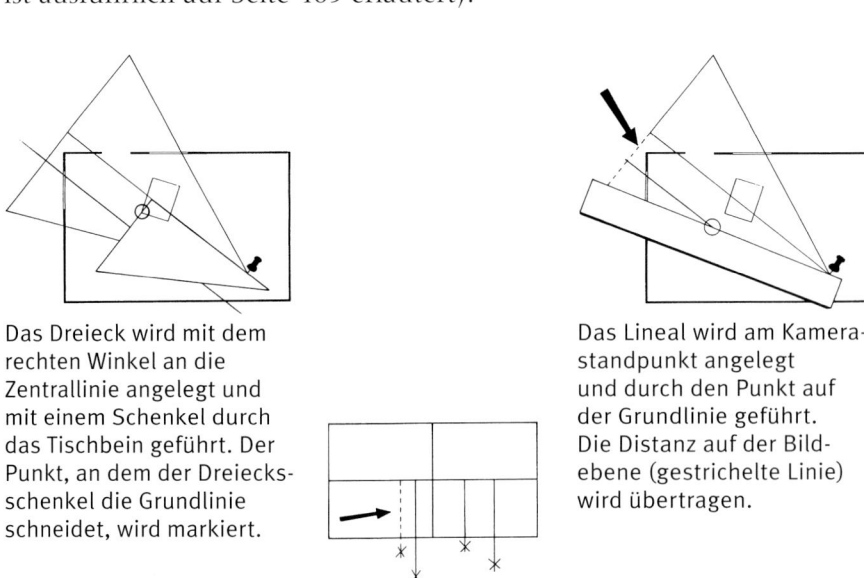

Das Dreieck wird mit dem
rechten Winkel an die
Zentrallinie angelegt und
mit einem Schenkel durch
das Tischbein geführt. Der
Punkt, an dem der Dreiecks-
schenkel die Grundlinie
schneidet, wird markiert.

Das Lineal wird am Kamerastandpunkt angelegt
und durch den Punkt auf
der Grundlinie geführt.
Die Distanz auf der Bild-
ebene (gestrichelte Linie)
wird übertragen.

Die aus der Bildebene gewonnene Distanz wird für jedes Tischbein einzeln von der
Horizontlinie aus nach unten abgetragen.

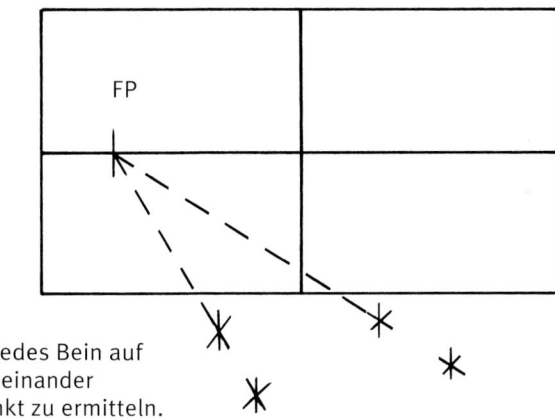

Je zwei Tischbeinpunkte (wo jedes Bein auf
dem Boden steht) werden miteinander
verbunden, um den Fluchtpunkt zu ermitteln.

In Darstellung C (Abb. 29) ermitteln wir auf der Horizontlinie den
Fluchtpunkt für die Tischbeine. Den werden wir gleich anschließend für
das Anfertigen der Tischplatte benutzen.

Fast sind wir fertig. Wir können jetzt die Höhe der Tischplatte bestimmen. In Darstellung D (Abb. 30) schauen wir zunächst in die Ansicht
und lesen heraus, daß der Tisch 60 cm hoch ist.

Die Tischhöhe wird
aus der Ansicht herausgelesen.

60 cm

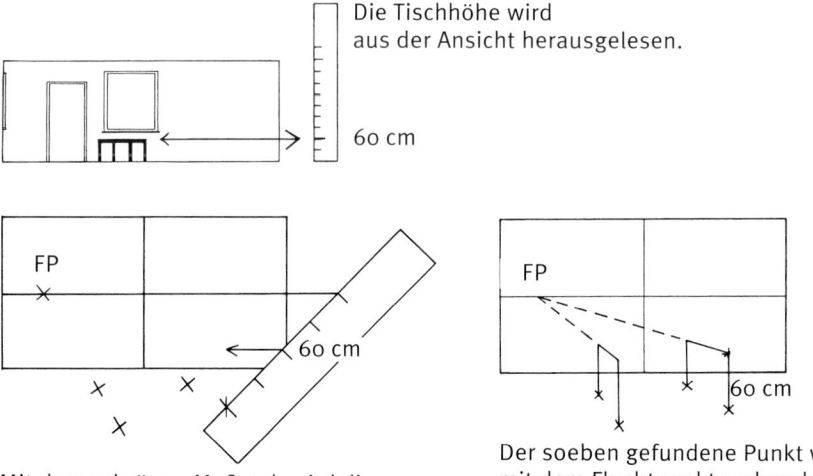

Mit dem schrägen Maßstab wird die
Tischhöhe von 60 cm über dem
Punkt ermittelt, wo das Tischbein
auf dem Boden steht.

Der soeben gefundene Punkt wird
mit dem Fluchtpunkt verbunden.
Das legt den hinteren Eckpunkt der
Tischfläche fest. Das gleiche Verfahren wird auf die vorderen beiden
Tischbeine angewendet. Nun werden die gefundenen Punkte rundum
verbunden, und damit ist die Grund-
zeichnung fertig.

Mit Schritt Drei (vollständig erläutert auf Seite 471) legen wir den Maßstab an die Projektion an und teilen die Distanz zwischen dem Fußpunkt eines Tischbeins und der Horizontlinie in vier gleich große 30-cm-Abschnitte. Wir markieren den 60-cm-Punkt, der sich für dieses Tischbein in der Höhe der Tischplatte befindet.

Im nächsten Projektionsbild wird dieser neue 60-cm-Punkt mit dem Fluchtpunkt verbunden und damit die Höhe des dahinterstehenden zweiten Beines festgelegt.

Das gleiche machen wir auch für die beiden anderen Tischbeine. (Der Tisch hat einen anderen Fluchtpunkt, weil er nicht parallel zu den Wänden steht.) Um den Tisch fertigzustellen, müssen wir alle vier Punkte rundum miteinander verbinden.

Das war's! Die Umrisse des Tisches sind fertig. Wenn wir am Tisch und an den anderen Elementen des Raumes die Details anbringen, erhalten wir schließlich die fertige Zeichnung von Abb. 31. In tatsächlichen Grundrissen und Ansichten sind alle Details herauszulesen und können maßstabgerecht übertragen werden, ohne daß man wieder zur Drei-Schritt-Methode zurückkehren müßte. Sobald die Grundgeometrie und die Umrisse des Raumes festgelegt sind, kann man die Rahmen von Türen und Fenstern zum Einzeichnen abschätzen. Das ist für einen Regisseur, der sich die Projektion eines Blickwinkels zeichnet, in der Regel völlig ausreichend. Wer eine größere Genauigkeit haben möchte, kann natürlich auch sorgfältig jeden Punkt einzeln übertragen.

Abb. 31: Wiederholungsdarstellung E

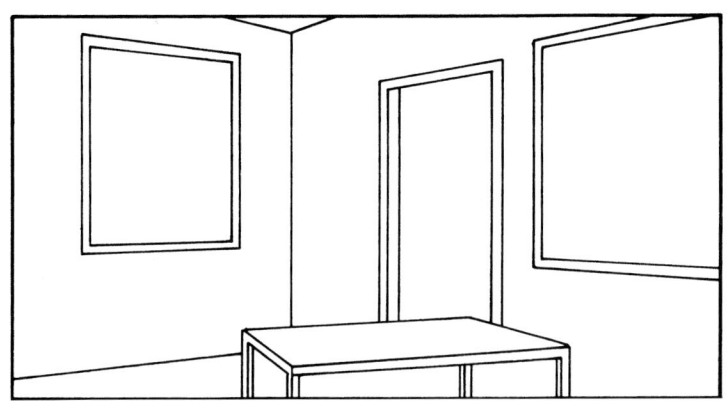

Nachdem an Tisch, Tür und Fenstern die notwendigen Details hinzugefügt worden sind, haben wir nun die fertige Projektionszeichnung für das 25-mm-Objektiv vor uns.

Abb. 32

Pauspapier wird über das Foto gelegt.

Projektionsumkehrung

Es ist auch möglich, den Projektionsvorgang umzukehren. Damit kann ein Motivfoto »zurückprojiziert« werden, so daß zum Foto ein entsprechender Grundriß entsteht. Dieses Verfahren beruht auf der Methode zur Ermittlung der Fluchtpunkte, die in Abb. 20 auf Seite 471 erklärt wurde. Wer möchte, kann dieses Verfahren noch einmal für sich wiederholen, bevor wir mit der Umkehrung beginnen.

Schritt Eins

Damit das Verfahren leichter zu verstehen ist, verwenden wir in Abb. 32 unsere Zeichnung aus schlichten Linien als Foto. Zu Beginn legen wir ein Pauspapier darüber. Es sollte wesentlich größer sein als das Foto, damit genügend Platz vorhanden ist, um den Grundriß darauf zu zeichnen.

Als nächstes bestimmen wir die Fluchtpunkte, wie in Abb. 33 zu sehen, an denen sich die Linien der Decke mit denen des Bodens treffen (gestrichelte Linien). Anschließend zeichnen wir eine waagerechte

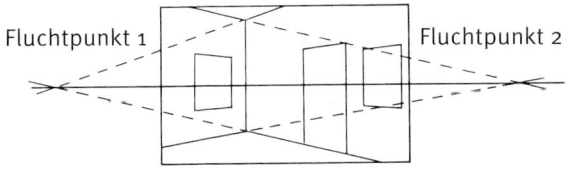

Fluchtpunkt 1   Fluchtpunkt 2

Abb. 33

Abb. 34

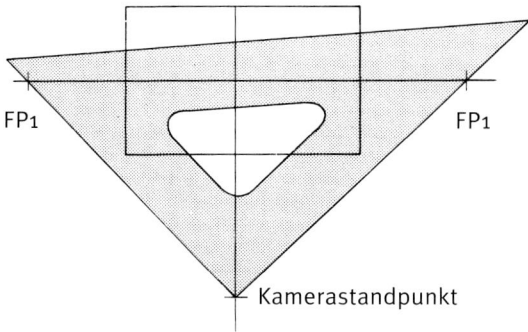

FP₁ · FP₁ · Kamerastandpunkt

Linie durch die beiden Fluchtpunkte. Dies ist die Horizontlinie und zugleich die Bildebene.

In Abb. 34 zeichnen wir eine senkrechte Linie durch die Mitte des Fotos, kreuzen die Horizontlinie und führen sie nach unten über den Rand des Fotos weiter hinaus. Dies ist die Mitte des Bildwinkels der Kamera. Jetzt nehmen wir ein großes Dreieck mit einem rechten Winkel und legen es so an, daß die Kanten der Schenkel jeweils durch die Fluchtpunkte gehen und die Spitze des rechten Winkels gleichzeitig auf der Zentrallinie des Bildwinkels liegt. *Der Punkt, an dem der Winkel auf der Zentrallinie liegt, ist der Kamerastandpunkt.* An dieser Stelle steht die Kamera. Wir stechen hier eine Pinnadel ein.

Schritt Zwei

Jetzt können wir damit beginnen, die Lage einzelner Punkte zu ermitteln. Das funktioniert nach dem umgekehrten Verfahren, das wir zuvor für die Projektion gelernt haben. Zunächst bestimmen wir, wie weit die Ecke des Raumes von der Mittellinie entfernt ist. Dafür legen wir das

Abb. 35 (links)
Abb. 36 (rechts)

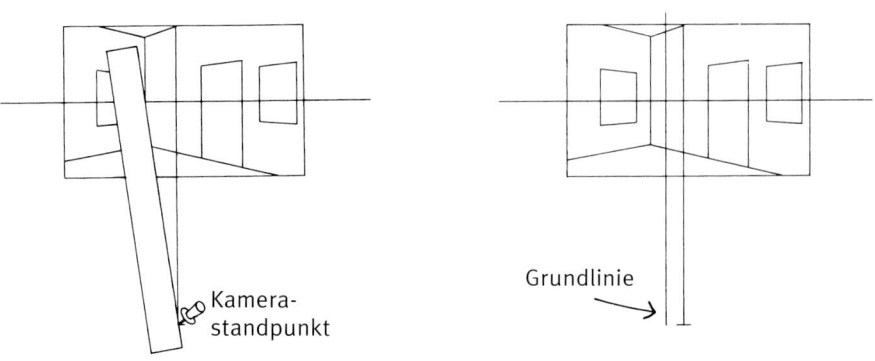

Kamera-standpunkt · Grundlinie

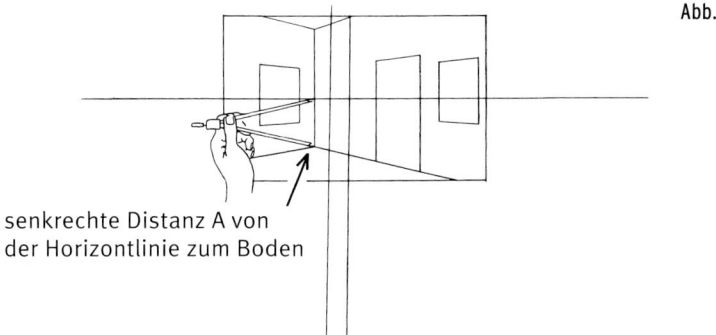

Abb. 37

senkrechte Distanz A von
der Horizontlinie zum Boden

Lineal unten an den Kamerastandpunkt (Pinnadel) an und oben an die
Stelle, *an der die senkrechte Ecklinie die Horizontlinie schneidet* (Abb. 35).

Als nächstes suchen wir die Grundlinie (Abb. 36). Wir erinnern uns
daran, daß die Distanz der Grundlinie zur Zentrallinie gleich der Höhe
des Kameraobjektivs über dem Boden ist. Wenn man das Foto nicht
selbst aufgenommen hat und die Kamerahöhe nicht genau kennt, muß
man schätzen. Wenn man sich das Foto anschaut, scheint die Kamera
unter Augenhöhe gestanden zu haben, etwa auf 1,20 m Höhe. Den
Maßstab der Zeichnung können wir beliebig wählen. Wenn wir zum
Beispiel annehmen, daß 2 mm = 30 cm sind, wird die Grundlinie 8 mm
von der Zentrallinie entfernt eingezeichnet.

Jetzt sind wir in der Lage, die Ecke des Raumes im Plan zu bestimmen (Abb. 37). Wir beginnen damit, daß wir die Distanz von der Horizontlinie bis zum Fußpunkt der Ecke mit dem Zirkel abnehmen.

In Abb. 38 übertragen wir die auf der Senkrechten abgenommene
Distanz mit dem Zirkel auf die Horizontlinie. Mit einer geraden Kante
verbinden wir diesen neu gewonnenen Punkt mit dem Kamerastand-

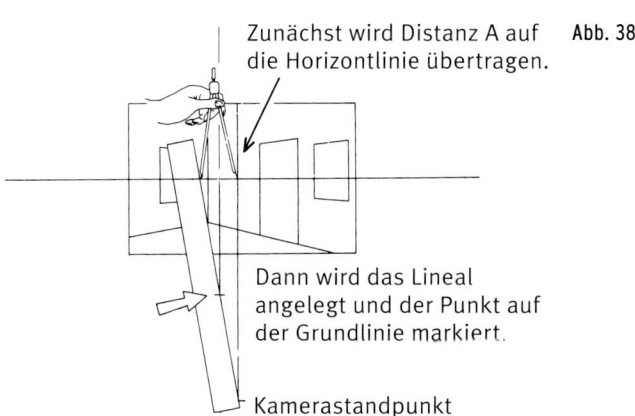

Abb. 38

Zunächst wird Distanz A auf
die Horizontlinie übertragen.

Dann wird das Lineal
angelegt und der Punkt auf
der Grundlinie markiert.

Kamerastandpunkt

Abb. 39

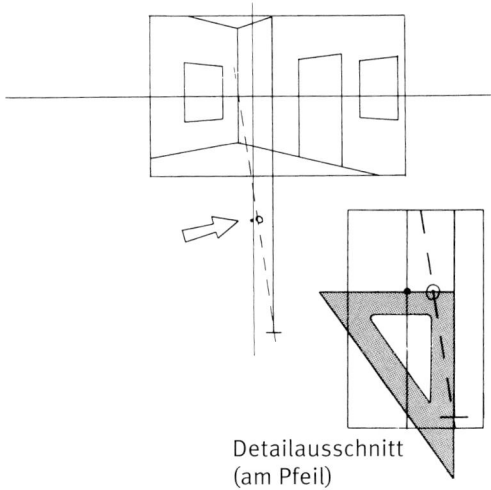

Detailausschnitt
(am Pfeil)

punkt. Der Punkt, an dem die Kante die Grundlinie schneidet, wird (am Pfeil) markiert.

In Abb. 39 sehen wir die beiden von uns bestimmten Punkte. Der dicke schwarze Punkt ist die Höhe, die wir in Abb. 38 ermittelt haben. Die gestrichelte Linie stellt die bereits vorher in Abb. 35 bestimmte Linealkante dar. Damit der nächste Schritt deutlich erkennbar ist, zeigt ihn ein Detailausschnitt in der Vergrößerung. Wie man sieht, ist ein 90-Grad-Winkel so an die Zentrallinie angelegt, daß der Schenkel die Grundlinie im Höhenpunkt (dicker schwarzer Punkt) schneidet. Der Schnittpunkt des waagerechten Schenkels mit der gestrichelten Breitenlinie (mit Kreis versehen) ist der Ort der Raumecke im Grundriß.

Schritt Drei

Um den Verlauf der Wände im Raum zu bestimmen, nehmen wir die Abkürzung über die Fluchtpunkte (Abb. 40). Der Trick basiert auf der Tatsache, daß die Linien, die den Kamerastandpunkt mit den Fluchtpunkten verbinden (gestrichelte Linien A und B), parallel zu den Wänden des Raumes verlaufen. Wenn wir also einen 90-Grad-Winkel so an den Eckpunkt anlegen, den wir gerade gewonnen haben, daß seine Kanten parallel zu den Linien A und B verlaufen, sind die Wände im Grundriß richtig plaziert.

Als nächstes können wir ermitteln, wo im Grundriß Tür und Fenster zu finden sind, wie in Abb. 41 dargestellt. Mit einer geraden Kante

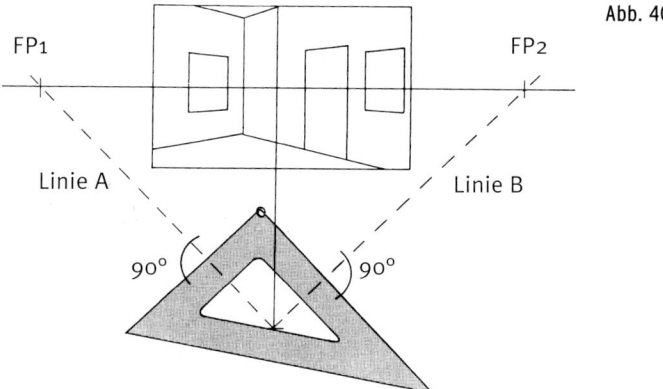

Abb. 40

FP₁   FP₂

Linie A   Linie B

90°   90°

verbinden wir den Kamerastandpunkt mit den Punkten, an denen die Seitenlinien von Fenstern und Türen die Horizontlinie schneiden. Die Punkte, an denen diese gestrichelten Linien die Wände des Raumes in dem bereits gezeichneten Grundriß schneiden, zeigen die Orte und die korrekten Maße an. Da bestimmte architektonische Details, wie etwa eine Tür, allgemein bekannte Maße besitzen, können wir nun Größe und Lage von Objekten im Raum abschätzen. Die meisten Türen haben eine Weite von etwa 80 cm, so daß wir mit Hilfe eines Dreikantmaßstabs die Tür ausmessen können und den Maßstab des Grundrisses. Mit dieser Information ist es anschließend einfach, die Breite der Fenster, die Größe von Möbeln oder andere Breiten- und Tiefenmaße zu bestimmen.

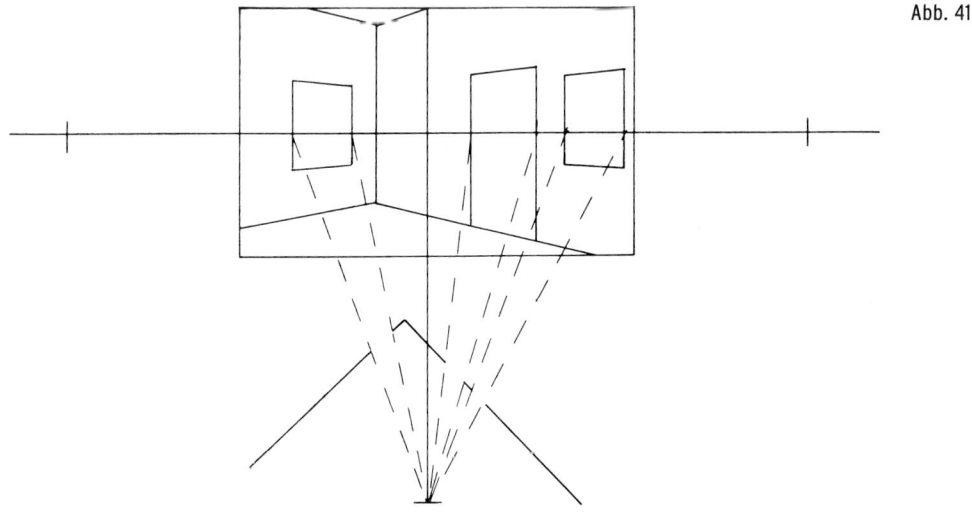

Abb. 41

Abb. 42

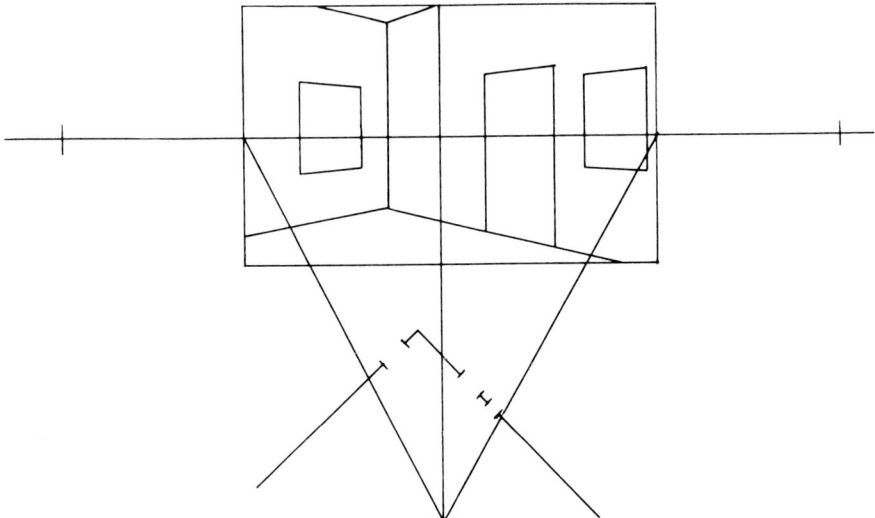

Das ist alles. Der fertige Grundriß ist ein relativ genauer orthogonaler Plan von dem fotografierten Raum. In Abb. 42 zeichnen wir die Linien vom Kamerastandpunkt zu den Punkten ein, an denen sich die Ränder der Fotografie mit der Horizontlinie schneiden. Das ist unser Bildwinkel für die Bildbreite. Mit einem Winkelmesser können wir feststellen, daß er 40° beträgt. Wenn wir die Höhe des Fotos durch seine Breite teilen, erhalten wir ein Seitenverhältnis von 1 : 1,44. Das entspricht keinem Filmformat, aber wenn wir von der Höhe der Einstellung nur ein wenig abschneiden, können wir mit Hilfe des Bildwinkels von 40° herausfinden, welche Brennweite unsere Optik haben müßte, um den Raum in der Perspektive aufzunehmen, damit das Verhältnis 1 : 1,85 wird. Wir ziehen die Tabelle für die Bildwinkel zu Rate und finden unter dem Format 1 : 1,85, daß ein Objektiv mit einer Brennweite von 30 mm einen horizontalen Bildwinkel von 39,5° hat. Das ist fast identisch. Wir wissen also jetzt, daß wir das Foto von diesem Raum mit einer 30-mm-Optik nachstellen könnten.

Bildwinkel

Eine perspektivische Zeichnung herzustellen, ist selbstverständlich mit jedem beliebigen Bildwinkel möglich, aber es gibt ein paar Optiken, die mit Vorliebe verwendet werden. Für drei Formate sind unten die fünf gebräuchlichsten Brennweiten und deren Bildwinkel aufgelistet. Mit

Hilfe eines Winkelmessers kann man diese Bildwinkel jeweils auf ein Blatt weißes Papier zeichnen und sich diese Vorlagen dann in fast jedem Copy-Shop auf DIN-A4-Klarsichtfolien kopieren lassen.

1:1,33 Standardformat (Fernsehen und 16-mm-Film)

Brennweite des Objektivs	Bildwinkel horizontal	Bildwinkel vertikal
25 mm	52,9°	41,0°
30 mm	45,0°	35,0°
35 mm	34,6°	26,2°
50 mm	27,9°	21,1°
75 mm	18,8°	14,2°

1:1,85 Unkomprimiertes Breitwandformat

Brennweite des Objektivs	Bildwinkel horizontal	Bildwinkel vertikal
25 mm	48,0°	26,0°
30 mm	39,5°	21,0°
35 mm	34,0°	18,0°
50 mm	24,0°	13,0°
75 mm	16,0°	8,6°

1:2,35 Anamorphotisches Breitwandformat (35-mm-Panavision)

Brennweite des Objektivs	Bildwinkel horizontal	Bildwinkel vertikal
25 mm	82,8°	41,0°
30 mm	72,6°	34,6°
35 mm	64,5°	29,8°
50 mm	47,6°	21,1°
75 mm	32,8°	14,2°

Glossar

Diese Liste von Fachbegriffen ist unvollständig. Sie enthält vor allem das technische Grundvokabular, das in diesem Buch verwendet wurde. Eine umfangreiche Sammlung von filmischen Fachbegriffen findet sich in *Film verstehen* von James Monaco und in anderen Fachwörterbüchern, wie beispielsweise *Film Talk* von Paula K. Read und Anja Bartsch.

ACHSENSPRUNG (CROSSING THE LINE)   Bezeichnung für einen »fehlerhaften« Anschluß, der entsteht, wenn Personen, die in einer Einstellung links und rechts sitzen, in der folgenden Einstellung wirken, als ob sie ihren Platz getauscht hätten, oder wenn sie plötzlich in eine andere Richtung blicken oder sich in eine andere Richtung bewegen, als sie es in der Einstellung davor getan haben. Der Achsensprung entsteht dadurch, daß die Kamera beim Drehen der Szene zunächst auf der einen Seite und dann auf der anderen Seite der Handlungsachse aufgestellt wurde.

ARRETIERTE KAMERA (LOCKED-OFF CAMERA)   Ist die Kamera auf einem Stativ oder einem anderen stabilen Träger befestigt, kann der Mechanismus, mit dem die Kamera bewegt wird – etwa ein Stativkopf – in jeder Position für eine statische Aufnahme arretiert werden.

BEWEGTE EINSTELLUNG (MOVING SHOT)   Eine Einstellung, in der die Kamera bewegt wird, um einem Bildobjekt zu folgen.

BILDFORMAT (ASPECT RATIO)   Das Verhältnis zwischen der Höhe und der Breite eines Film- oder Fernsehbildes wird numerisch ausgedrückt. Derzeit sind mehrere Formate gebräuchlich: das Academy-Format von 1:1,33, das europäische Standard-Breitwandformat von 1:1,66, das amerikanische Standard-Breitwandformat von 1:1,85, das anamorphotische Breitwandformat von 1:2,35 sowie das 70-mm-Format von 1:2,2.

BILDSPRUNG (JUMP CUT)   Das Bild springt, wenn beim Schnitt innerhalb einer Einstellung ein Stück Film entfernt und damit die Kontinuität einer Handlung unterbrochen wird. In bestimmten Situationen werden Bildsprünge bewußt eingesetzt, um Zeit zu komprimieren. Sie können auch benutzt werden, um den Zuschauer auf die Filmtechnik aufmerksam zu machen. So benutzte Godard den Bildsprung als Stilmittel in *Außer Atem*. Die neueste Entwicklung in Video-Clips und in der Werbung sind Stakkato-Bildsprünge, die einzig wegen ihres rhythmischen Effektes verwendet werden.

BILDWINKEL (ANGLE OF VIEW) Der in Winkelgrad gemessene Bereich, den ein Objektiv aufnimmt. Ein Weitwinkelobjektiv hat einen breiten Bildwinkel, ein Teleobjektiv einen engen Bildwinkel. Weil die Belichtung des Films durch ein rechteckiges Bildfenster hindurch erfolgt, wird der Bildwinkel eines jeden Objektivs in Höhe (vertikal) und Breite (horizontal) so angegeben, daß er dem benutzten Bildformat entspricht.

BLICKLINIE (SIGHT LINE ODER EYE LINE) Eine imaginäre Linie zwischen einer Person und einer anderen Person oder einem Objekt, die dadurch entsteht, daß die Person die andere Person oder das Objekt anschaut. Wenn man in einer Szene die Großaufnahmen von zwei Personen aneinanderschneidet, die sich unterhalten, müssen deren Blicklinien übereinstimmen, damit es so aussieht, als ob sie sich ansehen.

BUNDESVERBAND KAMERA (BVK) Berufsverband der freischaffenden Kameraleute und ihrer Assistenten in Deutschland zur Wahrung, Pflege und Förderung der beruflichen und wirtschaftlichen Interessen seiner Mitglieder. Der Verband fördert die Qualifikation seiner Mitglieder durch Seminare und Veranstaltungen und gibt den jährlich erscheinenden *Camera Guide* heraus. Sitz des Verbandes ist München.

COVERN →HAUPTEINSTELLUNG

DETAILAUFNAHME (DETAIL SHOT) Eine engere, noch weiter vergrößerte Version der Großaufnahme, in der ein Ausschnitt aus einem größeren Bildobjekt oder ein kleines Bildobjekt bildfüllend gezeigt wird.

EINZEL (SINGLE) Dabei handelt es sich um eine Einpersoneneinstellung, die in Deutschland auch als »Einer« oder »Single« bezeichnet wird.

ENG (TIGHT) Der Ausdruck beschreibt die Größe der Einstellung im Verhältnis zum Bildobjekt. Ein enges Bild enthält außer dem Bildobjekt nur wenig Raum.

ERÖFFNUNGSEINSTELLUNG (ESTABLISHING SHOT) Meist eine totale Einstellung am Anfang einer Szene, die den Zuschauer über einen Wechsel des Schauplatzes informieren soll und ihn orientiert, wo die Personen in der Szene stehen und welche Stimmung der Schauplatz hat.

FAHRAUFNAHME (TRACKING SHOT, DOLLY SHOT) Eine Einstellung, die von einer Kamera aufgenommen wird, die auf einen fahrenden Dolly oder einen anderen sich bewegenden Untersatz montiert ist. Wird auch Fahrt oder Kamerafahrt genannt.

FLACHER SCHÄRFENBEREICH (SHALLOW FOCUS) Ein Schärfenbereich ist flach, wenn der Bereich klein ist, den ein Objektiv scharf abbilden kann. Ein Teleobjektiv verfügt charakteristischerweise über einen flachen Schärfenbereich bzw. eine geringe Schärfentiefe. Ein flacher Schärfenbereich wird manchmal dazu verwendet, um durch die Unschärfe von Vorder- und Hintergrund ein scharf abgebildetes Bildobjekt zu isolieren.

FLASH-CUT Eine extrem kurze Einstellung, die nur ein Bildfeld ausmachen kann und eine unterschwellige Wirkung erzeugt. Auch eine Serie von kurzen Stakkato-Schnitten, die einen rhythmischen Effekt erzeugen.

FRONTALITÄT Ein Stil der Figurenplazierung in der Bildkomposition, vor allem in der westlichen Kunst beliebt. Das Bildobjekt eines Gemäldes oder einer Zeichnung ist von vorne zu sehen, das heißt, es ist dem Betrachter zugewandt.

GALGEN (BOOM) Ein teleskopartig ausziehbarer, auf einen fahrbaren, stativartigen Untersatz montierter Arm, an dessen Ende ein Mikrofon angebracht ist. Mit ihm hält ein Tonmeister oder -techniker das Mikrofon über der Bildaufnahmezone, während er beim Drehen den Ton innerhalb der Szene aufnimmt.

GEGENBEWEGUNG (COUNTERING) Eine Kamerafahrt in die entgegengesetzte Richtung, in die sich ein Bildobjekt bewegt.

GEGENSCHUSS (REVERSE ANGLE) Eine Einstellung, deren Blickpunkt zu dem der vorhergehenden Einstellung spiegelverkehrt um annähernd 180 Grad versetzt ist. Der Winkelgrad zwischen der Blicklinie und der Kameraachse wird dabei erhalten sowie der Abstand zum Bildobjekt und die Größe der Brennweite.

GEKIPPTE ODER VERKANTETE EINSTELLUNG (CANTED FRAME) Wird auch gekippte oder verkantete Kamera genannt. Die Kamera ist schräg gestellt, so daß die Bildhorizontale nicht parallel zum Horizont verläuft. Ein leicht gekipptes Bild läßt die Bildkomposition dynamischer erscheinen, ein extrem gekipptes Bild ist eine gebräuchliche Metapher für gestörte Verhältnisse und Chaos geworden. Ausgiebig wurde dieses Stilmittel von Carol Reed in *Der dritte Mann* eingesetzt.

HAUPTDREHARBEITEN (PRINCIPAL PHOTOGRAPHY) Die Zeitspanne, in der die wesentlichen Aufnahmen für einen Film gemacht werden.

HAUPTEINSTELLUNG (MASTER SHOT) Die durchgehende Einstellung von einer Szene, auch Covern genannt, in der die räumlichen Beziehungen zwischen den Personen klar zu erkennen sind und das gesamte dramatische Geschehen auch dann verstanden wird, wenn keine weiteren Einstellungen verwendet werden. Zum Prinzip des Arbeitens mit Master Shots gehört, daß gleich im Anschluß zusätzliche Einstellungen gedreht werden, die dann zum Unterschneiden der Haupteinstellung verwendet werden.

INSERT   Im allgemeinen eine Großaufnahme (auch als Ransprung bezeichnet), in der üblicherweise ein Detail betont gezeigt wird, das für die Szene wichtig ist.

JIB-ARM   Ein mechanischer Auslegerarm, der auf einen Dolly montiert und mit Gegengewichten versehen ist; dieser trägt die Kamera und ermöglicht vielseitige, besonders vertikale Kamerabewegungen.

KADRIERUNG, ANGESCHNITTENE UND NICHT ANGESCHNITTENE   Stilmittel grafischer Bildkomposition. Die ANGESCHNITTENE KADRIERUNG (offene Bildkomposition) legt Wert auf eine eher lockere, weniger kontrolliert erscheinende Anordnung der Bildelemente. Die Anordnung wirkt ungeplant, und die Bildelemente reichen oft über den Bildrand hinaus, so, als habe die Kamera sie eben erst entdeckt. Bildkompositionen in einer offenen Form sind charakteristisch für Dokumentarfilme und werden daher als realistischer angesehen. Die NICHT ANGESCHNITTENE KADRIERUNG (geschlossene Bildkomposition) tendiert zu in sich geschlossenen, sorgfältig arrangierten Bildgestaltung, in der alles Wichtige im Bild enthalten ist.

KAMERABLICKWINKEL (CAMERA ANGLE)   Der Kamerablick, den der Regisseur oder der Kameramann gewählt hat, um von ihm aus ein Bildobjekt aufzunehmen.

KAMERAEINRICHTUNG (SETUP)   Das Einrichten der Kameraposition am Drehort mit Lichteinsatz, Szenenbild und Ton. Es ist damit auch die Zusammenstellung von Blickwinkel, Einstellungsgröße und Inszenierung gemeint. In vielen Fällen wird die Einrichtung durch die Zahl der Akteure definiert und benannt, die in der Einstellung zu sehen sind. Zweiereinstellung, Schuß über die Schulter oder Großaufnahme sind typische Setups.

KAMERAFAHRT (TRAVELING SHOT)   Jede Einstellung, in der sich die Kamera durch den Raum bewegt. Kranaufnahmen und Fahraufnahmen sind beides Kamerafahrten. Ein Schwenk dagegen ist keine Kamerafahrt, denn die Kamera bleibt dabei an einer Position stehen und dreht sich um einen festen Punkt.

KONTINUITÄT (CONTINUITY STYLE)   Der Fotografie- und Montagestil, mit dem nach bestimmten Prinzipien die Illusion einer räumlich-zeitlichen Kontinuität geschaffen wird, so daß eine Sequenz einzelner Einstellungen aussieht, als gebe sie ein Geschehen so wieder wie es tatsächlich stattgefunden hat. Das Kontinuitätsprinzip beherrscht den Stil des erzählenden Films, es wird auch als klassischer Hollywoodstil bezeichnet oder mit dem französischen Ausdruck découpage classique benannt.

KRANARM (BOOM) Ein Ausleger mit Gegengewicht, der auf einen Dolly montiert ist und die Kamera trägt. Wird entweder von Hand oder per Fernsteuerung bedient und ermöglicht, die Kamera über einen Raum oder durch einen Raum hindurch zu bewegen, der für sie ansonsten unzugänglich wäre.

KREUZSCHNITT (CROSS-CUTTING) Das abwechselnde Schneiden von Einstellungen aus zwei oder mehr Szenen, um die Gleichzeitigkeit eines Geschehens zu verdeutlichen. Das Ergebnis wird Parallelmontage genannt.

LOCKER (LOOSE) Der Ausdruck bezieht sich auf die Komposition einer Einstellung. Ein lockerer Bildaufbau gibt einem Bildobjekt mehr Luft.

LUFTAUFNAHME (AERIAL SHOT) Ein Blick auf ein Bildobjekt von hoch oben; in der Regel aus einem Flugzeug, einem Hubschrauber, von einem Kran oder von einer hohen festen Kameraposition aus.

MATCH-CUT Ein Übergang oder Übergangstrick zwischen Einstellungen einer Szene. 1. Zwei Einstellungen von derselben Aktion sind so verbunden, daß der Eindruck einer einzigen fortwährenden Bewegung entsteht. 2. Zwei oder mehr Einstellungen zeigen dasselbe Bildobjekt und sind so verbunden, daß die Kontinuität der Positionen und Bewegungen in jeder Einstellung erhalten bleibt, um das Vergehen der Zeit anzuzeigen. 3. Zwei Einstellungen mit unterschiedlichen Bildobjekten, in denen grafische Elemente oder Bewegungen in den Konturen genau deckungsgleich sind. Zum Beispiel deckt sich das Bild des Mondes in einer ersten Einstellung exakt mit einem runden Spiegel in einer zweiten Einstellung. In Bob Fosses Film *Hinter dem Rampenlicht* sieht man mehrere einzelne Tänzer aus dem gleichen Blickwinkel, die in einem Probensaal alle die gleichen Schritte ausführen. Diese Tanzfiguren sind durch Match-cuts so miteinander verbunden, als seien sie von einem einzigen Tänzer in einer einzigen, ununterbrochenen Bewegung ausgeführt worden.

MISE-EN-SCÈNE Mit diesem französischen Ausdruck, der »in Szene setzen« bedeutet, war ursprünglich die äußere Form eines dramatischen Spiels gemeint: Szenenbild, Ausstattung und Requisiten. Heute bezeichnet der Ausdruck die Inszenierung des Films, also Schauspieler- und Lichtführung und Kameraanordnung und beschreibt somit die Gestaltung des filmischen Raums innerhalb einer Einstellung, im Gegensatz zur nachträglichen Bearbeitung des Raumes im Montageprozeß.

MONTAGE Der französische Ausdruck bedeutet »zusammenbauen«. Im europäischen Sprachgebrauch wird er synonym für Schnitt verwendet. Im sowjetischen Film, beeinflußt von den frühen sowjetischen Regisseuren wie Sergej

Eisenstein, stellt die Montage den eigentlichen Kern filmischen Kunstschaffens dar. In den Vereinigten Staaten hat der Begriff die Bedeutung einer bestimmten gerafften Erzählweise. In der Regel dauert eine solche Montagesequenz nicht länger als eine Minute. In ihr wird ein Teil der Geschichte ohne jeden Dialog allein dadurch ausgedrückt, daß in einer Reihe von Überblendungen kurze, expressive, häufig symbolische Einstellungen miteinander verbunden sind.

OFF   Ortsangabe im Drehbuch, wenn ein Bildobjekt oder eine Tonquelle nicht im Bild zu sehen ist.

ON   Der Begriff besagt, daß ein Akteur oder ein Objekt von der Kamera gesehen werden kann.

PERSPEKTIVE   In den grafischen Künsten und der Malerei und im Film die Illusion von Raumtiefe auf einer zweidimensionalen Fläche.

PLANSEQUENZ (SEQUENCE SHOT)   Meist eine Kamerafahrt, in der die Kamerabewegungen und die Aktionen einer Choreografie folgen, die mehrere einzelne Einstellungen ersetzt. In der Regel deckt sie eine Szene von Anfang bis Ende ab.

PRÄSENZ   1. In Tonaufnahmen die Toncharakteristik des Raumes oder Schauplatzes. 2. Nach André Bazin der Effekt, daß der Zuschauer beim Betrachten eines Filmes dessen illusionären dreidimensionalen Raum als Wirklichkeit erlebt. Bazin sieht dieses Phänomen als Weiterentwicklung der Zentralperspektive an, die in der Renaissance entwickelt wurde.

PROJEKTION DER KAMERAPERSPEKTIVE (CAMERA ANGLE PROJECTION)   Eine Methode, mit der man aus Grundriß und Ansicht eines Szenenbildes eine perspektivische Zeichnung anfertigen kann, aus der sich im voraus ersehen läßt, wie das fertige Szenenbild aussehen wird, wenn man eine bestimmte Optik verwendet, von einer bestimmten Kameraposition aus fotografiert und ein bestimmtes Bildformat für die Kamera benutzt.

REACTION-SHOT   In einer Dialogszene die Einstellung von dem Darsteller, der zuhört, während die Stimme des anderen Akteurs zu hören ist. Die meisten Reaction-Shots sind Großaufnahmen.

REISSSCHWENK (SWISH PAN)   Eine schnelle Schwenkbewegung, bei der das Bild verwischt. Wird häufig als Übergang verwendet.

RÜCKFAHRT   Eine Fahr- oder Zoom-Einstellung, die auf einem Objekt mit einer Großaufnahme beginnt und sich dann langsam weitet, so daß immer mehr von der Umgebung des Objekts ins Bild kommt.

SCHÄRFENBEREICH (DEPTH OF FIELD)   Der Bereich vor und hinter der Schärfenebene eines Objektivs, der im Bild noch als ausreichend scharf empfunden wird.

SCHÄRFENTIEFESTIL (DEEP FOCUS) Ein mit einem Inszenierungsstil verbundener fotografischer Stil, bei dem ein Weitwinkelobjektiv und eine kleine Blendenöffnung verwendet werden. Auf diese Weise sind Objekte gleichzeitig im unmittelbaren Vordergrund und im extremen Hintergrund scharf abgebildet, was die Tiefe des Bildes unterstreicht.

SCHÄRFEZIEHEN (FOCUSPULL/FOLLOW FOCUS) Das Fokussieren des Objektivs während des Drehens, um ein Bildobjekt, das sich bewegt, im Schärfenbereich zu halten.

STATISCHE KAMERA Jede Einstellung, in der die Kamera nicht bewegt wird.

STELLEN DER SZENE Inszenierungsplan für eine Szene. Arrangement der Schauspieler und großen Requisiten (z. B. Autos, Pferde, usw.) und die Choreografie der Gänge und Bewegungen für die Kamera. Da sich auch die Kamera bewegen läßt, können auch die Bewegungen der Kamera zum Stellen der Szene gehören.

SUBJEKTIVE (EINSTELLUNG) (POINT OF VIEW SHOT) Ein subjektiver Blickwinkel; eine Einstellung, die als Darstellung einer individuellen Sichtweise verstanden und mit der eine der handelnden Figuren zum subjektiven »Erzähler« der Geschichte wird.

SUBJEKTIVE KAMERA Eine Aufnahmetechnik, mit der der Blickwinkel einer Figur in der Szene wiedergegeben wird.

TAKE Die einzelne Version einer Einstellung. Der Regisseur läßt das Team und die Schauspieler die Aktionen für eine Einstellung üblicherweise in mehreren Takes wiederholen, bis sie seinen Vorstellungen entspricht.

TRICKBLENDE (WIPE) Ein technisch manipulierter Übergang von einer Einstellung zur nächsten. »Wipe« heißt eigentlich Wischblende, wird aber heute, weil es sich ja um eine Trickblende handelt, auch als Bezeichnung für andere Trickblenden verwendet.

ÜBER DIE SCHULTER (OVER THE SHOULDER (OS/OTS)) Eine Einstellung, bei der wir hinter dem Hinterkopf und der Schulter einer Person auf eine andere schauen, die mit dem Gesicht zu uns gewandt ist. Hinterkopf und Schulter dienen im Vordergrund als Rahmung, sie sind häufig nur angeschnitten.

UNSCHÄRFEBLENDE (FOCUS IN, OUT) Ein Übergang von einer Einstellung zu einer anderen, wobei die eine Einstellung am Ende unscharf wird und die neue Einstellung aus der Unschärfe wieder in die Schärfe kommt.

VERFOLGER-EINSTELLUNGEN (FOLLOW SHOT) Eine Kamerafahrt, ein Schwenk oder ein Zoom, um ein sich bewegendes Bildobjekt innerhalb des Bildausschnittes zu halten.

VOICE-OVER (VO) Die Stimme eines nicht sichtbaren Erzählers. Voice-over kann dazu benutzt werden, die Gedanken einer Figur mitzuteilen, obwohl sie in der Szene nicht spricht.

ZOOM Die Veränderung der Brennweite in einem Zoomobjektiv

ZWEIEREINSTELLUNG (TWO-SHOT) Eine Einstellung, in der zwei Personen zu sehen sind.

ZWISCHENSCHNITT (CUTAWAY) Eine einzelne Einstellung, die in eine Sequenz eingefügt wird und den Handlungsfluß vorübergehend unterbricht. Die eingefügte Einstellung kann ein Detail zeigen oder einen neuen Schauplatz der Handlung einführen.

Weiterführende Literatur

Produktionsplanung und Kontinuität

Dress, Peter: *Planung von Film- und Videoproduktionen*. Berlin, 1991

Kließ, Franciska: *Produktion von Fernsehserien. Dargestellt am Beispiel einer Kriminal-filmserie*. Mainz: ZDF, 1992; siehe auch Kließ, Werner: *Wie schreibt man einen Fernsehkrimi*. Vereinigtes Filmkontor, 1987

Miller, Pat P.: *Script Supervising And Film Continuity*. Boston, 1990

Rowland, Avril: *Film Script. Kontinuität bei Spielfilmen und Dokumentationen*. Köln, 1992

Filmfotografie und fotografische Praxis

Cheshire, David: *Filmen*. Stuttgart, 1979

Feininger, Andreas: *Die neue Foto-Lehre*. München: Droemer Knaur, 1970

Feininger, Andreas: *Die hohe Schule der Fotografie*. München: Heyne, 1995

Production Design, Szenenbild, Szenografie

Berthold, Margot (Hrsg.): *Max Reinhardts Theater im Film*. München, 1983

Färber, Helmut: *Baukunst und Film. Aus der Geschichte des Sehens*. München, 1977

Fellini, Frederico: *Zeichnungen*. Frankfurt/M.: Deutsches Filmmuseum, 1984

Herlth, Robert: *Filmarchitektur*. München: Deutsches Institut für Film und Fernsehen, 1965 (Ausstellungskatalog)

St. John Marner, Terence: *Filmdesign*. Hanau: Gottlieb, 1980

Weihsmann, Helmut: *Gebaute Illusionen. Architektur im Film*. Wien: Promedia, 1988

Filmtheorie und Filmkritik

Arnheim, Rudolf: *Film als Kunst*. München, 1974

Balász, Béla: *Der Geist des Films*. Frankfurt/M., 1972

Bazin, André: *Was ist Kino?* Köln, 1975

Dadek, Walter: *Das Filmmedium. Zur Begründung einer Allgemeinen Filmtheorie.* München, Basel, 1968

Eisenstein, Sergej M.: *Schriften 1–4*. München, 1974–1984

Kersting, Rudolf: *Wie die Sinne auf Montage gehen. Zur ästhetischen Theorie des Kinos/Films*. Basel, 1988

Hochschule für Film und Fernsehen der DDR (Hrsg.): *Lew Kuleschow*. Potsdam-Babelsberg, 1977 (Filmwissenschaftliche Materialien)

Lotman, Jurij M.: *Probleme der Kinoästhetik. Einführung in die Semiotik des Films.* Frankfurt/M., 1977

Möller-Naß, Karl-Dietmar: *Filmsprache. Eine kritische Theoriegeschichte*. Münster, 1986

Pudowkin, Wsewolod I.: *Die Zeit in Großaufnahme. Aufsätze, Erinnerungen, Werkstattnotizen*. Berlin (Ost), 1983

Tarkowskij, Andrej: *Die versiegelte Zeit. Gedanken zur Kunst, zur Ästhetik und Poetik des Films*. Berlin, Frankfurt/M., Wien, 1984

Regie und allgemeine Filmtechnik

Armer, Alan A: *Lehrbuch der Film- und Fernsehregie*. Frankfurt/M.: Zweitausendeins, 1997

Appeldorn, Werner van: *Handbuch der Film- und Fernseh-Produktion*. München: TR-Verlagsunion, 1984

Beier, Lars O./Midding, Gerhard: *Teamwork in der Traumfabrik*. Berlin: Henschel, 1993

Filmpodium der Stadt Zürich (Hrsg.): *Busby Berkeley, 1895–1976*. Zürich, o.J.

Fischer, Robert (Hrsg.): *Monsieur Truffaut, wie haben Sie das gemacht?* Köln: VGS Verlagsgesellschaft, 1991

Frese, Frank: *Filmtricks und Trickfilme*. Düsseldorf: Knapp, 1987

Kandorfer, Pierre: *DuMont's Lehrbuch der Filmgestaltung*. Köln, 1984

Mehnert, Hilmar: *Das Bild in Film und Fernsehen*. Leipzig: Fotokinoverlag, 1986

Mikunda, Christian: *Kino spüren. Strategien der emotionalen Filmgestaltung.* München: Filmland-Presse, 1986

Monaco, James: *Film verstehen*. Reinbek: Rowohlt, 1995

Ribbeck, Dietrich von: *Filmproduktion verstehen*. München: TR-Verlagsunion, 1990

Schaper, Michael: *Wir handeln mit Träumen*. Frankfurt/M.: Fischer, 1988

St. John Marner, Terence: *Filmregie.* Hanau: Gottlieb, 1978

Truffaut, François: *Mr. Hitchcock, wie haben Sie das gemacht?* München: Heyne, [18]1995

Oumano, Ellen: *Filmemacher bei der Arbeit.* Frankfurt/M., 1985

Pudowkin, Wsewolod I.: *Über die Filmtechnik.* Zürich, 1961

Schnitt und Postproduktion

Beller, Hans (Hrsg.): *Handbuch der Filmmontage. Praxis und Prinzipien des Film-schnitts.* München: TR-Verlagsunion, 1993

Blumenberg, Hans C.: *Film positiv.* Düsseldorf, 1968

Breitel, Heidi/Waelchli, Elizabeth: *Praxis im Schneideraum.* Berlin: Deutsche Film- und Fernsehakademie Berlin, 1975

Reisz, Karel/Millar, Gavin: *Geschichte und Technik der Filmmontage.* München: Stiftung Deutsche Kinemathek, 1988

Schmige, Hartmann: *Eisenstein Bazin Kracauer. Zur Theorie der Filmmontage.* Hamburg, 1977

Schumm, Gerhard: *Der Film verliert sein Handwerk. Montagetechnik und Filmsprache auf dem Weg zur elektronischen Postproduktion.* Münster, [2]1992

Software

3D-Animation

Infini-D
Meta Creations
6303 Carpinteria Avenue
Carpintera, CA 93013
Tel. 001 805/566-620
Fax 001 805/566-6385
kptsupport@aol.com

Light Wave 3D
New Tek, Incorporated
1200 SW Executive Drive
Topeka, KS, USA 66615
Tel. 001 913/228-8000

3D Studio Max
Kinetix
642 Harrison St.
San Francisco, CA 94107
Tel. 001 415/547 2000
http://www.ktx.com

Poser
Fractal Design Corporation
P.O.Box 66959
Scotts Valley, CA 95067
Tel. 001 408/430-4000

Cinema 4D SE/XL
Maxon Computer GmbH
Max-Planck-Str. 20
D-61381 Friedrichsdorf
Tel.   06172/5906-0
Fax   06172/5906-30
www.maxon.de

Landschaftsentwurf

Bryce 2
Meta Creations
6303 Carpinteria Avenue
Carpinteria, CA 93013
Tel. 001 805/566-6200
Fax. 001 805/566-6385
kptsupport@aol.com

World Builder NT Pro
Animatek International Inc.
Tel. 001 800/471-1233
www.animatek.com

World Construction Set 3
Questar Productions
Tel. 001 303/659-4028
www.questarproductions.com

CAD-Programme
(Computer Aided Design)

Autodesk
(in Vorbereitung)

ArcheCad
(in Vorbereitung)

Virtus Walkthrough/Concept CAD*
Virtus Corporation
117 Edinburgh South
Suite 204
Cary, North Carolina 27511
Tel. 001 919/467-9700

2D-Bildschnitt und Zeichnung

Adobe Photoshop/Adobe Illustrator
Adobe Systems Incorporated
1585 Charleston Road
P.O.Box 7900
Mountain View, CA 94039
Tel. 001 800/833-6687
Tel. 001 408/986-6565

Storyboard Quick
Power Production Software
Tel. 001 800/457-0383
www.powerproduction.com

Fractal Painter
Fractal Design Corporation
P.O.Box 66959
Scotts Valley, CA 95067
Tel. 001 408/430-4000

2D-Animation

Adobe After Effects
Adobe Systems Incorporated
P.O.Box 7900
Mountain View, CA 94039
Tel. 001 800/833-6687
Tel. 001 408/986-6565

Storyboard Artist
Power Production Software
Tel. 001 800/457-0383
www.powerproduction.com

Computerschnitt

Adobe Premiere
Adobe Systems Incorporated
P.O.Box 7900
Mountain View, CA 94039
Tel. 001 800/833-6687
Tel. 001 408/986-6565

Radius Edit
(in Vorbereitung)

3D-Modellarchive

Viewpoint DataLabs Int.1
625 South State Street
Orem, Utah 84058
Tel. 001 800/328-2738
Tel. 001 801/229-3000
Fax. 001 801/229-3300

Acuris
Tel. 001 415/845-6480
www.acuris.com

CyberProps
Yglesias Wallock Divekar, Inc.
1202 West Olympic Boulevard
Suite 101
Santa Monica, CA 90404
Tel. 001 310/314-2171
Fax. 001 310/314-2181
info@ywd.com
http://www.ywd.com

R.E.M. Infografica
Plaza de Santa Barbara, 10.1 Dcha
28004 Madrid
Spanien
Tel. 0034-1-30805-22
www.infografica.com

*Software für die Bereiche Schnitt,
Animation und Grafik bietet
in Deutschland unter anderem an:*

Wellen & Nöthen GmbH
Professionelle Videotechnik
Mathias-Brüggen-Str. 65a
50829 Köln
Tel. 0221/9156-0
Fax 0221/594757
www.wellen-noethen@netcologne.de

Filmsoftware Pl@net
Hullerser Straße 3a
37574 Einbeck
Tel. 05561-6101
Fax 05105-9096
www.filmsoftware.com

Register

ebenen), 370 (Schwenk mit Tele-
objektiv), 427
→ Kameraposition, Aktionskreis
Raumdarstellung 21 (geometrische),
68, 169, 171 (Einheitlichkeit), 187,
224, 263, 267 f., 270, 272 f., 277, 309,
313
– Illusion 22, 321
– überlappender Raum 271
Raumtiefe 396 (Kamerafahrt)
– Inszenieren 311, 315, 316
(*Die Spielregel*)
Reaktion 305, 360
Reaktionseinstellung 199
Realismus 328
Realzeit 386 f.
Recherche 53 (*La Bamba*), 136, 140
– Material 146, 148
Red River 369 (180-Grad-Schwenk)
Reds 34, 38 (Szenenentwurf)
Reestablishing shot (Rückführungs-
einstellung) 187
Reflexion 24 f.
Regieanweisung 139
Regisseur 27, 29, 44 f., 49, 76, 79, 82,
85, 116, 133 f., 141–145, 147, 149,
152, 156, 158 f., 161 (Theater),
197, 202, 210, 244 (Experimente),
305 (Kameramann), 317, 354, 413
– Entwicklung des Storyboards 51,
86, 156 f., 210
– Inszenierungssystem 244 f.
Renaissance 21, 171, 324, 406
Renoir, Jean 316, 319 (Tiefenschärfe)
Republic (B-Studio) 432
Requisiten 122, 134, 142, 159 f., 162,
318
Requisiteur (Prop stylist) 31
Rezensenten 44
Riß 35 (Decken-, Dachriß, Lageplan),
36 f., 39
→ Grundriß
RKO (Filmstudio, Hollywood) 30, 34,
56, 297
Rogers, Ginger 433
Rohschnitt 161
Rollenspiel 160
Rollfilm 442
Roman(vorlage) 104 ff., 115, 201, 354

Romancier 344
Rosse, Herman 30
Rossen, Robert 399
Rückfahrt 45, 304, 396
Rückführungseinstellung (Re-
establishing shot) 187 (neue Hand-
lungsachse)
Rückprojektion 321

S-VHS 121
Saboteure 61
Sampler 452 (Musik)
Sayles, John 135
Schärfenebene/-bereich 318 (Vorder-
und Hintergrund)
– zwei Schärfenebenen 317 f.
Schärfentiefe 68, 119, 292, 316
(Kameraarbeit), 317, 346
– Unschärfe 318 f., 346
Schanghai 115
Schauspieler 124 (computergenerierte
Animation), 142, 155, 160 ff., 243
(Körpersprache), 243 (charakteri-
stische Bewegungen), 244 (Sponta-
neität), 254 (fehlender Blickkontakt),
256, 258, 413
– Bewegung und Gänge 298–304,
316
– Beziehung zum Zuschauer 255,
270
– Dominanz/Präsenz 257, 261,
270 f., 315, 369, 397 (Schnitt auf
den Blick)
– Stellen 240, 245 und 266 (Grund-
formen), 263
– Trennung von Raum und Akteuren
321 f.
→ Stellen der Schauspieler
Schemazeichnung 77–80, 306 (Bewegungsrichtung)
Schiebetrick 433
Schleifenrollenverfahren 446
Schnitt/Schneiden 53, 63,
71 (Umschnitt), 73, 106 f., 117, 120
(am Computer), 123 (Schneidesoftware), 126, 135, 147, 150, 155,
171, 181, 191 (Anschluß), 210, 213,
216 (Visualisierung), 243 (Schuß-
Gegenschuß), 279 f., 297 (Folge), 315

Kai-Peter Keusen & Rainer Mix
Moving Plot.
Professionelle Software für das Schreiben von Drehbüchern

Schreiben Sie Drehbücher, Theaterstücke, Skripts für Industriefilme etc.? Dann kennen Sie das sicher: Sie entwickeln einige dramatische Skizzen, arbeiten mit Leertaste und Tabulator, Drehorte heißen mal so und mal so. Sie fragen sich: »Warum kann mir mein Computer nicht noch mehr Arbeit abnehmen?« Und Sie beginnen von einem Drehbuchprogramm zu träumen, das Dialoglängen automatisch berechnet, das Szenen verwaltet, das Register für Special Effects, Fahrzeuge, Tiere etc. herstellt, das auf verschiedenen Ebenen arbeitet (Akt, Szene, Inhalt, Dialog, Charakter, Musik, Kamera etc.) und ein frei gestaltbares Layout zuläßt. Dies alles bietet Ihnen Moving Plot. Es ist ein »Add-On« für Microsoft Word 95, 97 und 2000. »Add-On« ist besser als ein eigenes Programm, denn wenn Sie Word kennen, dann können Sie auch mit Moving Plot umgehen, ohne etwas Neues lernen zu müssen. Moving Plot wurde von Kai-Peter Keusen und Rainer Mix mit Unterstützung des Filmbüros NRW entwickelt. Das Programm wurde umfangreichen Praxistests unterworfen und dabei ständig verbessert. Es eignet sich für das Schreiben von Drehbüchern und Treatments für Film und Fernsehen, Hörspiel- und Theater-Manuskripten, Dokumentar- und Industriefilmen, Werbespots, Radio-Moderationen, Fernsehreportagen und sogar Sketchen.
Wie Sie Moving Plot bekommen: Moving Plot gibt es in drei Versionen zum Downloaden, je nach Microsoft Word Version: Moving Plot professional 95, Moving Plot professional 97 und Moving Plot professional 2000. Die Probierversion mit allen Funktionen ist gratis. Außer Ihren normalen Verbindungsgebühren entstehen Ihnen keine Kosten. Die Gratis-Probier-Version zum Downloaden enthält bereits alle Funktionen der Vollversion, ist aber auf 30 Tage Nutzung beschränkt. Die Vollversion von Moving Plot kostet 65,95 €. Sie schlummert bereits in Ihrer gratis runtergeladenen Probierversion und wird mit einem »Schlüssel« freigeschaltet. In der Gratis-Probierversion von Moving Plot ist genau beschrieben, wie Sie Ihren Registrierungsschlüssel bekommen (Geht ganz einfach. Und ganz schnell). Und für Neueinsteiger gibt es Moving Plot standard 97 und 2000 für nur 19,95 €. Alle Version gibt es nur über das Internet zum Downloaden unter:
www.Zweitausendeins.de/Moving-Plot.

»Ich bin begeistert … Inzwischen schreibe ich einen ›Fahnder‹ auf Moving Plot, und es hält, was es verspricht. Glückwunsch!« Johannes Rotter (Drehbuchautor von u. a. ARD/WDR-Produktion »Der Fahnder«)

»Alle Funktionen kann man nutzen, ohne die gewohnte Textverarbeitungs-Software Word zu verlassen, ohne sich in völlig neue Programmstrukturen einzuarbeiten oder sich mit englischen Fachbegriffen herumzuschlagen.« Film & TV Kameramann

»Dramatisch leicht.« NRW Newsletter

Burkhard Driest
Poetik des Filmdramas für Drehbuchautoren.
Anleitung zum Schreiben von Drehbüchern. Theorie und praktische
Analyse

Burkhard Driest ist nicht nur ein international berühmter Bühnen- und Filmschauspieler, erfolgreicher Drehbuchautor in Hollywood und Deutschland, er
gibt darüber hinaus seine Erfahrungen auch als Dozent an der Deutschen
Film- und Fernsehakademie (Drehbuchklasse) in Berlin weiter. In seinem
neuen Handbuch erklärt er die Grundregeln des Filmgeschäfts für Autoren. Er
weiß, was Produzenten und Regisseure erwarten, warum es wichtig ist, den
Unterschied zwischen Kinobesucher und Fernsehzuschauern zu kennen, wie
sich Informationen zu einem fremden Sujet oder Milieu beschaffen lassen,
wie man das gesammelte Material organisiert und in eine packende Erzählhandlung integriert. Driest zitiert die zeitlosen Erfahrungen der großen alten
Unterhaltungsprofis (Aristoteles, Shakespeare, Lessing, Goethe u. a.) sowie die
Arbeiten von Meisterregisseuren der jüngeren Filmgeschichte und bleibt dabei
in allem was er empfiehlt stets konkret und am aktuellen (vor allem deutschen) Filmmarkt orientiert.
Originalausgabe. 310 Seiten. Fadenheftung. Fester Einband. 19,90 €.
Nummer 18379.

Christopher Vogler
Die Odyssee des Drehbuchschreibers.
Über die mythologischen Grundmuster des amerikanischen Erfolgskinos

Christopher Vogler hat für Hollywood-Studios Tausende von Stories und
Drehbuchentwürfen auf ihre Tauglichkeit geprüft. Er wird laut Filmmagazin
Fame längst zu den »100 wichtigsten Leuten Hollywoods« gezählt. Vogler
stellte fest, daß fast allen großen Publikumserfolgen eine bestimmte archetypi-
sche Struktur zugrundeliegt, die sich seit Anfang der Welt in allen erfolgreichen Geschichten wiederfindet. Voglers Folgerung: Wenn sämtliche Pub-
likumserfolge von Homers Odyssee bis zum Krieg der Sterne nach ähnlichem
Muster gestrickt sind, dann ist man bei künftigen Filmprojekten gut beraten,
den Faden weiterzuspinnen. In diesem Buch, das »in den letzten Jahren
Furore gemacht hat« (Die Welt), legt Vogler seine Erkenntnisse nieder und
verrät »den Geheimcode des Geschichtenerzählens« (Vogler). »Ein Lesespaß,
ein Arbeitsbuch und ein Mittel zur Filmanalyse« (Plot Point).
Neue, erweiterte Ausgabe. Originaltitel: *The Writer's Journey. Mythic Structure
for Writers.* Deutsch von Frank Kuhnke. 485 Seiten. Fadenheftung. Fester
Einband. 16,85 €. Nummer 18208.

Ronald B. Tobias
20 Masterplots.
Woraus Geschichten gemacht sind

Wollen Sie Drehbücher schreiben? Filme machen? Romane veröffentlichen? Dann brauchen Sie vor allem eines: Eine gute Geschichte. Es gibt, da sind sich die meisten Schreiber einig, nur eine sehr begrenzte Auswahl von Erzählmustern. Alles andere sind Variationen zum Thema. Ronald B. Tobias präsentiert und analysiert 20 beispielhafte und bewährte Masterplots. Quasi als Basis-Kochrezepte, die Sie nach eigenem Geschmack abrunden und abwandeln können. Es geht um zentrale Erzählstrukturen, die in Literatur und Film immer wieder auftauchen. »Die Eleganz und Anschaulichkeit, mit der der amerikanische Autor seine literarische Rasterfahndung praktiziert … wird man in Deutschlands Schreibschulen wohl vergeblich suchen … anregend und spannend« (Kölner Stadtanzeiger). »Der beste aktuelle Ratgeber für Leute, die das Handwerk des Schreibens perfektionieren wollen« (Lübecker Nachrichten).
Deutsche Erstausgabe. Originaltitel: *20 Master Plots (And How to Build Them).*
Deutsch von Petra Schreyer. 335 Seiten. Fadenheftung. Fester Einband.
13,80 €. Nummer 18289.

Linda Seger
Vom Buch zum Drehbuch.
Wie aus Romanen, Theaterstücken oder Biografien erfolgreiche
Drehbücher werden

Die Verwandlung eines Stoffes in ein drehbuchreifes Skript ist ein schöpferischer Prozeß. Linda Seger schildert Schritt für Schritt, wie man dabei vorgehen sollte – für Autoren, Produzenten, Verantwortliche des Filmgeschäfts und Regisseure, die mit der Bearbeitung von Quellenmaterial für Filme beschäftigt sind. Und für Romanautoren und Dramatiker, die hier erfahren, wie sie ihre eigenen Werke zu Drehbüchern gestalten. In diesem praxisorienten Handbuch finden Sie alles, was Sie für eine erfolgreiche Adaption wissen und beachten müssen. »Pflichtlektüre für alle, die planen, irgendwelche Stoffe für die Leinwand zu adaptieren. Klar, gründlich und außerordentlich hilfreich. Ich empfehle es wärmstens« (Richard Zanuck, Produzent).
Deutsche Erstausgabe. Originaltitel: *The Art of Adaptation: Turning Fact and Fiction into Film.* Deutsch von Dietmar Hefendehl. 319 Seiten. Fadenheftung.
Fester Einband. 17,90 €. Nummer 18357.

Von erfolgreichen Drehbüchern lernen.
Originaldrehbücher zum Downloaden unter:
www.Zweitausendeins.de/Filminfo

Mark Travis
Das Drehbuch zur Regie.
Wie Regisseur und Filmteam erfolgreich zusammenarbeiten

Filme, auch wenn sie von einem noch so prominenten Regisseur geleitet werden, sind in Wahrheit Teamarbeit. Schauspieler, Autoren, Designer, Produzenten, Kameraleute, Spezialeffekt-Experten, Cutter, Komponisten etc. werden je nach Bedarf und Talent pro Film zu einem Team zusammengestellt. Wie bringt man die unterschiedlichen Talente dazu, sich in gut aufeinander abgestimmter, reibungsloser Zusammenarbeit optimal zu ergänzen und gemeinsam der Idee einer Geschichte zu folgen? Wie setzt man die Intentionen des Drehbuchautors am besten um? Und wie animiert man Schauspieler/innen stets aufs Neue zu Höchstleistungen? Travis' praxiserprobtes Lehrbuch nimmt der Regiearbeit den Nimbus des Geheimnisvollen. Mit seiner frischen und anregenden Sichtweise hilft er Filmemachern, ihre Fähigkeiten zu perfektionieren, neue Talente zu entdecken und so erfolgreiche Filme mit beeindruckenden Schauspielerleistungen zu drehen. »Pflichtlektüre für jeden professionellen Regisseur« (Mark Rydell, Regisseur).
Deutsche Erstausgabe. Originaltitel: *The Director's Journey.* Deutsch von Susanne Lück. 386 Seiten. Fadenheftung. Fester Einband. 16,85 €.
Nummer 18287.

Alan A. Armer
Lehrbuch der Film- und Fernsehdramaturgie.

Armer vermittelt eine praxisnahe Einführung in das tägliche Handwerk des Regisseurs auf dem Set und im Fernsehstudio. Er erklärt, wie Unterhaltung funktioniert, verdeutlicht die Grundsätze formaler Bildgestaltung und zeigt, wie Regisseure mit dem Drehbuch kreativ arbeiten können. Sein »bewundernswert sorgfältig gearbeiteter Spitzentitel« (Magazin In) berücksichtigt dabei auch die speziellen Bedürfnisse des Fernsehens und behandelt die Regie-Anforderungen in den grundlegenden Formaten: Interview, Nachrichten, Musik-Show, Werbespot. »Armers Studenten sind zu beneiden. Denn ihr Lehrmeister ist mit viel common sense und Humor gesegnet – beides Faktoren, die Stoffaufnahme und -verarbeitung wesentlich erleichtern« (Fachmagazin Medienwissenschaft). »Ein rundum wertvolles Buch: Sehr übersichtlich gegliedert und locker geschrieben … Mit solcher Aktualität und breitem Themenspektrum gibt es derzeit auf dem deutschen Markt keine vergleichbare Konkurrenz. Gut investierte 60 Mark!« (Plot Point) und »ein Beispiel für klassisch schöne Buchkunst (gehört allein deswegen schon prämiert!). Uneingeschränkt empfehlenswert für alle, die schon immer mal einen Film machen wollten, für Profis ein Muß« (Stadtmagazin München).
Deutsche Erstausgabe. Originaltitel: *Directing Television and Film.* Deutsch von Gesine Flohr, Harald Utecht und Martin Weinmann. 78 Bilder. 477 Seiten. Großformat 19×24 cm. Fadenheftung. Fester Einband. 30,65 €. Nummer 18199.

Daniel Arijon
Grammatik der Filmsprache.

»Das unverzichtbare Handbuch für Drehbuchautoren, Regisseure, Kameraleute und Cutter. Und für ganz normale Leser« (Generalanzeiger). Mit Hilfe
von über 1.500 Skizzen erläutert Filmprofi Daniel Arijon die Grundstruktur
der filmischen Handlung. Sein bewährtes Standardwerk, das mittlerweile in
fünf Sprachen vorliegt, beschreibt anschaulich sämtliche Grundelemente, die
die Basis für jede Form visuellen Erzählens darstellen, ganz gleich ob es sich um
einen Spiel-, Zeichentrick- oder Dokumentarfilm handelt. Arijon zeigt, welche
Positionen für Darsteller und Kamera optimal sind, wie sich Bewegungsabläufe
wirkungsvoll inszenieren lassen, nach welchen Kriterien die gedrehten Einstellungen in eine sinnvolle Reihenfolge gebracht werden können und wie sich
die Dynamik der Sequenzen durch unterschiedliche Rhythmen und ein verän-
dertes Tempo der Schnittfolge variieren läßt. Darüber hinaus erfahren Sie alles
über Schwenks, Zooms, Kamerafahrten, Bildführung in Dialogszenen u. v. m.
Deutsche Erstausgabe. Originaltitel: *Grammar of the Film Language.* Deutsch
von Karl Heinz Siber. 708 Seiten. Fadenheftung. Fester Einband. 34 €.
Nummer 18342.

Jeremy Vineyard
Crash-Kurs Filmauflösung.

Ein kompakter Abriß der grundlegenden cinematografischen Techniken. In
Kurzdarstellungen von je einer Bild/Textseite beschreibt Jeremy Vineyard die
zentralen Operationen filmischen Erzählens – Kamerabewegungen, Techniken der Bildkomposition, der Perspektive und des Schnitts. Jeder Artikel
gibt eine definitorische Kurzbeschreibung und erklärt die Wirkung im Film
und die Funktion innerhalb der Erzählhandlung. Darüber hinaus werden,
illustriert von Storyboard-Zeichnungen, klassische Szenen aus großen Kinofilmen zitiert, in denen eine beschriebene Technik stilbildend, mustergültig
oder besonders radikal eingesetzt worden ist. Eine wertvolle Inspirations-
quelle für Filmstudenten und professionelle Filmemacher; in Stil und Darstellung knapp, unprätentiös und anschaulich, hat Vineyards Handbuch das Zeug,
zu einem wichtigen Referenzwerk für professionelle Filmleute und passio-
nierte Cineasten zu werden. Es ist das Buch, mit dem Sie Ihr filmisches Gedächtnis lebendig halten, erweitern, schulen und Ihr Gefühl für filmische Stilmittel verfeinern können.
Deutsche Erstausgabe. Originaltitel: *Setting up Your Shots.* Deutsch von
Krischan Schulte. 128 Seiten im Format 28×18 cm. Fadenheftung. Broschur.
17,90 €. Nummer 18358.

Judith Weston
Schauspielerführung in Film und Fernsehen.

Judith Westons berühmtes Handbuch zeigt Schritt für Schritt, wie Regisseure auf dem Set eine kreative und kooperative Beziehung zu ihren Schauspielern aufbauen und eine knappe, effektive Regieführung entwickeln können. Denn wirklich große Filme entstehen nur, wenn Schauspieler und Regisseure sich in ihrem Können und ihrer Fähigkeit zur Inspiration optimal ergänzen. »Schauspielerführung in Film und Fernsehen« ist ein Buch aus der Praxis für die Praxis, »ein gut strukturiertes, mit einer Unmenge von praktischen Tips gefülltes Lehrbuch« (Screenshot). »Wohl das Wichtigste, das man in deutscher Sprache über das Schauspielen lesen kann … Ein anregendes, oft überraschendes und immer kluges Buch« (Fachmagazin Medienwissenschaft). Deutsche Erstausgabe. Originaltitel: *Directing Actors. Creating memorable Performances for Film and Television.* Deutsch von Waltraud Götting. 465 Seiten. Fadenheftung. Fester Einband. 19,90 €. Nummer 18270.

Steve Carlson
Auf dem Set in Hollywood.
Gebrauchsanweisung für Filmschauspieler

Steve Carlson, erfahrener Film- und Fernsehdarsteller und viel gefragter Lehrer in Schauspielworkshops, kennt die Tips und Tricks, die einen Einstieg ins Hollywood-Filmgeschäft erleichtern. Sein Buch richtet sich an Schauspieler/innen, die neu beim Film sind, an junge Leute, die noch nie vor einer Kamera standen und an erfahrene Bühnenprofis, die bislang nur wenig Filmerfahrung haben. »Die meisten Schauspieler erwerben das nötige Wissen für die Arbeit am Filmset nur in jahrelanger Praxis. Steve Carlsons Buch trägt dazu bei, diesen Lernprozeß erheblich zu verkürzen« (Ken Lamkin, ASC). »Ein absolutes Muß für jeden jungen Schauspieler, Bühnenprofi oder Cineasten. Auf dem Set in Hollywood ist eine perfekte Mischung aus Witz, praktischen Tips und Insider-Wissen, präsentiert von einem echten Profi aus dem Showgeschäft. Sie werden bei der Lektüre dieses Buches viel lachen und eine Menge dabei lernen!« (Sally Dennison, Casting Director (Unheimliche Begegnung der Dritten Art, Angeklagt, China Syndrom). »Dieses Buch ist meines Wissens die einzige Quelle, der Schauspieler entnehmen können, wie ein Set und der Ablauf von Dreharbeiten aus ihrer Warte aussehen. So ein Buch hätte es schon längst geben sollen, und es sollte in keinem Bücherregal junger Filmschauspieler fehlen« (Danny Goldman, einer der Top Hollywood Casting Directors).
Deutsche Erstausgabe. Originaltitel: *Hitting Your Mark. What every Actor Really Needs to Know on a Hollywood Set.* Deutsch von Katrin Ehmke. 257 Seiten. Fadenheftung. Fester Einband. 15,90 €. Nummer 18382.

Dorothea Neukirchen
Vor der Kamera.
Camera-Acting für Film und Fernsehen

Dies ist das erste deutsche Handbuch, das Schauspielern erklärt, was sie bei der Arbeit auf dem Film- und Fernsehset erwartet. Es vermittelt dramaturgische Grundkenntnisse, gibt Hilfen zur Rolleneinschätzung und -vorbereitung, informiert über Produktionsabläufe bei Film und Fernsehen, macht mit der Technik des Spiels vor der Kamera vertraut, gibt Tips zum Verhalten am Set, macht Vorschläge zum Training zwischen den Drehzeiten, bereitet auf das Casting vor u.v.m. »Ein kompletter Laie, der dieses Buch in die Finger kriegt, weiß allein nach der Lektüre schon mehr über die Herstellung von Kino und Fernsehen als mancher Burgschauspieler … wenn das Buch sich durchsetzt, können wir uns auf eine neue Generation von exzellent vorbereiteten Filmdarstellern gefaßt machen« (Kölner Stadtanzeiger).
Originalausgabe. 435 Seiten. Fadenheftung. Fester Einband. 22,50 €.
Nummer 18352.

Dorothea Neukirchen
Mentales Training für Schauspieler. 2 CDs.
Vorbereitung für das Casting und die Arbeit am Set.

Schauspieler haben meist nur sehr wenig Zeit, sich auf ihre Fernsehrollen vorzubereiten. Oft können sie wegen der technischen Umbauten zwischen den Szenen nicht einmal am Set proben. Speziell für diese Bedürfnisse sind die aktiven Trancen »Rollenvisualisierung« und »Mentale Probenarbeit« entstanden, die Dorothea Neukirchen in ihren Camera-Acting-Seminaren entwickelt hat und die bereits für viele Schauspieler zu einem unverzichtbaren, wirkungsvollen Bestandteil ihrer Rollenvorbereitung für das Casting und am Set geworden sind.
2 CDs mit Booklet. 90 Minuten Spielzeit. Produktion und Regie: Claudia Gehre/Hertzfrequenz. 19,90 €. Nummer 18353.

Im Paket billiger: Das Buch »Vor der Kamera« und die beiden Übungs-CDs »Mentales Training« statt einzeln gekauft 42,45 € zusammen nur 30,15 €. Nummer 18354.

Linda J. Cowgill
Wie man Kurzfilme schreibt.

Kurzfilme bieten Talenten einen Einstieg ins Filmgeschäft. Steven Spielberg, Francis Ford Coppola, George Lucas, John Carpenter, Woody Allen, Spike Lee und viele mehr haben mit Kurzfilmen angefangen. Denn mit einem knackigen Kurzfilm hat man bei den Entscheidern in Hollywood viel mehr Chancen als mit einem noch so raffinierten Treatment. Viele Filme, wie z. B. »Fatal At-traction«, begannen als Kurzfilm, gefielen und wurden danach in abendfül-lendem Format neu verfilmt. Aber Kurzfilme funktionieren nach besonderen Drehbuchgesetzen. Linda J. Cowgill zeigt, wie ein Kurzfilmskript strukturiert sein muß, wie man den Plot aufbaut, wie man Szenen und Dialoge schreibt u. a. Sie weiß, worüber sie schreibt, denn sie lehrt Drehbuchschreiben an der Loyola Marymount Universität in L. A. und hat über 12 Filme geschrieben. Deutsche Erstausgabe. Originaltitel: *Writing Short Films. Structure and Content for Screenwriters.* Deutsch von Petra Schreyer. 313 Seiten. Fadenheftung. Fester Einband. 17,90 €. Nummer 18359.

Michael Rabiger
Dokumentarfilme drehen.

»Mit seinem umfassenden, klar geschriebenen Lehrbuch schuf Filmdozent Michael Rabiger ein mehr als hilfreiches Nachschlagewerk« (Cinema). Schritt für Schritt wird erklärt, wie man die Leinwand oder den Bildschirm zur Doku-mentation oder für bestimmte Recherchen nutzt. Wer seinen ersten Film dre-hen will, erhält hier einen leichten Einstieg und kann mit diesem Handbuch die fachliche Kompetenz eines Profis erlangen. Rabigers Standardwerk steht aber auch routinierten Dokumentarfilmern bei Grundsatzentscheidungen und Fragen der Bildästhetik zur Seite und berät umfassend bei der Vorbereitung für die Dreharbeiten, der richtigen Zusammenstellung des Teams, den Drehar-beiten vor Ort und in der Phase der Postproduktion. »Ein Glücksfall auf dem Markt inflationär sprießender Handbücher! Wer Dokumentarfilme professio-nell drehen will, sei es mit einer Film- oder Videokamera, findet hier alles Wis-senswerte über Theorie, Technik und Praxis … eine unbedingte Empfehlung!« (Film & TV Kameramann).
Deutsche Erstausgabe. Originaltitel: *Directing the Documentary.* Deutsch von Susanne Lück und Jutta Doberstein. 671 Seiten. Fadenheftung. Fester Ein-band. 30,65 €. Nummer 18331.

Peter Kerstan
Der journalistische Film. Jetzt aber richtig

Der kurze, berichterstattende Film ist einer der Grundbausteine des Fern-sehjournalismus. Aber wie und wo lernt man ihn? Peter Kerstan ist Fernseh-Profi und kennt das Geschäft von Grund auf. Er war als Cutter, Kameramann und Autor an der Produktion von TV-Beiträgen beteiligt, bevor er als Ausbil-dungsleiter beim ZDF seine Erfahrungen weitergab. Kerstan entwickelte aus der Praxis des Fernsehalltags die wesentlichen Grundregeln für den berichter-stattenden Film. Er erklärt, wie unsere Wahrnehmung funktioniert und wie Kameraleute, Filmjournalisten und Cutter ihre Filme gestalten müssen, damit

die Botschaft ankommt. Die gestalterische Optimierung ist dabei auch meist der ökonomischere Weg für die TV-Produktion.
Originalausgabe. 110 Zeichnungen und 17 farbige Bildsequenzen. 269 Seiten. Fadenheftung. Fester Einband. 19,90 €. Nummer 18329.

John Vorhaus
Handwerk Humor.

Humorproduzenten für Satire-Sendungen, Comedy-Shows und Sitcoms gehören zu den meistgesuchten Kreativen in der Medienbranche. Aber wie wird man Gagschreiber? John Vorhaus ist Comedy-Altmeister mit jahrelanger Hollywood-Erfahrung (er schreibt u. a. für Serien wie »Al Bundy« und ist erfahrener Leiter von Drehbuchseminaren). Er weiß, worauf es auf der Bühne und vor der Kamera ankommt und hat die Grundbausteine und kleinen Geheimnisse der hohen Kunst des abgrundtiefen Unsinns zusammengestellt. Bei ihm lernt man zum einen, wie man Witze erfindet und wie man sie aufbaut. Vor allem lernen wir, daß die augenscheinlich chaotische Welt des Witzes voller kleiner praktischer Regeln steckt. »Genau das, was jeder braucht, der Comedys schreibt« (Peter Bergman). Aus dem Inhalt: Komik ist Wahrheit und Schmerz, Mut zum Risiko, Die komische Prämisse, Komische Figuren, Einige Werkzeuge aus dem Werkzeugkasten, Typen komischer Geschichten, Streiche, Komödie und Gefahr, Situationskomödie, Sketch-Comedy, Feinschliff und Perfektion u. a.
Deutsche Erstausgabe. Originaltitel: *The Comic Toolbox.* Deutsch von Peter Robert. 302 Seiten. Fadenheftung. Fester Einband. 12,75 €. Nummer 18371.

Preise können sich ändern und einzelne Titel auch ausverkauft sein.

Das Papier dieses Buches, einschließlich Überzug und
Vorsatz, besteht zu 100 Prozent aus Altpapier.
Das Kapitalband und das Leseband wurden aus
ungefärbter und ungebleichter Baumwolle gefertigt.